Collection dirigée par Charles Jacquier

Charlie Bauer, *Fractures d'une vie*

Miguel Chueca (dir.), *Déposséder les possédants. La grève générale aux « temps héroïques » du syndicalisme révolutionnaire (1895-1906)*

Christian Corouge & Michel Pialoux, *Résister à la chaîne. Dialogue entre un ouvrier de Peugeot et un sociologue*

Ronald Creagh, *Utopies américaines. Expériences libertaires du XIXe siècle à nos jours*

Alèssi Dell'Umbria, *Histoire universelle de Marseille. De l'an mil à l'an deux mille*

Varian Fry, *« Livrer sur demande… » Quand les artistes, les dissidents et les Juifs fuyaient les nazis (Marseille, 1940-1941)*

Lewis Mumford, *La Cité à travers l'histoire*

Jann-Marc Rouillan

De mémoire (1). Les jours du début : un automne 1970 à Toulouse

De mémoire (2). Le deuil de l'innocence : un jour de septembre 1973 à Barcelone

De mémoire (3). La courte saison des GARI : Toulouse 1974

Victor Serge

Carnets (1936-1947)

Retour à l'Ouest. Chroniques (juin 1936-mai 1940)

Howard Zinn, *Une histoire populaire des États-Unis. De 1492 à nos jours*

BP 70072, F-13192 Marseille cedex 20
http://www.agone.org

ISBN : 978-2-7489-0191-7

Anne Guérin

Prisonniers en révolte

Quotidien carcéral, mutineries et politique pénitentiaire en France (1970-1980)

Préface de Michelle Perrot

AGONE

La photographie en couverture a été prise par Gérard Drolc dans le cadre d'un reportage photographique qui a fait l'objet d'un livre, *La Révolte de la prison de Nancy. 15 janvier 1972* (Le Point du Jour, 2013), et d'un documentaire, *Sur les toits. Hiver 1972 : mutineries dans les prisons françaises.*, réalisé par Nicolas Drolc en 2013.

Certains documents reproduits ici (photographies et archives du *CAP*) nous ont été fournis par la Bibliothèque de documentation internationale contemporaine (BDIC), dont les inventaires d'archives sont consultables en ligne (www.bdic.fr), et qui accueille volontiers toutes propositions de dons d'archives (contact : franck.veyron@bdic.fr).

On trouvera les références des livres, articles et témoignages cités dans les notes numérotées en chiffres arabes regroupées, par chapitre, p. 369-391.

Édition préparée par Thierry Discepolo, Julie Holvoet, Marie Laigle, Philippe Olivera et Cécile Troussel.

On sait tous les inconvénients de la prison, et qu'elle est dangereuse quand elle n'est pas inutile. Et pourtant on ne « voit » pas par quoi la remplacer. Elle est la détestable solution dont on ne saurait faire l'économie.

Michel Foucault, *Surveiller et punir* (1975)

La Pénitentiaire moud du néant ; son moulin de pénitence engendre en tournant ce qui la fait tourner encore et encore : de la récidive.

Claude Lucas, *Suerte* (1995)

Abréviations, sigles, définitions

AP = administration pénitentiaire. L'une des cinq directions que coiffe le ministère de la Justice.

auxi = auxiliaire ; détenu(e) affecté(e) à des emplois d'entretien, de service, etc.

CAP (le) = Comité d'action des prisonniers.

CAP. Journal des prisonniers = publication du CAP (1972-1982).

CAP (la) = commission de l'application des peines (elle seconde le JAP dans chaque prison).

CD = centre de détention (depuis 1975). Établissement qui héberge des condamnés à des peines moyennes ou longues, ou en fin de peine. Jouit en principe d'un régime libéral, l'accent étant mis sur la réinsertion.

CERFI = groupe de chercheurs proche du GIP, animé par le psychanalyste Félix Guattari.

CGLPL = Contrôleur général des lieux de privation de liberté. Depuis 2007, peut être saisi au sujet de toute atteinte aux droits fondamentaux d'une personne privée de liberté en détention, rétention, garde à vue, hôpital… : BP 10301, 75921 Paris cedex 19.

CJD = centre de jeunes détenus, encore appelé prison-école au début des années 1970.

classé = prisonnier autorisé à travailler.

CMP = centre médico-psychologique. Créé dans les années 1960 à la Santé ; offre un suivi et quelques lits aux « cas psy » au sein de la prison. Aujourd'hui appelé SMPR (service médico-psychologique régional).

concessionnaires = entrepreneurs du secteur privé qui, par l'intermédiaire de l'AP, fournissent aux détenus la majeure partie du travail disponible.

CP = centre pénitentiaire. Établissement comprenant au moins deux quartiers à régime de détention différent : maison d'arrêt et maison centrale, ou maison d'arrêt et centre de détention.

CPP = code de procédure pénale. Contient les dispositions légales ayant trait à la détention et aux peines (Livre V, titres II à X).

Contrainte par corps = droit d'emprisonner (un condamné, notamment) pour défaut de paiement d'une dette à l'État (frais de justice, par exemple).

DAP = direction de l'administration pénitentiaire.

déclassé = prisonnier qui n'est plus autorisé à travailler.

DPS = détenu particulièrement signalé.

ENAP = École nationale d'administration pénitentiaire.

GIP = Groupe d'information sur les prisons.

JAP = juge de l'application des peines. Magistrat chargé, depuis 1958, de déterminer les principales modalités du traitement pénitentiaire, c'est-à-dire de l'individualisation de la peine : permissions de sortir, libération conditionnelle, etc. Il exerce dans une ou plusieurs prison(s).

libération conditionnelle = mise en liberté anticipée, aujourd'hui sous contrôle judiciaire, d'un condamné qui a exécuté une partie de sa peine et a donné des signes d'amendement.

MA = maison d'arrêt ; prison qui reçoit avant leur jugement les détenus « présumés innocents » et les condamnés définitifs dont le temps restant de peine est inférieur ou égal à un an (en théorie car, dans la pratique, certains y restent beaucoup plus longtemps).

MAF = maison d'arrêt pour femmes.

MC = maison centrale. Établissement qui reçoit des détenu(e)s condamné(e)s à de moyennes ou longues peines.

mitard (fam.) = cellule disciplinaire, ou de punition, où un détenu reste seul, dans des conditions plus dures qu'à l'ordinaire, pendant un maximum légal de 90 jours (années 1970) et de 45 jours actuellement.

QHS = quartier de haute sécurité (1975-1982). Réservé aux détenus jugés « dangereux ». Dénomination commune aux QPGS et QSR.

QPGS = quartier de plus grande sécurité (= QHS en maison d'arrêt).

QSR = quartier de sécurité renforcée (= QHS en centrale).

QD = quartier disciplinaire. Regroupe les cellules de punition ou mitards.

QI = quartier d'isolement. Regroupe les détenus maintenus en cellule individuelle sans contact avec les autres et sans limitation de durée.

RAAP = rapport annuel de l'administration pénitentiaire.

RIEP = régie industrielle des établissements pénitentiaires. Entreprise de l'AP qui fait exécuter, pour son compte et celui d'autres entreprises publiques, certains travaux – production de biens et services – aux détenus condamnés.

semi-liberté = dans la journée, les condamnés travaillent, étudient, ou reçoivent des soins à l'extérieur de la prison, et y rentrent le soir.

SMPR = service médico-psychologique régional (voir CMP). Suit des détenus atteints de troubles psychiques.

TS = tentative de suicide.

TIG = travail d'intérêt général. Instaurée en 1984, peine purgée hors de prison, au sein d'une association, collectivité locale ou établissement public.

UVF = unité de vie familiale. Petit appartement situé dans l'enceinte de la prison où certain(e)s condamné(e)s peuvent, depuis 2003, recevoir leur famille sans surveillance pendant soixante-douze heures maximum.

PRÉFACE

> Est-ce qu'on peut dire la prison ?... Est-ce qu'on peut dire le silence ?... Est-ce qu'on peut dire l'attente et le temps ?... Est-ce qu'on peut dire la solitude ?...
>
> PIERRE GOLDMAN,
> *Souvenirs obscurs d'un Juif polonais né en France* (1975)

POUR CE LIVRE-SOMME, érudit, dense et sensible qu'elle consacre aux prisons dans la décennie 1970-1980 (si près, si loin), Anne Guérin s'est voulue enquêtrice et médiatrice. Enquêtrice de la situation carcérale en ces années cruciales de révoltes et de prise de conscience. Médiatrice d'une parole ordinairement inaudible, tant l'ombre, la défiance, le mépris recouvrent les détenus, ces gens dangereux qu'on est soulagé de ne plus voir ni entendre. Ce n'était pas facile. Lorsqu'elle fait part de son projet à un chercheur de la direction de l'administration pénitentiaire, il lui rétorque : « "Mission impossible. Il n'existe pas de documents sur cette époque. Vous ne trouverez rien." Rien ? Mais les années 1970 regorgent de témoignages ! Jamais la détention n'a été aussi bavarde. »

En effet, et le livre s'appuie sur des sources nombreuses et variées, dont une abondante production de première main. Anne Guérin a puisé dans les témoignages ordinaires suscités par le GIP (Groupe d'information sur les prisons) et le CAP (Comité d'action des prisonniers), dont le journal (une soixantaine de numéros parus) est une mine d'informations ; et dans une littérature remarquable née d'une conjoncture favorable. Roland Agret, Serge Livrozet, Charlie Bauer, Pierre Goldman, Roger Knobelspiess, d'autres encore, se révèlent des écrivains de qualité, dont les livres connaissent d'importants tirages. Ce moment scripturaire d'une densité exceptionnelle, pratiquement sans équivalent, tient à la qualité des auteurs qui ressentent l'urgence de témoigner : « Il faut que je surmonte mon prolétariat de l'inculture. Il faut que j'écrive », dit Roger Knobelspiess, dont Michel Foucault préface le livre, *QHS* [1]. Ils rencontrent l'écoute d'une société anxieuse de ses « marges » et saisie par la violence de la pénalité.

Dans la foulée de 1968, les prisons, d'abord surprises, incrédules, silencieuses, immobiles, se sont ébranlées. Peut-être sous l'impulsion des jeunes maoïstes incarcérés, qui considéraient les « droit commun » comme leurs égaux et revendiquaient pour eux les mêmes droits que pour les « politiques » ; ils jouèrent le rôle de détonateurs. Peut-être sous l'influence d'un souffle global de liberté qui traverse les lieux clos comme les autres et soudain rend plus intolérable aux détenus leur condition. Les murs sont dans les têtes et ils vacillent avec elles. De 1971 à 1975, c'est une vague discontinue et récurrente qui, précédée par les événements de Clairvaux en 1970 et 1971, véritablement amorcée à Toul (décembre 1971) et Nancy, culmine dans l'été 1974, à Clairvaux, Nîmes, Loos, Muret... Elle touche prioritairement les centrales, mais atteint aussi les maisons d'arrêt. Elle se nourrit des maladresses du pouvoir qui, désarçonné, concède des réformes (Pleven, 1972) puis réprime brutalement (plusieurs morts à Clairvaux en 1974), puis applique mal ces réformes, comme à regret, en les assortissant de mesures de surveillance accrues, ce qui relance le mouvement. Pour l'été 1974, l'administration pénitentiaire dénombre quatre-vingt-neuf protestations collectives, dont Anne Guérin analyse la genèse, les acteurs, le contenu, les incidents, les effets. Saga sombre et violente marquée par des affrontements brutaux, physiques, souvent sanglants, quasi désespérés. L'auteur scrute les mutations de l'opinion qui passe de l'indifférence au scandale et prend conscience de l'existence même des prisons, ces « chambres de débarras » qu'on souhaite oublier. Dans l'été 1974, tous les journaux titrent sur elles.

En partie grâce à des intellectuels qui se mobilisent comme ils l'ont rarement fait pour des prisonniers. Et c'est une des originalités de ce mouvement. Marxisme et syndicalisme étaient plutôt traditionnellement distants et méfiants vis-à-vis d'un sous-prolétariat sourd à la révolution et inapte à l'action commune. Les ouvriers sont du reste en minorité parmi les détenus des années 1970, rebelles plus instruits qui n'apprécient guère l'usine. En mettant l'accent sur la prison comme agent de la discipline, Michel Foucault déplace la focale et souligne sa centralité dans les systèmes de pouvoir. Le GIP expérimente ce que le philosophe théorisera dans son grand ouvrage *Surveiller et Punir* [2]. Sceptique devant les réformes, comme du reste devant la suppression de la prison, forme historique d'une pénalité qui la dépasse, il est par contre attentif à la visibilité des prisonniers et producteur d'une parole, dont Anne Guérin montre l'éclat et les ombres. Les textes disent la souffrance et la révolte contre les brimades, la solitude, le mépris. Ils taisent le corps et le sexe, moins par pudeur que par refoulement des affects. *Le Froid pénitentiaire,* qu'a évoqué Simone Buffard dans un livre pionnier, provoque une anesthésie du désir même. Privative de liberté, la prison est castratrice et ruine l'humanité de l'homme [3].

Anne Guérin décrypte les pleins et les déliés des mots arrachés à la nuit : « Mon sujet, c'est l'homme dans son environnement carcéral, et non celui d'avant, ou d'après. » Elle veut faire entendre ces « interdits de l'Histoire », jamais considérés comme des personnes à part entière. D'où lui viennent cet intérêt, cette obsession, cet acharnement ? Quand on l'interroge à ce sujet, elle invoque surtout la guerre d'Algérie. Peu après l'indépendance, elle a côtoyé des militants du FLN tout juste sortis des geôles françaises. Leur expérience carcérale les avait profondément marqués, quasi détruits. Au point que, libérés, ils étaient incapables de la mettre en mots. De leur silence ont surgi chez la jeune Française mille questions obsédantes : « C'est quoi, c'est comment la prison ? » Par la suite, elle a tenu à donner la parole à ceux qui ne peuvent la prendre, ou que l'on n'entend pas :

les victimes de la pollution industrielle, les malades du sida et maintenant les prisonniers [4].

Les prisonnières aussi. À cette minorité carcérale (environ 3 % des effectifs de l'époque), Anne Guérin a consacré un chapitre où apparaît la profonde solitude de celles qui, souvent condamnées pour des crimes et délits domestiques, sont abandonnées par leur famille dans un univers viril qui les ignore.

« Spectatrice engagée », Anne Guérin ne porte pas de jugement péremptoire. Elle sait distance garder. Elle ne cède ni à une sensiblerie victimaire ni à un catastrophisme aveugle et négateur des changements. Depuis 1970, des « progrès » ont été accomplis en matière pénale et carcérale. La réforme de 1972 (Pleven) et celle de Giscard en 1975 – que l'on doit en partie à Hélène Dorlhac, dont Anne Guérin esquisse un portrait sympathique – ont desserré les contraintes, permis l'entrée des journaux, supprimé l'obligation du silence, facilité les communications avec l'extérieur. Non sans réticences et repentirs, comme s'il fallait toujours compenser une concession par une restriction et surtout ne pas trop sacrifier au « laxisme » carcéral.

Anne Guérin ne prétend pas apporter de solution au problème de l'enfermement et elle en assume les contradictions. Elle souscrit au constat, si largement partagé, de l'échec de la prison, sans pour autant refuser les réformes, sachant combien toute amélioration, même infime, d'un quotidien insupportable et destructeur est bienvenue pour ceux qui le vivent. Mais elle ne peut davantage céder à l'illusion d'un progrès dont elle sait les limites en l'occurrence. Elle mesure l'inertie des structures, le poids des résistances, la force des accommodements, les effets des politiques sécuritaires qui emplissent les prisons. Les chiffres sont à cet égard éloquents. En 1970, il y avait 29 026 détenus (dont 938 femmes) dans cent soixante-seize établissements. En 1980, ils étaient 35 655, soit une hausse de 22,8 %. La vieille notion de « dangerosité » a retrouvé une nouvelle vigueur dans cette période réputée libérale, et s'est traduite par la création des QHS (1975), prisons dans la prison. Si bien que le bilan de cette décennie tumultueuse est au bout du compte balancé.

Comme celui des évolutions ultérieures. Les détenus ont sans doute plus de droits aujourd'hui qu'ils n'en avaient en 1970 ; mais ils n'ont jamais été aussi nombreux (67 000 au 1er juillet 2012 : un record) dans des geôles pléthoriques. Et la prison demeure, en dépit de modulations appréciables du Code pénal, le centre de la pénalité. Maître Henri Leclerc, dans un entretien final, le souligne avec force : la situation actuelle est « une horreur absolue » que dénoncent sans succès de nombreux rapports, y compris les plus officiels. Au point qu'il s'étonne de l'absence de révoltes collectives, liée peut-être à l'extrême individualisation des peines, à la télévision, voire à la prescription de psychotropes. Le passionnant témoignage du grand avocat [5], talentueux, humaniste, réformiste impénitent, qui fut aussi président de la Ligue des droits de l'homme, ouvre sur le présent le livre d'Anne Guérin ; il en prolonge la secrète vibration, expression de ceux qui ne renoncent pas.

MICHELLE PERROT

I. Panoramiques

1. « Est-ce ainsi que des hommes vivent ? »

À la question de Louis Aragon, il est impossible de répondre globalement car les situations, les régimes carcéraux, les règlements intérieurs des prisons sont loin d'être partout identiques. Ce qui est vrai pour une prison peut être faux pour une autre. On peut seulement donner, toujours avec un risque d'erreur, un aperçu anecdotique de la vie quotidienne dans certaines prisons avant les grandes révoltes des années 1970… Et même pendant et après, car les conditions de détention ont évolué lentement et diversement au cours de cette décennie.

L'année 1970 n'est pas une année charnière. Elle nous permet seulement de planter un décor dont certains éléments – pas tous – restent aujourd'hui inchangés. Pour autant, la date n'est pas indifférente. En dressant l'inventaire des prisons cette année-là, et peu après, nous comprendrons mieux les raisons des révoltes qui vont éclater et en quoi les réformes qui ont suivi ont représenté des progrès.

Plusieurs révoltes ont émaillé les années 1950 et 1960 [1]. Mais les journaux n'en parlaient guère. Il était interdit aux

1. En 1967, par exemple, deux prisonniers arabes sont tués à la MA de la

prisonniers de s'exprimer sur leur prison et ils respectaient généralement cet interdit. C'est pourquoi les témoignages d'avant 1970 sont rares. Pour que cette information filtre au-delà des murs, il faudra des circonstances exceptionnelles : un grand nombre de révoltes, dont certaines spectaculaires, éclateront dans les prisons de France entre 1971 et 1974. Les détenus s'exprimeront alors, et pour la première fois massivement, avec leurs mots, avec leurs corps. Grâce à quelques militants et journalistes, ces révélations seront relayées au-dehors.

Le gîte…

En 1970, quelque 29 000 détenus[1], dont près d'un millier de femmes, sont répartis dans cent soixante-seize prisons. En 1970-1980, environ 40 % des prisonniers sont des prévenus ; 60 % sont des condamnés. Les maisons centrales (MC) sont destinées aux condamnés à de moyennes et longues peines ; les maisons d'arrêt (MA) aux prévenus et aux condamnés à des peines en principe inférieures à un an. Un centre pénitentiaire (CP) regroupe deux au moins de ces régimes, parfois une maison d'arrêt de femmes (MAF) ou de jeunes détenus (moins de vingt-et-un ans). Il existe quelques établissements spécialisés (« cas psy » à Haguenau et Château-Thierry…).

Rares furent les prisons construites entre 1900 et 1962. La plupart des prisons datent donc du XIXe siècle mais certains bâtiments sont bien plus anciens. Une ancienne abbaye devenue prison date du XIIe siècle. Dans les années 1970, les établissements récents sont peu nombreux. Le plus moderne est la gigantesque MA de Fleury-Mérogis, « la Sarcelles des prisons », mise en service en 1968.

Santé. Les autres Arabes se soulèvent. L'émeute gagne d'autres locaux. Les gardes mobiles écrasent cette révolte dans le sang, « qui coulait dans les escaliers[1] ».

1. Leur nombre diminue légèrement jusqu'en 1975, année où commence l'inflation carcérale qui conduira aux 35 600 détenus environ de 1980 et aux 67 000 de 2012.

Pour le ministère de la Justice, il n'est pas question d'engloutir les maigres crédits dévolus à la Pénitentiaire dans des travaux destinés à améliorer le confort des prisonniers : au contraire, « tous les efforts d'investissement sont consacrés à la sécurité », se réjouit l'ancien surveillant devenu responsable syndical FO Hubert Bonaldi[2]. Or, « dès 1962, 121 prisons auraient dû être désaffectées, dont 77 maisons d'arrêt [...] à démolir d'urgence », estime André Armazet[I]. Celui-ci s'indigne qu'« on cimente les égouts de Clairvaux [à la suite d'une tentative d'évasion par ce moyen[II]], alors que la prison est dans un état de vétusté incroyable[3] ». Le seul établissement qui trouve grâce à ses yeux est situé à Strasbourg : il est vétuste, lui aussi, mais très propre et chauffé. Comme aussi la MA de Fresnes (mise en service en 1898).

L'encellulement individuel est en principe réservé aux maisons d'arrêt. 21 500 détenus sont ainsi logés en 1971. À Fleury, ce sont des cellules proprettes de 9 m² : « Il n'y a pas à s'en plaindre », rapporte un locataire, mais ce sont « un peu des cellules de moine » qu'il est interdit de décorer sauf « de photos de famille et de bondieuseries »[4].

Mais à la MA de Paris-la Santé, un médecin découvre avec surprise six hommes dans une même cellule de 9 m², repoussante de saleté. Ces « logements » sont réservés aux Nord-africains et aux récidivistes[5]. À la Santé, conçue pour un millier de détenus, on en compte, en 1973, le triple. La surpopulation – essentiellement des maisons d'arrêt – n'est donc nullement un phénomène récent. Elle daterait même des années 1920. C'est elle qui conduit l'administration à entasser deux prévenus ou davantage dans des cellules prévues pour un seul, y compris à Fleury.

À la MA de Pontoise, deux détenus sodomisent et torturent un « camarade » de cellule. Devant le tribunal qui les condamnera lourdement en 1977, leurs avocats plaident la surpopulation : trois cents détenus occupent soixante-seize cellules et parfois quatre prisonniers partagent trois lits.

I. André Armazet est le pseudonyme du CERFI, groupe de chercheurs proches du Groupe d'information sur les prisons (GIP).

II. Lire *infra*, p. 105.

On trouve dans les immenses salles de monastères et couvents convertis en prisons pour peine (MC) des « cages à poules ». Seul type d'habitat offert dans soixante-deux établissements, ces boxes individuels de 2 x 1,20 m sont en partie grillagés et fermés par des barreaux, disposés en rangs d'oignon et mal éclairés[I]. Une variante : le dortoir, où s'entassent jusqu'à soixante-quinze prisonniers.

À la MC de Toul, la plupart des cellules, de 30 à 35 m², abritent huit détenus majeurs qui dorment sur des paillasses, dans des lits superposés, et disposent de trois lavabos et d'un WC. Malgré la promiscuité, l'habitat collectif a un avantage : on peut y parler avec ses voisins.

… et le couvert

En 1970, l'AP (administration pénitentiaire) consacre à l'alimentation 3,16 F (3,25 € de 2011[II]) par détenu et par jour. Les prisonniers vont bientôt dénoncer une nourriture insuffisante en quantité et surtout en qualité : elle serait « infecte », voire « innommable » comme cette « salade aux vers blancs » qu'évoque Roland Agret[6]. Et le dimanche, « des pommes pourries qui vont directement aux chiot[7] » (*sic*). À la MC de Poissy, « la nourriture acculerait Bocuse au suicide »[8].

Viandes et poissons sont rares, éventuellement avariés. Le déséquilibre nutritionnel, privilégiant les féculents, peut entraîner certaines maladies.

C'est pourquoi les détenus les moins pauvres se rabattent sur la cantine[III] où ils achètent des aliments plus goûteux. Mais une cantine moyenne coûte chaque mois 150 F de l'époque (155 €), selon un détenu de Nevers. Pour ceux qui bricolent dans leur cellule des réchauds interdits, « une recette

I. Disparues de France au cours des années 1970, les « cages à poules » existent encore dans de nombreux pays, dont les États-Unis, et à Guantanamo.

II. Tous les équivalents donnés ici en euros correspondent à la valeur de cette monnaie en 2011.

III. Sorte de magasin virtuel où les prisonniers peuvent commander périodiquement et à l'avance divers produits, surtout alimentaires.

typique de cuisine est le ragoût, ou le rôti, de chat », note sans rire en 1973 Simone Buffard, psychiatre des prisons de Lyon[9] : de fait, les chats pullulent autour des détentions, guettant les rongeurs et la nourriture que les détenus, dégoûtés, jettent par les fenêtres.

Le froid et le chaud

Le mitard n'est pas chauffé. La température y serait descendue à -26 °C à Toul en janvier 1968. Le chauffage central, inauguré à Fresnes en 1898, est peu répandu. Sur cent soixante-seize prisons, quarante-sept ne sont pas, ou pas entièrement, chauffées. Lorsque ces installations existent, elles tombent souvent, et pour longtemps, en panne, comme à Loos-lès-Lille, par -8 °C dehors.

Il existe des poêles dans certains locaux à usage collectif, rarement dans les cellules ou les dortoirs, où l'on se réchauffe en se blottissant contre les tuyaux plus ou moins tièdes qui courent le long des murs.

Une exception cependant : Strasbourg, qui bénéficie de « poêles à charbon dans chaque cellule et dans les ateliers[10] ». Le chauffage central ne sera généralisé dans les prisons qu'en 1978.

L'aération, elle aussi, est souvent défaillante. À la Santé, « le plus souvent les fenêtres sont de véritables meurtrières : le soleil ne rentre pas dans les cellules, l'air non plus quand il fait chaud[11] » : on atteint alors facilement les 40 °C.

Le propre et le sale

Dans une cour des Baumettes à la fin des années 1960, le détenu Bauer aperçoit, en guise de tinette[I], « une lessiveuse remplie d'excréments, avec des vers grouillants[12] » qu'il renonce à utiliser. À la MA de Foix, comme souvent, « il n'y a pas d'eau dans les cellules[13] ». Les détenus doivent alors recourir aux tinettes.

I. Seaux qui n'ont d'hygiéniques que le nom, qu'à Clairvaux on vide le lendemain matin dans des conteneurs de cent litres. Et gare aux éclaboussures.

En 1970, sur cent soixante-seize prisons, quatre-vingt-dix-sept sont dépourvues d'installations sanitaires convenables. « Nous réclamons en vain pour les tinettes une dose de désinfectant par jour », écrivent les détenus de la MA de Saint-Paul à Lyon[14]. Par contre, dans les cellules individuelles de Fleury, « il y a du confort : lavabo et chiottes[15] ».

Obligatoires, les douches sont pourtant rares – une par semaine ou par quinzaine – et capricieuses, souvent glacées ou brûlantes. Pour ceux qui se livrent au sport ou à des travaux salissants, une douche par semaine ne suffit pas et la toilette intime est impossible, indique-t-on à Saint-Paul.

Dans près de cent établissements, il manque encore, en 1980, soit des installations sanitaires, soit l'eau courante, soit des installations électriques. On attrape encore aujourd'hui des mycoses dans les douches, tapissées de moisissures.

Dans les années 1970, une savonnette par détenu et par mois peut être offerte par la maison aux indigents mais « le rouleau de papier hygiénique et la poudre à récurer sont à partager à trois[16] ». Dans certaines MAF, et jusqu'en 1990, chaque détenue recevait par semaine un demi-verre de cette poudre pour sa vaisselle, sa lessive, son ménage. Dans d'autres établissements, tous les détenus arrivant reçoivent les articles d'hygiène de base. Mais ensuite, il faut les acheter à la cantine. Vers 1970, le linge de corps est changé une fois par mois en moyenne, la literie pas davantage. À la prison de Pontaniou, en Bretagne, « les couvertures n'ont pas été battues depuis plusieurs années, elles ne sont jamais nettoyées[17] ». À la Santé comme ailleurs, puces, punaises et cafards envahissent les cellules. Murs « couverts de crasse », paillasses « grises de saleté. [...] La cour n'est apparemment jamais nettoyée, malgré les mégots, crachats, etc.[18] ». Secrétaire d'État à la condition pénitentiaire (1974-1976), Hélène Dorlhac visitera de vieilles prisons dans l'Est de la France : « Ce fut un voyage au bout de l'enfer », écrira-t-elle[19]. Ancienne médecin du travail, Mme Dorlhac frémit : « On baptise ateliers des soupentes insalubres, mal éclairées, mal chauffées. [...] Ni gants, ni masques, ni lunettes de protection pour des hommes qui manipulent du plomb. Ni dépistage[20]. »

L'habillement

En toute saison, les détenus portent l'uniforme carcéral, ou droguet, mal coupé dans un grossier lainage du même nom, « couleur de muraille, dont l'étoffe m'a râpé la peau jusqu'à l'écorchure. [...] La veste est inévitablement trop petite, le pantalon toujours très large à la taille et très court aux jambes [21] ». S'y ajoutent « une vieille capote, deux caleçons, deux chemises, deux bleus, une paire de chaussettes, un pull trop court et ajouré [22] » : avec ce « vrai paquetage de clochard [23] » offert, mais non lavé ou raccommodé par l'administration, « tu as des charlots, des clowns, des qui nagent dedans [24] ». « L'homme n'est ici qu'une triste guenille », dit une chanson de Clairvaux... Les condamnées de la MC de Rennes supportent mal leur costume pénal : longues jupes, larges vestes grises et sous-vêtements disgracieux. Par contre les prévenues de Fleury ont droit à des robes de couleurs vives.

Les montres sont confisquées aux arrivants. Hormis les alliances, les effets personnels et/ou à la mode (mini-slip, T-shirt...) sont prohibés à Toul, même sous le droguet. À défaut de chaussures, et comme il est interdit d'aller pieds nus, les détenus portent, à Clairvaux, des sabots en caoutchouc [25].

Ces menues observations sur la situation matérielle des détenus doivent être rapprochées de la fameuse « loi d'airain » énoncée par Robert Badinter : la prison « ne peut offrir aux détenus une condition jugée préférable à celle qu'ils connaissent dans la société des hommes libres [26] ». Dans le cas contraire, en effet, la prison pourrait devenir attractive, du moins pour les plus pauvres. Enfin, le corps social ne le supporterait pas. En 1898, les habitants de Fresnes furent outrés d'apprendre que la nouvelle prison implantée, bien malgré eux, dans leur commune, était dotée d'un chauffage central.

Soins

La population carcérale accuse durant les années 1970 un net rajeunissement, la moyenne passant de quarante à vingt-cinq ans. Un jeune ne devrait pas être malade mais s'il est pauvre, il a pu négliger sa santé. Et la prison n'arrange rien.

Les principales maladies « sociales » en détention sont la tuberculose (3 % des prisonniers), les infections vénériennes et l'alcoolisme. « Parce que les prisonniers ne parlent pas, ils s'expriment avec leur corps : les pathologies psychosomatiques sont décuplées par rapport à la moyenne »[27].

Les soins sont jugés insuffisants ou inexistants par une large majorité de détenus. À Toul, l'un d'eux se plaint d'un médecin qui « colle des rapports » aux « faux malades » simulateurs.

Ni les condamnés, ni leur famille n'ont de couverture maladie. En prison, les soins médicaux sont gratuits, mais pas les soins dentaires. Les médicaments sont livrés fondus tous ensemble dans une « fiole ». Rarement reconnu comme gravement malade ou blessé, un prisonnier a peu de chance d'être transporté à l'hôpital où pourtant « un homme [obligatoirement] enchaîné a autant d'importance qu'un pansement usagé[28] ». Cependant l'hôpital permet d'échapper à la prison, aussi certains détenus se cassent un bras pour s'y faire envoyer.

Dans les grands établissements, il y a un médecin à plein temps auquel peuvent s'ajouter de rares spécialistes vacataires : pneumo-physiologue, psychiatre... Dans les petites prisons, les soins sont laissés à un généraliste de ville. Il faut patienter longtemps avant d'accéder aux médecins, peu nombreux, souvent peu présents[1] et payés par l'AP « moins, à [son] arrivée, qu'un surveillant stagiaire », note le Dr Antoine Lazarus qui exerce à Fleury. À la Santé, le médecin-chef Perrache expédie quarante consultations en une demi-heure à l'« infirmerie », en réalité une cellule aussi sombre que les autres. « À propos de médicaments, n'en donne que très peu, conseille Perrache au Dr Dayant venu l'assister. On n'est pas riche. Arrive un consultant :

— Voilà, docteur, j'ai de la fièvre et...

— Vous n'en savez rien, vous n'avez pas de thermomètre, observa l'infirmière plaisamment.

— Je le sens. Et puis j'ai mal à la gorge, je ne peux pas avaler quand...

1. À Clermont-Ferrand, le médecin, par ailleurs maire (UDF), se vante de ne passer à la prison que vingt minutes par semaine.

Perrache [...] prit un abaisse-langue. [...] J'étais surpris qu'il ne lui faille pas de lampe pour examiner une gorge endolorie. [...]

— Tu n'as rien, dit-il laconiquement au détenu. Au suivant !

Il ajouta à mon adresse :

— Encore un rigolo. »

Les soins de nuit et de week-end sont exceptionnels et semblent réservés à quelques grands établissements, comme Fleury-Mérogis où toutefois « le malade de nuit doit s'automutiler gravement pour faire soigner le mal d'origine [et où] il n'existe qu'un seul interne de nuit pour 3 200 détenus », écrivent des détenus de cette MA en mai 1976[29].

« Cas psy »

Outre l'aspirine, les médecins prescrivent surtout des psychotropes car « sans Valium, Fleury ne pourrait pas fonctionner », note un de ses locataires[30]. Les neuroleptiques sont plus efficaces encore : « cachetonné » au point de s'être pendu, affirme-t-il, sans même s'en rendre compte, Roland Agret interpelle ainsi un docteur : « T'en n'as pas marre de fabriquer des légumes[31] ? » Les gardiens se chargent au besoin de neutraliser les « fous » : « J'ai vu un détenu qui était devenu fou, raconte un surveillant de Toul. Nous avons été obligés de lui mettre des chaînes aux mains et aux pieds. [...] Deux jeunes surveillants, pour s'amuser, l'ont pris à cinq mètres du mur, ont pris leur élan, ils l'ont laissé tomber la tête la première, il a voltigé dans le mur[32]. »

Autre calmant pour les « agités », la contention (ou camisole de force) n'est licite sur que sur avis médical, lequel n'est pas souvent sollicité. Les « agités » sont attachés sur un lit de ciment, ou par terre sur une paillasse, avec des sangles de cuir comprimant le torse et les quatre membres, et ce pendant une quinzaine d'heures (à la Santé), un ou deux jours (à Fleury), voire « une dizaine de jours » (à Toul, où ils sont laissés dans leurs excréments)[33]. « J'ai connu un Arabe. Il a fait 22 jours attaché », témoigne un ancien détenu[34]. Mme d'Escrivan, assistante sociale à la MA de Fresnes, témoigne de son côté que certains « patients » ainsi traités ne sont pas agités du tout. En 1972, elle sera licenciée pour ces propos, qu'elle a rendus publics.

Il n'existe pas de statistiques fiables, et générales, sur les « cas psy » en prison. Comment définir les troubles psychiques ? Tel détenu en souffrait-il dès avant son incarcération ou en souffre-t-il depuis ? Les psychiatres de l'époque observent des psychoses carcérales souvent délirantes lors de l'incarcération, éventuellement accompagnées de tentatives de suicide et d'auto-mutilations.

On peut penser que les « cas psy » étaient nombreux en prison dans les années 1970, moins cependant qu'aujourd'hui. À l'époque, en effet, les juges reconnaissaient dix fois plus souvent l'irresponsabilité pénale d'un accusé ; le cas échéant, celui-ci était envoyé non en prison mais en hôpital psychiatrique, ce dernier étant bien mieux qu'aujourd'hui équipé pour l'accueillir.

Violences

Les statistiques de l'AP cernent mal, surtout en 1970-1980, les violences endémiques en milieu carcéral. Il en est rarement question dans la presse, ce qui ne signifie nullement qu'elles sont absentes. Mais 1970 est, somme toute, une année calme : l'AP ne recense alors que dix-neuf agressions contre le personnel et cent soixante-dix-neuf auto-mutilations. Auto et hétéro-agressions sont les deux faces d'une même médaille[1] : « Pour couper ton pain, ta viande, tu reçois un petit canif. [...] C'est possible de l'aiguiser sur le rebord du lavabo ou sur les barreaux et ça peut te servir à te couper les veines [ou] à sauter sur les matons[35]. »

Le taux des suicides carcéraux – qui va bientôt s'envoler – n'a, pour l'heure, rien d'inhabituel : dix-neuf en tout et quatre-vingt-dix-huit tentatives, selon l'AP. Mais chez elle, la sous-déclaration est plus que probable.

La psychiatre Édith Rose s'étonne du grand nombre de tentatives de suicide à la MC de Toul, où la discipline est draconienne. À Fleury-Mérogis, qui cumule les suicides dès son

1. Lire *infra*, p. 235.

ouverture en 1968, le jeune détenu est « seul, 23 heures sur 24. C'est la pire des souffrances... Tout plutôt que ça[36] ». En matière de surveillance à distance, Fleury est à la pointe du progrès : on y voit rarement les gardiens. Sauf quand se produit une épidémie de suicides : « Un après-midi, les surveillants couraient de cellule en cellule parce que les gars tentaient de se suicider de tous les côtés. [...] Quand on [l'] apprend, tu en as souvent sept, huit, dix, douze, quinze qui essaient aussi. C'est un affolement indescriptible chez les matons[37]. »

Travail

En 1970, le travail est encore obligatoire pour tous les prisonniers, dont la plupart tiennent à travailler, seul moyen de constituer un maigre pécule pour cantiner et aider la famille. Le refus de travailler est puni.

En 1972, un travailleur libre gagne, au SMIC, 3,90 F (3,58 €) par heure alors qu'un travailleur détenu gagne entre 1 F (0,92 €) et 5 F (4,49 €) par jour. Faute d'une grille uniforme et rationnelle des rémunérations, les détenus ne comprennent rien à leur « redevance », calculée tantôt à l'heure, tantôt à la pièce. L'AP en retient une importante fraction à la source[I]. En 1973, elle convient pourtant que certains travaux de détenus rapportent plus au Trésor public que ne coûte leur entretien. Reste qu'en moyenne, les détenus couvrent par leur travail moins du quart de leur entretien, selon l'AP.

Mais à cette époque de plein emploi extra-muros, qui du reste touche à sa fin, on compte déjà entre 22 % et 40 % de chômeurs intra-muros[II]. Le travail existant est tributaire de commandes souvent irrégulières. Il n'est donc nullement garanti à plein temps. Quand il n'est pas fourni, il arrive que les détenus « passent la journée dans un atelier où ils ne font rien[38] ».

I. Ces retenues, variables, ponctionnent jusqu'aux 8/10e de la « redevance » qu'on n'appelle pas un salaire. S'agissant d'un condamné pour crime, les 5/10e vont au Trésor public en remboursement de son entretien. Les autres retenues servent à indemniser ses victimes, à payer ses amendes, frais de justice, dommages et intérêts, et à alimenter son pécule de sortie.

II. Selon les sources. En 2011, 72 % des prisonniers seraient sans travail.

D'autre part, un détenu-travailleur dérangeant peut être « déclassé », c'est-à-dire privé de travail, donc de ressources. « C'est pourquoi il est pratiquement impossible de se rebeller », regrette un correspondant du CAP[39].

Si, en 1970, les ateliers de Clairvaux sont « sortis tout droit du XIXe siècle[40] », d'autres sont modernes. À Fleury, par exemple, un atelier est consacré, « comme à l'usine », au polissage des pare-chocs de Citroën et de Peugeot, ce qui exige une qualification et plus d'un mois de formation. Ailleurs, des détenu(e)s confectionnent les uniformes et les chaussures des surveillants. Mais en prison le travail est généralement « plus dur, et les cadences plus rapides, qu'à l'extérieur[41] ». Aux yeux des employeurs, la productivité des détenus est faible, ce qui justifierait leurs rémunérations dérisoires.

À la MC de Melun, l'imprimerie administrative procure des emplois hautement qualifiés à une minorité de détenus : l'élite de la population pénale. Mais la semaine est longue : quarante-quatre à quarante-huit heures. Quant aux conditions de travail… Cette imprimerie regorge de poussières de plomb, hautement toxiques. À la MC d'Ensisheim, quatre détenus meurent intoxiqués dans l'incendie d'un atelier de peinture.

Dans les MA dominent, comme à Fleury, les « petits boulots complètement idiots », exécutés en cellule et payés à la pièce. Il s'agit de « sertir des poivrières » au rythme de « 1 000 par jour, pour 2,25 F »[42] (2,19 €). Ou d'« enfiler des étiquettes sur un fil à la Santé, faire des guirlandes de Noël à Fresnes, plier des bas Dior à la Petite Roquette, préparer des cornichons Amora à Dijon, pailler des chaises à Caen[43]… »

« J'ai vu des mecs cachetonnés à bloc qui pliaient des enveloppes accroupis sur les chiottes en train de déféquer », témoigne Roland Agret. Pourquoi ? Parce que l'administration fait miroiter l'espoir, le plus souvent déçu, que « plus ils vont bosser, meilleure sera la note pour la [libération] conditionnelle[44] ».

En prison on travaille sans contrat, sans congés, sans protection sociale… Deux types d'employeurs profitent de cette main-d'œuvre bon marché sans pâtir des restrictions du Code du travail : les concessionnaires privés, majoritaires ; l'AP elle-même via la RIEP[1] qui fait fabriquer des articles destinés à l'AP et autres entreprises publiques ; et le service général de l'AP qui fournit aux « auxis » (auxiliaires) les emplois les plus stables, mais les plus mal payés : entretien et maintenance des locaux, du bâtiment aux cuisines et au nettoyage.

Il s'agit là, bien sûr, de travaux officiels. Par ailleurs, « les surveillants-chefs et directeurs cultivent leur potager par détenus interposés » ; le personnel « se fait fabriquer des meubles, repeindre l'appartement, couper le costume par le tailleur de service. [...] Tout, absolument TOUT est fait et réparé par les détenus »[45]. Les détenues aussi font des travaux (linge, tricot...) pour le personnel, qui les récompense à l'occasion par des bonbons.

Activités

La promenade, « seul bonheur de la journée » pour certains, est obligatoire pour tous. Mais les isolés, les occupants du mitard se promènent tout seuls et les cours sont souvent minuscules, ceintes de hauts murs, sous un ciel grillagé.

D'une demi-heure par jour, la promenade passe théoriquement à une heure en 1970, en réalité à quarante minutes à Fleury, déduction faite du temps de déplacement de la cellule à la cour ; et à dix minutes à Dunkerque[46]. Les détenus qui travaillent à l'heure de la promenade sont privés de cette dernière, notamment dans ce « phalanstère expiatoire[47] » qu'est Ensisheim.

En matière d'activités, « tout est symbolique », remarque un détenu. Le cinéma ? Une fois par mois. Dans nombre de prisons, il n'y a aucun sport. À Fleury, on peut en pratiquer « deux fois par semaine, mais jamais plus d'une heure. On raconte que tout le monde peut en faire, c'est complètement faux ». En effet, le sport, les cours – qui « servent surtout à ce que les gars se tiennent tranquilles » –, la formation professionnelle – où « on n'apprend pas du tout un métier[48] » – et le travail sont réservés aux « bons » détenus. « Quel chantage ils [les surveillants] vous font avec ça[49] ! » Par contre, les

1. Régie industrielle des établissements pénitentiaires.

mauvais sujets sont privés d'activités. De toute façon, les locaux, ou terrains, ne sont pas adaptés, ou pas assez spacieux pour accueillir tout le monde.

Au début de la décennie 1970-1980, l'archipel pénitentiaire est bien plus « fermé » à l'extérieur qu'à la fin de celle-ci. On s'ennuie ferme dans l'archipel, conçu comme au XIXe siècle – et comme son nom l'indique – comme un lieu de pénitence et non de réinsertion.

Information et culture

Les conditions immatérielles d'existence font, elles aussi, l'objet d'une réglementation tatillonne. S'ils n'ont pas accès, sauf rarissimes exceptions, à la télévision, les détenus de 1970 peuvent, selon les établissements, écouter collectivement une station de radio transmise par haut-parleur, que le préposé éteint à sa guise, notamment à l'heure des informations. Secrètement bricolés, des postes radio à galène, interdits, suppléent aux transistors et journaux. Ces derniers sont admis ici et là, mais tailladés par les censeurs, ils ressemblent à « de la vraie dentelle », plaisante un prisonnier.

Parce qu'un détenu informé, instruit, présente, aux yeux de l'AP, un danger potentiel, les études sont « quasi[ment] une dérogation réglementaire. Que d'autorisations et d'interventions avant de pouvoir faire entrer un livre d'études ! "Faveur", et non droit, arrachée au bout de deux mois de démarches[50] ». C'est clandestinement que Serge Livrozet réussit à poursuivre ses études. Des « activités éducatives » sont offertes, selon l'AP, à 8 200 détenus. Ils sont en réalité 4 800 à suivre de véritables cours, sur place ou par correspondance, généralement de niveau primaire, rarement au-delà. L'instruction n'est obligatoire à aucun niveau, ni réellement favorisée.

Quant aux bibliothèques des prisons, elles se résument, à la Santé, à un chariot de livres que l'on déplace périodiquement de cellule en cellule[1] : ouvrages édifiants ou inoffensifs (parmi lesquels ceux de la comtesse de Ségur), limités à trois par prisonnier et par semaine. Le cinéma est tout aussi

1. Lire *infra*, p. 331.

indigent. Seul avantage : on peut, dans le noir, y bavarder, retrouver des copains ou s'y faire sucer.

Dans le documentaire *Les Prisons aussi* (1973), les anciens prisonniers s'expriment très convenablement en français. C'est qu'on lit beaucoup en prison, à l'époque. 9 % des détenus sont illettrés et 80 % n'auraient connu que l'école primaire, mais celle-ci leur apprenait à lire et à écrire correctement. Aussi leurs lettres contiennent beaucoup moins de fautes d'orthographe qu'aujourd'hui. Leurs auteurs sont donc, à cet égard, très relativement marginaux. L'arrivée massive, dans l'archipel, de jeunes banlieusards acculturés, issus de l'immigration, débutera bien plus tard, à partir des années 1980-1990.

Familles

Un détenu ne peut guère compter sur ses proches pour l'informer de ce qui se passe au-delà des murs : le sujet est interdit, dans la correspondance comme au parloir, où seules peuvent être abordées les affaires familiales. La réalité sociale en devient, à la longue, indéchiffrable pour le prisonnier, estime le détenu Claude Lucas[51]. Seuls sont admis les membres de la famille biologique, les épouses, à la rigueur les fiancées de bonne moralité. Dans des salles de parloirs souvent minuscules où circulent des surveillants aux aguets, les familles s'entretiennent en criant avec le détenu dont elles sont séparées par une cloison et une vitre. Toutefois la prison distend ou dissout les liens familiaux et de nombreux détenus ne reçoivent aucune visite.

Surveillance

Deux exemples : les fouilles, fréquentes, ont lieu avant et après les parloirs et en plusieurs autres occasions. La fouille intégrale est pratiquée sur le prisonnier nu, jambes écartées, les mains au sol, et comprend souvent l'examen de l'anus[1].

1. Les élèves surveillants s'initiaient à cette pratique grâce à un manuel illustré de l'AP, publié par le GIP.

« Être nu [...] produit un effet d'humiliation rarement supportable pour celui qui le subit. Le rapport d'autorité, de domination est aussi constitué par [...] l'uniforme [du surveillant][52]. »

Les effets personnels des détenus peuvent être détériorés, voire confisqués lors des fouilles de cellules.

À Fleury, un haut-parleur permet au surveillant de communiquer avec, et d'écouter, chaque détenu depuis le rond-point central : « Impossible de le couper. Cette sono est si puissante que le maton, le soir, quand le détenu est couché, peut l'entendre respirer. Il y a des moments où ça se déclenche toutes les deux minutes. Le surveillant hurle de toutes ses forces : "Il est 6 h 45, réveil général !" "Préparez-vous à sortir pour la promenade." "Vous ne sortirez qu'à mon ordre." "Les cellules doivent être propres." "Une inspection va être faite"[53]. »

Signalons tout de même quelques exceptions à la règle, comme celle-ci : « À Nîmes, le dimanche, la surveillance était minimale, on pouvait naviguer librement dans la prison, aller aux douches, au terrain de sport[54] », rapporte Roland Agret qui se souvient aussi de soirées bien arrosées en compagnie de surveillants complices, pourvoyeurs d'alcools (surfacturés aux détenus, il est vrai).

Punitions et discipline

« ... Et ils nous foutaient des rapports. » Le rapport disciplinaire clôt, dans les récits des prisonniers, les incidents de toutes sortes : entorse au règlement, faute disciplinaire, dispute entre détenus ou entre ceux-ci et un surveillant, etc.

Le rapport mène le détenu à la commission de discipline, ou prétoire[1], qui prononce éventuellement (systématique-

1. Sorte de mini-tribunal, présidé par le directeur, sans défenseur pour l'accusé (un avocat y sera admis en 2000). « Et le directeur qui te fait passer au prétoire ne t'écoute pas. Il lit un rapport mal foutu, même pas français, écoute le surveillant. T'as toujours rien à dire et si tu essaies de parler t'as quinze jours de plus. Il est satisfait, il a rendu sa petite justice », ironise un prisonnier[55]. Le prétoire repose sur « un droit auquel rien ni personne n'a donné le droit de fonctionner comme tel, droit sans droit[56] ».

ment, à Toul) une sanction. La plus redoutée est l'envoi au mitard (joliment baptisé « punition de cellule ») où le puni ne peut, théoriquement, demeurer plus de trois mois). Sorte de punition-gigogne, le mitard (officiellement « cellule de discipline ») entraîne *de facto* de multiples privations – de visites, de courrier, d'activités, de lecture, de tabac… – et des restrictions alimentaires (un jour sur deux, soupe uniquement jusqu'en 1972). Autres sanctions du prétoire, moins sévères : les interdictions et privations sans mitard.

Fautes et sanctions ne sont pas nécessairement prévues dans les textes : pour avoir « parlé à la fenêtre », une femme écope de deux jours de mitard. Chez les hommes, une grève de la faim, qui n'est pas une faute disciplinaire, peut valoir deux mois de mitard.

Une circulaire du 14 avril 1969 en décrit le « mobilier » : « Un tabouret scellé ou un siège en maçonnerie, une tablette fixée au mur, un lit de camp également scellé garni d'un matelas et d'un nombre suffisant de couvertures. » Dans les faits, le « lit » est plus souvent en ciment, le « matelas » est une paillasse, la couverture est unique ou… manquante et les waters se résument à un trou. Au mitard, l'éclairage naturel est absent ou réduit (hublot), mais une ampoule brille toute la nuit.

« Le principe essentiel de la discipline, c'est […] qu'il n'y ait aucune communication entre détenus[57] », note un jeune prisonnier[1]. Du moins dans la prison dont rêve la Pénitentiaire, car la prison réelle ne se prête pas toujours au silence absolu, à l'isolement : des activités obligatoires – douches, travail en atelier, promenades – sont collectives. Et comment empêcherait-on les codétenus de se parler dans leur cellule ? Mais les cris, chants et tapage sont des infractions consignées dans le code de procédure pénale (CPP) de l'époque ; comme à l'armée, les déplacements collectifs se font en rang et en silence et le droit d'association, première revendication du futur CAP[59], n'est toujours pas reconnu aujourd'hui.

1. En 1998, au centre de jeunes détenus (CJD) de Fleury-Mérogis, les pensionnaires doivent encore se taire pendant leurs déplacements[58].

« La plupart des agaceries sont du genre militaire », indique en 1971 un témoin de Fleury : sont sanctionnés une veste insuffisamment boutonnée, des draps et couvertures non pliés au carré et « on doit se mettre au garde-à-vous quand le surveillant arrive »[60].

Il faut distinguer les châtiments réglementaires des autres, car droit et non-droit sont curieusement imbriqués. Outre les infractions consignées dans le CPP et les fautes disciplinaires inscrites dans les règlements intérieurs des prisons, il en existe d'autres, assorties de sanctions, qui n'étant consignées nulle part, sont laissées à la seule appréciation du directeur ou du personnel.

Ainsi les textes ne prévoient pas les chaînes ou la nudité au mitard. Or, le puni peut y être nu et/ou enchaîné, tant et si bien qu'« après, il ne march[e] plus droit[61] ». L'homme dont il s'agit ici a été envoyé au mitard pour une tentative de suicide. Or, suicides et tentatives ne sont sanctionnés dans aucun texte depuis 1789. Les châtiments qui n'ont pas d'existence juridique ou réglementaire échapperont par définition aux réformes des années 1970.

En vertu de ce droit coutumier peuvent être levés certains interdits légaux : alors que le CPP interdit aux prisonniers de chanter, un mao incarcéré à Besançon en 1970-1971 peut chanter à tue-tête pour distraire les détenues dont les locaux se trouvent devant sa fenêtre. Alors que la réforme de 1975 confère aux détenus certains droits, ceux-ci existent depuis plusieurs années dans la prison X, mais dans la prison Y, ils ne seront reconnus que plusieurs années après.

Époque paradoxale où d'un côté les salariés séquestrent régulièrement leurs patrons, où l'extrême gauche est en ébullition, où les universitaires bouleversent l'université, où femmes et homosexuels s'affranchissent… Et, de l'autre, subsistent ces îlots disciplinaires où Michel Foucault reconnaît aisément « les corps dociles », les « politiques de coercition », les « mécaniques du pouvoir » à l'œuvre du XVIIe au XIXe siècle[62]. De ce paradoxe – entre autres – naîtront les révoltes à venir.

Deux poids, deux mesures

Ce panorama serait incomplet sans un bref aperçu des mécanismes qui expliquent la présence, majoritaire, en prison de certains types de délinquants, les criminels s'y trouvant très minoritaires[I].

Les années 1970 voient apparaître des prisonniers très jeunes, surtout célibataires, souvent sans famille, issus de milieux populaires, et condamnés principalement pour vol. « Le vol fournit à l'AP environ la moitié de ses effectifs[64]. » On ne s'en étonnera pas, sachant que notre code pénal, élaboré pour les possédants, réprime prioritairement les atteintes à la propriété. Sachant aussi que pour les jeunes issus des couches populaires et avides de consommation, le vol – notamment celui de voitures – exerce un formidable attrait, en tant que transgression, certes, mais aussi en tant qu'alternative au travail en usine[II].

Chez les détenus des années 1970, la part des chômeurs et précaires est importante mais moins qu'aujourd'hui. Il semble qu'à l'époque un plus grand nombre de détenus ait déjà travaillé, souvent sans avoir exercé un véritable métier, et même lorsqu'ils sont sans emploi au moment de leur arrestation.

« La prison est le versant punitif d'une société structurellement inégalitaire, le produit d'une justice de classe[65]. » À preuve, l'enquête du GIP portant sur un mois d'inculpations et de procès à Paris intra-muros. L'on y apprend que 48 % des inculpations frappent des ouvriers ; 80 % des inculpés bourgeois ont droit, avant leur procès, à une mise en liberté provisoire, contre 32 % d'ouvriers. Avec de meilleurs avocats, mieux rétribués, les bourgeois se défendent mieux et supportent mieux que les ouvriers incarcérés les longueurs de l'instruction. L'écrasante majorité des bourgeois bénéficie de non-lieux, ont les moyens de faire appel. 90 % des bourgeois obtiennent des sursis, contre 33 % seulement des ouvriers[66].

I. En 1974, par exemple, les condamnations criminelles représentent 0,4 % de l'ensemble et les crimes de sang, moins de 2/10e des condamnations dites criminelles, selon Me Thierry Lévy[63].

II. Lire *infra*, p. 85.

Grossièrement résumées, ces statistiques se réfèrent aux deux principales classes antagonistes, pivots, selon Marx, des sociétés capitalistes : bourgeois et ouvriers ou « prolétaires ». Les enquêteurs du GIP reprennent ainsi la terminologie obligée de tous les courants de gauche de l'époque, chrétiens compris – terminologie récusée aujourd'hui par la plupart des chercheurs.

Fidèle lui aussi à la théorie marxiste, ou marxisante, Henri Varennes ajoute à ce schéma basique la petite bourgeoisie. Bruno Aubusson de Cavarlay y adjoint le sous-prolétariat, comme l'indique sa célèbre formule : « L'amende est bourgeoise et petite bourgeoise, l'emprisonnement avec sursis est populaire, l'emprisonnement ferme est sous-prolétarien[1]. »

Varennes étudie les condamnations frappant les prolétaires actifs qui représentent en 1971 environ 35 % de la population masculine de dix-huit ans et plus. Cette population est à 62 % victime de condamnations pour coups et blessures volontaires, pour outrage public à la pudeur. 58 % des prolétaires sont condamnés pour vols, et abandonneraient leur famille à raison de… 50,6 % ! 53 % des condamnations pour ivresse publique tombent sur eux et pas une seule sur les bourgeois.

Enfin les condamnations pour fraudes commerciales, banqueroutes, infractions fiscales graves qui logiquement devraient être le fait des possédants, sont principalement prononcées à l'encontre des petits-bourgeois et même de prolétaires ! Si peu instruits, ces derniers seraient responsables de 45 % des condamnations pour trafic d'influence et corruption, contre 7,5 % des bourgeois et 27,5 % des petits-bourgeois (qui représentent 16 % de la population générale). La bourgeoisie, elle, ne bat les records qu'en matière de fraude fiscale[68].

Il n'échappe pas aux chercheurs de l'époque que d'autres groupes qui ne forment pas des classes – jeunes, étrangers… – sont massivement confrontés à la justice. Les étrangers qui, en 1970-1980, comptent pour environ 6 % de la population générale, représentent 18 % à 20 % des prisonniers. Ainsi les

1. « Formule caricaturale », prévient toutefois l'auteur[67].

plus pauvres sont-ils largement surreprésentés dans nos prisons : situation qui n'a pas fondamentalement changé depuis.

Les statistiques du ministère de la Justice et de l'AP ne permettent guère une analyse plus fine. En effet, elles ne renseignent pas sur l'origine sociale, professionnelle ou ethnique des condamnés [I]. Se trouve donc occultée, hier comme aujourd'hui, la nature même de notre Justice : justice de classe ou à deux vitesses, comme on voudra.

Les statistiques de l'INSEE, qui recense les catégories socioprofessionnelles, ou CSP, sont plus éclairantes. Du reste les classes sociales marxistes ne sont pas si éloignées des CSP si l'on admet, avec nos chercheurs, qu'une classe sociale peut recouvrir une ou plusieurs CSP. Ainsi, le « prolétariat » comprendrait, selon Varennes, les CSP dénommées par l'INSEE « salariés agricoles, manœuvres, ouvriers qualifiés et spécialisés ». Aubusson de Cavarlay complète, pour sa part, la structure sociale avec une base composée de « marginaux/sans profession, d'ouvriers et d'employés [69] ».

Quels que soient les noms qu'on leur donne, ces catégories dites inférieures ou populaires cumulent le plus grand nombre de condamnations : 65,68 %, dont la part du lion – 50,81 % – revient aux ouvriers. Quant aux « marginaux/sans profession », ils écopent d'un maximum de condamnations à la prison ferme et pour des durées plus longues, surtout s'ils sont étrangers [II].

Ces catégories seraient-elles plus délictueuses ou criminelles que les autres ? Plus nombreuses que les bourgeois, elles abritent un plus grand nombre d'infracteurs ; qu'elles soient largement représentées dans nos prisons est donc logique. Mais qu'elles soient surreprésentées, eu égard à leur nombre dans la population générale, ne l'est pas.

La répression sélective des couches populaires renvoie aussi à l'activité de la police. Celle-ci relève plus aisément les infractions les plus visibles, la délinquance de rue, celle que

I. Ne sont renseignés que l'âge, le sexe, la nationalité, le niveau d'instruction.

II. En 1978, la prison ferme est prononcée une fois sur deux pour les « sans profession », une fois sur sept pour les ouvriers, une fois sur trente pour les employeurs [70].

commettent les plus pauvres, comme le vol simple, que les infractions dites astucieuses, financières qui se déroulent à l'abri de lieux clos : appartements, bureaux… Elle surveille plus souvent les quartiers déjà connus pour leur délinquance de rue ; les policiers y sont envoyés en plus grand nombre : on y « met le paquet ». Ce sont les ordres. Plus il y a de policiers, plus les quartiers « sensibles » se multiplient, et plus il y aura d'infractions constatées[71].

Il est établi que les petits délinquants sont mis en cause bien plus souvent que les grands, et finalement condamnés à de courtes peines. Beaucoup se retrouvent alors en prison par intermittence. Un seul de ces petits peut donc, au cours d'une même année, en gonfler le nombre dans les statistiques.

On peut même avancer qu'un ministre qui insiste sur un certain type de délinquance incite police et gendarmerie à produire plus de chiffres sur cette délinquance-là. C'est ce qu'un chercheur appelle « une prophétie autoréalisatrice[72] ».

Pendant que la police investit les « quartiers sensibles », le XVIe arrondissement et les quartiers d'affaires, où la délinquance de rue est quasi inexistante, peuvent dormir tranquilles. Les forces de l'ordre envahissent rarement les immeubles de standing où se consomment impunément, entre soi, drogues et alcools forts. Dans les quartiers d'affaires se commettent discrètement des infractions dites « astucieuses » bien plus graves et plus ruineuses pour la collectivité.

Autre piège statistique : les chiffres du ministère de l'Intérieur concernent les *mis en cause* (interpellés, arrêtés) par la police ou la gendarmerie. Leur nombre, parfois spectaculaire, est bien plus élevé que celui des *inculpés* (aujourd'hui : *mis en examen*) dont le nombre est bien supérieur à celui des *condamnés* par des juges à l'issue d'un procès.

Les chiffres du ministère de la Justice ne concernent, eux, que les condamnations. La justice pénale n'est pas pour autant objective. « Par son activité, [elle] focalise l'attention sur une certaine forme de délinquance [dite classique] pour masquer l'absence de répression concernant les classes dominantes[73]. »

Ici encore, les manipulations statistiques sont multiples. L'une d'elles consiste à faire apparaître comme délinquants des étrangers qui ne sont coupables que d'infractions à la législation, de plus en plus sévère, sur les étrangers (ILE) séjournant en France, et qui se trouvent souvent en prison pour ce seul motif[I]. Ainsi les étrangers sont-ils systématiquement surreprésentés dans nos statistiques nationales comme dans nos prisons.

Les statistiques sont plus révélatrices de l'activité policière que de l'état réel de « la délinquance » ou de « la criminalité » (notions que médias et grand public confondent, parfois à leur insu). Ramener ces notions à un chiffre unique est d'ailleurs un non-sens. Les infractions les plus graves, comme les crimes de sang, demeurent, au cours des décennies, stables et très minoritaires. Les grands criminels ne représentent que 3 % des prisonniers au milieu des années 1970. Ils ne sauraient être assimilés aux petits délinquants auteurs d'infractions banales – infractions routières, usage de stupéfiants, vols à l'arrachée. Ces atteintes aux biens augmentent beaucoup plus en période de crise que les atteintes aux personnes. De sorte que la « montée de la violence » que dénonce à grand bruit Alain Peyrefitte à partir de 1976 est pour partie imaginaire[II].

I. Généralement, entrée et/ou séjour illégaux sur le territoire français.

II. *Lire infra*, p. 274.

2. Dire la prison

> [Le détenu] Ferraton n'a rien à dire, et sa parole contre la mienne, ça ne fait pas le poids.
>
> Dr Laveine,
> psychiatre de prison, rassurant les surveillants qui ont battu Ferraton (*CAP*, juillet 1979, n° 63)

Écrire l'histoire des prisons des années 1970 à partir de témoignages de prisonniers. De cette ambition, nous avons fait part à un chercheur de la direction de l'administration pénitentiaire (DAP) : « Mission impossible. Il n'existe pas de documents sur cette époque, vous ne trouverez donc rien. » Rien ? Mais cette décennie regorge de témoignages ! Jamais la détention n'a été aussi bavarde.

À vrai dire, notre chercheur n'est pas historien. Mais il connaît parfaitement Foucault[1]. Peut-il ignorer que celui-ci a passé dix-huit mois (1971-1972) au Groupe d'information sur les prisons (GIP), à recueillir par centaines des témoignages écrits de prisonniers ?

D'autres se sont livrés, à l'époque, au même travail : les maos, dès 1970 ; et le Comité d'action des prisonniers (CAP) qui a truffé de témoignages son *Journal des prisonniers*, dit le *CAP* (1972-1981). Sans compter les prisonniers devenus écrivains. La question n'est donc pas de savoir si ces témoignages existent, mais si l'on peut, ou non, leur faire confiance.

Bon nombre de ceux qu'on lira ici ont été recueillis par les maos, le GIP et le CAP. Ce ne sont pas, on s'en doute, des questionneurs professionnels férus de méthodologie. Les maos prisonniers ont eu un accès direct, *in situ*, à d'autres

1. Il introduisit *Surveiller et punir* à l'École nationale d'administration pénitentiaire (ENAP) en 1979.

prisonniers ; le GIP, non, mais d'anciens prisonniers l'ont beaucoup aidé. L'équipe du CAP, qui comptait deux tiers d'anciens détenus, a publié des centaines de lettres issues des prisons. Sans subventions et dans la clandestinité, tous ont fait avec les moyens du bord. Quelle valeur accorder aux informations ainsi recueillies ?

Le GIP notamment a évité d'orienter les témoignages. Les prisonniers lui écrivaient. Ils remplissaient ses questionnaires à leur guise et de leur propre initiative. Les réponses étant anonymes, « on ne savait pas de qui ça venait, se souvient Michel Foucault. On n'a rien ajouté, rien fabriqué. [...] Les détenus se sont toujours complètement reconnus [dans ces textes]. On n'a pratiquement pas eu de mensonges : quelques erreurs, très limitées – ce qui est très peu, étant donné qu'il n'y avait aucun moyen de vérification... Ce qui prouve que les gens qui nous informaient ne cherchaient pas à mentir, n'intoxiquaient pas[74] ».

Le CAP n'utilise ni grilles, ni questionnaires. « Issue de la prison, l'équipe du journal était à même d'évaluer la véracité et la cohérence des témoignages[75] », explique Serge Livrozet[1]. Il n'y a pas de comité de rédaction, ni de censure. Chaque rédacteur/correspondant est seul responsable de ce qu'il écrit. Le CAP se réserve toutefois le droit de discuter collectivement de l'opportunité d'une publication, et de signaler aux lecteurs ses propres réserves.

Paroles suspectes

Souvent la parole est perçue comme suspecte : individuelle, donc non représentative, elle serait intéressée, volatile, tributaire de l'instant. Subjective, elle baignerait dans l'affect, les préjugés. Elle ne saurait donc produire une information

1. Anarchiste, Livrozet est le fondateur du CAP et le cofondateur, avec Michel Foucault, du journal dit le *CAP*, en décembre 1972. Il est publié par le Comité d'action des prisonniers et tiré à dix mille exemplaires. La majorité des fonds vient alors de prisonniers (anciens et actuels) de la centrale de Melun, d'où Livrozet vient de sortir. Au milieu de la décennie, le CAP tire à cinquante mille exemplaires, puis retombe à cinq mille jusqu'au n° 67 (avril 1980). Lui succède alors le *CAP-Justice* jusqu'en fin 1981.

sérieuse ou vérifiable. La parole d'un prisonnier est la plus suspecte de toutes. Plus encore qu'aujourd'hui, elle était, au cours des années 1970, invalidée d'emblée par le discrédit jeté sur la population carcérale. Les chercheurs intéressés, bien peu nombreux, les journalistes, avaient très rarement accès aux prisons, encore moins aux détenus. Les témoignages recueillis par nos groupuscules ont donc, pour le moins, le mérite d'exister. Sans eux, que saurions-nous de la vie grouillante de l'archipel pénitentiaire ?

On connaît mieux aujourd'hui l'intérieur de nos prisons. Mais les parlementaires indignés qui, en 2000, ont enquêté sur notre système carcéral n'ont pas cité les prisonniers dans leurs deux volumineux rapports sur les prisons. L'information qui y figure est fournie par des experts-ès-prisons reconnus, issus de classes sociales jugées convenables et par quelques associations proches des détenus, dont l'Observatoire international des prisons, tenu lui aussi pour expert[1].

Parmi les témoignages affluant au GIP, certains ont été jugés trop épouvantables pour être vrais : ce fut le cas pour la contention (ou camisole de force) à la centrale de Toul et ailleurs. Mais les descriptions qu'en ont faites les détenus se sont avérées exactes. Si Foucault leur faisait confiance, Jean-Marie Domenach, autre membre du GIP, était plus nuancé : « Une masse d'informations a été recueillie. Mais beaucoup étaient suspectes. Ce sont ceux qui ont le plus à se plaindre qui s'adressent aux enquêteurs. Certaines réponses étaient alarmantes, exagérées, mensongères, non par intention mais par délire[76]. »

Mais nous n'avons pas trouvé de témoignages « délirants ». Pour Daniel Defert, cofondateur du GIP avec Michel Foucault, « Domenach se référait sans doute aux courriers adressés à des associations […] surtout catholiques, aux dames d'œuvres et visiteuses de prison. Souvent ces courriers étaient effectivement emphatiques, pleureurs et romanesques.

1. Fondé en 1990 à Lyon, l'OIP, devenu à Paris l'OIP-section française en 1997, passe au peigne fin certains témoignages accusateurs, surtout lorsqu'ils visent des personnes précises exerçant en prison. Pour cela, un salarié de l'OIP mène une enquête approfondie. Impossible à mettre en œuvre en 1970-1980, cette méthode s'avère payante car, à notre connaissance, les informations publiées par l'OIP n'ont jamais été invalidées.

Mais cela correspondait à l'image que se faisaient les auteurs de leurs lectrices. J'ai lu ces courriers-là. Mais le GIP n'en a pas reçu. Ceux qui lui étaient adressés étaient plus sobres, plus virils[77] ». La teneur d'un message est donc aussi fonction du récepteur.

D'autre part, les questionnaires du GIP, loin de pousser à la lamentation, cadraient assez rigoureusement les témoignages. Les questions portaient sur la situation objective des prisonniers. Exemple : « Question — Quels sont les médicaments le plus souvent prescrits ? Réponse — L'aspirine. »

Invérifiables, nos témoignages sont vraisemblables pour une autre raison. S'ils portent rarement sur le même incident au détail près, ils racontent le même type d'incident, d'une prison à l'autre et d'un bout à l'autre de la décennie 1970-1980 : la consultation du médecin qui ne soigne pas, l'affrontement des insurgés avec les forces de l'ordre, les méfaits de certains surveillants, l'inapplication des réformes, la vétusté des locaux, le manque d'hygiène... Tout cela est répété *ad nauseam* plusieurs dizaines de fois. On imagine mal que tout ce monde mente, et sur les mêmes sujets, parfois avec les mêmes mots, sans concertation préalable. Mais il existe indéniablement des variantes car on ne trouve pas, dans l'archipel carcéral, deux prisons identiques.

Laissons Defert clore le débat : « La fiabilité de nos enquêtes a été prouvée par l'impossibilité, pour le garde des Sceaux, de nous faire un procès. Ce qu'il a essayé, pourtant[78]. »

À l'évidence, ces détenus qui osent témoigner, et qui écrivent – alors qu'environ dix pour cent de la population pénale sont illettrés et le reste, peu scolarisés – ne sont pas représentatifs. « Les gens qui nous donnaient des informations étaient une minuscule frange dans la prison, se souvient Foucault en 1979. [Mais] il ne semble pas qu'ils aient été désavoués par leurs camarades. [...] Au contraire [il semble] qu'on ait accepté assez bien qu'ils jouent un rôle de porte-parole[79]. » Cela dit, il ne faudrait surtout pas confondre cette « minuscule frange », lettrée et critique, avec l'ensemble de la population pénale.

Rares sont les chercheurs, les journalistes qui mettent ouvertement en doute la parole de prisonniers. En voici pourtant un cas : « L'allégation de la rapacité du garde-chiourme, de la vénalité du gardien, de la corruption du surveillant est courante dans les récits d'anciens détenus », remarque l'historienne Hélène Bellanger. À l'appui de sa thèse, elle cite un seul exemple : celui d'un militant juif algérien ayant rallié le FLN et incarcéré à ce titre aux Baumettes en 1961. L'homme raconte qu'un surveillant subtilisait tous les dimanches la moitié du quart de lait destiné aux détenus. « Voler les rations des prisonniers, quelle bassesse ! » accuse le prisonnier. L'historienne ne donne aucune indication ou preuve du caractère mensonger de cette « allégation ». Nous découvrons avec surprise que son auteur n'est autre que Daniel Timsit. Nous l'avions connu, libre, en 1964-1965. Aux dires de ceux qui l'ont fréquenté, la parole de Timsit (« médecin des pauvres » aujourd'hui décédé) était au-dessus de tout soupçon [80]. Et les faits qu'il rapportait n'étaient sans doute pas inhabituels : les détenus de Toul, en 1971-1972, racontent, eux aussi, que leur directeur faisait rationner leur quart de lait.

À chacun sa vision des choses. On ne peut en aucun cas déduire d'un seul témoignage qu'il vaut pour tous les prisonniers de France, ni tous ceux d'une prison, ni même tous ceux d'une cellule. Chacun apporte, au mieux, un éclairage sur une réalité globale que nous ne connaîtrons jamais, mais que nous approchons d'un peu plus près lorsque de nombreux témoignages semblables portent sur des faits semblables ou identiques.

Le registre de la plainte

Vu les histoires sombres qu'ils racontent, on peut dire que nos témoins se présentent implicitement comme des victimes. Mais à quelques exceptions près, ils le font sans pathos et sans larmes.

Comme tout témoignage, celui d'un prisonnier est subjectif car partiellement déterminé par son état psychique ; mais il possède sa coloration spécifique en raison de sa situation : il est enfermé, souvent isolé, humilié, maltraité, ignorant. Ignorance dans laquelle il est tenu par ses geôliers et par son faible niveau scolaire.

Les traitements subis suffisent alors à développer chez certains un « délire », une haine de tous leurs geôliers. Tous n'y cèdent pas pour autant. Nombre de témoignages, argumentés et pondérés, reconnaissent les qualités de certains personnels : à Fresnes, une minorité de matons est décrite comme sympathique et respectueuse des prisonniers (« ils nous appellent Monsieur ») ; à Toul, « nos gardiens n'ont jamais été des salauds, ils avaient peur [du directeur] et faisaient du zèle[81] » ; dans le *CAP*, des détenus de Gradignan font, quant à eux, l'éloge de leur directeur et ceux de Melun soulignent l'absence, dans leurs murs, de châtiments corporels. Pierre Goldman ne tarit pas d'éloges pour le sous-directeur qui l'a autorisé à emporter Hegel au mitard. Nul n'oublie de mentionner tel individu – surveillant, médecin... – qui s'est montré humain et juste.

On peut regretter que, de son côté, l'AP n'ait pas, à notre connaissance, produit des contre-témoignages élogieux émanant de détenus qui se coulent dans le moule carcéral et l'apprécient. Or, il y en a sans aucun doute : « Certains détenus, au bout de quelque temps, s'adaptent à la privation de liberté, font leur trou, tentent de se faire oublier[82]. » Ils y trouvent quelques avantages : le gîte, le couvert, aucune décision ni responsabilité à prendre... C'est ainsi que certains survivent psychiquement à l'incarcération.

Le registre de la plainte n'est pas celui de l'objectivité. Mais les détenus expriment moins des plaintes qu'un mécontentement. Comme aussi des lecteurs de journaux. Sur dix-sept lettres reçues aux sièges des rédactions, seize proviendraient de mécontents. Les geôliers de nos prisons accusent les détenus de majorer leurs maux quand ils ne les simulent pas : ils « exagèrent », disent aussi des soignants. Un détenu fait la même observation : « J'ai remarqué chez mes codétenus une fâcheuse tendance à grossir la moindre maladie (ou petits bobos). [...] Parce qu'ils sont en prison, [ils] voudraient être l'objet de soins attentifs et exclusifs[83]. »

Ce n'est pas faux : Jacques Lesage de La Haye, ancien détenu ayant purgé à l'époque onze ans et demi de prison et devenu par la suite psychologue et psychanalyste, nous rapporte qu'un détenu s'étant ouvert les veines a pris soin d'ajouter à son sang de l'eau afin que la flaque s'étende sous la porte de sa cellule jusque dans la coursive, de manière à attirer l'attention d'un surveillant. Stratagème réussi. Cependant, ajoute Lesage de La Haye, un autre, atteint d'une grave maladie, a hurlé vingt-trois heures durant sans que personne ne vienne[84]. Les patients libres, qui consultent rapidement et sans difficulté pour un rhume un médecin attentif et plein de compassion, peuvent-ils comprendre les patients incarcérés qui, encore aujourd'hui, attendent des semaines avant d'être soulagés d'une rage de dents ? En prison, et selon de très nombreux témoignages, il faut hurler pour se faire entendre… éventuellement.

Que des détenus exagèrent leurs maux lorsqu'ils s'adressent à leurs geôliers, aux autorités, et même qu'ils leur mentent, n'a donc rien d'extraordinaire : tout système totalitaire[85] oblige qui le subit à mentir aux détenteurs du pouvoir. Mémorialistes des camps, un Primo Levi, un David Rousset, un Soljenitsyne présentent le mensonge comme une question de survie, ce que nul ne songe à leur reprocher. Ces mensonges conduisent les geôliers à postuler que tous les détenus sont des menteurs et à interpréter une tentative de suicide comme une forme de chantage (oubliant qu'on pourrait en dire autant des suicides hors les murs).

Bien malin celui qui saura démêler le « vrai » du « faux » dans de tels actes. Quoi qu'il en soit, lorsque des détenus s'adressent à un public extérieur, les raisons qu'ils peuvent avoir de mentir à l'intérieur disparaissent. Sachant qu'il y va de leur crédibilité, ils tiennent généralement à s'exprimer avec exactitude. En tout cas le lecteur des témoignages des années 1970 a très rarement l'impression qu'on veut l'apitoyer. D'autant que ces témoins recourent souvent à l'humour, fût-il noir.

On aurait tort de rejeter toujours ce registre de la plainte. Il peut être aussi celui de la prise de conscience, quand ce qui était perçu comme tolérable devient intolérable. Le sentiment de persécution, en débouchant sur celui d'injustice, peut déboucher sur un combat pour la justice. À l'inverse, les râleurs, les militants, les révolutionnaires ne se recrutent guère chez les gens satisfaits.

Hommes et serpillières

Certains détenus – 15 % à 20 %, selon Jacques Lesage de La Haye – « sont très droits et totalement crédibles, ne disant que la vérité, par principe[86] ». Les détenus les moins crédibles *a priori* sont ceux dont l'équilibre est altéré par la maladie mentale et/ou les psychotropes, « ces êtres démolis, et que la taule achève », résume Lesage de La Haye. De son côté Livrozet note que les neuroleptiques, très largement utilisés en prison, « vous transforment aisément un homme en serpillière[87] ». Mais justement ces serpillières, passives et déconnectées du monde, ne témoignent guère. Témoigner depuis sa prison nous semble bien plutôt un acte de mise en relation avec le monde. Acte périlleux puisqu'illégal à l'époque, il exige de la détermination et un certain courage. Et pour quel bénéfice immédiat ?

Les prisonniers ignorent le plus souvent les causes, les logiques sociales qui président à leur traitement, alors qu'ils en connaissent fort bien les effets. Ceux qui accèdent aux livres de droit n'épluchent que les articles les concernant. Ils ignorent l'histoire des prisons – qui leur permettrait de mieux comprendre leur situation présente –, le fonctionnement de la justice, les différentes philosophies de la peine. Leur point de vue est donc limité. Foucault nous assure qu'ils analysent parfaitement leur situation. Mais ils ne peuvent l'analyser comme le fait le philosophe.

À l'exception des détenus-écrivains, les témoins ne parlent que de leur situation actuelle, de ce qui les entoure et les concerne, et c'est d'ailleurs ce qu'en attendent le GIP, le CAP et les maos. Leur difficulté à passer du particulier au général, des faits à la théorie, est-elle spécifique ? Elle est liée à leur niveau d'études et s'observe aussi bien à l'extérieur dans les milieux comparables.

Les témoignages ne traitent guère de sujets perçus comme moins immédiats – par exemple la peine de mort et son abolition, questions alors largement débattues par des avocats célèbres, entre autres. Mais nul ne demande à nos témoins leur avis là-dessus ; et aucun n'est condamné à mort. Pourtant « en prison, on en discutait entre nous, se souvient Lesage de

La Haye. Les uns étaient contre, les autres reflétaient l'opinion générale à l'époque, à savoir que les violeurs, par exemple, ne méritaient pas mieux. De ces interrogations, il ne reste pas de traces écrites. Mais quelques intellectuels, comme Livrozet et moi, ont rédigé des textes et milité à leur sortie de prison contre la peine de mort[88]. »

Seul Agret songe à décrire une exécution, à laquelle il n'a évidemment pas assisté, mais ces lignes de *Mon corps en otage* datent de… 2006 : « Le condamné à mort est brutalement conduit à la guillotine, montée de nuit, descendue de Fresnes à Marseille. Procession d'avocats tous chaussés de pantoufles pour feutrer leurs pas. Les aides du bourreau "réveillent" le condamné en lui sautant dessus comme des chiens de garde en état de légitime défense, lui lient les mains dans le dos à lui scier les poignets. Christian Ranucci hurle d'effroi et de terreur[1]. On lui coupe les cheveux et le col de sa chemise. Porté sans ménagement avec toute la brutalité permise, il traverse les immenses couloirs froids sans rencontrer une seule personne, peut-être un rat. Il arrive au greffe et signe sa levée d'écrou. Comme si on le libérait ! Le comble du sadisme administratif[89] ! »

La réforme de 1975 intéresse-t-elle les prisonniers ? Sans doute. Pourtant ceux qu'Hélène Dorlhac, alors secrétaire d'État à la condition pénitentiaire, interroge en tête-à-tête, ne sont pas très curieux :

— (H.D.) La réforme pénitentiaire, vous y croyez ?

— (1er détenu) Oh ! Depuis qu'on en parle…

— (2e détenu) Ce qui compte pour moi, c'est ma libération conditionnelle.

— (3e détenu) Vous croyez que ça va changer quelque chose pour moi tout de suite ?[90]

Des deux dernières réponses on déduira que leurs auteurs ne sont intéressés qu'à titre personnel. Mais cela n'est pas propre aux prisonniers. Le citoyen *lambda* cherche d'abord dans les lois ce qui peut lui être utile (ou nuisible). Enfin, ces trois détenus préfèrent peut-être s'exprimer prudemment devant la représentante d'un pouvoir dont ils ont quelque raison de

1. Sur l'exécution de Christian Ranucci, lire *infra*, note 1 p. 196.

se méfier. Ici encore le récepteur du message (Mme Dorlhac) détermine en partie celui-ci.

Le petit bout de la lorgnette

Qu'elles soient libres ou enfermées, les personnes qui voient les choses par le petit bout de leur lorgnette sont souvent les plus ignorantes. Un prisonnier se plaint dans le *CAP* d'être contraint à un travail idiot quand « le travail n'est plus obligatoire », croit-il, alors qu'en fait seuls les prévenus en sont dispensés (depuis 1972). Mais quelqu'un en a-t-il informé ce correspondant ? Réalise-t-il que dehors, la crise s'installant, beaucoup préféreront un « travail idiot » au chômage ?

Faute de pouvoir adopter « la bonne distance », les détenus ne réalisent pas non plus que dans les maisons d'arrêt, destinées aux prévenus et aux courtes peines, le *turn over* est rapide ; que le travail qualifié, nécessitant stabilité et formation professionnelle, est difficile à introduire et à gérer, quand il n'est pas exclu.

Les témoignages n'évoquent guère les avantages que procure un travail en atelier aux détenus chanceux qui en ont. Certes, leur paie n'a rien d'avantageux. Mais l'atelier a le mérite d'occuper *ensemble* des hommes (plus rarement des femmes) voués autrement à l'oisiveté, l'ennui, la solitude. Au travail, « on oublierait presque qu'on est en prison », confie un détenu : le travail en atelier lui permet de sortir de la cellule où il resterait autrement enfermé vingt-deux ou vingt-trois heures sur vingt-quatre. À l'atelier – du moins de nos jours – les relations avec les surveillants sont relativement détendues et les violences entre détenus, quasiment absentes. Le travail rabote les inégalités entre détenus et donne à chacun un statut autre que celui, méprisé, de prisonnier : il devient – si peu que ce soit – un travailleur, un acteur économique qui a sa place, certes marginale, dans des rapports de production, et par là même il rejoint, d'une certaine manière, ses homologues libres.

Ces aspects positifs du travail, les détenus les ignorent, ou du moins ne les explicitent pas comme le fait le sociologue Fabrice Guilbaud[91], sans doute parce que leur situation ne leur permet pas – non plus qu'à l'OS en usine – d'avoir une vision globale des choses.

Revendications, consultations…

Par souci d'efficacité, les revendications des prisonniers de l'époque vont droit à l'essentiel, sans effusion, et renvoient à des faits constatés par tous. Parfois destinées au grand public, elles le sont d'abord aux autorités : chef d'établissement, procureur, directeur de l'AP, chancelier. Comme toutes les revendications – syndicales, politiques, etc. – elles manquent de nuances. Mais il est très difficile, en prison où toute forme d'association et de communication entre détenus est prohibée – sauf en cellule ou dans la cour, qui est très surveillée –, de solliciter l'avis de tous et de nuancer avant de réclamer.

Comment, dans ces conditions, dresser une liste de revendications ? Au début de leur révolte à Toul [1], les insurgés adultes ne peuvent approcher les jeunes détenus verrouillés dans leurs propres locaux, ni les prisonniers enfermés au mitard ou à l'isolement. Sans doute les plus craintifs, les indifférents, les « caves », les mouchards ne sont-ils pas consultés non plus. Sans doute certaines revendications émanent-elles davantage des « durs », des plus engagés. Et pourtant les auteurs de *La Révolte de la centrale Ney* à Toul attribuent aux pétitionnaires « le souci de tenir compte du plus grand nombre d'avis » sur leurs quatorze revendications. La troisième porte sur « le changement immédiat du surveillant en poste à la cuisine ». À un détenu consulté, cette phrase a semblé trop sèche. Il donne ses raisons, qui seront incorporées dans la phrase suivante : « Nous avons constaté trop souvent que, dès qu'un remplacement de poste est effectué, les repas journaliers sont faits plus proprement. […] Et surtout plus mangeables », complète un troisième détenu. Ces précisions figurent toutes dans le texte final. « Hétéroclite, cette liste ne fait que refléter les discussions durant sa préparation, l'inégalité du développement des idées et des sentiments de chacun », concluent les auteurs [92].

1. Lire *infra*, p. 114.

À l'inverse, le cahier de doléances des détenus de Saint-Paul à Lyon (1973) est ordonné comme une dissertation, classant ses réclamations en catégories clairement différenciées.

Certains témoignages individuels sont bavards. Mais il faut distinguer ceux écrits clandestinement en prison de ceux rédigés après la sortie, quand l'auteur n'a plus rien à craindre. En cellule, on n'a pas le temps, entre deux passages de surveillants (qui peuvent confisquer tout ce qu'ils veulent) de raconter sa vie. On va donc droit au but. Et le détenu *lambda* est peu enclin à l'introspection. Nerveux, souvent sec, son récit, qui n'exclut pas la drôlerie, est descriptif et non analytique. Peu de généralités, des exemples concrets.

On trouve pourtant, chez Daniel Debrielle, Taleb Hadjadj ou Roger Knobelspiess des textes exceptionnels sur « la torture blanche », conjuguant brièveté, puissance des images et pertinence de l'analyse[1].

Passés sous silence

Ce qui n'apparaît pas, ou peu, dans les témoignages écrits pour le GIP et le CAP, est aussi révélateur que ce qui est écrit. L'être humain, quel qu'il soit, ne livre pas volontiers son « misérable petit tas de secrets », selon l'expression d'André Malraux. Même sincères, nos témoins répugnent à dévoiler ce qui peut desservir leur cause auprès d'inconnus. Engagés dans des luttes sans merci, il doivent aussi tenir compte de leur réputation auprès de l'opinion.

La discrétion caractérise quelques écrits sur les prisonniers, qui cherchent visiblement à attirer la sympathie sur eux. Un exemple : *La Révolte de la centrale Ney*, qui retrace la mutinerie à Toul. Dans cet ouvrage de 367 pages, où rien n'est oublié, les auteurs ne dissimulent pas les conflits entre prisonniers, qui portent sur la conduite à tenir par les rebelles, opposant modérés et radicaux, détenus majeurs et mineurs, participants ou non à la mutinerie ; mais gérés par les insurgés eux-mêmes, ces conflits portent sur une bonne cause (la rébellion) et ne dégénèrent pas, à en croire les auteurs, en violences physiques.

1. Lire *infra*, le chapitre consacré aux QHS, p. 239.

Mais dans toutes les prisons des bagarres très violentes éclatent, pour des motifs fallacieux ou futiles, entre détenus. Les communiqués officiels et certains articles de journaux en font leurs choux gras. *La Révolte de la centrale Ney* les passe sous silence. À l'exception de Roland Agret, qui ne publie ses livres qu'à partir de 1977, nos témoins parlent peu ou pas des réalités les plus sombres de la vie carcérale, comme les rapports de domination entre détenus, qui sont souvent d'une cruauté extrême. Or, ces sujets sont largement abordés de nos jours par les détenus victimes comme par les chercheurs.

Le tabou du sexe

Également absents de presque tous les témoignages de l'époque sont le désir, la sexualité, les fantasmes qui s'y rapportent. Il est vrai que la jouissance est l'antithèse de la prison ; et que la pudeur était assez caractéristique des milieux populaires. La sexualité, qui est sûrement dans toutes les têtes, ne figure guère alors dans les écrits publiés, sans doute pour ne pas nuire à l'image collective des prisonniers. Car la seule mention du sexe pourrait conduire les lecteurs à s'interroger sur les rapports entre hommes, qui ne sont pas absents. Or, là où il n'y a que des hommes, la sexualité ne peut être que coupable aux yeux de l'opinion.

Aussi l'homosexualité n'est mentionnée qu'une seule fois, incidemment, dans *La Révolte de la centrale Ney*, à propos d'un leader du mouvement décrit comme « homosexuel non pratiquant ». Dans les publications du GIP, le sexe en prison est passé sous silence, sauf à signaler qu'à Fresnes un détenu purgeant huit jours de mitard pour « homosexualité » se suicide[93]. C'est plutôt dans la presse qu'on trouve, assez rarement, des réflexions de détenus et surtout de surveillants concernant des actes « odieux ». Ainsi, rapporte un maton, un prisonnier surnommé le Plumeau « a accepté que le détenu Blanc se livre à des actes contre nature sur sa personne[94] ».

Par contre, le droit à une sexualité « normale », s'il n'est pas explicitement revendiqué par les détenus, apparaît en filigrane dans les nombreuses revendications concernant les parloirs. Au moins jusqu'en 1975, divers dispositifs séparent physiquement les détenu(e)s de leurs visiteuses ou visiteurs. Les prisonniers aspirent à des « parloirs individuels », « libres » ou « rapprochés » pour « l'intimité des couples »… légitimes ! Mais à notre connaissance, seuls les détenus de Dijon consacrent une ligne très explicite aux « exigences de la vie sexuelle » ; et personne à l'époque – hormis Lesage de La Haye dès 1971, puis Livrozet et Taleb Hadjadj à la fin de la décennie – ne réclame des « parloirs sexuels » et encore moins le droit des prisonniers à une vie sexuelle régulière.

Quelques détenus écrivains s'expriment longuement sur ces questions. En revanche, dans le *CAP*, qui a publié plus de soixante numéros, les textes consacrés à la sexualité se comptent sur les doigts d'une main. L'un est signé Jacques Lesage de La Haye, qui a mené une enquête sur la sexualité de ses codétenus et publiera plus tard *La Guillotine du sexe* ; un article, de Livrozet, exhorte les prisonniers à en parler. En vain, apparemment. Livrozet attribue ce silence au fait qu'« ils ont tué en nous jusqu'au désir du désir. […] Malades d'une libido refoulée, [les prisonniers] le sont encore davantage par l'acceptation de ce refoulement[1]. » Seul Taleb Hadjadj, un habitué des quartiers de haute sécurité (QHS), écrit succinctement qu'il a « énormément envie de faire l'amour[95] »…

La part d'ombre

On ne trouve pas dans les textes publiés par le GIP ou le CAP de témoignages sur les abus sexuels en prison. Par contre, l'opinion n'ignore pas tout de telles pratiques : dans une émission des « Dossiers de l'écran » consacrée aux prisons, un téléspectateur affirme que « des gosses de 14 ou 18 ans [y] ont été sodomisés[96] ». Mais hier plus encore qu'aujourd'hui, la plupart des victimes – tout comme les femmes battues, les victimes d'inceste, etc. – n'osent pas en parler, encore moins porter plainte.

1. À l'extérieur, seul *Don Quichotte*, mensuel sans doute confidentiel, milite alors pour la liberté sexuelle en prison.

Dans *L'Express* paraît ce récit d'un ancien détenu de Fresnes : « Les grands [y] faisaient régner la terreur, abusant de ceux qui ne savaient pas se défendre, s'en servant comme d'esclaves[97]. » C'est assez vague. Mais les autres témoignages des années 1970, ou du moins ceux recueillis par les groupes militants, sont quasiment muets sur les « abus » de toutes sortes en détention. La Pénitentiaire porte une part, directe ou indirecte, de responsabilité – ou d'irresponsabilité – dans ces affaires[I], en les étouffant. Mais qui voudrait les ébruiter ? Les détenus affrontent une opinion hostile, souvent exaspérée par les révoltes et qu'il s'agit d'éclairer, voire de faire basculer si possible dans leur camp. Dans ces conditions, comment nommer l'innommable ? Du reste, ce type d'omission n'est pas particulier aux prisonniers.

« Est-ce qu'on peut dire la prison ? »

Une fois libérés, certains témoins ont écrit des livres entiers sur leur expérience carcérale, qui est longue : en moyenne, une bonne dizaine d'années, si ce n'est plus. Leur raison de se révolter ? Victimes d'erreurs judiciaires[II] ou de jugements impitoyables, ils subissent le système carcéral sans l'avoir « mérité ». Dès lors, rien ne les arrête. Ce sont – ou en prison ils deviennent – des rebelles qui ne courbent jamais l'échine. Ils tiennent tête au système carcéral et/ou judiciaire, et le font savoir à l'opinion à force de communiqués, d'articles de presse, de comités de soutien, d'avocats énergiques et fidèles, d'ouvrages (Agret, entre autres). À force de coups de tête, de tentatives d'évasion (Bauer, Debrielle), de cavales (Knobelspiess), parfois de récidives, de participation à des révoltes, de prises de position publiques sur la prison (Livrozet, Mesrine, ainsi que les précédents), ils deviennent les têtes de Turc de l'administration pénitentiaire, ses boucs

I. En instaurant la misère sexuelle, en reconduisant les inégalités entre détenus ; ou par négligence, en affectant à une même cellule un détenu agressif, réputé « dangereux » et un autre, pacifique, le système facilite de tels abus, qui semblent laisser la Pénitentiaire assez indifférente.

II. Lire *infra* le cas de Roland Agret, p. 259.

émissaires. Ils ne sont pas représentatifs. Mais leur regard est perçant et leurs observations, percutantes, nous en apprennent beaucoup sur la population carcérale anonyme.

Les détenus écrivains racontent les mêmes choses que les témoins du GIP et du CAP, mais dans un langage plus riche, avec plus de précisions et moins d'omissions sur des sujets scabreux. Ce sont souvent des autodidactes qui ont pris avant, après, et surtout pendant leurs années de prison, le temps de s'instruire. Les uns sont issus de bonnes familles, comme Mesrine, fils de commerçants en dentelles, et ont connu, comme Agret, « une enfance choyée[1] ». Les autres sont issus des couches populaires : Livrozet est fils de prostituée ; et Knobelspiess, d'un ramoneur-ferrailleur. De celui-ci on a écrit qu'« il dépassait toujours son propre problème[99] ». Ce dépassement est le dénominateur commun à ces hommes d'exception, devenus par ailleurs des écrivains de qualité qui ont souvent connu de beaux succès en librairie. Les *Fractures d'une vie* de Charlie Bauer auraient été tirées à 150 000 exemplaires et les *Souvenirs obscurs d'un Juif polonais né en France* de Pierre Goldman, à 60 000.

Ce sont là des témoignages individuels, individualistes même, qui explicitent ce que taisent généralement ceux du GIP ou du CAP : notations intimes, fantasmes, misère sexuelle, réflexion approfondie sur la condition carcérale. Sur leurs codétenus, leurs critiques pleuvent, car ces auteurs sont sans illusions. Témoignages à froid ? Non, car ils sont aussi passionnés que lucides. Ils gardent leurs distances vis-à-vis des autres prisonniers, tout en étant convaincus qu'ils doivent écrire pour rendre compte d'un drame vécu par tous.

Pierre Goldman, qui a connu un moment un statut de vedette (comme aussi Roland Agret), est le seul à ne pas s'étendre longuement sur ses années de prison, une telle expérience n'étant pas, à ses yeux, partageable :

« Est-ce qu'on peut dire la prison ? »

» Est-ce qu'on peut dire le silence, est-ce qu'on peut dire les larmes lentes et secrètes après l'extinction des feux parfois,

1. « Désolé, je ne suis pas un gamin des caniveaux, j'ai eu une enfance choyée, confortable et heureuse. Et une bonne éducation[98]. »

est-ce qu'on peut dire l'amitié des voyous et des assassins, des voleurs…

» Est-ce qu'on peut dire l'attente et le temps, est-ce qu'on peut dire le claquement quotidien des barres de fer sur les barreaux, quand les matons en effectuent la sonde, est-ce qu'on peut dire Monsieur le Directeur, j'ai l'honneur de solliciter de votre haute bienveillance ? […]

» Est-ce qu'on peut dire la terreur de l'absence progressive de désir ? […]

» Est-ce qu'on peut dire les durs qui reviennent du parloir brisés, éteints, silencieux, parce que leur femme ne viendra plus, est-ce qu'on peut dire les portes des cellules qui retentissent, la nuit, sous les coups furieux d'un détenu affolé qui n'en peut plus, est-ce qu'on peut dire les pendaisons ? […]

» Est-ce qu'on peut dire les promenades, est-ce qu'on peut dire les dimanches et les jours de fête, pas de courrier, pas d'avocat, pas de parloir, rien, est-ce qu'on peut dire les matons, la haine et la sympathie ? […] Est-ce qu'on peut dire chef ça va pas en ce moment je deviens fou ? […]

» Est-ce qu'on peut dire la prochaine fois que j'vous prends à parler au tuyau[1] j'vous aligne, alignez-moi si vous voulez, vous voulez peut-être que je parle aux murs ? […]

Est-ce qu'on peut dire la solitude[100] »

Les prisonniers écrivains se sont plus souvent exprimés après les grandes révoltes collectives de 1971-1974. Certains ont connu et décrit les QHS où ils sont maintenus isolés, souvent des années durant. Écrire est alors leur seul moyen de communiquer, leur seule arme. Ainsi, Roger Knobelspiess : « J'écris et je continuerai d'écrire, car ce qui sévit en milieu carcéral est tel qu'il ne faut plus cesser d'écrire pour le dénoncer. […] Pour le crier, le jeter à la face de la société pour qu'elle y voie son miroir d'infamie, d'ignorance, de cruauté animale dans son indifférence froide et confortable. […] Je ne suis qu'un fils de ramoneur de cheminée. Je ne le regrette pas. […] Ce n'est pas un hasard si les pauvres ne savent pas

1. Communiquer avec un codétenu par les tuyaux des WC préalablement siphonnés.

écrire. C'est un moyen de plus pour les museler et les tenir en servage. C'est pour cela qu'il faut que j'écrive, que je surmonte mon prolétariat de l'inculture pour rendre la réalité carcérale, la réalité judiciaire et, forcément, la réalité sociale et politique[101]. »

L'impression d'exister

Le détenu Claude Lucas se demandera plus tard s'il « ne noircit pas la page carcérale pour combler le vide de l'être, tout simplement pour [s]'assurer qu'[il est] vivant[102] ». Nombreux sont les témoins qui se plaignent, ou qui craignent, de ne plus exister.

Pour certains, le témoignage revêt une importance capitale, en tout cas pour eux-mêmes, parce que leur parole n'a aucune valeur aux yeux de leurs geôliers[1]. Ni écouté ni même entendu, le témoin n'a jusqu'à présent parlé qu'à ses murs. S'adresser, fût-ce à distance, à des inconnus qui, espère-t-il, accueilleront sa parole avec attention et respect, c'est à ses yeux renverser l'Ordre carcéral.

Dans cet univers où chacun est contraint d'agir – ou ne pas agir – en raison de décisions et consignes qui ne viennent pas de lui ; où la nourriture, l'habillement, le travail s'il en a, les loisirs s'il y en a, le mouvement même, ou l'immobilité, sont obligés aussi ; où l'on n'a pas le droit de parler à son voisin, de répondre à son surveillant, de siffler ou de rire ; où l'on finit par croire que « même [ses] pensées sont surveillées, écoutées[103] », il reste bien peu d'actes autonomes que l'on puisse accomplir.

Dans un tel contexte, un témoignage est une déclaration d'indépendance, une revanche, un passage du passif à l'actif, un combat. Il donne, à celui qui l'ose, le sentiment de reconquérir, par l'écriture, une dignité piétinée.

1. En 1972, l'AP a même subtilisé, en le transférant sans prévenir à la veille du procès, un détenu de Charles III-Nancy qui devait témoigner en faveur des accusés. Les juges aussi récusent souvent les quelques témoignages qui leur parviennent de prisonniers.

Les sept péchés capitaux de l'administration pénitentiaire et de la chancellerie

L'AP ne se pose pas les questions ici proposées au lecteur. Pour elle, les détenus ne disent pas la « vérité ». N'ouvrons pas un vaste débat philosophique sur la « vérité ». Qui la détient ? Nous ne le saurons jamais puisque nous n'avons affaire, de part et d'autre, qu'à des paroles. Nous savons que la « vérité » est plurielle, complexe, au pire insaisissable. Mieux vaut parler de vraisemblance, ou de véracité.

Les prisonniers sont-ils menteurs ? Peut-être, mais pas plus et plutôt moins, selon nous, que l'administration pénitentiaire, les gardes des Sceaux et autres hommes de pouvoir… et probablement pas plus, ni moins, que toute personne vivant en liberté.

Comme chaque enfant le sait, il existe diverses manières, qui souvent se recoupent, de travestir la « vérité ».

1° L'omission. À propos de la révolte des prisonniers de Toul en 1971, Michel Foucault fait, sous le titre DISSIMULATION, les remarques suivantes sur un discours de René Pleven, alors garde des Sceaux : « Pleven cache la vérité : des revendications précises avaient été faites par les détenus. Pleven n'a pas dit lesquelles. Les détenus révoltés ont été transférés. Pleven ne dit pas où et comment ils sont traités. Lors de la seconde révolte, il y a eu des blessés. Pleven ne dit pas comment ils ont été blessés, ni quel est leur état, ni où et comment ils ont été soignés[104]. »

Autre type d'omission : le même Pleven déclare qu'en prison les tentatives de suicide ne sont pas sanctionnées. Il aurait pu ajouter « par le code de procédure pénale » ; car elles sont très souvent punies de mitard, en toute illégalité, par les chefs d'établissement.

2° La litote. Trois exemples :

Un détenu s'est ouvert les veines à Fresnes, en 1971. Selon le directeur, « il ne s'est pas suicidé, il s'est égratigné. Il n'a pas été puni, mais mis en cellule de contention et attaché pour son bien[105]. »

À Toul, un détenu dit avoir connu, en janvier 1968, le mitard par -26 °C. Le rapport Schmelck traduit : ces « cellules disciplinaires ne sont pas chauffées, inconvénient [*sic*] spécialement sensible dans une région au climat rigoureux ».

Les trente dernières années du XXe siècle ont été « peu glorieuses » pour l'AP selon Christian Carlier, un ancien sous-directeur de prison devenu par la suite historien des prisons à l'AP [106].

3° La généralisation abusive. Suite à l'affaire Buffet et Bontems[1], les geôliers et leurs porte-parole présentent les prisonniers comme étant tous des assassins. Knobelspiess commente ainsi la propension de l'AP et de la chancellerie à criminaliser l'ensemble de la population carcérale : « S'ils restent à mille coudées de la réalité carcérale, ces responsables ne s'en arrogent pas moins le droit d'être de parfaits menteurs, diffuseurs de mensonges fondés sur la production et la reproduction aveugle de la notion de criminalité – mensonges greffés à même la peau de ce système [107]. »

4° Le renvoi d'ascenseur de l'accusé à l'accusateur : un détenu qui se plaint d'avanies de la part de surveillants est puni pour ses « dénonciations calomnieuses ». À Loos-lès-Lille, huit jours de mitard pour le détenu ayant osé écrire à Pleven qu'il n'y a plus de chauffage. Plus subtile est cette affirmation d'un directeur de Fleury : « Les détenus ont un discours où ils se retranchent derrière l'agressivité supposée du personnel [108]. »

5° L'euphémisation. À un journaliste de *L'Aurore*, un officiel de l'AP présente La Talaudière comme une prison « à visage humain [...] moderne, confortable et spacieuse [où] on pourrait rencontrer des prisonniers heureux [109] ». Sur place, le reporter découvre qu'un détenu est monté sur un toit pour protester contre « des conditions inhumaines de détention » ; qu'un autre a avalé trente crochets d'épingles à linge ; qu'un troisième a fait « une tentative de suicide très grave aux barbituriques ».

6° La minimisation. À propos de détenus blessés par les forces de l'ordre, le Dr Édith Rose, psychiatre à Toul, rapporte son dialogue avec une infirmière :

1. Lire *infra* p. 107.

« — Mais Madame Rore, regardez. Ils sont blessés.
— Ce n'est rien, ils font souvent cela, pour s'amuser, sans doute[110]. »

7° L'effacement des faits : début 1974, l'Antillais Patrick Mirval meurt d'asphyxie par strangulation dans un ascenseur au cours d'un transport mouvementé vers un mitard de Fleury-Mérogis. La presse de gauche s'émeut : s'agirait-il d'une « bavure » des surveillants qui l'accompagnent ? « Tout se passe [ensuite] comme si le fait n'avait pu avoir lieu. » Douze experts « effacent méticuleusement la violence originelle » et concluent que Mirval avait le cœur fragile – il aurait donc causé sa propre mort – ce qui ne sera jamais établi. Sans convoquer les acteurs du drame, un juge d'instruction « s'enlise méthodiquement dans les méandres des expertises et récrit patiemment le crime jusqu'à son effacement final ». L'affaire aboutit à un non-lieu que réitère la cour d'appel, où « le crime disparaît sous des flots de rhétorique ». En 1984, un témoin, sans doute un surveillant, jusqu'alors réduit au silence par sa hiérarchie, fait surface. Il est interrogé. Depuis, rien…[111]

3. De Mai 68 au « mai rampant des prisons »

> Oui, la révolution est proche, elle se forge même dans les cachots.
>
> CAP intérieur de Charles III-Nancy

Au printemps 1968, personne ne parle des prisons et nul ne s'en soucie. Quant aux prisonniers, ils n'entendent pas parler, assure-t-on, des « événements » de mai. Parcourant le journal d'un détenu de Paris-la Santé, Daniel Defert, cofondateur du GIP, n'y trouve aucune allusion à l'explosion qui secoue la capitale pendant plus d'un mois. Un jour où, dehors, l'agitation atteint son comble, ce détenu note seulement : « Aujourd'hui j'ai vu un rat[112]. » Certains locataires de la Santé ont pourtant la vue sur le boulevard Arago, où passent de bruyantes manifestations.

L'AP semble avoir réussi ce tour de force : retrancher du monde des vivants des milliers d'hommes et des centaines de femmes. « S'ils ont su qu'il se passait quelque chose, les détenus n'ont peut-être pas compris quoi ni pourquoi », avance une ancienne militante du GIP.

Rappelons qu'à l'époque les prisonniers n'avaient pas accès aux médias. Qu'ils aient pu « rater le coche » n'aurait donc rien d'extraordinaire.

Mais faut-il parler de rendez-vous manqué entre prisonniers d'un côté et, de l'autre, ouvriers et étudiants en lutte ? N'était-ce pas plutôt un rendez-vous décalé puisque les révoltes collectives des prisonniers, qui ont commencé trois ans et demi plus tard, s'inspirent, pour certaines et en partie seulement, d'idées contestataires déjà répandues dans la société civile ? D'autre part, les courtes peines étant de beaucoup les plus nombreuses, on peut supposer qu'à l'exception des récidivistes, la plupart des détenus incarcérés au moment de leurs grandes révoltes (1971-1974) étaient libres en 1968 : Serge Livrozet, futur auteur du retentissant *De la prison à la révolte* (1973), occupait alors la Sorbonne, entre deux incarcérations. Beaucoup d'anciens ou futurs détenus ont pu assister, ou participer de près ou de loin, aux « événements », notamment dans les entreprises qui comptaient alors environ dix millions de salariés en grève.

Plus concrètement, des liens ont été noués entre dehors et dedans du fait que, dès 1968, des rebelles à l'ordre établi se sont retrouvés en prison pour un temps. À la MC de Nancy était incarcéré un délégué CGT qui, ulcéré d'avoir été licencié sans préavis par Celatose, son employeur, avait fait exploser, en 1968, une bombe qui détruisit l'établissement. Une maison d'arrêt lyonnaise a accueilli en 1968 deux hommes accusés d'avoir tué un commissaire de police à Lyon[I]. À la MA de Montluc, se trouvaient des objecteurs de conscience, des insoumis, des militants gauchistes dont « d'anciens grévistes très actifs dans les "soviets" [d'usine] de Vaise et de Gerland, des CIDUNATI[II] et quelques syndicalistes "avancés". [...] Des étudiants, bon nombre d'ouvriers actifs en 1968 puis dans les grèves sauvages d'usines et les petites émeutes de quartiers » sont incarcérés aux MA de Saint-Paul – Saint-Joseph[113] où les détenus déjà présents se sont montrés très réactifs : « En 1968 il y eut là comme ailleurs des grèves accompagnées du grand espoir que le prolétariat local délivre "ses frères enchaînés". Espoir déçu, comme on le sait[114]. » Dès l'hiver 1968-1969, à Saint-Paul – Saint-Joseph les détenus enchaînent « suicides, révoltes individuelles ou de petits groupes contre les matons ». Dans les prisons lyonnaises comme à la MC de Melun peu après, « les rédactions de textes théoriques [...] se multipliaient en nombre et en fréquence[115]. »

I. Les faits se sont produits lors d'une manifestation à Lyon. Un camion fou, qui n'est conduit par personne, recule sur un pont. Derrière lui, sur la chaussée, le commissaire Lacroix s'effondre, victime d'une crise cardiaque, et le camion lui roule dessus. Les inculpés, Raton et Munch, qui n'y étaient pour rien, seront acquittés.

II. Groupement d'affiliés de l'extrême droite, notamment commerçants.

Une frénésie de consommation

« Soyez raisonnables, prenez vos désirs pour des réalités », « Jouissez sans entraves », « Il est interdit d'interdire » : ces célèbres slogans ont-ils franchi les murs des prisons ? Le vent de la contestation y a bel et bien soufflé, quoiqu'avec retard. Mais rien n'indique que les mots d'ordre du Quartier Latin aient été repris tels quels dans les milieux populaires d'où sont issus les prisonniers : ils avaient d'autres préoccupations. Très loin de réclamer des « parloirs sexuels », par exemple, les détenus demandent seulement des parloirs sans dispositifs de séparation (plexiglas, grillages, etc.) entre visiteurs et visités.

Pour qui a fait la navette, en 1968-1975, entre la Sorbonne et la France profonde, le décalage entre l'une et l'autre était énorme. Comme aussi le fossé séparant les auteurs des slogans précités – étudiants bien vêtus, bien nourris, bien logés et blanchis – des inculpés de Charles III à Nancy, témoignant en 1972 de la discipline de fer qui leur était imposée en détention et de leurs privations : « Au dortoir, pas de chauffage, pas le droit de rentrer des livres que nous avions achetés… Pas d'hygiène, deux lavabos pour 75 garçons, un WC[116]… » Tout se passe comme si les prisonniers, privés d'un confort élémentaire, devaient d'abord lutter pour y accéder. Sans doute les slogans soixante-huitards leur inspirent-ils au mieux une certaine perplexité, au pire une franche hostilité.

Dès les années 1960, dans le monde des hommes libres, et jusque dans les campagnes les plus reculées[117], toute la population aspire au confort – sauf les privilégiés qui l'ont déjà. La société de consommation conduit l'individu à rechercher des satisfactions immédiates plutôt qu'une félicité différée. La frénésie de consommation rogne les ailes de la classe ouvrière elle-même, dont une bonne partie rêve de s'affranchir de sa condition – ce que ne perçoivent pas souvent les révolutionnaires. La fameuse conscience de classe n'y résistera pas très longtemps.

Le corps se fait plus exigeant. À la maison, on ne supporte plus le froid de l'hiver et le nouveau chauffage central est de rigueur, y compris dans les HLM – alors appréciées pour leur confort et leur modernité – où l'on entasse les ouvriers. Leurs salles de bain sont mieux équipées, dans leurs cuisines des réfrigérateurs apparaissent en lieu et place des garde-manger et bientôt surgissent les premières hottes d'aspiration. Aspirateur et lave-linge fleurissent : finis, les efforts inutiles ! On ne se contente plus d'une seule marque de café, on veut pouvoir choisir, ce qui fera le succès du supermarché, alors une nouveauté. Entre le nécessaire, l'utile, le superflu, la distinction se fait ténue. « Dans la société d'abondance et de confort, les gens supportent de moins en moins d'être privés de ces biens[118]. »

Finalement, la principale cause des révoltes carcérales des années 1970 est peut-être moins 1968 que les vingt et quelque « glorieuses » qui l'ont précédé et ont permis à la population générale d'atteindre un niveau de vie inconnu jusqu'alors, alors que celui des prisonniers n'avait guère évolué.

De tout cela, on trouve des échos dans leurs revendications des années 1970. Mais des échos assourdis. Alors qu'au XIXe siècle et au-delà, la Pénitentiaire trouvait normal de nourrir les prisonniers juste assez pour qu'ils ne meurent pas de faim, elle est maintenant sommée de leur fournir une nourriture suffisante et mangeable. Plus facile à satisfaire, car elle ne coûte rien à l'AP, est la revendication concernant la cantine : les détenus exigent que les produits qu'ils y achètent de leurs deniers soient plus appétissants et plus variés. Cette exigence-là sera satisfaite vers la fin des années 1970. Serge Livrozet se plaindra que la Pénitentiaire, elle-même convertie aux vertus de la consommation, veuille « cantonner nos aspirations à la fonction digestive et faire de nous des consommateurs seulement avides de consommer davantage[119] ».

S'ils réclament le chauffage et des toilettes dignes de ce nom, ces détenus ne revendiquent ni aspirateurs, ni réfrigérateurs[I]. À de notables exceptions près, ils ne réclament pas non plus les syndicats accordés depuis longtemps aux travailleurs libres. Le droit de grève ne figure pas sur leurs listes[II].

I. Qui sont pourtant bien utiles, l'été, pour conserver les yaourts cantinés et livrés une ou deux fois par semaine.

II. Le droit de grève, ils le prendront, mais à titre exceptionnel, aux moments de leurs révoltes. Ils ne le considèrent pas, semble-t-il, comme un droit intangible et permanent.

Ils veulent surtout des rémunérations correctes, voire le SMIC (qu'ils n'obtiendront jamais). Quoiqu'ils travaillent souvent dans des conditions effroyables, ils n'en exigent pas de meilleures. En cela, ils sont en retard sur la CFDT qui lance à cette époque ses revendications qualitatives.

Ils ne demandent pas la lune

Dans presque tous les domaines, en somme, les détenus conviennent implicitement qu'en prison il y a des limites. Quoi qu'en disent leurs geôliers, ils ne demandent pas la lune et ne prennent pas leurs désirs pour des réalités.

Dehors, l'individualisme propre à nos sociétés développées franchit une nouvelle étape. On dit des délinquants qu'ils veulent tout, tout de suite. Mais ils ne sont pas les seuls. Partout, l'argent est roi. Le déclin de l'autorité parentale entraîne un brouillage des valeurs. La famille, imposant de moins en moins sa discipline et ses vertus, ne joue plus son rôle traditionnel de frein. Il y a dans l'air du temps une certaine permissivité qui rend insupportables les contraintes de l'incarcération. C'est une autre cause des révoltes des années 1970. La délinquance des jeunes issus des milieux populaires s'inscrit peut-être bien dans ces changements. Parmi les motifs de condamnation à la prison, le vol – de voitures surtout – l'emporte largement. « Des vols, remarque un aumônier de Toul, ou plutôt des emprunts… » Pour impressionner les filles ou par amour de la vitesse, l'emprunteur fait un tour, s'éloignant plus ou moins de son point de départ. Mais il abandonne assez vite son emprunt rutilant. Quant à la violence, elle est bien plus rare qu'aujourd'hui chez les jeunes.

Dans une société secouée par l'irruption de Mai 68, comment les différents courants d'opinion[1] accueillent-ils cette moindre irruption qu'est le mouvement des prisonniers ? La droite, bien entendu, s'en indigne. L'importante fraction de

1. Baromètre peu fiable car, comme le remarque Philippe Robert, « l'opinion publique n'existe pas, sauf comme construction de ceux qui prétendent l'exprimer[120] ».

l'opinion qu'on peut situer au centre gauche réprouve les mutineries comme elle réprouve leur répression. Mai 1968 est à la fois la conséquence et la cause d'un vaste chamboulement des valeurs d'antan. Jean Daniel interprète ainsi un malaise qu'il estime sociétal : « À tous les niveaux, dans tous les secteurs, et même dans toutes les classes, la crise de confiance est totale. Les institutions ne sont plus crédibles[121]. »

Dans certains secteurs de l'opinion « éclairée », on découvre, par le biais des révoltes, l'archaïsme de notre système carcéral. Et le doute s'installe : « La société ne sait plus au nom de quoi elle punit et les détenus ne savent plus au nom de quoi ils sont punis », relève Jean-Marie Domenach[122]. Ces prisonniers, qui ont eux aussi délaissé l'obéissance et la discipline, considèrent de moins en moins la prison comme une institution inéluctable ou nécessaire. Mais hormis de rares détenus intellectuels, ils ne songent pas à sa disparition.

Le jeune Jean-Pierre Chevènement fournit en 1972 pour le parti socialiste – alors deuxième parti de la gauche officielle, mais de plus en plus influent – une analyse surprenante de la part d'un futur ministre de l'Intérieur. Elle commence par ces mots : « La révolte du prisonnier est le mouvement le plus naturel ». Concernant les couches populaires, le « Che » ajoute : « Il y a toujours eu, dans le mouvement ouvrier, une volonté très nette de "marquer la différence" d'avec les bandits, voleurs, anarchistes ou de droit commun. Cette hostilité presque viscérale ne s'est pas manifestée. [...] Au-delà de la révolte, de la sensibilité sociale devant la révélation d'un système immonde, il y a [...] une sorte de doute assez répandu sur la fonction de l'institution pénitentiaire. [...] Il n'y a pas eu un mouvement de solidarité des masses mais seulement une sorte de "remord social", d'ailleurs savamment noyé dans la tisane par la bourgeoisie[123]. »

Les sondages révèlent l'ambiguïté des opinions. En 1974, l'un d'eux indique, au lendemain de la flambée estivale des prisons, que si la majorité réprouve les mutineries, elle appelle aussi à des réformes du système carcéral.

Crime-et-châtiment : le long divorce d'un couple

« Les détenus ne savent plus au nom de quoi ils sont punis », écrit J.-M. Domenach. Il met là le doigt sur un changement, imperceptible à première vue, qui s'opère dans les prisons.

Il était convenu depuis des siècles que le criminel ou délinquant était seul responsable de sa faute, laquelle était perçue, au Moyen Âge, comme une offense faite au souverain et à l'ordre divin qu'il représentait sur terre. Dès lors, la sanction qui frappait le coupable était nécessairement juste. Crime-et-châtiment ont formé pendant les siècles suivants, un couple légitime et indissociable.

Sauf rares exceptions, ce principe n'était nullement contesté par les prisonniers. Lorsque vers 1830 naquit la prison moderne, leur voie était toute tracée : repentance et si possible rachat par la prière, le silence, rééducation par le travail, la discipline, l'obéissance… Pour la militante et ancienne détenue Catherine Leguay, « le système pénitentiaire réinculque les valeurs bourgeoises au taulard, son idéologie : il recrée le sentiment de culpabilité [124] ». « À la fin du XIXe siècle [le détenu] disait : “Bien sûr que ce que j'ai fait est épouvantable, il faut que j'expie, je suis là pour payer ma dette envers la société” [125]. » Se référant à un passé récent, Hubert Bonaldi – simple surveillant, puis secrétaire général du syndicat FO des surveillants et enfin directeur de la MA de la Santé – certifie au début des années 1970 que jadis « les malfaiteurs trouvaient normal de payer [126] ».

Bonaldi est conscient qu'un renversement de cette idéologie, déjà ébranlée avant Mai 68, se confirme au cours de la nouvelle décennie. Les gauchistes estiment que la société bourgeoise, oppressive et inégalitaire, sécrète structurellement des victimes et produit, notamment à ses marges, des déchets sociaux. C'est elle qui fabrique les délinquants. L'Ordre social est donc malfaisant. Nul besoin, pour s'en convaincre, de lire Michel Foucault : de l'université à l'atelier, la critique sociale est véhémente.

Nouvelles pour les détenus, ces idées ont de quoi séduire les plus réfléchis. En effet, elles les disculpent. La responsabilité de leur « faute » se trouve déplacée et renvoyée au collectif. *Le Figaro* ne s'y trompe pas : « Les détenus politisés, minorité agissante, influencent une masse malléable, dont beaucoup tendent à rejeter sur la société la responsabilité de leurs actes », explique-t-il [127]. Aux yeux des détenus politisés, le coupable devient victime. Relativisée, sa « faute » devient un simple « illégalisme ».

« Le vol organisé, le vrai, c'est celui des cols blancs », accuse Serge Livrozet pour qui la société protège les vrais coupables, lesquels échappent à la prison. Le vol n'est que la vengeance de l'exploité contre son exploiteur. Conclusion : « Plus aucun voleur [incarcéré] en 1974 ne peut se croire un monstre [128]. » Livrozet trace ainsi les grandes étapes de sa vie : « Enfant, j'étais voleur par nécessité ; ensuite, je l'étais par défi ; pour finir, je l'ai été par principe. » Le CAP, qui fait peu de cas de la responsabilité individuelle, ira plus tard jusqu'à clamer que « même les pires criminels – comme Patrick Henry – sont les produits du système. Le seul criminel, c'est l'argent [129] ».

« Secouons le tas de fumier… »

Les lignes suivantes sont extraites d'un texte qui circule, début 1972, à la MC d'Ensisheim. Signée par le « Comité de défense d'Ensisheim », c'est une diatribe haletante, bien plus virulente que les textes policés du GIP, et qui résume – et dépasse – notre propos :

« Secouons le tas de fumier, le tas d'immondices qu'est cette société. […] Oui, c'est vrai, nous sommes coupables de ne pas assez nous opposer à la bourreaucratie [*sic*], à cette sorte de société qui nous opprime, qui nous broie, qui nous veut responsables de sa pourriture.

» Délinquants, criminels, qui sommes-nous ? Pourquoi s'acharne-t-on sur nous ? […] Serait-ce parce que nous sommes contraires à l'ordre établi tant favorable à certains et si terrible pour d'autres, pour la majorité ?

» Punit-on les tuberculeux ? Si nous sommes malades, sommes-nous responsables de notre maladie ? Si nos familles boiteuses, déchirées ou inconscientes, nous ont soi-disant mal élevés, mal éduqués, en sommes-nous responsables ? […]

» Si nous étions malades, il fallait nous soigner. [...] Si nos parents étaient incapables, il fallait les instruire. [...]

» Pour permettre à la société et à ses privilégiés de se féliciter, de se décorer mutuellement, en toute bonne conscience, de se goinfrer, de se goberger en toute quiétude, alors il nous faut être coupables. [...]

» Si la société est pourrie, chaque jour l'odeur est plus forte, il faut la culbuter et l'enterrer [130]. »

Peut-on considérer ce déplacement de la faute comme un fil conducteur reliant Mai 1968 aux révoltes des prisonniers ? S'il est toujours dangereux de généraliser, force est de constater qu'aucun de nos témoins ne paraît accablé de remords. Le couple crime-et-châtiment semble, chez eux, dissocié.

On peut supposer que s'ils restent muets sur leurs « illégalismes », c'est parce que ni les maos, ni le GIP, ni le CAP ne leur demandent de s'épancher là-dessus, comme le précise Daniel Defert [131]. Il est possible aussi qu'ils aient honte. Mais ce sentiment, jadis perceptible dans les écrits de prisonniers, semble leur être étranger. Les détenus qui écrivent à partir de 1970 déplorent plus souvent l'excessive sévérité des peines, ou encore s'insurgent contre les erreurs judiciaires (et pénitentiaires) dont ils se disent victimes. « Tous, ils me répètent : "ce n'est pas de ma faute" », rapportent une visiteuse de la MA de Fresnes [132] et aussi un psychiatre.

Chaque individu entretient, bien entendu, avec son passé un rapport particulier où la culpabilité peut avoir sa place. Mais à en juger par nos témoignages, le taulard n'en fait plus état. Il perçoit de moins en moins sa peine comme juste ou légitime. « Le temps n'est plus où les détenus subissaient leur incarcération sans vraiment s'interroger [133]. » Ils se demandent maintenant « au nom de quoi ils sont punis » et se résignent d'autant moins aux conditions de vie en détention. « Oui, j'ai tué [dit l'assassin], mais ce n'est pas une raison pour que j'aie froid [134]. »

Dès lors qu'il cesse de mariner dans la contrition et la dépréciation de soi, qu'il en vient, sinon à s'estimer, du moins à se considérer comme pas pire que les autres, le prisonnier, au terme d'un parcours pouvant être tortueux et accidenté, estimera qu'il a des droits. Même si ces droits demeurent en retrait sur ceux des hommes libres. Dans une telle brèche, des revendications, puis la révolte, vont pouvoir s'engouffrer.

L'évaporation de la faute

Certes, la déculpabilisation des prisonniers est un processus lent, latent, inachevé : « Tu peux amorcer la déculpabilisation, convient Serge Livrozet, mais elle est interne. Le type est déculpabilisé par rapport à lui-même mais vis-à-vis de la société il fait toujours son *mea culpa*. Il n'ira pas dire partout : "J'ai fait de la prison"[135]. » Cela commence pourtant : d'anciens détenus s'expriment en tant que tels dans les meetings du GIP. Un « bandit » libéré s'en explique : « À l'heure actuelle, y a pas à avoir de honte d'être allé en prison. Avant, peut-être. Mais maintenant, non[136] ».

Reste que cette déculpabilisation, dans la foulée de Mai 68, n'est ni générale ni durable. Rencontré récemment, un détenu des années 1970 nous avouait que jamais, en trente-cinq ans, il n'a osé parler à quiconque de son bref passage en prison : il en a trop honte. Moins, semble-t-il, de son délit – il avait rossé son patron – que du séjour lui-même au sein de l'institution, toujours frappée d'opprobre.

Gardons-nous de présenter la population détenue comme un réceptacle passif des idées de Mai 68. Celles-ci ne sont pas familières à tous les « droit commun ». Sans doute qu'en prison la majorité silencieuse n'a aucun contact avec l'extrême gauche et ne subit pas directement son influence, quoi qu'en dise la Pénitentiaire et la chancellerie, trop heureuses de mettre les révoltes des prisons sur le compte de quelque *deus ex machina* gauchiste.

On peut toutefois tenir pour probable, mais non certain, que sans une déculpabilisation même partielle, même progressive des prisonniers, des révoltes aussi nombreuses, aussi suivies, accompagnées d'un corpus assez cohérent de revendications, n'auraient pas été possibles.

Il est vrai que la déculpabilisation a, depuis, poursuivi son cours souterrain et progresse encore de nos jours, mais pour des raisons sans grand rapport avec les idées soixante-huitardes. Chez les jeunes délinquants de nos quartiers dits « sensibles », nombreux sont ceux qui se défaussent, devant le juge, de leur responsabilité réelle ou supposée. On assiste alors à l'évaporation totale de la faute.

Bien souvent l'accusé n'a, selon lui, commis aucune infraction, mais seulement une « bêtise ». Au juge qui s'évertue à le convaincre de la gravité d'un viol en réunion, il rétorque que la fille était consentante. L'avocat, l'éducateur invoquent à sa décharge des facteurs indépendants de sa volonté : milieu délétère de la bande du quartier, alcoolisme du père, misère, rejet (réciproque) de l'école, absence de formation professionnelle, chômage, racisme, humiliations et violences policières, frustrations de tous ordres... Bref, tout le monde est responsable, sauf lui.

Pour finir, un séjour en prison n'a plus rien d'infamant, du moins dans le discours de tels jeunes, qui s'en vantent. Il y a là, sans doute, une part de rodomontade. Mais derrière les murs, le maton, jadis appelé « Monsieur le surveillant » et qui exigeait encore au début des années 1970 un salut militaire, se voit aujourd'hui gratifié d'un insolent « eh ! Pépé ! » quand ce n'est pas de noms d'oiseaux qu'on ne saurait reproduire ici.

II. L'ENGAGEMENT DES INTELLECTUELS

4. LES MAOS

> Plus on plonge profondément dans les masses, plus on a de chances de s'enfoncer dans la merde.
>
> TIENNOT GRUMBACH, maoïste,
> *Les Temps modernes*, février 1972

Les maos dehors

À l'orée de la décennie 1970, les « événements de mai » terminés, la droite reprend ses aises. Manifestants et grévistes sont, pour la plupart, rentrés dans le rang, à l'université comme à l'usine. Cependant des noyaux durs continuent le combat. Il règne à l'extrême gauche une grande effervescence.

Parmi les groupuscules aux diverses obédiences marxistes, les plus bruyants sont les maos. Pour eux, la Révolution ne fait que commencer et pour accélérer son avènement ils s'investissent principalement dans les luttes ouvrières, car ils vénèrent le prolétariat. Certains maos ne reculent pas devant la « violence révolutionnaire », lançant des cocktails Molotov sur des cars de police ou encore au siège de la DAP.

À la génération des Cent Fleurs, Mao Tsé Toung conseillait de regarder vers le bas pour « comprendre le peuple ». En France, on compte parmi les maos l'élite estudiantine de l'École normale supérieure où professe le philosophe marxiste Louis Althusser. Dès 1967, certains de ses plus brillants élèves dévalaient les pentes de la montagne Sainte-Geneviève pour s'exiler, qui dans nos provinces, qui dans nos centres industriels. L'œuvre la plus originale des maos de France reste l'« établissement », à savoir l'implantation dans les usines de nombreux militants.

« Nous avons été immédiatement solidaires des prisonniers parce qu'ils étaient à la pointe extrême de l'exploitation », raconte Yves Cohen, mao à l'époque. Mais rien ne prédispose les maos à partager leur sort. C'est la justice française qui leur en offre l'occasion. L'improbable rencontre, derrière les barreaux, des maos et des « droit commun » est la conséquence directe de la répression brutale qui s'abat sur les premiers.

Environ deux cents maos sont faits prisonniers en 1970-1971, certains pour des actions violentes – encore que l'organisation refusât le terrorisme – mais la plupart pour avoir enfreint deux lois : la loi « anti-casseurs » (18 juin 1970) qui rend les organisateurs de manifestations interdites pénalement responsables des troubles et dégâts occasionnés ; et une loi de 1936 qui sanctionne la reconstitution de ligues dissoutes. C'est le cas de la Gauche prolétarienne (GP), organisation maoïste qui renaît de ses cendres au lendemain de sa dissolution en mai 1970. « Il suffira ensuite d'avoir sur soi deux ou trois exemplaires de *La Cause du peuple*, organe de l'ex-GP, pour être envoyé en prison », se souvient Yves Cohen.

Arrêté le 25 juin 1970, Alain Geismar, le plus connu des maos[1], est mis au secret. Lors d'un premier procès, en correctionnelle, le 20 octobre, des militants de l'ex-GP sont condamnés à de lourdes peines. La plus sévère est pour Geismar, qui écope de dix-huit mois. On l'accuse de « pro-

1. Responsable du SNES-Sup en mai-juin 1968, il sera ensuite, au sein d'une direction collective, le porte-parole de la Gauche prolétarienne dont le journal, *La Cause du peuple*, est dirigé par Jean-Pierre Le Dantec, puis Michel Le Bris, puis Jean-Paul Sartre.

vocation directe, suivie d'effets, de violence et voie de fait contre les agents de la force publique ». Les preuves manquent, mais qu'importe ? Au tribunal, en chemise rouge, Geismar, qui se sait condamné d'avance, renvoie l'ascenseur, accusant la bourgeoisie de provocation à l'endroit des masses populaires.

Au même moment, devant les grilles de Renault-Billancourt, Sartre, juché sur un tonneau, manifeste contre l'esclavage de la classe ouvrière ; « il n'y a qu'une solution, assène-t-il : la violence populaire. C'est pour cela qu'on juge Geismar[1] ». Pendant le procès, autour du palais de justice de Paris, « les forces de l'ordre, environ 5 000 hommes, occupent les carrefours stratégiques. Dans la cour de la préfecture de police, des équipes spéciales d'intervention stationnent depuis l'aube sur le pied de guerre. Un impressionnant matériel, hélicoptère, voiture-pompes, bulldozers, motos, cars radio, attend d'être utilisé[2]. »

Le 14 décembre 1970, Geismar, toujours en chemise rouge, est à nouveau jugé, cette fois par la Cour de sûreté de l'État[1], pour reconstitution de ligue dissoute, et à nouveau condamné à dix-huit mois. Les deux peines seront confondues.

C'est dire à quel point le groupuscule mao fait peur – inutilement, car la résistance populaire, le mouvement ouvrier dépassent très largement la sphère d'influence des maos. Mais les autorités tremblent : Jacques Chaban-Delmas, Premier ministre et chantre de « la nouvelle société », évalue à « un ou deux millions » (chiffre bien exagéré) les gauchistes responsables, selon lui, de l'agitation, et qu'il enverrait volontiers dans des « camps »[3]. Ces gauchistes séquestrent un patron tous les huit jours, accuse le Conseil national du patronat français (CNPF) dans son rapport sur l'année 1971.

Les maos ne sont pas les seuls emprisonnés. Il y a, par exemple, Marc Hatzfeld, qui milite à Vive la révolution (VLR), groupuscule assez proche de la GP. Il a le redoutable privilège d'être jugé avec Geismar pour « participation à une activité illégale visant à substituer une autorité illégitime à

1. Tribunal d'exception, composé de magistrats et de généraux, instauré par Charles de Gaulle et supprimé par François Mitterrand.

l'autorité de l'État ». De fait il a surtout découvert et dénoncé dans la presse, avec les maos, le trafic à l'embauche de travailleurs immigrés à l'usine Renault de Flins[I].

De nombreuses personnalités de tous bords plaident la cause des embastillés : des professeurs d'université, dont Alfred Kastler, prix Nobel, sont reçus par René Pleven, garde des Sceaux. Nullement maoïstes, ils condamnent la violence, mais s'inquiètent de la dégradation des libertés publiques. « Les maos fascinent l'intelligentsia[4] », à commencer par Jean-Paul Sartre (Beauvoir sera plus réservée).

Sceptique, le trotskiste Alain Krivine se demande par contre « si ces maos sont vraiment fous ou font-ils semblant ? La France occupée, le fascisme qui pointe, [...] la CGT démantelée chez Renault. [...] Quelle est donc cette folie qui incite à "faire comme si" ? Comme si la Révolution était à l'ordre du jour ; comme si les masses étaient prêtes à s'armer. [...] Ces jeux ne sont pas sérieux[5] ».

Les maos dedans

Derrière les barreaux, pourtant, les maos – étudiants, jeunes ouvriers, diffuseurs de *La Cause du peuple* – entament des grèves collectives de la faim qui ne sont pas des « jeux » : les premières, en septembre 1970, vont durer vingt-cinq jours ; les suivantes, jusqu'à trente-quatre. Les détenus maoïstes réclament la fin de l'isolement, l'accès à l'information, des locaux communs, davantage de visites, des parloirs « rapprochés » : bref, le statut de prisonniers politiques[II]. Sur le statut, Pleven ne cédera pas, mais il accordera, au compte-gouttes, certains avantages « politiques » aux maos, comme l'accès à l'information, l'éclairage en cellule jusqu'à vingt-trois heures, des visites quasi illimitées et le droit de réunion.

I. « Grâce à un juge d'instruction qui a très bien compris le problème », Hatzfeld sera condamné à trois ans avec sursis.

II. Ce statut n'existe pas en France – aucune démocratie occidentale ne veut admettre qu'elle emprisonne des gens pour leurs idées – mais des détenus du FLN avaient déjà obtenu, en 1959, un équivalent, dit « statut spécial », qui accordait aux bénéficiaires l'accès aux médias, le droit de visite et de réunion.

Les leaders incarcérés à la Santé sont regroupés et quelques-uns partagent une même cellule. Ainsi Geismar et Le Dantec vont-ils cohabiter et se repaître d'émissions de radio, de journaux et de caisses entières de livres expédiées par l'éditeur Maspero.

À la Santé, les autres « politiques », logés dans des cellules individuelles, peuvent communiquer entre eux, soit dans un local commun, qu'ils occupent dans la journée, soit d'une fenêtre à l'autre. À Fresnes, où ils seront tous transférés par la suite, ils se retrouveront dans la cour, plus rarement pour un repas.

En janvier 1971, la seconde vague de grèves de la faim est largement médiatisée grâce aux maos en liberté, dont certains entament à leur tour, dans une chapelle de Montparnasse, avec des personnalités, une grève de la faim solidaire. Pleven consent alors quelques concessions supplémentaires à la quinzaine de maos dont l'affaire, strictement politique, a été jugée par la Cour de sûreté de l'État. Beaucoup se trouvent à la Santé, ou dans des MA proches de Paris. Mais les maos de la base, dits « casseurs », restent dans leurs prisons de province sans privilèges particuliers[1].

Yves Cohen est cueilli en juillet 1970 sur les rives du Doubs, près de Peugeot-Sochaux où il s'est « établi », au cours d'un joyeux méchoui qui n'a rien de politique. Un voisin s'étant plaint de tapage nocturne, la police accourt. Une bagarre éclate. Un policier se fait casser deux bras. Cohen n'a pas frappé mais il est malgré tout incarcéré à Montbéliard, puis condamné à quinze mois de prison et enfin transféré à la MA de Besançon avec deux de ses camarades.

Ses privilèges de prisonnier ? Il peut poursuivre ses études d'histoire, peut-être parce que ses parents, des intellectuels communistes, connaissent un professeur à l'université de Besançon et lui procurent ses livres et même le *Petit livre rouge* qui entre sans incident dans la maison d'arrêt. Malgré l'éclairage illimité qui lui est consenti, la vue de Cohen baisse. Il perd aussi plusieurs dents, à cause des mauvais soins.

1. Toulouse, Bordeaux, Fleury-Mérogis, Fresnes, Marseille, Metz, etc.

Les maos tentent de lancer dans la prison une grève de la faim pour divers droits des prisonniers – et non pas pour réclamer le régime spécial à leur profit. Ils sont les seuls à jeûner et ne sont pas suivis par les « droit commun », bien que la grève ait été expliquée « par les tuyaux », les maos n'ayant aucun contact licite avec les « droit commun ». Au bout de quelques jours, ces derniers déclenchent un chahut monstre dont on tient pour responsables les trois maos présents. On les expédie au mitard. Tout en les frappant, les gardiens leur font descendre, « en raclant les marches », l'escalier qui y mène. Cohen y passe quinze jours en plein hiver sans couverture ni vêtements chauds. Il connaît ensuite l'isolement pendant plus de sept mois.

« En fait, notre affaire justifiait difficilement la revendication du régime politique. Sauf pour un chahut – devant la prison cette fois – nos amis maoïstes de la région parisienne se sont peu occupés de nous. Par contre, les copains ouvriers de mon atelier de Peugeot ne m'ont pas laissé tomber. Ils m'ont écrit des lettres… que je n'ai jamais reçues. L'un d'eux, Pipelette, venu me rendre visite, a été refoulé. »

Les maos incarcérés à la Santé sont-ils, eux, comme des poissons dans l'eau de la détention ? On ne peut en jurer. Certes, Geismar est reçu en grande pompe par les détenus de la Santé : « Tous les taulards l'ont salué, poing levé à travers les barreaux[6]. »

« Les "droit commun" de la Santé et de Fresnes admiraient les maos, qui les fascinaient », se souvient Marc Hatzfeld. « Ils les interpellaient au passage et leur disaient : "Bravo, les maos." Et nous étions sincèrement désireux d'entrer en contact avec eux. »

Y parviennent-ils ? Ici aussi, on interdit aux « politiques » tout contact avec les « droit commun ». Certains maos contournent cet obstacle en commentant l'actualité aux fenêtres de leurs cellules, ce qui est bien sûr interdit mais précieux puisqu'avant 1972 les « droit commun » n'ont pas accès aux médias (mais ils savent qui est Geismar).

« Nous avions mis en place un système de reconnaissance : tous les "politiques" portaient des Adidas, poursuit Marc Hatzfeld. Ainsi les autres nous identifiaient quand nous nous croisions, ce qui était assez fréquent. On pouvait aussi communiquer par les tuyaux des WC, ou encore en balançant des messages à l'extérieur, grâce aux yoyos, d'une fenêtre à l'autre. C'est ainsi que je me suis lié d'amitié avec deux "droit commun", dont Robert Rolland qui avait enlevé le petit Peugeot[1]. Il m'a aidé à comprendre le fonctionnement de la Santé. Nous en parlions à la chapelle, avant, pendant et après la messe. L'autre, un auxi, nous distribuait les repas. C'était un bandit, spécialiste des coffres-forts, et anarchiste de droite... »

Les maos rencontrent aussi les « droit commun » à l'infirmerie, dans la salle d'attente. Du fond de sa cellule, le professeur Geismar crée du lien social avec les détenus en corrigeant la copie, apportée par un surveillant, d'un prisonnier candidat au certificat d'études. Geismar est bientôt submergé de dictées, de calculs, de devoirs à corriger, y compris ceux des gardiens qui préparent l'examen de premier surveillant. Une fois libre, il développera l'enseignement pour les détenus, ces « étudiants empêchés ». Enfin, les détenus maos ont rallié, selon le GIP, « beaucoup » de prisonniers en diffusant le communiqué suivant : « En réclamant le statut de prisonniers politiques, nous ne revendiquons pas pour autant des privilèges par rapport aux détenus de "droit commun" : à nos yeux, ils ne sont que les victimes d'un système social qui, après les avoir produits, se refuse à les rééduquer et se contente de les rejeter. [...] Que notre combat dénonçant le scandaleux régime actuel des prisons serve à tous les prisonniers[7]. » (Maladroit, le mot « rééduquer » aurait fait sourciller plus d'un « droit commun ».)

Jean-Pierre Le Dantec commente : « Nous avions toujours estimé que [...] la "délinquance" constitue une forme de réponse à l'oppression sociopolitique. Donc, en toute rigueur [*sic*], la grande masse des détenus de France étaient des politiques déviants. Par notre attitude fraternelle vis-à-vis d'eux, par nos explications, [...] nous les aiderons à

1. En 1960, Rolland avait enlevé le petit-fils du PDG de Peugeot, et l'avait restitué deux jours plus tard contre une rançon de cinquante millions de francs.

prendre conscience de leur dignité afin qu'à leur tour ils osent se révolter[8]. »

Mais de cette fraternité, de ces explications, on ne trouve nulle trace dans l'ouvrage de Le Dantec[9], pas même au chapitre intitulé « À la Santé », où il a passé plusieurs mois et jeûné vingt-trois jours. « La grande masse des détenus » est également absente. Par contre, l'auteur consacre trois pages entières à une recette de cuisine du XIXe siècle dont il raffole : la poularde demi-deuil. Il est vrai que tous les grévistes de la faim fantasment sur la nourriture… Quoi qu'il en soit, ce leader maoïste qui s'affirme solidaire des « droit commun » ne paraît pas, en son for intérieur, s'identifier à eux.

À l'extérieur, la solidarité entre détenus maos et « droit commun » est célébrée par la rhétorique maoïste de *L'Idiot international* : « Les liens sont tissés. La barrière qui sépare les "politiques" des "droit commun" s'écroule. […] On se battra tous ensemble, les "maos" et la pègre, tous unis. »

Le lyrisme révolutionnaire resurgit dans cette lettre d'« ouvriers maoïstes » s'adressant aux maos prisonniers : « Vous qui êtes de l'avant-garde du prolétariat, qui, comme nous l'enseigne le Président [Mao Tsé Toung], servez le peuple de tout cœur, vous […] qui ne craignez ni le bloc disciplinaire, ni les tortures, vous qui enseignez que la révolution prolétarienne […] par sa chaleur […] fera fondre et enflammera les portes de vos cellules[10] »… En réalité, les détenus maos de la Santé n'ont connu ni la torture ni même, semble-t-il, le mitard.

Doit-on faire une différence entre « droit commun » et « politiques » ? Cette question fait débat à l'extrême gauche. « Quand nous disons "tous les détenus sont politiques", lit-on dans le *CAP*, c'est qu'ils sont des résultats politiques, fruits d'une situation sociale, économique et politique, et non parce qu'ils agissent politiquement[11] ». La vision de Foucault est assez différente. À propos de la mutinerie des « droit commun » de Toul, il écrit : « On peut appeler politique toute lutte contre le pouvoir établi, lorsqu'elle affirme une force collective, avec son organisation, ses objectifs, sa stratégie[12]. »

Les dérapages du discours maoïste ne sont pas forcément appréciés des leaders de l'ex-GP. Robert Linhart, qui publiera un numéro spécial de *La Cause du peuple-J'accuse* sur la révolte de Toul, colle par principe au réel, fût-il non conforme à l'idéologie de la maison. Quant au détenu Geismar, il proteste contre les slogans que répandent ses camarades libres : « Alain Geismar est partout » et surtout « Geismar-Arafat, même combat ». À ses objections, Serge July aurait répondu : « Fous-nous la paix, le peuple est stalinien, il a besoin de martyrs[13]. »

Les « politiques » sont bien traités à la Santé : « À plusieurs reprises, j'ai posé ma radio sur le bord de ma fenêtre pour faire profiter tout le monde des informations, qui se propageaient très vite, raconte Marc Hatzfeld. Pour cela, j'ai été grondé au prétoire, sans plus. On nous ménageait beaucoup. Quant aux gardiens, ils avaient un peu peur de notre surface médiatique. »

« Crainte de la publicité assurée en cas de dérapage des personnels, crainte aussi des actions possibles de militants extérieurs à la prison, nous précise Geismar... Les maos faisaient leur travail politique parmi les détenus et parmi le personnel. Ils inspiraient le respect en résistant à l'ordre établi – et quel ordre établi ! »

On ne sait ce qu'en pensent les « droit commun », qui pour l'heure ne s'expriment pas publiquement. Pour André Armazet, « ils ne sont pas unanimes [vis-à-vis des maos] et les plus favorables n'ont qu'une confiance très limitée en des gens [...] complètement extérieurs au monde de la délinquance[14] ». C'est peu dire, car les leaders maos à la Santé sont tous issus des grandes écoles, y compris celui – le seul – qui est fils d'ouvrier !

Si la direction de la Santé ménage ses « politiques », élite universitaire de la Nation, de leur côté des surveillants préviennent les « droit commun » contre les visées révolutionnaires des nouveaux venus. Les « droit commun » peuvent toutefois se réjouir que les maos, ces inconnus tombés du ciel qui multiplient les coups médiatiques, fassent connaître leur situation.

Des bourgeois découvrent alors l'existence des prisons du fait que leurs propres fils en ont franchi les lourdes portes. Des maos anonymes de la base écrivent les premiers rapports accablants sur la vie quotidienne dans leurs prisons : nourriture, promenades, saleté, isolement, brimades, suicides à la Santé comme à Dunkerque ou à Loos. Ces rapports, qui témoignent d'une réelle complicité avec les « droit commun », sont rendus publics dès septembre 1970 par l'Organisation (maoïste) des prisonniers politiques [15], dite OPP.

Libéré, Geismar racontera au *Nouvel Observateur* qu'à force de fréquenter l'hôpital-prison de Fresnes, il a rencontré « des détenus de partout » : « Je n'ai pas vu le pire. Loin de là. Mais j'ai eu une certaine idée du pire. [...] J'ai vu un gars qui en était à sa troisième tentative de suicide. Il avait utilisé un torchon coupé en deux, il a essayé de s'étrangler. Il s'est raté. Mais l'administration pénitentiaire l'a obligé à rembourser ensuite le prix du torchon déchiré [16]. »

On a vu que l'isolement auquel sont soumis les maos de la Santé est extrêmement poreux. Excédés par le régime carcéral, certains membres du personnel – médecins, infirmières, éducateurs, assistantes sociales, quelques matons aussi – et certains prisonniers prêtent une oreille attentive aux maos. Idées et informations circulent d'autant mieux dans les prisons des régions parisienne et lyonnaise que détenus et personnels y sont plus qu'ailleurs sensibles à l'agitation extérieure. Malgré tout, « le discours [maoïste] ne marchait pas, [estime Antoine Lazarus, jadis médecin à Fleury-Mérogis]. Parce qu'entre un militant politique qui se trouve en prison, qui a un niveau d'évolution personnelle, une certaine maturité, [...] qui est capable de s'intéresser à une problématique extérieure à lui, et le jeune "droit commun" vivant tellement mal dans son environnement qu'il fait une espèce de délinquance égoïste (sa seule manière de survie), qui est absolument incapable, sans une longue évolution, de s'intéresser à un problème extérieur, il y avait un divorce terrible [17] ».

Les maos font ce qu'ils peuvent pour éveiller les esprits dans les geôles : « Briser, ridiculiser l'autorité pénitentiaire, se lier aux détenus, se faire respecter et casser le respect qui entoure l'autorité : c'est ça la vie d'un militant mao en prison [18]. »

Ridiculiser la Pénitentiaire ? Fin janvier 1971, ce sera fait. Soudain, au petit matin, une explosion de fusées de Bengale illumine le quartier de la Santé, puis éclate une pétarade nourrie. Ensuite une voix féminine s'élève : « Juste lutte… Jusqu'au bout… Flics, vous avez raison d'avoir peur… Camarades… tiendront… » (Le reste est inaudible car le son est défaillant). Cela ne dure qu'un quart d'heure mais dans la maison d'arrêt c'est la panique : « Sirènes, cavalcades, matons allongés sur le sol, tireurs qui enfilent leur gilet pare-balles et foncent vers leurs créneaux respectifs. Les détenus hurlent, martèlent les portes, cognent en cadence sur les grilles, les barreaux[19]. » Mais d'où vient l'« assaut », et de qui ? D'Olivier Rolin, un mao en liberté, responsable de la « branche militaire » de la Nouvelle Résistance populaire à l'ex-GP, qui a planté sur un toit voisin de la Santé un dispositif son et lumière muni d'une horloge, et s'est enfui. Coup de maître emblématique du « faire comme si » : ce tintamarre assourdissant couvre la faiblesse numérique de l'organisation.

Supposé ordonnateur du spectacle, Geismar est expédié dans l'heure à Fresnes dans un convoi de motards, de voitures blindées, d'escortes armées à faire pâlir d'envie un chef d'État. À Fresnes, l'hôpital pénitentiaire jouxte la maison d'arrêt : cela tombe bien, car le chef, épuisé par ses grèves de la faim, est atteint de décalcification osseuse et peine à se déplacer.

Voilà donc les maos « établis » dans les prisons, à ceci près que cet établissement-là n'était ni souhaité ni programmé au départ.

Auprès des plus vieux détenus, les maos se pénètrent de « la mémoire des prisons » et en tirent cette juste leçon : « Grèves de la faim, mutineries, évasions… telles sont les traditions de lutte dans les prisons. [Les détenus] en ont marre d'être humiliés, maltraités. Alors la révolte couve et parfois ça éclate[20]. » Déclaration prophétique car au moment – septembre 1970 – où sont publiées ces lignes, aucune grande révolte collective n'a encore embrasé les prisons. La première se produira en décembre 1971 à Toul. Linhart s'y impliquera à fond. Sartre d'un côté, Foucault de l'autre, consacreront un grand discours à cet événement fondateur.

« Simple » question de terminologie ?

Les prisonniers de droit commun n'ont pas laissé beaucoup de traces dans les écrits des principaux maos. Sur les prisons, les leaders de l'ex-GP sont partagés : Billancourt[I], objectent les « ouvriéristes » sous la houlette de Benny Lévy[II], risque de ne pas comprendre une alliance avec les « droit commun ». Le combat des prolétaires n'exclut pas celui des prisonniers, mais il est, pour un Benny Lévy, plus central.

Selon un autre courant, celui d'André Glucksmann et de Robert Linhart, les prisons sont bien plus pleines de jeunes ouvriers, de travailleurs immigrés et de petites gens que de proxénètes et de grands truands[III], partie la plus visible de l'iceberg. Un fossé – de classe – les sépare des petits délinquants, que les maos, et avec eux Jean-Paul Sartre, jugent potentiellement révolutionnaires. Cependant ni Billancourt ni le GIP ne les suivront sur ce terrain.

Derrière ce débat qui paraît aujourd'hui archéologique, se cache une question intéressante pour notre enquête : socialement parlant, qui sont les prisonniers ? « Des ouvriers, à 95 % », jurent les gauchistes impliqués dans leurs luttes.

Issue de la vulgate marxiste, la surenchère ouvriériste est commune aux gauchistes de l'époque pour qui le mouvement ouvrier a priorité sur celui des prisonniers. L'ouvrier, ou *travailleur*, est la référence suprême, l'alpha et l'oméga du processus révolutionnaire dont il est l'instrument privilégié. Les gauchistes l'appellent aussi *prolétaire*[IV]. C'est donc potentiellement un révolutionnaire même s'il est aussi un délinquant, et c'est bien une mission révolutionnaire qu'assignent la plupart des maos – pas tous – aux prisonniers.

I. L'usine Renault à Billancourt est réputée abriter, à l'époque, la fraction la plus avancée de la classe ouvrière française.

II. Chef occulte de l'ex-GP, Benny Lévy alias Pierre Victor deviendra secrétaire et mentor de Jean-Paul Sartre et finira talmudiste confit en dévotion.

III. Analyse partagée par le GIP et le CAP. « Les truands, c'est tous des pourris. Mais les délinquants, c'est pas pareil, c'est tous des mecs du peuple », écrit un correspondant du *CAP*[21].

IV. Abusivement car selon Marx, le prolétaire est porteur d'une conscience de classe et de son rôle central dans la lutte des classes, qui n'existe pas encore chez l'ouvrier.

Le détenu ouvrier (ou travailleur, ou prolétaire) est une représentation, mais qui n'est pas sans fondement, puisqu'on travaille en prison depuis toujours. Les prisonniers de Melun n'ont pas tort de se présenter comme « des travailleurs comme les autres », soumis à des horaires (jusqu'à quarante-huit heures par semaine), des exigences de qualité, de productivité, etc. Mais ces ouvriers l'étaient-ils avant leur incarcération ? Le sont-ils devenus après ?

En réalité, les détenus-travailleurs des années 1970 ne sont pas exactement des ouvriers comme les autres. S'ils l'étaient, ils seraient à l'usine ou dans le bâtiment, avec, à l'époque, des emplois stables, une paie régulière. Ils ne seraient pas majoritairement tentés par les « illégalismes » qui conduisent à la prison. Ce que le PCF a coutume d'appeler « la classe ouvrière » n'a pas du tout le profil de la population carcérale. Ce qui explique le peu d'empressement que mettent le PCF, les syndicats, les ouvriers à soutenir le mouvement des prisonniers.

Les liens de la population carcérale avec le monde du travail sont incontestables, mais compliqués : on peut admettre que la majorité des prisonniers sont « issus de la classe ouvrière », comme le soutient Serge Livrozet entre autres. Pourtant, certains détenus se disant ouvriers sont des fils d'ouvriers qui n'ont jamais mis les pieds à l'usine. D'autres sont d'anciens ouvriers arrêtés pour avoir participé, parfois avec violence, aux grèves ouvrières de 1968 et au-delà, aux combats contre les forces de l'ordre alentour des usines, à la séquestration des patrons... Mais ces jeunes révoltés, non recensés statistiquement, sont-ils si nombreux ?

D'autres encore ont travaillé à l'usine, comme leur père, mais n'y sont pas restés, soit qu'ils aient été licenciés[1], soit qu'ils aient quitté l'usine de leur plein gré, dégoûtés par la discipline et/ou la modicité des salaires. Quant aux détenus

1. « Les prisons font le plein de ceux qui font l'école buissonnière à l'usine », écrit Roger Knobelspiess dans le *CAP*[22]. L'un des six détenus condamnés suite à la mutinerie de Charles III-Nancy « fut mis à la porte de son usine parce qu'il demandait des gants pour protéger ses mains atteintes d'une affection allergique », selon *L'Est Républicain* du 9 juin 1972.

qui auraient, une fois leur peine purgée, rejoint l'usine, Claude Charmes, ancien détenu, les évalue à 2 %[23]. La culture d'usine est vivement contestée par les jeunes, détenus ou non : auprès d'eux le travail usinier, qu'ils comparent à l'esclavage, a très mauvaise réputation. Pour les détenus qui valorisent le vol, l'ouvrier d'usine, c'est celui qui n'est pas assez malin ou audacieux pour gagner mieux et autrement sa vie. « Pour le taulard, l'ouvrier c'est un cave, un pigeon qui se laisse piéger par la société, c'est un beau con, quoi[24] ! » De son côté, l'ouvrier éprouve pour le délinquant une méfiance certaine.

Pour un chercheur en sciences sociales, « ouvrier » renvoie à une catégorie socioprofessionnelle et non pas idéologique. Lorsque le sociologue Michel Fize demande aux détenus entrants dans quatre grandes maisons d'arrêt quelle était leur profession, 33,7 % répondent : « ouvrier[25] ». Peut-être un peu moins puisque nombre d'enquêtés, détenus ou non, préfèrent se présenter à l'enquêteur sous un jour positif : « ouvrier », n'est-ce pas plus respectable que « délinquant » ? On est loin, en tout cas, des 95 % d'ouvriers.

S'entretenant avec les entrants qui se présentent comme ouvriers, notre sociologue s'aperçoit qu'une partie importante est constituée d'ouvriers spécialisés (OS), migrants, manœuvres, intérimaires et apprentis, et non du « dessus du panier » ouvrier. Par conséquent il se demande « si ce ne sont pas les fractions les plus marginales ou défavorisées de [cette] classe qui fournissent le plus de clients, en valeur relative, à la justice pénale[26] ».

Michel Fize recense aussi les employés (13,8 %), qui paient, eux aussi, un lourd tribut à la prison, les personnels de service (8,4 %), patrons – très petits, pour la plupart – de l'industrie et du commerce (9,4 %) et des « sans profession » (36 % au total). Dans ce dernier tiers d'entrants, bon nombre de chômeurs au moment de l'incarcération ; de très jeunes gens qui n'ont pas encore accédé à l'emploi ; et tous ceux qui ont exercé une activité mais non une profession : des délinquants qui « se dépêchent d'occuper de petits emplois (vendeur, garçon de courses, garçon de café, forains) qui peuvent rapporter vite, tout en donnant une certaine indépendance. Mais des emplois instables, sans perspective de promotion, la caractéristique principale des délinquants étant précisément leur incapacité à faire des projets, à penser à l'avenir[27] ».

Ainsi voit-on échouer en prison une population défavorisée, plutôt marginale et nullement ouvrière dans sa quasi-totalité. Cette population ressemble assez à ce que Marie-Josée Glardon, sympathisante suisse du mouvement des prisonniers, appelle un sous-prolétariat : « Un groupe relativement séparé de la classe ouvrière du fait de la précarité de l'emploi qui est le sien [...] et [de sa] place périphérique dans la production. [...] Aux travailleurs réguliers il inspire le rejet et la crainte de devenir sous-prolétaires à leur tour[28]. »

Mais si les détenus français sont, eux aussi, en majorité des sous-prolétaires, ils ne peuvent pas être respectables. Hormis les maos, aucun courant marxiste n'a oublié le peu de crédit qu'accordait Marx au *lumpenproletariat*, ces « gens sans feu ni lieu », « ennemis objectifs » de la classe ouvrière. Les trotskistes les plus larges d'esprit mettent un certain temps à s'intéresser aux luttes des prisonniers, qu'ils jugent accessoires, à les soutenir.

D'où l'intérêt, pour les sympathisants des détenus, à les présenter comme travailleurs, ouvriers ou prolétaires, sans chercher à connaître la composition exacte de cette population hétérogène.

Prisonniers mythifiés

Les milieux ouvriers dominés par le très légaliste tandem PCF/CGT sont traditionnellement hostiles aux hors-la-loi, qu'ils assimilent au sous-prolétariat.

Les militants du CAP, quant à eux, croient dur comme fer que les travailleurs libres finiront par tendre la main aux prisonniers, spécialement aux détenus-travailleurs pareillement exploités. Ils ne manquent aucune occasion de solliciter ceux des ouvriers en lutte qui veulent bien les recevoir – les sections CFDT sont parfois accueillantes – et de leur proposer une solidarité active. À une manifestation du 1er mai à Lyon est distribué un texte signé par « des détenus et anciens détenus, prolétaires conscients et solidaires de la lutte émancipatrice de tous les autres travailleurs ».

Alors que certains maos encensent et mythifient tant les ouvriers que les détenus, le GIP n'encense ni les uns ni les autres. Allié des groupuscules actifs sur le « terrain », il ne partage pas toutes leurs idéologies. Jean-Marie Domenach, le moins marxiste de ses fondateurs, récuse la représentation des maos pour qui « les prisonniers sont l'avant-garde de l'insurrection nationale » : « Nous ne considérons pas les détenus comme un bataillon de réserve de la révolution, écrit-il. Nous refusons cette mystique qui ferait du détenu le sauveur de la société. Ne tombons pas dans le lyrisme révolutionnaire. Il y a parmi eux des criminels de sang. Nous rappelons seulement qu'ils sont la petite minorité, qu'il y a beaucoup de gens qui sont condamnés à des peines mineures[29]. »

Concernant les prisonniers, le bilan des maos est nuancé : ils ont saisi la dimension explosive de la condition carcérale et les révoltes qu'ils en attendent à juste titre. Mais ils sont souvent soupçonnés, à tort ou à raison, d'instrumentaliser le scandale des prisons à des fins propres à leur organisation.

Si l'audience des maos est peut-être plus restreinte que celle du GIP, jugé plus convenable car peu enclin à lancer des cocktails Molotov, les maos ont fait, comme le GIP, beaucoup de bruit souvent utile aux détenus, du moins à terme. Cofondés par des maos, l'agence de presse *Libération*, puis le quotidien du même nom, ont toujours défendu les prisonniers et tenté de populariser leurs luttes.

Passés maîtres dans l'art des coups de force, de théâtre et d'éclat, les maos ont moins brillé dans la durée, le suivi méthodique et la mise en œuvre de leurs intuitions. L'ex-GP s'est auto-dissoute en 1973, un an après le GIP. Par la suite, des membres de l'ex-GIP, dont Foucault, continueront d'intervenir ponctuellement dans de brûlantes affaires carcérales. Les ex-maos, eux, vont briller par leur discrétion. Ou leur silence.

5. Le GIP : enquête sur la chambre de débarras

> On s'était occupé de la prison, mais comme du sous-sol du système pénal, la chambre de débarras. Le point de départ [du GIP] était l'idée d'interroger le système pénal à partir de la chambre de débarras.
>
> Michel Foucault

Le Groupe d'information sur les prisons naît le 8 février 1971 à l'initiative de Michel Foucault. Son livre, *Surveiller et punir. Naissance de la prison*, ne sera publié qu'en 1975. C'est son compagnon, Daniel Defert, sociologue, qui le lance dans l'aventure du GIP. Foucault et Defert en seront les chevilles ouvrières, son noyau dur. Des intellectuels renommés – Pierre Vidal-Naquet, historien, Gilles Deleuze, philosophe et Jean-Marie Domenach, chrétien personnaliste et directeur de la revue *Esprit* – sont là « pour l'étiquette » mais ne sont pas actifs sur le « terrain ». D'autres encore, issus de tous les milieux, vont s'associer au GIP, qui devient un réseau[1].

S'il est impossible d'écrire l'histoire du GIP sans attribuer à Foucault le rôle déterminant qui lui revient, il serait dangereux aussi d'en faire un *deus ex machina*. Certes, le grand mérite de Foucault « aura été de faire entendre l'effroyable silence pénitentiaire[31] ». Mais Foucault est plus humble : « Sans Mai 68, je n'aurais jamais fait ce que j'ai fait sur la prison[32]. » Et sans l'ébullition gauchiste de l'après-mai, sans les révoltes des prisons, sans le GIP, l'éminent philosophe aurait-

1. Selon Grégory Salle : « C'est par un raccourci obligé qu'on parle ici du GIP comme s'il était une entité fixe et stable. En réalité, le GIP est une (non) structure réticulaire, un maillage de groupes locaux permettant des initiatives décentralisées[30]. »

il pu passer à l'action sur le « terrain » ? En revanche, qu'aurait été le GIP sans Michel Foucault ?

La première tâche que s'assigne le GIP, alors que le mouvement des prisonniers commence à peine, c'est d'introduire dans l'espace public un type d'information inédit : parler des prisons « non pas en termes de réformes et de réinsertion, mais du point de vue de la matérialité de l'incarcération, de l'inhumanité des peines plus que de la loi, des relations de violence qui structuraient tous les rapports internes à la prison[33] ».

« Tout le monde peut parler… »

Foucault n'est pas seul à insister sur « la matérialité de l'incarcération ». À travers leurs revendications initiales, les prisonniers situent celle-ci au premier plan. Foucault lui-même s'étonnera de « ces révoltes contre toute une misère physique, […] contre le froid, contre l'étouffement et l'entassement, contre des murs vétustes, contre la faim, contre les coups. […] Il s'agissait bien d'une révolte, au niveau des corps, contre le corps même de la prison, […] sa matérialité dans la mesure où elle est instrument et vecteur du pouvoir[34] ».

Foucault ne néglige pas pour autant l'immatériel : « Nous étions arrivés avec nos questions sur le froid et la faim, et les détenus nous ont répondu par d'autres, celles-là mêmes qui sont aujourd'hui au cœur des révoltes[35] », rappelle-t-il un an après la création du GIP : le travail, les rémunérations, la formation professionnelle ; la protection juridique des détenus dans une zone de non-droit ; le droit à l'information et au contact avec le monde extérieur ; la sortie de prison, le casier judiciaire, etc.

Plus modeste que les maos – dont la démarche s'intègre dans une stratégie politique – le GIP ne tient « aucun discours en propre[36] ». Il se veut le porte-voix des prisonniers eux-mêmes, qui « disposent d'un savoir authentique sur l'institution, […] un savoir exclu du savoir[37] » académique ou militant, mais d'une égale valeur.

Ainsi de simples prisonniers, que nul n'a jamais consultés, se trouvent élevés au rang de personnes dignes d'intérêt, de respect et de foi, détentrices de droits et ce, quels que soient les « illégalismes » (le mot est de Foucault[1]) qu'elles ont pu commettre. À elles de parler ! « Tout le monde peut parler, poursuit le philosophe, pas parce qu'il a un titre ou un nom, mais parce qu'il a quelque chose à dire[39]. »

Le GIP mobilise des journalistes (parmi lesquels Claude Mauriac, alors rédacteur au *Figaro*), avocats, magistrats, philosophes et autres intellectuels de gauche appartenant au milieu privilégié de ses fondateurs ; mais il va ratisser très largement parmi les militants et non-militants de toutes conditions et rarement encartés dans un parti. « À l'intérieur du GIP, rappelle Foucault, nous n'avons jamais eu – heureusement – aucun appui ni aucune OPA d'un groupe politique quelconque[40]. » D'autre part, sont attirés par le GIP des professionnels, plutôt issus des couches moyennes, exerçant en prison et dont « beaucoup sont prêts à [l']aider » : assistantes sociales et aumôniers gravitant autour d'*Esprit*, médecins et psy « qui ne tolèrent plus le métier qu'on leur fait faire », visiteurs bénévoles. Ils témoigneront de la vie derrière les murs, transmettront les questionnaires aux détenus, feront sortir leurs témoignages.

D'anciens détenus, des familles de détenus, vont aussi jouer les passeurs. Des centaines de questionnaires – élaborés avec d'anciens détenus – sont distribués, avec des tracts du GIP, aux familles qui font la queue devant les portes des prisons dans l'attente de leur parloir. Elles y échangeront avec leur détenu informations et questionnaires. Tâches délicates, car les parloirs sont surveillés de près.

« Accroître notre intolérance »

Stimulées par le GIP, les familles – que les maos jugent insuffisamment révolutionnaires – sont aussi très actives dans les

1. Foucault préférait ce mot à « délinquance » ou « criminalité », qui implique un état, alors qu'« illégalismes » renvoie aux actes que telle société juge répréhensibles en fonction des critères juridiques et moraux du moment. Ainsi, dans les années 1970, l'avortement est décriminalisé et le viol, de délit, devient crime. Quant à « la délinquance », c'est celle des petits voleurs de rue. Et non celle, peu visible, des cols blancs : celle des affaires, du trafic d'armes ou d'influence, de la fraude fiscale, etc., qui finissent rarement en prison[38].

manifestations : à Toulouse, elles bloquent les portes de la prison Saint-Michel avec des colis de Noël vides[1] et s'enchaînent devant un Monoprix, comme aussi à Paris, à la gare Saint-Lazare, puis à la chancellerie, où elles déposent, avec le GIP, un gros « colis de colère ». Enfin, elles vont endosser le rôle, inédit pour elles, de témoins en racontant, à la Mutualité, devant six mille personnes, ce qu'elles savent du quotidien de la prison. D'anciens détenus en font autant. En apparaissant en public, les unes et les autres se libèrent de la honte qui jusqu'alors les conduisait plutôt à raser les murs.

« Ce n'est pas une enquête de sociologues, précise le GIP en lançant sa première enquête. Il s'agit de laisser la parole à ceux qui ont une expérience de la prison. [...] Notre enquête n'est pas faite pour accumuler des connaissances, mais pour accroître notre intolérance et en faire une intolérance active. » Le GIP s'inspire des enquêtes « intolérantes » des ouvriers du XIXe siècle auprès de leurs camarades d'usine et de celles des maos aux portes des entreprises. « Nous voulons briser le double isolement dans lequel se trouvent enfermés les détenus, poursuit le GIP. Qu'ils puissent communiquer entre eux, se transmettre ce qu'ils savent et se parler de prison à prison, de cellule à cellule[41] ».

Ainsi, « les enquêteurs [deviennent] les enquêtés eux-mêmes[42] ». Mais il faut aussi « qu'ils s'adressent à la population et que la population leur parle. Il faut que ces expériences, ces révoltes isolées, se transforment en savoir commun et en pratique coordonnée[43]. »

Se taire, comme un malpropre

Voici quelques exemples de questions et réponses :

« Q. : *Vous a-t-on dit quels étaient vos droits en prison ?*

R. : De se taire, comme un malpropre.

Q. : *Quels sont les journaux autorisés ?*

R. : Paris-Match, L'Équipe, Jours de France, L'Automobile.

Q. : *Comment se passe une visite médicale ?*

R. : À la chaîne, comme un chien.

1. Symbolisant ces colis que Pleven vient de supprimer pour les prisonniers.

Q. : *Avec quels médicaments soigne-t-on le plus souvent ?*
R. : L'aspirine[44]. »

La méthode du GIP, ses canaux souterrains, remportent un succès remarquable puisque des centaines de questionnaires, anonymement remplis, sont retournés, et qu'affluent des lettres de détenus.

Le GIP y puisera matière à quatre « enquêtes intolérance » : les *Enquêtes dans 20 prisons* sont réalisées en moins de trois mois ; *Enquête dans une prison modèle : Fleury-Mérogis* décrit cet établissement gigantesque, flambant neuf, propre, silencieux, suicidogène ; *L'Assassinat de George Jackson*[45] nous transporte aux USA[1]. *Suicides de prison* clôt cette série. Enfin le GIP publie les *Cahiers de revendications sortis des prisons lors des récentes révoltes*[46].

Que représente alors le GIP, en nombre de militants ? Quelques centaines sont mobilisés en permanence ; jusqu'à six mille personnes auraient participé ponctuellement à ses actions en France. Car plusieurs GIP essaiment en province, que le GIP-Paris s'efforce de coordonner sans pour autant les contrôler : à Toulouse, Melun, Nancy, etc. Le procès des mutins de Charles III-Nancy (8 juin 1972) mobilise à la fois le GIP local, le GIP parisien et les maos. Avant le procès, ils créent sur place une « commission de contrôle populaire », enquêtent dans les quartiers qui ont vu naître les accusés, et en profitent pour créer là un mouvement en leur faveur ; pendant le procès, ils tractent dans les rues.

Autour des prisons, la répression des GIP est sévère : interpellations, arrestations, etc. Lors d'une distribution de tracts aux portes de la Santé, Foucault est frappé au dos et injurié par des policiers. Le philosophe porte plainte. D'autres intellectuels sont malmenés ce qui, bien sûr, alimente de nouveaux articles de presse.

À la télévision, un « Dossier de l'écran » est consacré aux prisons. N'étant pas invités, des membres du GIP prennent

1. Panthère noire, Jackson avait longtemps moisi dans les couloirs américains de la mort avant d'être abattu, sans doute par ses geôliers. Plusieurs pays, dont l'Italie, l'Allemagne, l'URSS, l'Irlande (en 1980-1981), connaissent à cette époque de l'agitation dans leurs prisons.

d'assaut le standard « SVP » où interviennent les téléspectateurs. Autre caisse de résonance inattendue : le théâtre. Ariane Mnouchkine présente, à la Cartoucherie de Vincennes puis à Nancy, une pièce souvent hilarante tirée des minutes du procès de Nancy. Un film, *Les Prisons aussi*, est tourné en liaison avec le GIP-Paris en 1972.

En somme, déclare Foucault, « il ne faut plus laisser les prisons en paix, nulle part[47] ». C'est ainsi que le professeur du Collège de France devient la bête noire des milieux judiciaires et pénitentiaires qui, en accusant le GIP de fomenter les révoltes, ont largement surestimé le rôle de ce bouc émissaire.

Le virus de la révolte

Pas plus que les maos, le GIP n'a initié ou déterminé le « mai rampant des prisons ». Loin du GIP la tentation d'inciter à la révolte des détenus qu'il n'aurait aucun moyen de protéger ensuite. Pour Me Henri Leclerc, « ce qui a eu une influence déterminante, c'est le fait que des militants "gauchistes" [maos] ont été enfermés, le caractère totalement archaïque du système [pénitentiaire] et l'esprit de "révolution" qui flottait dans l'air après 1968 ».

Le GIP. Archives d'une lutte, formidable travail d'historiens publié en 2002 par Philippe Artières et son équipe, tente de mesurer objectivement l'importance du GIP. Mais d'autres recherches, plus récentes, se dégage parfois l'impression que sans le GIP le mouvement des prisonniers aurait eu bien du mal à exister. Posons donc la question à l'envers : sans les prisonniers, qu'aurait été le GIP ?

Les prisonniers ont-ils même besoin de l'incitation extérieure d'« éléments subversifs », comme les appelle Pleven ? Leurs témoignages attestent que leurs révoltes sont spontanées et issues de l'intérieur. Si le virus se transmet d'une prison à l'autre par une espèce de contagion, celle-ci n'a rien de mystérieux : des insurgés vaincus sont fréquemment transférés dans d'autres établissements où ils partagent leur expérience avec de nouveaux codétenus. (Mais l'AP mettra bientôt à l'isolement les détenus transférés.) Enfin, la majorité des révoltes éclatent *après* la disparition du GIP.

Il n'est pas certain que tous les insurgés de l'archipel pénitentiaire connaissent le GIP. Un détenu écrira qu'il n'en a entendu parler que onze mois après sa création ; un autre, un an après. Comment l'information sur le GIP s'est-elle répandue ? Par les journaux ? « Nous ne pouvions pas lire les journaux, témoigne un prisonnier de Charles III-Nancy, il fallait attendre le dimanche, et encore quand il n'y avait pas de corvées à faire, pour lire ceux de la semaine[48]. » Il est vrai que le garde des Sceaux autorise, dès 1971, la lecture de la presse dans certaines limites. Mais à supposer que ces directives ministérielles soient appliquées dans les prisons, les censeurs y découpent les articles jugés sensibles.

Le *black-out* sur l'information n'est jamais total en prison : tout se sait, dit-on, derrière les murs. Un seul détenu informé finit toujours par en informer d'autres, à la promenade, à l'atelier, en cellule, au dortoir. Même isolé, il parvient souvent à communiquer au moyen d'un yoyo[1], ou des tuyaux des WC. Mais dans cette information, quelle est la part de la rumeur ? À Saint-Paul – Saint-Joseph à Lyon, certains détenus soupçonnent le GIP d'être inféodé à un parti et de vouloir récupérer le mouvement à son profit. Le CAP les rassure : « Le GIP, heureusement, coopère avec le CAP et s'abstient de le diriger[49]. »

De fait le GIP accueille favorablement le CAP dès son apparition fin 1972, l'un et l'autre estimant que le mouvement des prisonniers doit être impulsé par les détenus et anciens détenus eux-mêmes. C'est ainsi que les intéressés expliquent l'autodissolution du GIP, qui se veut transitoire. Toutefois il y a, entre GIP et CAP, des frictions. Certains membres du GIP, et même du CAP, trouvent épuisantes les querelles intestines du CAP et regrettent parfois sa virulence. Quant à Serge Livrozet, il s'écriera plus tard : « Les spécialistes de l'analyse nous emmerdent. Je n'ai besoin de personne pour prendre la parole et expliquer ce que je suis[50]. » Il soupçonne le GIP de « compte[r] dans ses rangs des intellectuels de gauche bien-pensants [...]

1. En 1965 déjà, la détenue-écrivaine Albertine Sarrazin racontait, dans *La Cavale*, comment les « biftons » lestés d'un poids étaient attachés à une ficelle et balancés le long d'une façade, d'un étage ou d'une fenêtre à l'autre.

qui voient d'un mauvais œil l'apparition au sein du GIP d'ex-détenus de droit commun. Lors d'une assemblée générale à Lyon, fin 1972, ces "droit commun", en plein accord avec Foucault, Defert et quelques autres militants, imposent une vision plus engagée du monde carcéral. Le GIP se scinde alors en deux : d'un côté, le CAP qui se veut révolutionnaire et d'"obédience" libertaire ; et de l'autre, l'Association de défense des droits des détenus (ADDD), qui regroupe en son sein les "petits-bourgeois" plutôt frileux et peu désireux de s'engager plus qu'ils ne l'ont fait jusqu'alors[51]. »

Le CAP va voler de ses propres ailes, et Foucault s'effacer. Le CAP a un lourd handicap : n'étant pas née dans le sérail, son équipe d'anciens détenus n'en connaît pas les détours. Le CAP mobilisera donc les médias moins facilement que le GIP et les maos.

Tracts et nougats

Quel est alors le bilan du GIP ? Il a contribué à secouer l'apathie de la chancellerie et à libérer la parole des prisonniers, qu'il a rendue audible en l'introduisant dans l'espace public et en la popularisant dans la mesure du possible. En ce sens précis, il a contribué aux révoltes. Mais toute cette activité bouillonnante du GIP ne fait pas un mouvement social. Foucault est célèbre, donc audible – mais sûrement pas dans toutes les prisons, toutes les couches sociales. Le GIP a les moyens médiatiques de se faire entendre. Mais il est mal vu des partis de gauche : « Du côté du PC-CGT, un de leurs journaux a posé la question : pourquoi n'arrête-t-on pas ces gens-là[1] ? De la part du parti socialiste, n'en parlons pas ; des trotskystes, n'en parlons pas. Il y a seulement eu un certain appui de la part des maos[52]. » Les maos ont prêté les colonnes de *La Cause du peuple* au GIP, qui n'a pas de journal attitré. Ils ont mené des luttes communes, notamment autour des révoltes de Toul et de Nancy. C'est après quelques réticences que *Rouge* (trotskiste) a rejoint les défenseurs des prisonniers.

1. Un journal communiste, *La Marseillaise de l'Essonne*, demande au pouvoir d'en finir avec le GIP, « ce syndicat de voyous ».

Il n'empêche. Tout au long de sa brève existence, le GIP a tendu à l'opinion un miroir grossissant sur ces prisons qu'elle ne voulait pas voir. « Lorsqu'un suicide en prison fit la une de *France-Soir* du 3 novembre 1972, alors que, depuis des années, les suicides étaient occultés et n'avaient d'existence que dans les statistiques pénitentiaires, le regard de la société sur les prisons avait changé », veut croire Daniel Defert[53].

Mais comment mesurer un tel changement ? Le GIP souhaite que les prisonniers « s'adressent à la population et que la population leur parle[54] ». C'est bien ce qui se passe à Toul lors de la mutinerie de 1971. Mais peut-on qualifier de dialogue les échanges entre les mutins sur les toits et badauds sur les trottoirs ? Alors que les premiers cherchent à gagner la sympathie des seconds en leur lançant tracts et nougats, les seconds incitent les forces de l'ordre à sévir. Lors de la mutinerie de Loos en 1974, même scénario : « Dans la foule, maintenue à distance par les policiers, la colère gronde : "Cette mutinerie est inqualifiable", "c'est scandaleux"[55]. » Certes, il arrive ici et là qu'une partie au moins de l'assistance soutienne les insurgés ; que tous entonnent ensemble, ou successivement, La Marseillaise et l'Internationale. À Nîmes, en 1974, des prostituées crieront leur soutien aux mutins. Mais il ne faut pas confondre badauds et population. La bataille pour l'opinion est rude, pour les détenus comme pour le GIP. Elle n'est jamais gagnée.

Ne prenons pour exemple que trois « pratiques minuscules » (ces mots sont de Foucault), dénoncées par le GIP, auxquelles le pouvoir aurait pu, sans grands frais, renoncer :

– Le casier judiciaire que d'anciens détenus doivent exhiber devant un employeur potentiel existe encore aujourd'hui, quoique sous une forme un peu moins contraignante. Foucault le dénonce ainsi : « Par ce système très précis de police, de casier, de contrôle qui leur ôte toute chance d'échapper aux conséquences d'une première condamnation, les jeunes gens sont amenés à revenir en prison très vite après leur sortie[56]. » (Dans les années 1970, environ 50 % des détenus récidivent : les « longues peines », beaucoup moins et les « courtes peines », beaucoup plus.)

– Les matelas synthétiques inflammables existent toujours. Ils dégagent des gaz toxiques quand un détenu, parfois suicidaire, y met le feu, ce qui se produit trois fois en 1972. Faute d'aération dans la cellule, un tel incendie peut entraîner la mort des occupants. Cela se produit, notamment en 1996, en 2002… Fin 1972, pourtant, il existe déjà, pour les policiers, des matelas en textile ignifuge, comme le rappelle l'ADDD au médecin inspecteur général de l'AP, le Dr Georges Fully.

– Plus minuscule encore, la suppression des queues interminables pour les proches en attente de parloir aux portes des prisons reste souvent « à l'étude », faute de locaux pour ces familles, selon l'AP.

Un pouvoir atomisant

Et pourtant ce tintamarre autour des prisons atteint assez rapidement les oreilles du Parlement, des questions embarrassantes y sont posées au gouvernement ; la gauche officielle, dont l'ascension commence, prend à partie les ministres de la Justice et de l'Intérieur ; à la chancellerie, une commission d'enquête est nommée, sans grand résultat d'ailleurs, sur la mutinerie de Toul. Restée si longtemps dans l'ombre et à l'abri, l'AP est projetée au centre du débat public. La situation exige quelques réformes. La première, amorcée par René Pleven en 1971-1972, déçoit autant les détenus que le GIP. « Entre cette réforme et les revendications même les plus modérées des prisonniers, il y a un abîme », gronde le GIP.

S'il a réussi à faire entrer dans certaines prisons, et – vraisemblablement – circuler entre elles une partie au moins de l'information qu'il a recueillie, le GIP a sans doute contribué à transformer des « révoltes isolées » en « un savoir commun ». Mais qu'en est-il des « pratiques coordonnées » qu'appelait le GIP de ses vœux ? Aux difficultés économiques et culturelles que rencontrent habituellement les révoltes populaires, s'ajoute, comme le note Daniel Defert, « le pouvoir atomisant[1] » de

1. « Le régime des prisons repose sur la division entre détenus par l'argent, le travail, la race, le mouchardage, le délit, la rivalité entre clans. »[57]

l'institution pénitentiaire, qui fait sa force et sans lequel elle ne pourrait régner. Ce ne sont pas seulement les murs qui, séparent, isolent, divisent les prisonniers. Ce sont des divisions tant sociales qu'administratives – nous y reviendrons – qui interdisent toute organisation, toute coordination durables au sein d'une même prison et plus encore d'une prison à l'autre.

Détenus objets, détenus sujets

À la fin du XIXe siècle, Alphonse Bertillon s'attachait à l'apparence physique des malfaiteurs – la morphologie de la tête, les traits du visage – souvent assimilée à celle des animaux, croyant qu'ils étaient dotés d'une physionomie spécifique et qu'il serait donc possible, en mesurant son ossature, par exemple, d'identifier un criminel en puissance, un récidiviste, un détenu évadé. Les vaines recherches de ce criminologue devaient, en théorie, grandement faciliter le travail de la police… et la désignation, par les « honnêtes gens », de ces « autres » dangereux. Sous le regard criminologique, le malfaiteur était, à l'évidence, *objet*[1]. Il devait le rester jusqu'aux années 1970 (et, pour le grand public, bien au-delà). Mais grâce au GIP, entre autres, s'est produit un renversement de perspective. Les prisonniers sont apparus, du moins dans certains milieux, comme les *sujets* de leur histoire : sujets-acteurs sociaux, sujets de droit.

Cependant, le prisonnier reste, à cette époque, objet dans la mesure où est négligé son vécu psychique. Le Foucault du GIP et de *Surveiller et punir* est davantage préoccupé par les forces extérieures, politiques, qui ciblent le corps prisonnier : « Le pouvoir, écrit-il, ne se déchiffre jamais à partir du haut de l'appareil d'État, mais bien à partir de ces pratiques minuscules où le pouvoir assujettit les corps[58]. » Sous cet éclairage, les corps, une fois de plus, restent objets. Mais au moment même où le GIP s'agite tous azimuts sur le « terrain », la psychiatre Simone Buffard rédige un ouvrage pionnier, *Le Froid*

1. Pire, le terme « délinquologie » n'existant pas, le mot criminologie implique l'assimilation sans nuance de tous les malfaiteurs à des criminels, en réalité très minoritaires.

pénitentiaire. L'impossible réforme, qui paraîtra en 1973 : le premier chapitre est consacré à la souffrance corporelle des prisonniers et à ses répercussions psychiques.

« Qui vole un pain… »

Que les détenus ont des droits, comme tous les humains, est à l'époque une idée neuve[1] que le GIP s'efforce d'imposer et dont s'inspireront des insurgés. Lors d'un procès où il témoigne, Gilles Deleuze, membre du GIP, pose ainsi le problème : alors que la justice pénale ne les a condamnés qu'à la privation de liberté, la prison, elle, condamne ses occupants « à ne plus jouir d'aucun droit ». Il y a là, remarque-t-il, une discordance certaine entre les deux institutions[60].

Dans un tract, le GIP rappelle qu'« en prison, une coutume n'est pas un droit » (en supprimant les colis de Noël aux détenus, Pleven suspend une simple coutume) et « que tout est arbitraire. Tout ce qui est accordé est faveur. [Celle-ci] s'achète par le mouchardage, la complicité et l'argent[61] ».

Ainsi, et parmi d'autres, le GIP, sans renier l'analyse de classe incontournable à son époque, mais sans s'y référer à tout moment, préfigure ce « droits-de-l'hommisme » auquel Foucault était hostile, mais qui va plus tard nourrir la contestation du système carcéral. Les « droits-de-l'hommistes » plaident pour la reconnaissance des droits par les décideurs, dont les geôliers. Foucault est plus radical : il « restera ferme sur l'idée que cette revendication de droits ne peut qu'être celle des détenus eux-mêmes. On ne saurait, en conséquence, se contenter de l'idée qu'il suffirait que l'État injecte d'en haut du droit dans l'institution[62] ».

Les détenus des années 1970 sont les premiers à donner corps à cette idée neuve en esquissant, par le biais de leurs revendications, une sorte de charte informelle de leurs propres droits. Les détenus de Melun iront plus loin : « La réin-

1. Alors que le Syndicat de la magistrature, enfant de Mai 1968, s'attache à définir ces droits, la chancellerie elle-même s'y réfère – du bout des lèvres, il est vrai – en nommant une « commission des droits et obligations des détenus » qui n'aboutit à rien[59].

sertion sociale des prisonniers ne saurait être que l'œuvre des prisonniers eux-mêmes », déclarent-ils dans une veine utopique qui fleure bon l'autogestion[63]. (Mais si les détenus s'autogèrent, que restera-t-il de la prison ? On imagine le courroux des décideurs.)

Les premières livraisons du *CAP* portent le nom de Michel Foucault, comme cofondateur du journal. Dès son second numéro (janvier 1973), le *CAP* revendique le droit d'association à l'intérieur des prisons, la généralisation de la formation professionnelle, des *parloirs libres*, la *liberté de correspondance*, le droit de recours et de défense des prisonniers devant l'AP. Le CAP ajoute, en creux, d'autres droits des détenus, en exigeant la suppression du casier judiciaire, de la contrainte par corps, l'*abolition de la peine de mort* et de la prison à vie, la réorganisation des frais de justice, du travail (salaire au SMIC, *couverture sociale pour les familles des condamnés*, le certificat de travail à la sortie). Plus tard, le CAP se prononcera pour l'abolition de la prison[1].

Moins originale est l'analyse de la société française qui s'impose au lendemain de Mai 68 et que le GIP partage avec ses contemporains gauchistes. Foucault la formalise en précisant que le pouvoir répressif repose sur trois institutions : la police, la justice, la prison au service d'une justice de classe qui épargne la bourgeoisie et s'acharne sur les pauvres. On en veut pour preuve le titre d'un tract du GIP que confirment, aujourd'hui comme hier, les statistiques pénales : « Qui vole un pain va en prison, qui vole un million va au Palais Bourbon. »

« Dès qu'on sort de chez soi, on est en prison »

Le GIP opère un déplacement, nouveau pour l'époque, de perspective : il perçoit la prison non comme une entité close,

1. Nous indiquons en italique les revendications qui seront plus ou moins satisfaites à la fin de la décennie ou peu après (l'abolition de la peine de mort date de 1981). La plupart des autres revendications ne sont toujours pas satisfaites aujourd'hui.

repliée sur elle-même, mais comme une institution répressive parmi d'autres, qui s'insère logiquement dans une société inégalitaire dont elle est partie prenante. La prison, miroir déformé de nos sociétés et celles-ci, miroirs de la prison : Foucault développe largement ces thèmes dans *Surveiller et punir*.

À l'hôpital psychiatrique, à la caserne, à l'école, à l'usine, « c'est le même pouvoir qui s'exerce », rappellent Foucault et le GIP. Ils en concluent que « dès qu'on sort de chez soi, on est en prison[64] ». La prison devient alors l'affaire de tous, et non plus de la seule chancellerie, de l'AP, des spécialistes.

En insistant, enfin, sur la fonction de surveillance qu'exercent la prison mais aussi la société qui la produit, Foucault et le GIP anticipent sur les innombrables formes de contrôle social, impensables à leur époque, que nous connaissons aujourd'hui grâce aux nouvelles technologies.

Dans une diatribe contre *L'Express* qui a publié des articles sans mettre en cause l'institution, Foucault part en guerre contre l'information incomplète sur les prisons : « On donne les anecdotes, on ne donne pas la clé qui permet de les comprendre… On a informé, et en même temps on a caché. […] Le scandale a été évoqué, mais c'est pour le plus grand bien de l'ordre social. On a parlé des prisons, de leurs misères, de leurs horreurs : tout finit sur des demandes de crédits, des réformettes, l'autosatisfaction de Pleven et de *L'Express*. L'opération peut alors se boucler : rien n'est transformé, mais le scandale est étouffé[65]. »

Foucault ne croit pas aux réformes pénitentiaires. Il est bien placé pour savoir qu'elles ont échoué tout au long des XIXe et XXe siècles. Aussi le GIP ne propose aucune réforme et « ne rêve pas d'une prison idéale[1] », qu'il ne croit pas possible. Sur l'avenir de l'institution carcérale, il est extrêmement réservé. Pragmatique, il ne se prononce pas sur sa disparition. Michelle Perrot se souvient pourtant qu'il aurait écrit quelque part : « L'abolition des prisons ne résoudrait pas pour autant le problème de la peine[66]. »

1. Quatrième de couverture de la brochure du GIP, *Fleury-Mérogis, prison « modèle »*.

Quant à Jean-Marie Domenach, il déclare : « Il y a une infime minorité de délinquants qui doivent être mis à l'écart. Ils relèvent la plupart du temps de l'hôpital psychiatrique. Pour les autres, il n'y a peut-être pas autre chose que la prison. Sans doute peut-on souvent la remplacer par la semi-liberté ou par des amendes. Je ne pense pas que l'on puisse supprimer les prisons même si l'on supprime le capitalisme[67]. »

Les GMP

Vers 1970-1971 apparaissent d'autres groupes d'intellectuels indépendants, non encartés, préoccupés par les prisons : parmi eux, les deux GMP[I], proches du GIP. S'y croisent des professionnels exerçant, pour la plupart, en prison – mais aussi, à Lyon, des magistrats, des journalistes et même un commissaire de police – qui échangent informations et réflexions sur leurs expériences, sans pour autant être activistes, en raison de la prudence qu'exige leur statut à l'AP ou à la chancellerie.

À Paris, le groupe, animé par Antoine Lazarus, jeune médecin de Fleury-Mérogis, réunit médecins, assistantes sociales, visiteurs de prison, éducateurs, aumôniers, etc. (mais quasiment aucun surveillant), soucieux de lutter contre le secret et l'arbitraire, de décloisonner leurs pratiques. Une question taraude les fonctionnaires de l'AP, tenus à l'obligation de réserve : comment, dans ces conditions, venir en aide aux prisonniers, comment passer sous silence des abus sans être complice de l'administration ? Les premières réunions s'organisent dans le plus grand secret. Mais en 1974, une centaine de personnes mènent des investigations sur l'affaire Mirval[II].

Plus que le GIP, les GMP sont des groupes de réflexion plutôt que d'action. Le Dr Lazarus sera toutefois congédié par l'AP pour avoir introduit une équipe de télévision dans son infirmerie de Fleury-Mérogis.

I. Groupe multiprofessionnel sur les questions pénitentiaires, à Lyon ; et Groupe multiprofessionnel des prisons, à Paris. Ce dernier, qui existe toujours, a publié une dizaine de bulletins à partir de 1975.

II. Lire *supra*, p. 60.

Le groupe de Lyon se fait le porte-voix « du monde secret et silencieux des prisons » dans des réunions de quartier, des maisons des jeunes, des établissements scolaires[68]. À Lyon, le groupe est animé par un pasteur de Taizé, Axel Lochen. Simone Buffard, qui en est membre, se désole de l'absence de surveillants. C'est une époque où certains professionnels de l'AP et de la justice sont accessibles aux détenus et anciens détenus désireux de dialoguer avec eux. À une réunion du GMP de Lyon, on voit, sur une photo de presse, le jeune François Colcombet, frais émoulu de l'École de la magistrature et cofondateur, en juin 1968, du Syndicat de la magistrature, interpellé par un nommé Béjart, leader des mutins de Lyon[1]. Objet du débat : comment connaître ses droits, comment les défendre en justice, ce « véritable champ clos limité par un fouillis de règles incompréhensibles pour le justiciable[69] ».

« Plus convenable que le GIP de Paris, notre groupe, assez mondain, était néanmoins suivi très attentivement par la police », se souvient aujourd'hui François Colcombet.

1. Qui s'avérera par la suite être un indic.

III. Premières révoltes, premières réformes

6. De Clairvaux à Toul

Dans les égouts de Clairvaux

Dans la nuit du 15 au 16 mai 1970, six hommes tentent une évasion par les égouts de la centrale de Clairvaux. L'un d'eux se nomme Charlie Bauer. Il publiera, vingt ans après, son autobiographie, *Fractures d'une vie*, où il relate cette aventure. L'un des six compères a fortuitement mis la main sur un plan des égouts. Suivent les préparatifs, minutieux, interminables… L'expédition sera longue. Avec mille précautions, la petite bande creuse en sous-sol, creuse encore… La voici enfin « dans ce conduit [de 70x50 cm] où s'écoulent les eaux souillées, les excréments, où cavalent les rats dérangés… » À l'autre bout du tunnel, une énorme grille de protection, placée là pour empêcher une éventuelle évasion.

« Notre travail consiste à desceller les pierres de la voûte à hauteur de la grille puis à creuser la terre jusqu'à percer à l'air libre. Vite ! Chacun savait que les égouts seraient noyés à la première alarme d'une tentative d'évasion. »

Un mouchard a dénoncé les fuyards. Les surveillants font l'appel dans les cellules et s'aperçoivent qu'il manque six détenus. L'alarme sonne, les recherches commencent. Un surveillant entend un bruit sourd qui se répète. Les égouts ! Ils ouvrent les vannes pour obliger les fuyards à sortir. Ou pour les noyer.

« L'eau monte. Vite, vite, bonhomme, ou tu vas crever noyé comme un rat, avec les rats. [...] Nous décidons alors de remonter le chemin parcouru, à contre-courant... Nous assumons l'échec, mais au moins essayons de ne pas crever !... Des écluses bloquent tous les boyaux. [...] Des cataractes d'eau s'engouffrent par l'ouverture... et nous arrivent à la poitrine.

— Ils sont là !

— Vous allez la fermer, cette putain de flotte ?

— Mais oui, mais oui... sur le ton traînant des gens qui n'en ont rien à foutre. »

Les évadés doivent leur vie à l'électricien de la centrale, un civil qui, alerté, a aussitôt fermé les vannes. L'eau s'arrête à trente centimètres du plafond de la voûte. Bauer poursuit : « C'est moi qui creusais avec la barre à mine lorsque celle-ci s'enfonça tout à coup dans le vide et que je reçus sur la tête toute la terre et toutes les pierres... Le ciel constellé d'étoiles s'offrit alors à nos yeux, cet infini cosmique, sans murs ni barreaux, [...] tout simplement beau. Nous distinguons le bas des pantalons des gardiens, des gendarmes. [...] Des coups de pied, de poing, de matraque, de crosse de fusil, de câble électrique. Je me tords à terre comme un ver qu'on écrase[1]. »

Enchaînés, brutalisés, les six sont portés entre deux haies de surveillants[1] jusqu'à leur poste central, où trente à quarante matons les rouent de coups encore deux heures durant, sous les yeux et « la clameur de cinq cents hommes en colère, nos camarades » à leurs fenêtres. (L'un d'eux affirmera que le directeur pied-noir Nabis, ayant participé à la séance, nettoie au lavabo ses mains ensanglantées. Mais ce témoignage est infirmé par un autre détenu.) « Tout le monde gueule des insultes, des menaces aux bourreaux ! Des coups de pied, de

1. *Le Monde* du 1er décembre 2009 fait état d'une « haie d'honneur » punitive à la MC de Moulins-Yseure, suite à une prise d'otages de surveillants, en 2003.

tabourets sont donnés dans les portes. Ça fait un bruit effroyable. Il était deux heures du matin et il s'en est fallu d'un cheveu pour que ce soit la révolte », raconte notre témoin-participant. Les vaincus sont ensuite jetés au cachot, où ils resteront enchaînés deux jours, nus, grelottant et sans soins.

« La population pénale de Clairvaux [qui n'est pourtant pas angélique] a été révoltée par ce massacre[2] », assurera le JAP Petit, affecté à la centrale, après enquête sur cette affaire[I]. Le traitement qu'ont subi les six hommes n'est pourtant pas exceptionnel à Clairvaux : « Avant l'affaire Buffet et Bontems [1971], dans le quartier disciplinaire [...] on torturait, on matraquait et on "suicidait" les détenus », déclarera un ancien détenu[3]. Le JAP Petit proteste auprès d'Henri Le Corno, directeur de l'AP. Le JAP sera écarté. Mais pas le directeur de la centrale, ni les surveillants qui ne seront jamais identifiés, les détenus témoins n'osant pas les dénoncer. À la chancellerie, Pierre Arpaillange, directeur du bureau des affaires criminelles et des grâces, s'indigne à son tour : « Les faits [...] m'apparaissent d'une extraordinaire gravité ; les brutalités commises sont d'autant plus inadmissibles que les détenus n'ont opposé aucune résistance au moment de leur arrestation[4]. » Mais la presse n'en sera informée que dix-huit mois plus tard, à l'occasion de l'affaire Buffet et Bontems qui, elle, sera médiatisée à outrance.

Buffet et Bontems

Il s'agit d'une autre tentative d'évasion, toujours à Clairvaux, le 21 septembre 1971, impliquant cette fois, à l'infirmerie, une prise d'otages qui n'était pas prévue. Buffet et Bontems, qui entendent faire la belle, s'emparent d'une infirmière, Mme Comte, et d'un surveillant, M. Girardot, tous deux inoffensifs[II], et tentent de négocier leur propre départ, réclamant armes, argent et voiture (une DS).

I. Entre le JAP Petit et les prisonniers, la confiance réciproque est telle que le juge sait toujours avec quinze jours d'avance qu'un drame va se produire à Clairvaux.

II. Girardot « faisait du social » auprès des prisonniers. Mme Comte faisait un remplacement.

Mal leur en prend : les autorités, qu'incarne Le Corno, organisent l'assaut, en pleine nuit, des forces de l'ordre. Buffet somnolait. Réveillé, il égorge alors les otages sous les yeux de Bontems. Mes Thierry Lévy et Robert Badinter, leurs avocats, et M. Comte, époux de l'infirmière, restent persuadés que sans l'intervention policière ce double crime n'aurait pas eu lieu. En 1972, Buffet (légionnaire ayant servi en Indochine) et Bontems (qui a servi en Algérie) seront condamnés à mort et guillotinés, alors que Bontems n'a pas tué.

D'aucuns se demanderont, après coup, pourquoi les personnels ont laissé Buffet se promener dans les coursives avec des outils destinés à l'évasion. Pourquoi lui ouvrait-on les grilles avec une telle facilité ? Un drame était-il attendu ? Souhaité, car servant de prétexte à une répression plus implacable ? En tout cas le climat est, ici, d'une lourdeur insoutenable. Il y a eu des suicides (un détenu s'est immolé dans la cour avec de l'acétone) mais aussi des meurtres entre détenus. Le directeur de Clairvaux est un personnage dictatorial et brouillon, alternant laisser-aller et crises d'autorité.

« La prise d'otages n'était réalisable qu'à l'infirmerie. En d'autres lieux, la population pénale s'y serait opposée », selon un témoin au procès de Buffet et Bontems[5]. Quoique les autres prisonniers de Clairvaux n'aient aucunement participé à cette affaire, les médias se déchaînent, se livrant « à une campagne violente et systématique contre l'ensemble des détenus » assimilés à des assassins, « sinon dans les faits, du moins en puissance »[6]. Alors qu'à l'époque, on estime que trois à sept pour cent des prisonniers (selon les années et les sources) sont des criminels dangereux. Certains journaux publient des lettres de lecteurs appelant à la réouverture du bagne, à l'émasculation de Buffet et Bontems. À Fleury, des surveillants en civil lynchent de jeunes détenus « pour venger Clairvaux ». De son côté, Ange Calisti[1] réclame, dans une lettre à Georges Pompidou, la tête de Buffet et Bontems : « Sinon, un vent de panique va souffler qui entraînera […] une cessation […] du travail » des surveillants[7]. René Pleven,

1. Syndicaliste FO devenu directeur de prison, Ange Calisti est appelé à rétablir la situation à Clairvaux après le double assassinat.

garde des Sceaux, plaide devant les députés pour le maintien de la peine de mort. Et pleure, à l'enterrement des otages, dans les bras de Mme Girardot. Les familles endeuillées refusent la couronne envoyée par les détenus de Clairvaux.

Autre conséquence du drame, l'image des matons est inversée : de bourreaux, ils deviennent victimes sacrifiées.

Toul, « près d'Auschwitz » ?

La retentissante affaire de Clairvaux explique, pour une large part, la modération initiale des révoltés de Toul, trois mois plus tard. Ayant eu vent, par la radio collective, de la virulence de la campagne anti-détenus, craignant d'en faire les frais à leur tour, les prisonniers de la centrale Ney vont suivre à la lettre l'injonction de l'abbé Velten, leur aumônier : « Pas d'otages, pas de sang, pas de Clairvaux. » Pourtant le sang finira par couler, mais ce sera celui des insurgés.

Pour comprendre cette histoire, on puisera dans *La Révolte de la centrale Ney*, récit très détaillé des événements de Toul rédigé par le Comité Vérité Toul. Celui-ci est créé au lendemain de la révolte par Robert Linhart afin de recueillir des informations sur la centrale où se déroule la première grande révolte des années 1970[I]. Il est composé de l'abbé Velten, du pasteur Amedro, aumôniers, de la psychiatre Édith Rose, de militants maoïstes et autres, de membres du Secours rouge, d'étudiants, etc.

Que s'est-il passé à la centrale Ney de Toul ce 5 décembre 1971 ? Cédant aux syndicats de surveillants, René Pleven vient de supprimer les colis de Noël pour tous les détenus de France. C'est l'une des gouttes d'eau qui, à Toul, font déborder le vase.

Les détenus y réclament le départ du directeur, Georges Galiana, qu'ils qualifient de « tortionnaire[II] » et qui, selon eux, fait régner la terreur dans la centrale. Des punitions, il

I. Un premier reportage paraît dans un numéro spécial de *La Cause du peuple-J'accuse* (18 décembre 1971) coordonné par Robert Linhart.

II. Galiana a dirigé un camp de regroupement en Algérie pendant la guerre d'indépendance, puis la MC de Nîmes où s'est déroulée, sous son autorité, une « semaine sanglante » en 1967.

en pleut. Pour cinq cent quarante détenus, cent quatre-vingt-onze sanctions ont été infligées au prétoire dans les deux mois précédant la mutinerie. Voici quelques exemples de « crimes » et de châtiments :

- Être désordonné (linge mal rangé, chaussures mal rangées sous le lit, placard poussiéreux) : quatorze à trente jours de suppression de cantine, cinéma, tabac, etc.
- Dire à un visiteur qu'on ne mange pas bien à Toul : suppression de parloirs jusqu'à nouvel ordre.
- Tenir une main dans sa poche, relever le col de sa veste ou parler dans les rangs lors d'un déplacement : privation de cantine, de mandat.
- Casser un carreau (valeur : 3 F soit 2,92 €) : 350 F (341,23 €) d'amende.
- Écrire qu'on n'est pas bien à Toul : suppression de la correspondance jusqu'à nouvel ordre.
- Ramasser des mégots dans la cour : quatre jours de mitard et suppression de tabac jusqu'à nouvel ordre.
- Se plaindre d'avoir été attaché ou battu : quinze mois à l'isolement.
- Refuser de se montrer nu à la fouille (cas d'un handicapé) : trois semaines de mitard.
- Dire que les fayots ne sont pas cuits : trente jours de mitard.
- « Dénonciations calomnieuses » de surveillants : mitard.
- Refus de travailler : mitard.
- Pain oublié dans un placard : quinze jours de mitard.
- Pour un regard en arrière, un chuchotement : huit à quinze jours de mitard.

Pour une grève de la faim (qui n'est ni un délit, ni une faute disciplinaire), dix détenus restent un an à l'isolement ; les autres vont au mitard. Pour avoir refusé de dénoncer celui d'entre eux qui a jeté du pain par la fenêtre, tous les détenus d'une cellule sont punis. Au mitard, se plaint un puni, on lui apporte « à manger comme à un chien dans une espèce d'auge en plastique, toute dégueulasse[8] ».

Hors prétoire, les surveillants sanctionnent aussi, et de leur propre chef, les comportements qu'ils jugent répréhensibles. Au mitard, donc en l'absence de tout témoin, « les coups pleuvent et les camisoles [de force, ou contention] servent souvent. [...] Les surveillants ne frappent jamais seuls un détenu, ils sont toujours cinq ou six, accompagnés du bras droit de Galiana, le gardien-chef, surnommé [...] le SS. [...] Il nous arrive d'entendre [...] pendant une demi-heure, trois quarts d'heure [...] des cris épouvantables [provenant] du quartier » disciplinaire (ou mitard)[9].

Ce qui frappe donc à Toul, mais aussi ailleurs, c'est la démesure dans l'arbitraire et la disproportion entre des « broutilles infimes » (reconnaît un surveillant) et les punitions infligées. Toul est-il pour autant « près d'Auschwitz » comme l'écrit Maurice Clavel[I], célèbre pour ses coups de gueule ?

La contention

Pour surréaliste qu'elle paraisse dans une « démocratie libérale avancée », cette liste de punitions n'est ni exhaustive, ni spécifique à Toul. Quant à la contention, « moyen courant de coercition dans les prisons françaises[10] », Gabriel Mouesca, ancien détenu politique, témoigne qu'elle existait encore en 1987 à la Santé[II] : il décrit « l'épais matelas de cuir équipé de nombreuses sangles sur lequel les larmes, la transpiration et l'urine des hommes ont imprimé la trace plus foncée d'un corps humain. Cette vision d'horreur demeure la pire de ma vie de prisonnier[11] ». Dénoncée en 1971-1972 par le Dr Rose, psychiatre à Toul, la contention consiste à « ligoter [un détenu] pendant plus de huit jours. On ne le détache même pas pour manger, ni pour le reste ». « Quand on va le nourrir à la cuiller, on n'est pas très fier », avoue un surveillant[12]. « S... [un ancien jeune détenu de Toul], parce qu'il avait fait une crise de dépression, a été attaché sur un lit, pieds et mains liés, et laissé dans ses excréments pendant dix-huit jours[13]. » L'ordre de « contenir » vient de Galiana.

Officiellement destinée aux « agités », la contention ne peut, selon le CPP de l'époque, « être employée à titre de

I. Dans sa lettre ouverte au Premier ministre au vu des informations sur la centrale Ney fournies par Foucault et les maos (Lire *infra*, p. 130.)

II. Elle sera progressivement remplacée par les neuroleptiques.

punition [ni] être appliquée durant plusieurs heures sans le contrôle et l'avis du médecin de l'établissement. [...] Celui-ci doit procéder à l'examen du détenu [14] ». Pourtant le Dr Rose témoignera publiquement que « jamais on ne [lui] montrait les détenus attachés. [...] Je suis allée [...] sans qu'on me le demande [voir] un homme attaché. Il avait tenté de se suicider parce que, pour des raisons administratives, il ne pouvait écrire à sa concubine. Il ne présentait aucun état d'agitation ou de démence [15] ».

De véritables agités, il y en a pourtant : des détenus « enfermés seuls pendant des mois [qui] deviennent "fous" de solitude, hurlent et l'Administration les attache. Tout le système ne fonctionne que par la contention [16] ».

« Un détenu, malade mental, qui avait à son actif trois ou quatre tentatives de suicide, [...] a été placé au quartier [disciplinaire, ou mitard] quinze jours ou trois semaines parce qu'il ne "voulait" pas travailler. Je puis affirmer sous la foi du serment qu'en raison de ses troubles et [de ses] médicaments, il ne le pouvait pas. [...] Frappée, dès [son] arrivée à Toul, par la fréquence extrême des tentatives de suicide », la psychiatre les explique par la volonté des suicidants d'être « évacués [...] ou transférés, pour échapper à la centrale de Toul [17] ».

Malgré tout, l'exemple de Toul ne peut être généralisé. La discipline dans les prisons françaises de l'époque n'était pas partout aussi impitoyable.

Attachés avec des fers

Lors d'un *sit-in* dans la cour, le 5 décembre 1971, les prisonniers dressent une liste de revendications destinées au procureur, et choisissent l'abbé Velten pour les représenter. À ce stade, les détenus majeurs – vingt-et-un ans et plus – occupent seuls la scène, faute d'avoir pu contacter les mineurs cloîtrés dans leur propre bâtiment. Le premier vœu, qui sera curieusement exaucé, est le départ de Galiana.

D'autres revendications portent sur le quotidien : « un peu plus de patates et moins de travail », davantage de variété dans les produits cantinés, amélioration des repas et du « café » matinal (en fait, de la Ricoré), davantage de pain (celui-ci étant rationné). Les sanitaires doivent être réparés (les jeunes détenus ne disposant que de tinettes), les douches collectives améliorées, le chauffage généralisé. Les détenus exigent des soins dentaires moins onéreux[1] et deux heures de sport par semaine pour tous. En effet, le sport est alors réservé aux seuls porteurs depuis un an de galons dits « de bonne conduite ».

Une revendication majeure est la suppression des cellules d'isolement. Ainsi, les détenus mettent en cause le régime de Toul, mais aussi le système carcéralo-disciplinaire dans son ensemble, claironne le GIP. Cependant la suppression du mitard, à peine pire que l'isolement, ne figure pas sur la liste des revendications. Celle-ci se termine par une discrète allusion aux « sévices moraux et corporels, appliqués même aux mineurs » : à Toul on attache en effet certains jeunes détenus jusqu'à dix jours, avec des fers.

Les maos, on le sait, voient dans les prisonniers insurgés une avant-garde révolutionnaire. Cette étiquette ne convient guère à ceux de Toul, dont les revendications, précises, simples, terre-à-terre, portent avant tout sur leur vie quotidienne. Loin d'eux l'ambition de prendre le pouvoir, d'abolir la prison, ou même de démolir la leur[18]. Ce décalage entre leurs préoccupations concrètes, qu'on peut dire réformistes, et les envolées théoriques de la GP (auxquelles n'adhèrent pas tous les maos) va durer encore deux ans, comme la GP elle-même.

Les revendications sont transmises, deux jours passent… Et rien ne se passe. Alors, le 7 décembre, commencent les grèves du travail avec occupation des ateliers pendant huit heures. Sans les molester, les détenus-travailleurs laissent partir leurs sept contremaîtres, s'enfuir des surveillants, et évincent les administratifs.

Mais les détenus majeurs n'ont pas réussi à informer les mineurs, toujours bouclés, de leur action pacifique. Or, ces garçons, seuls dans leurs 6 m^2[19], rêvent d'en découdre. Les voilà qui fracturent leurs portes, descellent les grilles des fenêtres, se répandent hors de la « prison-école » (où on les empêche, assurent-ils, d'étudier). « Ils étaient dans un tel état d'excitation, de colère ! se souvient un détenu modéré.

1. Ils sont alors à la charge des détenus.

C'étaient des gars qui en avaient tellement bavé, pour eux il y avait de la haine[20]. » Foucault distinguera ces jeunes casseurs des adultes à qui on promet qu'il n'y aura pas de représailles (il y en aura pourtant) et qui, dès lors, réintègrent dignement leurs cellules, en rangs et par deux comme ils s'y sont engagés.

S'ensuit un épisode assez confus, où certains majeurs rejoignent les jeunes casseurs tandis que d'autres – dont les porte-parole, modérés – tentent de les calmer. Tous sont ulcérés en découvrant que « l'administration s'est foutue [d'eux] » : promis, acquis, le remplacement de Galiana (par le directeur régional) n'est que provisoire. Galiana reviendra. Quant aux revendications – auxquelles se sont ajoutés « un service social qui en soit un, qui fonctionne » et, chez les jeunes, « la promesse que les gardes mobiles ne rentreront pas, et qu'il n'y aura pas de sévices » –, sont-elles même à l'étude ? La hiérarchie, qui attend des renforts, cherche à gagner du temps.

« Nous n'avons brisé que le nécessaire »

Se dessine alors, à partir d'une révolte pacifique, une véritable mutinerie qui éclate le 9 décembre. On ne touche pas à la chapelle, aux outils ; les ateliers[1] sont épargnés ou presque. « Nous n'avons brisé que le nécessaire », estimera un porte-parole. Mais on démolit « l'éternellement futur centre de préformation professionnelle », les mitards et le quartier d'isolement dont les portes sont défoncées à coups d'épaule ou de bélier, libérant les occupants. Les jeunes saccagent leurs cellules.

Peut-être à cause du cuisant souvenir de Clairvaux, aucun détenu ne cherche à s'évader.

Retour au calme. Les délégués réunissent tout le monde, annoncent qu'il ne s'agit pas de « foutre le bordel » mais de tenir, quinze jours s'il le faut, jusqu'à ce que les revendications soient prises en considération.

1. Il en existe alors à Toul pour les détenus majeurs : tôlerie, mécanique, paillage, etc.

Les mutins s'organisent. Ayant fortifié la zone industrielle de la prison et barricadé toutes les entrées (sauf celle de la cour où se tiennent des surveillants armés), ils sont maîtres chez eux, en quelque sorte. Ils dépêchent des sentinelles aux quatre coins de la centrale, placent des guetteurs sur les toits. Au moyen d'estafettes, de postes radio à galène bricolés, ils communiquent sur les tactiques à adopter en cas d'assaut des forces de l'ordre. Un seul téléphone marche encore, à l'atelier de mécanique où les insurgés ont installé leur QG et où se tiennent leurs délégués. Cet appareil doit servir à contacter les jeunes, avec qui la jonction est bientôt faite, puis à négocier avec les autorités.

Le 11 décembre, vers onze heures, les insurgés occupent la quasi-totalité de la centrale Ney. La situation semble bloquée en leur faveur.

Des prisonniers, surtout les jeunes, prennent d'assaut les toitures aux cris d'« à bas la dictature ». Ils arrachent les tuiles pouvant servir de projectiles contre les forces de l'ordre et s'accrochent à ce qui reste, à savoir la charpente.

Ils chantent aussi : tantôt l'Internationale et tantôt La Marseillaise. Prises d'en bas, ou du dernier étage d'un lycée voisin, des photos illustrent cette montée des mutins de l'obscurité à la lumière et à l'air libre. Les clichés publiés le lendemain sont, à notre connaissance, les premiers du genre – mais non les derniers. Symboliquement, des prisonniers dominent la ville et peut-être la situation.

C'est une première, aussi, parce que les photos *montrent des prisonniers* sur les toits. Or, depuis que la prison existe, les corps et les visages de ses occupants sont invisibles, dissimulés derrière de hauts murs et de solides portes. À l'intérieur, les détenus étaient même cagoulés jusqu'aux années 1950, de sorte qu'ils ne pouvaient pas se voir les uns les autres. Aujourd'hui encore, l'AP tente d'interdire aux photographes et cinéastes – rarement admis derrière les murs – de montrer le visage d'un détenu[1]. Ce qui aboutit à une représentation

1. Un floutage ou un rectangle sur les yeux le dissimule, au motif que l'État doit préserver son anonymat (pour son bien) et le protéger de la vengeance de sa (ses) victime(s). En 2011, une polémique éclate lorsque Catherine

populaire extrêmement négative. Pour les hommes libres, ces reclus dérobés au regard constituent une masse indistincte, anonyme, menaçante, ne pouvant être appréhendée que par l'imaginaire, les rumeurs, le discours des « honnêtes gens » et des geôliers.

Or, c'est, dans un premier temps, en se *dévisageant* que les hommes se connaissent et reconnaissent, chacun prenant conscience de l'existence de l'autre, des traits qui font de lui un être unique et pourtant semblable aux autres et à soi-même. « Monsieur le Directeur, ce sont des hommes ! » plaide vainement Amedro, l'aumônier protestant, auprès de Galiana qui lui claque la porte au nez.

À l'inverse, en ce mois de décembre 1971, les geôliers présentent collectivement les insurgés comme des diables jaillis de leur boîte, « des lions », comme les appelle le directeur régional de l'AP. « De toute façon, s'ils sont là-dedans, c'est qu'ils ont fait quelque chose ! » entend-on du côté des badauds.

Les rebelles tentent de s'expliquer, du haut de leur perchoir, auprès de la foule massée au pied des murs d'enceinte. Ils racontent leur vie en détention. « On a crié aux journalistes qu'on était vraiment malheureux. » « On est prêts à mourir, à crever ! » « Nous ne pouvons plus vivre comme ça », crient-ils au procureur dépêché sur les lieux. « Nous voulons que tout se passe dans le calme. Mais si c'est nécessaire, nous sommes prêts à y laisser notre peau[21]. »

Alertés par le GIP, par les maos, les journalistes sont à l'affût et certains sympathisent avec les insurgés. Posté au pied de la centrale, l'un d'eux est abasourdi d'apprendre que les rebelles, décrits par les officiels comme des brutes sanguinaires, sont capables de désigner des délégués, et de leur obéir. Ces derniers se présentent d'ailleurs comme tels sur les toits de la centrale et font part des revendications des prisonniers, dont beaucoup sont à leurs côtés et les approuvent.

Réchard, photographe et cinéaste, insiste pour que soient visibles les visages des prisonniers qu'elle a filmés dans *Le Déménagement*, un documentaire pour France 3. Soutenue par les détenus, qui lui ont donné leur consentement écrit, elle gagne son procès contre l'AP, mais celle-ci fait pression sur la chaîne pour que ce téléfilm soit diffusé *a minima*. Ce qui est fait fin 2012.

Par contre, le face-à-face avec les habitants de Toul est désastreux. Les honnêtes gens encouragent les gardes mobiles en attente : « Allez-y, bon Dieu, la France est avec vous ! » « Du temps d'Hitler, ça ne se serait pas passé comme ça ! » « Il n'y a pas à hésiter : la mitraillette ! » Les pompiers sont priés d'introduire dans leurs lances de l'acide sulfurique[22].

« Se révolter, ça les a libérés »

Le 13 décembre, en réponse à une seconde mutinerie, à laquelle participent cette fois les adultes modérés, l'assaut est donné. CRS, gardes mobiles, surveillants armés pénètrent dans la centrale et se partagent le travail, à coups de crosses notamment (sept sont cassées sur les dos et têtes d'insurgés). Laconique, le préfet Lambert déclare : « L'intervention des forces de l'ordre fut très rapide et très énergique. [...] Et tout est rentré dans l'ordre[23]. »

Si l'on peut parler d'ordre, car les surveillants cognent jusqu'aux « gars dans les cellules qui étaient restées fermées[24] », détruisant au passage des effets personnels, qu'ils jettent aux ordures : « Le plus grave, c'est que [les gardiens] ont déchiré mes photos de famille, que je portais sur moi[25]. » Un certain D. J. témoigne que le brigadier Bonté lui a lancé: « Si vous voulez, on va vous finir, bande d'ordures[26] ! »

Sur cent trente insurgés (ou supposés tels), vingt-trois sont blessés, selon l'AP, dont cinq grièvement. Quatre seront tardivement expédiés à l'hôpital de Nancy assailli par les journalistes. Galiana ordonnera donc leur transport, alors qu'ils sont intransportables, au lointain hôpital pénitentiaire de Fresnes. En piteux état, note Geismar qui se trouve encore là. La plupart des autres prisonniers – et, semble-t-il, tous les jeunes – sont transférés loin de Toul, ce qui n'est pas pour leur déplaire : leur but, en démolissant leurs cellules, était de les rendre inhabitables, afin d'échapper à l'enfer de Toul, ont-ils confié au pasteur Amedro.

Par la suite Galiana sera lui aussi transféré, mais à la direction régionale de l'AP, ce qui ressemble fort à une promotion.

Évoquant l'affaire de Toul, Jean-Paul Sartre prédit que « ce sera partout l'insurrection ». Foucault, lui, y voit bien plus qu'une simple occupation de locaux : ces détenus « ont fait apparaître dans les prisons une lutte politique [...] menée contre le système pénal tout entier, par la couche sociale qui en est la première victime[27] ».

À quoi a servi cette mutinerie ?

Tout d'abord, à rendre aux insurgés l'estime de soi : « Mon fils, il est transformé ; il est blessé, on l'a cogné mais il a un moral du tonnerre, il sait qu'il était dans son bon droit en se révoltant, il est redevenu un homme et il rit de nouveau », témoigne une mère de détenu. « Se révolter, ça les a libérés », résume un autre parent[28].

Sans être enthousiaste, l'opinion se réveille car la presse donne un large écho à la mutinerie de Toul. Relevés de leurs fonctions, le Dr Rose, l'abbé Velten et le pasteur Amedro continuent à dénoncer les traitements infligés aux prisonniers de la centrale Ney... Selon un sondage national de la SOFRES, fin décembre, 57 % des sondés donnent raison au trio[29]. Deux cents médecins, des psychiatres se mobilisent. Le Syndicat de la magistrature propose des réformes immédiates. Par contre, le personnel pénitentiaire, tous syndicats confondus, affirme sa « totale solidarité avec la direction locale » de Toul.

Pleven est contraint de nommer une commission d'enquête confiée à l'avocat général Schmelck, un vieux routier de la Pénitentiaire. De son rapport, modèle de désinformation (selon les proches des insurgés), il ne sortira rien sauf des révélations concernant, entre autres, l'emprise des caïds sur la centrale Ney[1]. L'image des mutins en ressort assombrie, à l'opposé de celle, angélique, que dessine le Comité Vérité Toul.

Le 15 janvier 1972, trois cents détenus de Charles III à Nancy, toute proche, se mutinent à leur tour, initialement par solidarité avec ceux de Toul, et tiennent leur établissement pendant six heures. Les prisonniers de Saint-Martin-d'Hères, Mulhouse, Fresnes, Grenoble, Chartres, Melun, la

1. « La Commission [Schmelck] mit en lumière des pratiques de poursuites de règlement de dettes de jeux, de racket et de trafic divers » et leur imputa un rôle dans « la genèse des violents incidents » qui auraient ponctué la révolte[30].

Santé, Nîmes, Lyon, etc. leur emboîtent le pas. C'est le premier acte de l'embrasement des prisons.

Faut-il s'interroger sur l'origine des sinistres épisodes relatés au présent chapitre et qui ponctuent ce premier acte ? Christian Carlier, l'historien de l'AP, les attribue « indirectement » à la joyeuse explosion sociale que fut Mai 68 : « Les événements de Mai 1968 [...] provoquèrent, indirectement, de grands drames, notamment en 1971 : prise d'otages et morts d'hommes à [...] Clairvaux (affaire Buffet-Bontems), mutinerie de Toul[31] »...

Réflexion qui laisse perplexe, d'autant que l'auteur ne s'explique pas sur la relation qu'il postule entre ces événements. Il est vrai qu'une certaine idéologie rend Mai 68 responsable et coupable de tous les maux qui, depuis, affligent la société française : « Mai 1968, son charme maléfique qui nous entraînait vers l'abîme... » disait déjà le général de Gaulle.

7. Panique à la Pénitentiaire

Au secrétariat à la Condition pénitentiaire, c'est la « panique », écrira Hélène Dorlhac, nommée à ce poste en juin 1974[32]. À vrai dire, la panique a gagné la Pénitentiaire toute entière dès 1971, ce qu'on peut illustrer en exhumant les rapports annuels de l'AP du début de la décennie.

Les personnels ont quelques raisons de paniquer. Le 8 février – jour de la naissance du GIP – deux prisonniers blessent un surveillant à la MA d'Aix-en-Provence, prennent en otages une infirmière et une assistante sociale, s'emparent d'armes et de munitions et sont abattus en cherchant à s'évader. En février aussi, deux détenus blessés par un policier meurent à l'hôpital des Baumettes. Le 23 mars, un condamné de Muret, muni d'un revolver et d'une grenade parfaitement imités, menace de mort une assistante sociale. En août, le surveillant Collomb de la MA de Saint-Paul (Lyon) meurt des blessures infligées par l'un d'eux[1]. La panique se propage lorsqu'à Draguignan, dans un « chauffoir » de 9 x 5 m^2 qui abrite une vingtaine de prisonniers, un surveillant est frappé à mort par quatre détenus. Sans oublier, fin septembre, la célèbre et terrible affaire Buffet et Bontems à Clairvaux déjà évoquée qui portera à son paroxysme la panique des surveillants. Autant d'histoires sanglantes qui les terrifient mais ne concernent, à chaque fois, qu'une poignée de détenus.

Mais l'AP signale aussi, pour 1971, trente-sept « mouvements collectifs » (contre onze en 1970), dont la mutinerie de Toul en décembre. Si « l'année est sanglante pour l'administration pénitentiaire[33] », elle l'est bien plus pour les détenus qui font les frais de la répression.

En janvier 1972, l'escalade continue avec la mutinerie de Nancy, suivie de quatre-vingt-cinq « mouvements collectifs ».

1. C'est le détenu Chauffour. Il sera condamné à mort, puis gracié.

Selon l'AP, Toul et Nancy « ont eu un retentissement extraordinaire sur la population pénale et sur le personnel[34] ». C'est peu dire que ce dernier est pessimiste : « Chaque jour, on frôle la catastrophe qui, inévitablement, viendra [déplore un surveillant]. Ici les détenus, s'ils le veulent, peuvent dans les trois minutes se rendre maîtres des lieux. Sais-tu combien de temps il faut [...] aux forces de l'ordre pour intervenir en cas de troubles ? Entre six et dix heures ! Il règne ici un équilibre instable et précaire, dans une atmosphère étouffante. Alors on est là, on attend [...] de savoir à quelle sauce on sera mangé. Voilà le climat de la centrale [...] où il n'est encore rien arrivé et où il arrivera fatalement quelque chose[35]. »

Sentinelles blafardes

Cette lettre adressée à Hubert Bonaldi (alors secrétaire général de la fédération Justice-Force ouvrière) est lue par celui-ci à la réunion du conseil supérieur de l'AP, présidée par son directeur. Le compte-rendu figure dans le rapport de l'AP pour 1973. Dépeignant les surveillants comme des « sentinelles blafardes qui déambulent dans les corridors glacés des prisons », Bonaldi conclut au « délabrement réel, effectif et profond des moyens [...] propres à assurer le fonctionnement d'un service public véritable[36] ».

Voici deux autres plaintes, lues à la réunion, de surveillants syndicalistes : l'un incrimine « des truands professionnels des régions marseillaise et parisienne » qui ont fait irruption dans sa petite maison d'arrêt. « La situation est devenue insoutenable. [...] Ils cassent, ils brisent sans raison, la meilleure chose n'est jamais bonne. [...] Nous n'arrivons plus à contrôler la situation. Ces mauvais éléments défient la justice avec orgueil et vanité. Ils se moquent des réformes. [...] Nous vivons dans la peur et la hantise[37]. »

Décrivant le quotidien de sa centrale, le troisième surveillant frôle la crise de nerfs : « Il n'y a plus de sécurité ; le soir, à la rentrée des ateliers, toutes les cellules restent ouvertes jusqu'à la distribution de la soupe. Nous nous trouvons donc au milieu de quatre cents détenus qui se promènent dans les coursives. Lorsque nous essayons d'en enfermer quelques-uns, ils menacent de nous balancer par-dessus la rambarde. [...] Enfin, dernière innovation, [la porte d'] un détenu est restée ouverte pendant trois nuits sous prétexte qu'il avait le cafard. [...] Les nerfs des surveillants sont mis à rude épreuve[38]. »

Quelles sont les dangereuses prisons que décrivent ces personnels, où sont ces prisonniers menaçants ? Le rapport ne nomme pas les établissements évoqués. Bien entendu, les détenus analysent autrement les plaintes des surveillants : « Ils pensent qu'on va les bouffer ! [...] Ils s'imaginent un danger plus grand pour se justifier eux-mêmes[39]. » Un tel danger justifierait en effet une répression accrue, laquelle nécessiterait plus « de moyens quantitatifs et qualitatifs » pour les surveillants « démunis de toute protection réelle[40] ».

Reste à prendre acte de la contradiction radicale entre les récits émanant de l'un et l'autre camp ; et aussi à examiner la situation des surveillants.

L'effroi des personnels

Ce sont souvent des durs. Depuis 1962, l'AP a dû rapatrier au total 1 500 personnels d'Algérie. Dont « le surveillant-chef Cottarel [...] qui traite les détenus comme il ne peut plus traiter les "bicots", comme il dit [41] ». « Beaucoup de matons considèrent [...] qu'ils ont le devoir de [nous] punir, de venger la société », observe un détenu de Fleury-Mérogis. Celui-ci rend néanmoins hommage à « une petite minorité qui, sans rechercher le contact, savent se montrer polis, [...] acceptent de parler au détenu de sa famille, de lui rendre un service[42] ».

Les surveillants ne suivent à cette époque qu'une brève formation privilégiant l'autorité, la sécurité, l'autodéfense et qui fait l'impasse sur les relations humaines. Ils apprennent le règlement par cœur. Provinciaux peu instruits pour la plupart, ils se trouvent, bien malgré eux, en première ligne sur le terrain, garants de « l'indispensable discipline » en voie de disparition selon eux.

Ils soupçonnent l'AP d'être laxiste, et même de gauche. Ils estiment que le ministère de la Justice les a lâchés pour poursuivre de chimériques réformes. Celles du ministre Pleven entraîneraient « une aggravation démesurée du potentiel d'agressivité parmi la population pénale[43] ». Face à un tel péril, leur propre « potentiel d'agressivité » augmente, lui aussi. Hubert Bonaldi profère même, devant le directeur de l'AP, cette menace : le personnel pourrait « revendiquer lui aussi le droit à l'insurrection[44] ». Pour la désamorcer, tous les rapports de l'AP couvrent d'éloges cette « matonnerie » qui « représente l'ordre contesté ».

Sur le terrain des prisons, par contre, les surveillants souffrent de l'absence de relations humaines avec la hiérarchie, qui parfois les terrorise. Ils sont nombreux à déserter à cette époque, soit par la démission, soit par des grèves, par ailleurs interdites. Leurs congés de maladie s'étirent, leurs dépressions nerveuses se multiplient, certains se suicident. Le recrutement faiblit et le corps des matons ne sera sauvé qu'en 1975, par une revalorisation tardive et par la menace d'un chômage généralisé.

Les surveillants traversent une crise d'identité. Ils répugnent tantôt à servir de simples porte-clés, tantôt à éduquer – comme Giscard le leur proposera – les détenus, qu'ils jugent inéducables. Du reste, ils ne sont pas formés pour cela. Ils ne réalisent pas que « maintenir les détenus en état de semi-humanité est un choix dont ils subissent eux aussi les conséquences[45] ».

Ils subissent aussi leurs supérieurs. Un surveillant sans grade qui travaille à la centrale Ney de Toul décrit l'établissement comme un véritable « bagne » où direction et surveillants gradés traitent ceux de la base « comme des troufions d'un bataillon disciplinaire », les contraignant à une soumission aveugle et à des conditions de travail physiquement insupportables[46]. Toul étant sans doute, avec Clairvaux, parmi les prisons les plus épouvantables de l'époque, on ne saurait généraliser. Il n'empêche que la dureté de la condition surveillante ne tient pas aux seuls détenus, comme le prétendent les responsables syndicaux dans les réunions au sommet de la DAP.

Les chefs d'établissement ont-ils peur, eux aussi ? Un chef n'a jamais peur ou, dans le cas contraire, ne doit pas le montrer.

L'un d'eux[1] manifeste pourtant son désarroi devant un journaliste : « Je ne sais pas ce qu'il faut faire » ; d'autres font preuve d'un autoritarisme si pointilleux, si archaïque, même pour l'époque, qu'il pourrait bien trahir une anxiété sous-jacente. Avant Noël, le directeur de la MC de Poissy diffuse les instructions suivantes : « J'autorise les détenus à embrasser (UNE SEULE FOIS) à l'occasion des parloirs des 20, 23, 27, 30 décembre 1973, et des 3, 6 et 10 janvier 1974, LEURS ENFANTS ÂGÉS DE MOINS DE 12 ANS. Les assistantes sociales sont chargées de conduire les enfants à leur père devant l'agent de service. [Au parloir] il est interdit de remettre quoi que ce soit aux détenus ou inversement. Les demandes spéciales d'autorisation devront m'être adressées à l'avance par les détenus intéressés[47]. »

À Fleury-Mérogis, c'est un rappel à l'ordre qu'émet le sous-directeur Girod : « Il me semble indispensable de rappeler ou d'instaurer quelques consignes [...] perdues de vue concernant la circulation des détenus. Les auxiliaires (infirmiers, comptables, cuisiniers, éplucheurs), [...] en dehors de leur travail, doivent être obligatoirement dans leurs cellules respectives. [...] Il est évident qu'il est absolument proscrit de laisser les détenus de cellules différentes se regrouper dans l'une ou l'autre sous aucun prétexte. Je n'ai jamais autorisé une telle pratique et ne la tolérerai pas. À défaut, on risque de voir s'instaurer une pagaille difficile à reprendre[48]. »

Ennemis dehors, ennemis dedans

Les rapports de l'AP ne dissimulent pas l'inquiétude de la hiérarchie prise entre la colère des surveillants et celle des prisonniers. Elle incrimine les « publications tendancieuses et inconsidérées » sur les prisons, qui ont « persuadé les détenus que des mouvements collectifs pouvaient être efficaces puisqu'ils étaient présentés à l'extérieur comme un mode normal, voire même légitime, de revendication ou d'expression[49] ». Sans les nommer, le rapporteur vise sûrement

1. Ange Calisti, alors directeur de la Santé, face à une n-ième rébellion dans ses murs, en juillet 1974.

les maos, le GIP et, au-delà, l'agitation incessante au sein des entreprises.

En 1974, c'est le CAP qui jouera le rôle de bouc émissaire, l'AP l'accusant « d'être responsable des émeutes ». « Comme si nos conditions d'existence derrière ces murs n'y avaient point à elles seules largement suffi », rétorquera Serge Livrozet[50].

Le directeur de Charles III à Nancy conforte, lui aussi, la thèse du complot extérieur : incapable de comprendre la mutinerie qui éclate en janvier 1972 dans sa prison, il déclare : « Il y a dans l'agitation qui gagne toutes les prisons quelque chose de téléguidé, d'orchestré, d'extérieur en tout cas à nos maisons. Quoi ? Je n'en sais rien[51]. » Ou n'en veut rien savoir ? Une enquête de la police judiciaire établit que la conspiration à l'origine de la mutinerie de Charles III fut ourdie la veille au soir, dans un dortoir de l'établissement[1].

C'est que l'ennemi se trouve aussi à l'intérieur. L'AP relève « le mépris souvent affiché à l'égard [du personnel] par certains condamnés, notamment par ceux qui se piquent d'être des intellectuels. La majorité des prisonniers s'efface derrière [ces] nouveaux leaders issus des classes moyennes mais aussi plus violents [et dont] le comportement [serait] à l'origine [...] de l'agitation dans certains établissements ». Le rapporteur ajoute que « ces manifestations semblent [...] lasser une grande majorité des détenus[53] ».

Les décideurs sont pris entre deux feux : pour faire croire qu'ils maîtrisent la situation, il leur faut minimiser les périls encourus ; mais pour garder la confiance, déjà fort éprouvée, des personnels pénitentiaires, peut-être aussi pour arracher des crédits supplémentaires pour la sécurité, il leur faut les majorer. Tous les décideurs de la décennie hésitent entre ces deux options. Ainsi présentent-ils le plus souvent la majorité

1. « Ce 14 janvier, huit jeunes d'Écrouves sont transférés à la prison Charles III. Étant donné le manque de place en cellules, deux d'entre eux sont affectés à un dortoir déjà surpeuplé et pas chauffé alors qu'on est en plein hiver. En comparaison de la situation matérielle [...] de la prison qu'ils viennent de quitter, leurs nouvelles conditions de vie ne manquent pas de provoquer leurs vives protestations. Ils incitent leurs compagnons de dortoir à réagir. C'est ainsi que l'idée de la mutinerie a dû mûrir tout au long de la nuit. »[52].

des détenus comme des rebelles, voire des révolutionnaires, menaçants ; mais aussi, parfois, comme des faibles d'esprit qui se laissent « manipuler » par quelques « meneurs » ou par des éléments extérieurs.

L'AP attribue à l'ensemble des détenus une « opposition systématique à l'institution pénitentiaire [qui] dissimule mal une contestation globale de la société[54]. » Elle dresse là encore un épouvantail. On trouve, certes, parmi les prisonniers quelques « nouveaux leaders » dotés d'une conscience politique, plus ou moins liés à l'extrême gauche et qui contestent « la société ». Mais ils sont bien peu influents, comme en témoigne l'ancien détenu Serge Livrozet : « J'avais bien tenté à maintes reprises de parler avec [mes codétenus] des injustices de cette société et de la nécessité qu'il y avait de changer de système. Sur quoi il m'était répondu que ce serait toujours pareil, quel que soit le type de société [...] La plupart préférait fuir ce genre de conversation. L'important pour chacun n'était point le type de société mais la manière dont il allait pouvoir s'en tirer au mieux et quel surveillant il allait mouiller pour se faire rentrer du pastis ou des livres de femmes à poil[55]. »

De son côté, Roger Knobelspiess fustige « la passivité de la majorité des détenus qui ne disent jamais rien, jamais ne bronchent, jamais ne réagissent face à une répression qui se renforce de plus en plus... [Ils] se contentent de dire : "Qu'est-ce que tu veux ? [...] Tu sais bien que c'est eux, les plus forts. Tu paieras toujours les pots cassés. Le monde a toujours été comme ça. C'est pas toi qui le changeras avec tes idées[56]". »

Témoignages qui jettent une curieuse lumière sur l'« opposition systématique » des prisonniers « à l'institution pénitentiaire ».

À coups de manche à balai

L'AP fait peu de cas des revendications. Un rapport signale des grèves de la faim « aux motivations au demeurant douteuses[57] ». Un autre fustige « le caractère [...] insaisissable de la plupart des revendications présentées[58] » et les « justifications généralement tardives, multiples ou divergentes, avancées par les détenus. […] Beaucoup […] se livrent à de singulières spéculations criminologiques [*sic*] sur leurs droits et sur les obligations de la société envers eux[59] ».

Cette littérature pénitentiaire traduit aussi une certaine incompréhension des mutations de la société française : que les détenus revendiquent des droits, quoi d'étonnant ? « La population pénale a vécu Mai 68, écrit un détenu au *CAP*. Elle s'est transformée. Or le régime pénitentiaire s'est arrêté en 1950[60]. » Ce décalage explique pour partie les révoltes des années 1970.

Les représentations négatives des prisonniers abondent dans ces pages : ne sont-ils pas « exigeants, impatients, insolents[61] » ? L'AP insiste sur leur « ruse » : ils savent impressionner le personnel, bondir sur les surveillants « au besoin par surprise ». Enfin « les détenus paraissent s'attacher plus à l'apparence immédiate qu'à la réalité profonde. […] C'est ainsi qu'ils ressentent davantage un refus individuel de réduction de peine […] que la politique d'ensemble dans laquelle il s'inscrit[62] ». Mais n'est-ce pas vrai aussi du citoyen lambda ? La politique d'ensemble, qu'il ignore le plus souvent, demeure à ses yeux une lointaine abstraction, tandis qu'il ressent amèrement une mesure qui le frappe personnellement et de plein fouet.

Oubliant que la violence sévit des deux côtés, un rapporteur insiste sur celle, croissante, des prisonniers. C'est le plus souvent avec leur corps que ceux-ci affrontent les surveillants : « Ce sont alors les coups de tête au moment d'une fouille à corps, les coups de poing et de pieds », détaille le rapporteur, ou encore « le jet d'un tabouret […] et même le coup de rasoir au visage[63] ». C'est à coups de manche à balai qu'un gardien est grièvement blessé. Pourtant, l'AP ne comptabilisera, pour la période 1972-1974, que cent seize agressions visant les surveillants : nombre dérisoire comparé à celui des agressions à venir.

8. René Pleven : une réforme *a minima*

De réforme en réforme, la prison avance à peu près autant que le chœur de l'Opéra qui chante crescendo « Marchons ! Marchons ! »

Simone Buffard, *Le Froid pénitentiaire. L'impossible réforme des prisons* (1973)

Publié le 12 septembre 1972, un décret de René Pleven va nous permettre d'illustrer la première réforme des années 1970. Celle-ci comporte d'autres textes que nous n'analyserons pas ici.

Dans l'archipel pénitentiaire, une relative accalmie succède à cette réforme : en 1973, l'AP recense des troubles dans trente-six prisons seulement. La plupart se produisent, semble-t-il, à l'automne, où il ne se passe « pas une semaine sans révolte[64] ». Ayant obtenu une réforme, pourquoi les prisonniers s'insurgent-ils encore ?

Avant de répondre, résumons cette réforme. Et chargeons-en Claude Faugeron, dont le bilan est plutôt positif : « Le décret du 12 septembre [1972] constitue une tentative d'alignement sur les règles minima définies par le Conseil de l'Europe pour le traitement des détenus. Il est caractérisé par la prise en compte de notions qui jusque-là faisaient défaut : maintien des liens familiaux, possibilité de contacts avec l'extérieur, droit à l'information. [...] Les conditions d'attribution de la semi-liberté et des permissions de sortie sont élargies. La loi du 29 décembre 1972 complète le dispositif en instituant des réductions de peine et en élargissant les conditions d'attribution de la libération conditionnelle. [...] Cette loi donne aussi un statut au juge de l'application des peines [le JAP], dont les fonctions sont étendues. [...] La commission d'application des peines, présidée par le JAP, [...] est désormais le lieu d'un véritable pouvoir parallèle à celui du chef d'établissement... De leur côté, les détenus ne voient pas leurs conditions de vie s'améliorer notablement[65]. »

La même année, Pleven remplaçait la relégation[1] par la tutelle pénale qui permettait de maintenir des détenus « dangereux » en prison longtemps après avoir purgé leur peine. Explication d'un multirécidiviste : « Vous êtes libérable le 1er décembre 1975 + la tutelle pénale. Ce qui veut dire en bon français : entre le 1er décembre 1975 et le 1er décembre 1985. De quoi donner à ma femme des idées de divorce[66]. »

Garde des Sceaux (1969-1973) des gouvernements Chaban-Delmas et Messmer, René Pleven n'a laissé ni dans l'histoire des prisons, ni dans l'Histoire tout court, un souvenir immortel. Pourtant, ce gaulliste de la première heure fut deux fois président du Conseil et plusieurs fois ministre. À la chancellerie, il fut l'auteur, avec son ami Raymond Marcellin, ministre de l'Intérieur, de la loi « anti-casseurs » de 1970 qui permit d'expédier en prison plus d'une centaine de « gauchistes ».

Déjà revêtu de son costume de Cassandre, Hubert Bonaldi anticipait alors des « orages, annonciateurs de catastrophes, dans le ciel, jusque-là relativement serein, de l'Administration et de la Justice. En 1971, l'Administration pénitentiaire [...] l'a vu [...] lui tomber sur la tête[67] »

En effet, l'année 1971 commence mal pour Pleven. Des rapports aussi sévères qu'inquiétants sur le pourrissement de la situation carcérale s'accumulent sur son bureau. L'année finira plus mal encore : en novembre, sous la pression des surveillants, Pleven annonce la suppression des colis de Noël aux détenus. Ses secrétaires affirment qu'il en « pleurait ». Officiellement, il s'agissait d'alléger le travail des gardiens qui doivent inspecter minutieusement ces colis. Mais les prisonniers prennent cette mesure pour une punition collective suite à l'agitation dans les prisons et surtout à la mort du surveillant Collomb (tué par une arme dissimulée dans un colis). Ils déclenchent, selon Daniel

1. Déportation perpétuelle de récidivistes hors de France métropolitaine.

Defert, trente-deux nouveaux « mouvements collectifs[I] » au cours de l'hiver.

Les colis de Noël – de cinq kilos maximum – sont tout un symbole : préparés avec amour par les familles, autorisés une fois l'an, ils contiennent des mets de choix, souvent faits maison… préalablement dépecés, il est vrai, par les gardiens pour raison de sécurité[II]. Malgré tout, ils égaient les détenus au moment le plus sombre de l'année, celui où la solitude pèse le plus lourd. Dans une lettre ouverte à Pleven, qui lui vaudra trois jours de mitard, le détenu Jean Lacombe écrit : « Ce qui faisait encore de nous, une fois l'an, des hommes, n'est plus[69]. »

Le Dr Dayant se demande « combien de prisonniers, à l'heure du champagne, avaleront des couteaux ou des clous, combien se perforeront les poumons avec des fils de fer, se perceront la tempe ou se tailladeront les poignets ? Toutes ces pratiques, nous les avons vues à la Santé tous les jours, et bien davantage à Noël. Deux tentatives de suicide par nuit à la Santé en moyenne, deux ou trois fois plus pendant la nuit de Noël[70] ».

Les injures pleuvent sur le ministre qui affronte au même moment la mutinerie de Toul. À ce propos Maurice Clavel, compagnon de la Libération, adresse à Jacques Chaban-Delmas, compagnon lui aussi et de surcroît Premier ministre, une retentissante lettre ouverte où il traite Pleven de « misérable ministre que j'appelle "des tribunaux et des prisons", faute de pouvoir lui accoler le mot de justice[71] »…

Face au déluge de protestations, Pleven fera partiellement machine arrière, admettant que les colis soient livrés aux jeunes détenus et aux prévenus ; et que les condamnés reçoivent les leurs « des mains insoupçonnables, mais anonymes, de la Croix rouge[72] ».

I. Non définis par l'AP, ces « mouvements » ou « incidents » renvoient aussi bien à une mutinerie qu'à un refus collectif des repas ou un tapage généralisé.

II. « Les saucissons, viandes cuites, gâteaux étaient lardées de coups de couteau souvent plus destructeurs qu'efficaces, s'énerve un prisonnier. Dans le colis de Noël, on nous interdisait déjà conserves, chocolats fourrés, bonbons, viandes crues, noix, amandes, jusqu'aux noisettes. Que voulez-vous faire entrer dans une noisette ? Je vous le demande. [68]. »

Pour *Le Monde*, le décret du 12 septembre 1972 est « la conséquence directe » des événements de Toul. La panique règne au sein des commissions qui préparent le décret. Cependant Pleven présente celui-ci comme le fruit d'une réflexion sereine menée depuis « plusieurs années », écrit-il dans sa présentation du décret.

S'agit-il de toiletter l'institution pénitentiaire pour l'adapter « aux données du monde moderne » ? D'édulcorer certaines réalités carcérales en renonçant aux mots trop crus[1] ? Ou de donner plus de poids, en les rééditant, à des mesures annoncées jusqu'à quinze années auparavant, mais non suivies d'effets ? Il y a de tout cela dans ce décret. Mais avant tout Pleven doit tenir compte des règles minima du Conseil de l'Europe concernant les prisons. Ces règles sont à l'origine de la quasi-totalité des avancées communément attribuées au chancelier. Mais ce sont des recommandations sans valeur contraignante. Et c'est bien ainsi que l'entend le ministère de la Justice.

Du reste Pleven n'apparaît pas comme un réformateur dans l'âme : au lendemain de la mutinerie de Toul, il « se rappelle qu'il a dans ses cartons des projets de réforme[73] » laissés sans suite, dans les années 1960, par ses prédécesseurs. Qu'attendre alors de cette réforme plus technique que politique, sans grande vision ni ambition ?

Des détenus informés ?

Mais d'abord, que savent les détenus des textes officiels qui les concernent ?

Le décret du 12 septembre est parfois incompréhensible pour le commun des mortels. Seuls des juristes peuvent apprécier « l'abrogation de l'antépénultime alinéa de l'article 142 »... dont le texte n'est pas fourni. L'*opus* de Pleven occupe dix pleines pages, en petits caractères, du *Journal*

1. En remplaçant « moyens de coercition » par « moyens de contrainte » ; « prison-école » par « centre de jeunes condamnés » (art. D570), etc. Notons au passage l'absence des mots « prison » et « prisonnier », remplacés par « établissement pénitentiaire » et « détenu » (terme passif) dans les textes officiels.

officiel du 20 septembre. Mais quel prisonnier épluche le *JO* ? Les rares journaux qui résument le décret passent sous silence les restrictions et réserves qui corsètent les nouveaux droits des détenus. S'ils parviennent à se procurer un tel journal, les intéressés doivent prendre pour argent comptant une représentation, simplifiée à outrance, de la réforme.

C'est qu'entre les détenteurs du savoir juridique et les autres, la courroie de transmission ne tourne pas très rond. En prison, où fonctionne le téléphone arabe, où bruissent mille rumeurs, l'information est rare. Et selon un ancien détenu de l'époque, « sous prétexte de sécurité, on laisse dans l'ignorance absolue des réformes de la vie pénitentiaire ceux qui sont les premiers intéressés ». À en croire un autre, les prisonniers de la Santé « sont d'une naïveté puérile et se font énormément d'illusions sur le fonctionnement de la justice auquel ils ne connaissent absolument rien[74] ».

Par circulaire, Pleven suggère que les entrants en prison puissent prendre connaissance des « règles à caractère général du CPP » et du règlement intérieur. Mais ces documents sont-ils fournis ou affichés ? Aujourd'hui encore, ils ne le sont pas toujours.

Accès aux médias. L'article D431 du décret est en tout cas le bienvenu : « Les détenus sont régulièrement informés de l'actualité. À cet effet, la lecture des journaux est autorisée. » Et pourtant… « La libre circulation des journaux, on l'attend toujours », ironisera *Le Point* du 12 août 1974. Car seuls certains journaux sont admis. Dans une circulaire de son cru, Mme Dorlhac va donc réintroduire la libre réception des journaux et périodiques, ajoutant qu'« il ne devra plus être procédé à la censure que le chef d'établissement exerçait jusqu'alors. » Dans les faits, il faudra encore attendre, pour lire certains titres, les années 1980.

Présentée, aux termes du décret de 1972, comme une possibilité, l'écoute de la radio et de la télévision reste encadrée, collective et limitée à certains jours ou plages horaires. Sauf quand la radio braille toute la journée par haut-parleur, comme en 1964 à Loos où Serge Livrozet s'équipait, pour étudier, de boules Quiès interdites. La télévision, elle, est rarissime.

Du nouveau en détention ?

Isolement. Quelques jours après la publication du présent décret, Pleven en publiera un autre qui instaure les quartiers d'isolement (QI). Certes, l'isolement existe depuis l'aube des prisons. Mais Pleven en précise des modalités inédites qui peuvent passer pour libérales : « Tout détenu [...] peut sur sa demande être placé à l'isolement » (art. D170) où il bénéficiera du « régime ordinaire de détention ». Le mot « peut » laisse supposer que l'autorité locale peut refuser. Mais ne chicanons pas : l'isolement volontaire peut convenir à certains détenus : étudiants, misanthropes...

D'une manière générale, « l'isolement n'est plus une mesure disciplinaire » (art. D171). Dans les faits, il reste bel et bien assimilable à une sanction puisqu'un détenu peut, aujourd'hui encore, être isolé d'office « par mesure de précaution ou de sécurité » (art. D170), termes bien ambigus. Ultime libéralité : l'isolement d'office est désormais limité à trois mois... sauf si le médecin, la commission d'application des peines et le directeur régional sont d'accord pour le prolonger. Mais en réalité, un prisonnier peut rester à l'isolement pendant des années : traitement inhumain et dégradant, si jamais il en fut.

Punitions et discipline. On peut porter à l'actif de Pleven l'abolition de la loi du silence[1], qui date de... 1837 et tombe en désuétude. Mais le tapage, les cris, les sifflements et même les chants demeurent au CPP « des infractions susceptibles d'être sanctionnées disciplinairement ».

Le décret semble apporter de sévères restrictions à l'usage « des ampoules lacrymogènes, des entraves et de la camisole de force » ou contention (art. D172). Pourtant, les gaz lacrymogènes resteront largement utilisés en cas de « mouvements collectifs » même pacifiques, et pour calmer un détenu « excité ».

C'est uniquement par « nécessité » que le personnel peut « utiliser la force envers les détenus », et pas plus longtemps

1. Il est temps, car « une telle privation de parole et d'échange pouvait provoquer de brusques manifestations collectives de détenus, des flots d'injures, des cris, ou une "crise des bavardes" dans les prisons de femmes, consistant en un délire verbal, une hystérie collective[75] ». Encore en 2004, dans au moins une prison de femmes, le silence reste exigé.

que « nécessaire » (art. D174) : termes élastiques à souhait. Le recours à la force est pourtant attesté jusqu'à nos jours – en allant décroissant, il est vrai – par des générations de détenus.

La durée maxima du séjour au mitard passe de quatre-vingt-dix jours à quarante-cinq, ce qui n'empêchera jamais, ce délai écoulé, de sortir le puni du mitard pour l'y remettre peu après[I].

Pleven accorde enfin à l'occupant du mitard le droit de lire, d'écrire une lettre par quinzaine et de se promener, tout seul dans son préau, une heure au lieu d'une demi-heure par jour (art. D169). Jusqu'en 1972, les occupants du mitard étaient nourris au pain, à la soupe et à l'eau trois jours par semaine durant les quinze premiers jours, et ensuite un jour par semaine. Le décret leur prescrit un régime alimentaire « normal »... Pourtant, au mitard de la prison de Mende, le puni est encore, en 1974, « nourri selon le bon plaisir du maton », selon le *CAP*.

Car dans ce système où le pouvoir est fortement hiérarchisé, la possibilité d'enfreindre les injonctions de la chancellerie est largement ouverte aux échelons inférieurs. Le ministre de la Justice fait penser à ces monarques du Moyen Âge tentant, avec un inégal bonheur, d'imposer leur loi aux roitelets des provinces qui n'en faisaient qu'à leur tête.

Le décret met théoriquement fin aux punitions collectives et « prohibe » les châtiments corporels (art D250). Cependant, lors d'une émeute à Saint-Paul (Lyon) en 1973, « les CRS tirent à bout portant dans les couloirs de la prison. Dix-huit détenus blessés[77] ». À Mende, tous les arrivants sont battus « jusqu'à l'évanouissement ». Le détenu Gatau (ou Gateau)[II] a eu ainsi « les jambes brisées »[78]. Les punitions collectives ont encore de beaux jours devant elles : à l'issue de chaque révolte de l'été 1974, elles seront infligées par les forces de l'ordre et parfois par des surveillants qui, à l'occa-

I. Ce dont témoigne Sandra, qui a passé la moitié de ses cinq années de prison au mitard, par tranches de quarante-cinq jours : « Ils me sortaient pendant 24 heures, pour respecter la loi, puis ils m'y remettaient, alors que je n'avais pas commis de nouvelle infraction[76]. »

II. Qui a jadis tué un surveillant. La prison de Mende abrite des détenus déclarés dangereux et autres fortes têtes.

sion, tabassent même des détenus étrangers à la rébellion. Elles vont subsister « jusqu'à la fin des années 1980 », si l'on en croit J.-M. Dejenne[79]. Mais encore aujourd'hui *Dedans Dehors*, bimensuel de l'OIP, signale maints coups portés par des surveillants, certes moins nombreux qu'autrefois.

Récompenses. L'optimiste Jean Favard fait sourire lorsqu'il déclare caduques les galons de bonne conduite dès 1970[80] alors que ces décorations sont restées en usage par la suite à Toul et ailleurs. En prison bien des récompenses sont des faveurs accordées ou retirées en toute illégalité. Piliers de l'ordre carcéral, carottes et bâtons imprègnent à tel point le tissu social des prisons qu'aucun législateur ne saurait les en extirper. D'ailleurs Pleven ne songe nullement à supprimer les récompenses, qui infantilisent les détenus[I] : il en propose de nouvelles, autorisant les condamnés modèles à fumer un paquet de cigarettes par jour[II] !

Aménagements de peines. Ils sont de la compétence du JAP, dont Pleven élargit les pouvoirs afin de limiter celui, quasi régalien, du chef d'établissement. Mais le JAP, souvent méprisé par les juges du siège et considéré comme « un caillou dans les chaussures de l'Administration », ne pèse pas lourd aux yeux d'un directeur de prison. De 1970 à 1980 seront écartés quelques JAP manifestant des velléités d'indépendance. Pleven associe au JAP une commission de l'application des peines (la CAP). Consultative, celle-ci a encore moins de poids que le JAP.

Le décret instaure des réductions de peine pour bonne conduite. C'est là aussi une récompense, mais ne chicanons pas : une réduction de peine est toujours bonne à prendre... Sans être follement audacieux, les autres aménagements que propose le décret, ainsi que la loi du 29 décembre (art. 40 *et*

I. « L'infantilisation des détenus, l'un des dangers majeurs... », observait pour *L'Express* (30 janvier 1971) le Dr Georges Fully, ancien déporté, médecin-inspecteur général de l'AP. Avant d'être assassiné pour des raisons obscures, Fully fut aussi l'auteur de ce demi-aveu : « S'il y avait un Nuremberg de la prison, je plaiderais coupable[81]. »

II. Circulaire du 2 mars 1970. *Le Figaro* (19 février 1972) applaudit cette mesure qui « donne aux détenus une plus grande conscience de leur dignité d'hommes et de leur responsabilité ».

sq.) qui le complète, seront très souvent commentés par les détenus. Sont élargies les possibilités, pour les condamnés, d'obtenir une permission de sortir (qui ne peut toutefois excéder une journée ou exceptionnellement trois jours) ou une libération conditionnelle (assortie d'un contrôle judiciaire). Cette dernière va passer de 2582 en 1972 à 3947 en 1973 et à 6349 en 1979. C'est une réussite, d'autant que les prisonniers libérés avant la fin de leur peine récidivent beaucoup moins que les autres. Il ne semble pas, toutefois, que les détenus s'en félicitent. Ils continuent à se désoler que « la conditionnelle » soit délivrée au compte-goutte. Serait-ce que la subjectivité de chacun ne tient pas compte des statistiques nationales, certes objectives, mais qu'elle ignore ?

Au mieux, « la conditionnelle » est envisageable à mi-peine pour les condamnés sages qui ont un emploi et un logement assurés, paraissent ré-insérables et tiennent un discours (« j'ai évolué, changé… ») suffisamment convaincant. Même dans ce cas, la première demande est très souvent repoussée, la seconde le plus souvent, et assez souvent les suivantes, comme le note Léonore Le Caisne[82]. À l'issue de ce parcours initiatique qui lui échappe, le recalé s'effondre… et renouvelle sa demande l'année suivante[1].

À en croire les détenus de Melun, les aménagements de peines, que la réforme de 1972 présente comme des droits, sont en réalité « accordés selon un régime de faveur ou de hasard [et] se transforment obscurément en récompenses, moyens de pression et de chantage à la liberté, afin de maintenir l'ordre[83] ». Dans le même esprit, « la grâce légale de trois mois par année de peine, pour tous les condamnés, n'est accordée en fait qu'aux détenus honnêtes et calmes », signalent les détenus de Fleury au *CAP*[84]. S'agissant des remises de peine, Charlie Bauer confirme : « Après 1972, elles étaient systématiques – d'un jour à trois mois par an – pour ceux dont la conduite était conforme à la norme du règlement en vigueur. Dans ce droit "gracieux" se vautre le dévouement servile et rampant[85]. »

1. Cela arrive encore aujourd'hui, quoique la procédure ait changé en 2004.

Les (in)satisfactions du corps

La réforme répond-elle aux revendications « corporelles » des années 1971-1972 ? Quelques avancées méritent un examen :

Alimentation. Voici dans le décret une mesure qui serait révolutionnaire si elle devait être appliquée : « Les détenus doivent recevoir une alimentation variée, bien préparée et présentée, répondant tant en ce qui concerne la qualité et la quantité aux règles de la diététique et de l'hygiène… » Cet article D359 semble être de pure forme. « Nous avons faim ! », crient depuis leurs toits, les insurgés de Nancy et, en 1973, de Melun. « Les détenus mangent, dit-on, volailles, poisson et viande. Oui, mais il faut y goûter ! […] Des tranches de viande froide si dures que parfois on y tord nos couteaux. Un bon tiers de la nourriture passe aux tinettes », regrettent les détenus de Saint-Paul[86]. Encore aujourd'hui, l'écrasante majorité des prisonniers se plaint de la nourriture.

Il y a pourtant des exceptions. De passage à Clairvaux en 1972 les journalistes Kunstlé et Vincent rapportent que les mets sont « convenables » quoiqu'ils manquent de sel. Un ancien détenu déclare à *Libération*[87] que les repas sont meilleurs qu'avant, que « deux desserts » sont même servis (il ne dit pas dans quelle prison). Dans cette affaire de nourriture, qui doit varier d'un établissement à l'autre, il est impossible de trancher. Les détenus y attachent une importance que dehors on peut juger excessive : régression au stade infantile, diagnostiquent les psy. D'un autre côté, une soupe goûtée une fois peut paraître bonne, alors que la même soupe, refroidie, ingurgitée cent fois, peut sembler « dégueulasse » à n'importe qui.

Exercice. *Rouge* s'étonne que des prisonniers soient prêts à risquer « mitard, tabassages, affrontements avec des flics armés[88] » pour deux heures de sport par semaine. Le décret donne satisfaction aux détenus. « À l'exception des punis », tous ont droit désormais à l'éducation physique et aux sports… « dans toute la mesure où l'état des lieux le permet » (art. D363). Mais justement l'état des lieux ne le permet pas dans la plupart des cas. À Eysses, où les lieux et l'équipement existent, le chef d'établissement supprimera, en mars 1974, par mesure disciplinaire, les sports et les loisirs. C'est dire la désinvolture avec laquelle certains directeurs traitent le décret.

Soins médicaux. Sur leur qualité, Pleven est muet. Son décret introduit une restriction de taille à la gratuité des soins : « S'il s'agit de consultations, d'opérations ou d'appareillages qui ne présentent pas un caractère d'urgence et de nécessité médicalement reconnues, ils ne peuvent avoir lieu qu'aux frais des intéressés » (art. D391). Autant dire qu'un médecin indifférent ou débordé peut refuser des soins[I] et qu'un pauvre ne sera pas soigné.

Par contre, Pleven cherchera à étoffer les personnels soignants et surtout à prolonger leur présence à l'infirmerie, qu'il souhaite installer dans chaque prison.

Vêtements. Prévenus et mineurs sont dispensés par le décret de porter le costume pénal (droguet) qu'ils exècrent[II]. S'agit-il de réaliser des économies (puisque, après tout, c'est l'AP qui fait fabriquer et fournit gratuitement ce costume) ? Ou de rapprocher, comme le demande le Conseil de l'Europe, la vie en détention de celle de l'extérieur ?

Liberté capillaire. Introduit dans le décret, le droit aux cheveux longs, à la barbe et la moustache a déjà été accordé par une circulaire de 1968. Pourtant à la MC de Muret, en été 1974, il est encore « interdit de porter les cheveux plus longs que la coupe réglementaire, de laisser pousser moustache et barbe », rapporte Charlie Bauer[89]. De même à Gradignan. À son tour, la réforme de 1975 décrétera la liberté capillaire. Pourtant, en 1977, à Fleury-Mérogis, un détenu est puni de mitard pour avoir refusé de se couper les cheveux. Une dizaine d'années plus tard, la liberté capillaire n'est pas encore totalement acquise.

Question d'hygiène ? Les pilosités surabondantes font le bonheur des poux, qui prolifèrent en prison. Mais on a vu que l'AP se soucie peu de l'hygiène de ses locataires (à l'exception, souvent, des femmes). On interdit même à un détenu de

I. Comme ce Dr Roy qui, à Melun, en 1974, assure encore consultation et diagnostic en deux minutes et demie.

II. Sauf exceptions, les condamnés le porteront encore pendant onze ans.

conserver un balai dans sa cellule. Devant la révolution capillaire, les réticences hiérarchiques doivent être plutôt d'ordre symbolique. Charlie Bauer – que la nature a généreusement pourvu de poils, si l'on en croit les photos – voit dans la tonte une humiliation, une atteinte à la virilité et un signe de soumission.

L'« ouverture » des prisons

Dès 1945, certains geôliers réalisent qu'une rupture radicale entre le monde carcéral et celui des hommes libres ne résout pas, ou plus, les problèmes que posent les prisonniers. Au moins depuis 1970, elle les exaspère.

Correspondance. Aiguillonné par les instances européennes, Pleven s'efforce d'aménager, du moins sur le papier, des passerelles entre les deux mondes. C'est ce qu'on appelle l'« ouverture » des prisons. Mais la porte est, pour l'heure, à peine entrebâillée. Le droit de correspondre est étendu, mais les lettres écrites par les condamnés, au rythme de trois (et non plus deux) par semaine, doivent comporter « au maximum un feuillet [...] de grand format, écrit recto-verso ».

Visites. Une autre passerelle est la famille. Les condamnés ont désormais droit à des visites une fois par semaine (et non plus par quinzaine) ; et les prévenus, trois fois par semaine (au lieu d'une). Mais au parloir les séparations sont maintenues (art. D405), interdisant toute caresse, alors que les détenus pères déploient parfois sur les toits des banderoles clamant qu'« ON VEUT EMBRASSER NOS GOSSES ».

Éducation. L'éducation des détenus est l'un des objectifs poursuivis par les sages européens. On peut dès lors s'étonner de la pénurie permanente d'éducateurs dans nos prisons. Sur ce point, le décret de Pleven est muet.

Travail. Autre exemple de passerelle – théorique – entre les deux mondes : « L'organisation, les méthodes et les rémunérations du travail doivent se rapprocher autant que possible de celles des activités professionnelles extérieures afin de préparer les détenus aux conditions normales du travail libre » (art. D102). S'agit-il d'humour noir ? « Se rapprocher » : le mot est prometteur, mais jusqu'où ? De fait les rémunérations resteront en général bien inférieures au SMIC. Seules la limitation des heures de travail et l'instauration d'heures et de jours de repos (art. D107 et D108) vont connaître, grâce au décret de Pleven, un début d'application. Répondant aux vœux pieux du Conseil de l'Europe, le décret précise que le travail du détenu est choisi « en fonction de ses goûts » (art. D101) – proposition sans lendemain. Quant à la formation « utile » qui doit lui être offerte, c'est une chimère.

Pour les détenus de Melun, dont le CAP se fait le porte-parole, le malentendu est complet. On ne saurait, selon eux, présenter le travail libre comme un modèle puisqu'il s'agit d'exploitation des deux côtés des murs, même si elle est encore pire à l'intérieur. D'autre part, le détenu-travailleur ne se rapproche guère de son homologue libre, puisqu'« il n'existe aucun contrat » de travail (art. D103) dans nos prisons où aujourd'hui encore le Code du travail ne s'applique pas. Le détenu n'a donc le choix ni de l'emploi, ni de l'employeur, ni le droit de se syndiquer ou de faire grève.

Il est impossible de fournir du travail à tous les détenus. Pleven contourne cet obstacle en pérennisant le travail obligatoire pour les seuls condamnés, les prévenus en étant dispensés (mais autorisés à en demander, s'il y en a).

Les règles minima inspirent à Pleven une mesure qui serait significative si elle était suivie d'effet : « Le travail dans les prisons n'est plus considéré comme un élément afflictif de la peine mais comme un moyen de traitement et de réadaptation tant sur le plan psychologique que professionnel[90]. » Hélas ! Le travail pénal ne changeant pas pour autant de nature, il conserve son caractère « afflictif ». Cependant les mots « traitement », « réadaptation », « réinsertion » orneront désormais la rhétorique pénitentiaire comme pour justifier ce travail et en masquer les conditions iniques.

Expliquer ? Intéresser ?

Du décret, *Le Monde* retient trois lignes : « Les détenus sont, dans la mesure du possible, intéressés à l'élaboration [...] de leur programme de traitement individuel » (art. D69-1) qui devra « leur être expliqué », conformément aux recommandations du Conseil de l'Europe. Celui-ci inspire également la circulaire du 30 décembre 1972 portant sur « les entretiens avec les condamnés [qui] doivent être aussi fréquents et aussi larges que possible ». Une telle « déclaration d'intention », commente *Le Monde*, serait une « réponse heureuse aux souhaits exprimés en particulier à Melun […] si elle était respectée », ajoute prudemment ce quotidien [91].

Or, la suite montrera qu'il s'agit d'un vœu pieux, reformulé par les réformateurs de 1975 avec aussi peu d'effets concrets. Au cours de la décennie, quelques directeurs libéraux s'expliquent effectivement avec les prisonniers, échappant par là même à la « chienlit[1] » dans leur établissement. Mais ce sont des exceptions. Pleven lui-même croit-il au dialogue avec les prisonniers ? Il l'interdit en tout cas aux personnels, sauf « nécessités de leur service » (art. D221).

Quant à *intéresser* les détenus à leur *traitement*, on ne trouve pas, dans leurs témoignages, la moindre allusion à cette impensable nouveauté. Serait-elle passée inaperçue ? C'est en vain que les détenus de Melun réclament une participation aux décisions les concernant.

Le temps, qui ne passe pas

De 1973 à 1974, c'est un seul cri qui monte des détentions : « Tout ce qu'on demande, c'est l'exécution totale de la réforme », traduit le CAP [92]. « Depuis 1968, à chaque mouvement, les autorités légitiment la révolte en promettant des réformes qu'elles ne font pas. Autrement dit, on reconnaît aux détenus des droits qu'on ne leur accorde pas. Comme toute autre catégorie sociale, ils se battent pour les arracher », analyse Bernard Guetta [93].

Il serait, d'autre part, « utopique de croire qu'une réforme est acquise lorsqu'elle est pensée et écrite. […] Il reste ensuite à se battre chaque jour pour vaincre les rigidités humaines et institutionnelles qui existent incontestablement [au sein de l'AP] et pour obtenir les moyens d'appliquer la réforme [94] ».

1. Bon mot gaullien repris par *Le Parisien libéré* pour décrire les révoltes de l'été 1974.

Mais qui se bat pour appliquer la réforme de Pleven, si « les textes [sur les prisons] sont faits pour n'être pas appliqués », comme le déclarait publiquement, à l'aube du XXIe siècle une personnalité de la Pénitentiaire qui a une vaste connaissance historique de son institution ? Pleven ne s'y trompe pas, qui accompagne bon nombre de ses mesures libérales de la formule « dans la mesure du possible ».

Malgré tout, l'application des textes varie d'une prison à l'autre. on signale au CAP que les libérations conditionnelles y sont bloquées, les semi-libertés aussi, alors qu'elles sont courantes dans d'autres centrales. À Paris, le 18 mai 1973, une délégation de l'ADDD expose à la chancellerie que « les prisonniers de Melun et de Lyon sont dans leur droit en revendiquant l'application [du décret du 20 septembre 1972]. [...] Le chef de cabinet reconnaît alors qu'un fossé sépare les textes de leur mise en application et que du temps est nécessaire[95] ».

Mais le temps, en détention, passe bien plus lentement qu'à la chancellerie. Un jour paraît un mois. Un mois est une éternité. Quand ce sont des années, doit-on s'étonner que des prisonniers s'impatientent et se mutinent ? Le temps joue contre eux. Certaines lois attendent des années leur décret d'application. S'agissant du travail pénal, « la seule application des recommandations [européennes] prendrait sans doute une dizaine d'années et exigerait que le budget pénitentiaire soit doublé ou triplé », calculent deux chercheurs de l'époque[96].

Pour l'AP, 0,22 % du budget national

En 1972, l'AP affecte 236 millions aux personnels, 48 millions au matériel et aux bâtiments, 55 millions à l'équipement (contre 23 millions en 1971) et... 64 millions seulement sont consacrés (soit 18,39 % du total) à l'entretien des détenus et à leurs soins médicaux[97]. Or, les détenus ignorent les problèmes budgétaires de l'AP et voient surtout proliférer les dispositifs de sécurité qui les enserrent... et qui sont très onéreux.

Quant aux travaux d'entretien, de rénovation, de construction, ils exigeraient des sommes colossales pour cette parente pauvre de la justice. De tels travaux sont néanmoins entrepris sous la houlette de Pleven. Gaby Guillard, « ancien détenu, ancien blouson noir et chef de gang », énumère pour *Libération* ce qui a changé : « La centrale de Clairvaux a remplacé ses cages à poules par un bâtiment moderne. Jadis infesté de cafards, souris et punaises, l'hôpital-prison de Fresnes est devenu moderne et beaucoup d'hôpitaux parisiens pourraient le jalouser[98]. »

Depuis 1958 figure au CPP un article D350 qui précise : « Les locaux de détention et en particulier ceux qui sont destinés au logement doivent répondre aux exigences de l'hygiène, compte tenu du climat, notamment en ce qui concerne [...] le chauffage. » Le chauffage (central ?) est introduit ou étendu en 1972 dans onze prisons, dont les plus remuantes : Clairvaux, Toul, Nancy, Fresnes, la Santé... et dans soixante-et-une prisons (sur cent-soixante-et-onze) en 1973. Mais quarante-sept prisons ne seraient toujours pas chauffées en 1974 ; et bon nombre de chaudières sont en panne et le restent tout l'hiver...

L'AP entreprend l'aménagement des sanitaires modernes si souvent réclamés par les détenus. Mais ils ne concernent pour l'heure que dix-neuf établissements. Les tinettes seront toujours en service à la fin des années 1980 pour 7 % des détenus de Varces et de Lyon[99]. Pleven ne tient pas non plus sa promesse d'une alimentation acceptable.

Mais l'AP peut-elle faire mieux avec 0,22 % du budget national (en 1972), et fournir aussi aux prisonniers le sport, la formation professionnelle, la semi-liberté, l'éducation... ? interroge *Le Nouvel Observateur*[100]. D'un autre côté, l'AP présente abusivement toute amélioration de la condition pénitentiaire comme une affaire d'argent, alors que c'est aussi bien une affaire de volonté politique. Mais le ministre se pose-t-il ces questions ? La substantielle rallonge qu'on lui accorde est absorbée par la construction d'une prison neuve à Bois-d'Arcy[1].

1. L'AP ayant acheté à bas prix le terrain situé sur des sables mouvants, la MA de Bois-d'Arcy s'enfonce depuis, inexorablement, dans le sol.

Le texte et le contexte

De cette longue et éprouvante incursion dans les textes juridiques, on retire l'impression d'avoir ausculté un squelette et non un corps charnu. En égrenant ces textes, on ne tient pas compte de leur contexte : des rapports humains, sociaux et de pouvoir dans lesquels s'inscrivent les mots. Or, ce contexte paraît, au cours des années 1970, presque plus décisif que les textes eux-mêmes. Certes, des réformes, même minimes, sont toujours utiles dès lors qu'elles instaurent des normes de progrès, si théoriques soient-elles : aujourd'hui négligées ou contournées, elles peuvent servir demain de référence. C'est le cas des réformes de Pleven.

Mais un réformateur qui ne se soucie guère de l'application de ses textes ni de ceux auxquels ils s'adressent, a peu de chances de résoudre les problèmes à l'origine de ses réformes. Pleven en fait l'amère expérience : la sienne débouche sur une explosion sans précédent dans l'archipel pénitentiaire.

En 1973, deux révoltes majeures se détachent du lot[101]. Leurs revendications sont originales car elles dépassent le huis clos de la prison.

Tout d'abord en janvier, voici Melun, qui n'en est pas à son ballon d'essai. Ici les détenus-travailleurs, comme ils se nomment, se livrent, dans les ateliers, à des débrayages à répétition. Le mouvement se veut responsable et non violent. Il appelle – vainement – au dialogue et au « respect des travailleurs, […] question vitale pour des hommes dépossédés de liberté » et dont « la revendication salariale […] est l'expression de ceux qui veulent "s'en sortir" ».

Ils veulent aussi rectifier l'image des prisonniers. Lors d'un nouveau mouvement, en octobre, un détenu jette depuis sa fenêtre une lettre où l'on peut lire : « Dites-vous bien que nous ne sommes pas des bêtes. […] Nous aussi avons des enfants et on voudrait bien pouvoir les embrasser et n'être pas rejetés par tout le monde. »

Des prisonniers grimpent sur les toits. L'assaut des forces de l'ordre est donné sous les yeux d'une cinquantaine de personnes, dont des prostituées, qui soutiennent les insurgés depuis l'autre rive de la Seine, la prison étant située sur une île.

Dès 1971, le directeur de Melun a prévenu les huit détenus qui lui ont imposé d'être reçus en délégation : « Si des nez doivent saigner, ils saigneront, et ce ne sera pas le mien. »

Mais le plus important est dans les textes émanant de Melun : la volonté irréductible des auteurs-prisonniers de se prendre en charge eux-mêmes dans tous les domaines de leur vie quotidienne : « Conscients de [leurs] devoirs de prisonniers, mais aussi de [leurs] droits d'hommes », ils réclament « en priorité [...] dans toutes les prisons, un comité de prisonniers responsables, démocratiquement élu par l'ensemble de la population pénale de chaque établissement sous le contrôle (sans pression d'aucune sorte) de la commission locale de placement dirigée par le JAP ». Les détenus délégués auront « droit de dialogue avec la direction ». Ils proposent aussi « une commission mixte : direction, éducateurs, surveillants, détenus élus » et affirment, pour finir, que « la réinsertion sociale des prisonniers ne saurait être que l'œuvre des prisonniers eux-mêmes... Rejeter ce postulat », prévient la déclaration de Melun, « c'est [...] vouer à l'échec les réformes pénitentiaires les plus généreuses[1] ».

Début avril 1973, à Lyon cette fois, suite à un mouvement de protestation, l'administration suspend toutes les visites à Saint-Paul – Saint-Joseph. Elle se livre assez souvent à cette punition collective afin que nul ne sache ce qui se passe derrière les murs. En réponse, des prisonniers démontent leurs lits pour s'équiper en barres de fer. Appelées par les gardiens, les forces de l'ordre s'introduisent alors dans ces prisons jumelles. Cent cinquante prisonniers – plus du quart de l'effectif – entament alors une grève de la faim.

Le mouvement reste toutefois pacifique, les détenus dénonçant les lenteurs de la justice, surtout au stade de l'instruction, d'où la longueur des détentions provisoires dont pâtissent les prévenus. Ils se plaignent enfin de la rareté des visites des procureurs, qui ont le droit de pénétrer à tout moment dans les prisons. À l'institution judiciaire qui semble tout ignorer de ces dernières, et vice-versa, les détenus

1. Ce texte de 1972 est lu *in extenso* et en public par le GIP au cours d'une conférence de presse tenue au ministère de la Justice[102].

lyonnais proposent la création d'un bureau d'information. Il ne verra jamais le jour.

Seuls le Syndicat de la magistrature et l'Union des jeunes avocats (UJA), qui sont de gauche, apportent leur soutien aux prisonniers de Lyon. Sans réponse de l'AP, ces derniers finiront eux aussi, quelques semaines plus tard, par envahir les toitures. Cette action, qualifiée de mutinerie par les autorités, leur vaudra une avalanche de grenades lacrymogènes et de nombreux blessés.

IV. Tour de France des mutineries (vraies et fausses)

9. La guerre médiatique

Été 1974. Lorsque les chaleurs arrivent, une cinquantaine de « mouvements collectifs » d'inégale importance ont déjà été recensés depuis le 1er janvier. L'incorrigible prison modèle de Fleury-Mérogis s'est distinguée en se livrant à dix « mouvements » en trois semaines.

Entre le 19 juillet et le 5 août, quatre-vingt-neuf « mouvements » se produisent, selon l'AP, dans les prisons. Toutefois « 50 % des établissements échappèrent à la vague [...] et près de 60 % des établissements touchés n'eurent à déplorer aucun désordre profond [1] ». L'AP comptabilise « quarante-neuf manifestations "pacifiques" et sept refus collectifs de nourriture » et fait état de « neuf mutineries seulement [2] ».

On a quelque raison de prendre ces chiffres au sérieux car le rapport annuel de l'AP-1974, où figurent ces lignes, est placé sous la responsabilité d'un homme intègre, soucieux de l'exactitude des statistiques maison : Jacques Mégret, alors directeur de l'AP.

Bien au-delà du modeste bilan de son administration, Christian Carlier, l'historien de l'AP, a porté pour l'été 1974, le total des mutineries à *cent*. Il n'en reste pas là : de « violentes mutineries » auraient éclaté dans « plus de 120 prisons » (soit les deux tiers d'entre elles) « entre le 19 juillet et le 5 août », assure-t-il par ailleurs dans une chronologie. À l'évidence, ces chiffres apocalyptiques présentent les prisonniers sous un jour plus belliqueux que nature [3].

Mais qu'est-ce qu'une mutinerie ? Pour le *Larousse*, se mutiner signifie « refuser collectivement de se soumettre à l'autorité ». Cette définition, très vaste, pourrait à l'extrême rigueur donner un peu raison à Christian Carlier. Celle du *Robert* est plus restrictive : « se porter à la révolte *avec violence* ». Nous préférerons cette dernière définition car elle seule permet d'opérer une distinction entre mutinerie et « mouvement collectif » sans violence ni destruction.

Dans une minorité d'établissements, la violence des prisonniers s'exerce contre des personnes (presque jamais le personnel mais souvent les forces de l'ordre, lorsque celles-ci ont attaqué) et/ou contre des biens (bâtiments, locaux, matériel, mobilier, outils). Neuf prisons sont entièrement ou partiellement détruites par leurs occupants [1]. On peut alors parler des « mutineries » du *Robert*.

Mais surgissent alors deux problèmes insolubles : l'AP évoque des destructions dans onze prisons, alors que neuf seulement se seraient mutinées. Elle ajoute que les forces de l'ordre sont « intervenues » trente-neuf fois : trente fois, donc, sans mutinerie ? Dans ces trente cas, les forces de l'ordre ont-elles attaqué ? Les prisonniers ont-ils alors violemment riposté ? Si c'était le cas, faudrait-il ajouter trente mutineries aux neuf reconnues par l'AP ? Comment savoir ce que l'AP entend par « mutinerie » ?

Si certains détenus s'en désolidarisent, ces « mouvements », violents ou non, sont bien collectifs, impliquant tantôt une minorité, tantôt la majorité des détenus présents. Mais ce n'est pas partout l'insurrection. En prison, « une simple récla-

1. La facture s'élèverait à 63,5 millions de francs (47 millions d'euros), selon l'AP.

mation peut être interprétée [...] comme un trouble, une infraction au règlement, un désordre [4] » surestimés par les autorités, surtout s'ils sont collectifs [I].

Aussi le ministère de l'Intérieur fait encercler les prisons jugées sensibles puis, le 30 juillet, *toutes* les prisons, à titre préventif, par les forces de l'ordre qui stationnent « discrètement » alentour. L'affluence d'uniformes exaspère évidemment les prisonniers les plus pacifiques. Les grèves de surveillants se multipliant [II], il arrive aux forces de l'ordre de les remplacer, ou de conforter ceux qui assurent encore un service minimum.

Faits, chiffres et préjugés

Pour l'été 1974, nos seules sources sont le rapport de l'AP-1974, une partie de la presse [6] – sauf *Libération*, muet cet été-là, pour raisons financières – et quelques pages écrites par deux anciens détenus. « Cuisiné par la police » qui le soupçonne de fomenter les « mouvements », le *CAP* ne rendra compte qu'en 1975, et brièvement, de quelques-uns d'entre eux.

Inaugurant la séquence de l'été, Clairvaux fait l'objet d'articles souvent longs dans tous les journaux recensés. Nîmes arrive en deuxième position. Par contre nous n'avons trouvé que quelques lignes, ou rien, sur la plupart des établissements où se produit un « mouvement » pacifique, qui passe donc inaperçu. Les « mouvements » les plus commentés sont *toujours* les plus violents. Si l'AP recense, pour l'été 1974, quatre-vingts à quatre-vingt-dix « mouvements », notre échantillon de journaux n'en évoque que trente-neuf.

Dans un souci de relative transparence et d'éducation du public, Hélène Dorlhac, nommée le 8 juin secrétaire d'État à la condition pénitentiaire, encourage les journalistes à visiter des prisons par temps calme. Ils ne peuvent, en revanche, être témoins des révoltes puisqu'ils sont tenus à l'écart des affrontements qui se produisent derrière les murs. Sont-ils

I. Trente ans plus tard, Patrick Champin, détenu, confie : « Toute organisation collective est qualifiée d'émeute par l'administration [5]. »

II. 80 % des surveillants font une grève de trois jours au début août.

même devant ? En général, leurs articles sont ainsi rédigés qu'on ne peut pas le savoir. Quoi qu'il en soit, les journalistes de nos treize titres vont tous détailler la mutinerie de Clairvaux, qu'ils aient ou non fait le déplacement ; mais la plupart ne possède, en guise d'information, que les communiqués officiels des préfets ou responsables des forces de l'ordre. La chancellerie, elle, se tait.

Aussi arides que des bulletins d'état-major, les communiqués nous renseignent sur les mouvements des forces de l'ordre, leur nombre, position, parfois leurs armes. Par contre, ils sont muets sur les raisons d'une mutinerie, son déroulement, le climat dans l'établissement, la répression infligée aux prisonniers. Il y a comme un goulot d'étranglement de l'information sur les prisons : « C'est étrange comme il est facile de savoir ce qui se déroule dans les prisons américaines alors qu'il est impossible à un journaliste [...] honnête de connaître les causes et les buts des grèves dans les prisons de France », remarquait déjà *Esprit* en 1972 [7]. Ainsi les pouvoirs publics contraignent-ils les journalistes à *construire des événements* dont ils ne savent à peu près rien, et à les déformer nécessairement [8]. Or, seul le journaliste de *La Voix du Nord* se plaint explicitement d'être empêché, dans ces conditions, d'exercer son métier.

Le Parisien libéré manifeste aux mutins une hostilité à toute épreuve : « Prisons : l'incroyable chienlit continue », titre-t-il le 2 août. *Paris-Match* résume l'histoire récente des révoltes par ces seuls mots : « Au cours d'émeutes sanglantes [les prisonniers] ont sauvagement égorgé leurs otages » (*sic* !).

Notre recensement ne permet pas de conclure à un clivage droite/gauche : *L'Humanité* donne de la mutinerie de Clairvaux une version purement préfectorale. Bien plus nuancé, *Le Figaro* sympathise avec les détenus et trouve quelques excuses aux mutins. *L'Aurore* démarre le 19 juillet avec véhémence, traitant les rebelles de Clairvaux de « fous », d'« enragés » et de « vandales », mais termine le mois en proposant que 50 % des prévenus soient relaxés ou condamnés avec sursis, et en donnant la parole au CAP !

Il est vrai qu'entre-temps le vent a tourné. Le pouvoir s'est prononcé sur l'urgence des réformes, dès le calme revenu. Giscard adopte à l'égard des prisons une posture libérale et

Jean Lecanuet, son garde des Sceaux, déplore le « passif fantastique » du ministère qui lui échoit à son corps défendant. Mme Dorlhac déclare que c'est la société qui fabrique les délinquants. L'argumentaire « gauchiste » élaboré en 1970-1972 pour défendre les prisonniers est maintenant repris, même à droite parfois, dans ses grandes lignes. Pourquoi la presse aux ordres se priverait-elle de jeter sur les prisonniers un regard un peu plus compréhensif ?

Au sein d'un même journal la tonalité des articles peut varier considérablement selon le journaliste. Ainsi, à *France-Soir*, trois d'entre eux se relaient pour nous parler de Clairvaux. Le premier, dont le week-end doit être sacré, ne se déplace pas pour une révolte qui, ayant éclaté un vendredi soir, est réprimée à l'aube du samedi. Il écrit pourtant que, « saisis d'une rage destructrice, poussant des hurlements, les détenus brisaient tout sur leur passage ». Un second rédacteur fait le voyage le lundi suivant mais ne cite que des surveillants hostiles aux mutins. Le mercredi, Claude Vincent [I] souligne « le désespoir, résigné ou enragé, de [...] ces hommes souvent jeunes qui n'ont d'autre horizon que des murs, des miradors et des grilles ». Il pose enfin une question de fond : « Comment humaniser la détention de ces condamnés dangereux ? »

Quelques journalistes consciencieux, de *L'Express* et du *Figaro*, passent un long moment à Clairvaux après la mutinerie. *L'Express* réussit à s'entretenir avec un détenu qui ne paraît pas être aux ordres [II]. *Le Monde* donne de la mutinerie une première version, officielle, puis envoie sur place un reporter qui recueille une autre version, publiée le lendemain. Diversifiant leurs sources, ces trois titres paraissent les plus objectifs.

I. Qui a longuement visité Clairvaux en 1971-1972 et a cosigné avec Marc Kunstlé le remarquable *Crépuscule des prisons*.

II. C'est sans doute une exception car, selon de nombreux témoignages, les directeurs sélectionnent pour la presse les détenus acquis à l'administration.

« Madame, je suis un monstre »

Reste à s'interroger sur l'ubiquité de l'effroyable image des prisonniers dans la presse de droite surtout, mais pas seulement puisque tout le corps social en paraît durablement imprégné. Par ignorance ? Sans doute. Mais l'ignorance, ici, a ses raisons méconnues. La société évacue les prisonniers parce qu'ils posent des problèmes qu'elle-même ne peut ou ne veut résoudre. « Une culture rejette quelque chose qui sera pour elle l'extérieur [9]. » En termes plus châtiés, J.-C. Karsenty, directeur de l'AP en 1992, reconnaissait, en raison de la crise économique, « la vocation des prisons à suppléer aux carences des institutions sanitaires et sociales : malades mentaux, toxicomanes, personnes sans domicile, sans travail, sans famille constituent le lot courant des maisons d'arrêt. L'incarcération de ces individus se justifie souvent moins en raison de la nécessité de prononcer à leur encontre une sanction privative de liberté que faute d'autres solutions [10]. »

On se dit aussi que si les fous sont à l'asile, ceux qui n'y sont pas sont normaux. Si les méchants sont derrière les murs, ceux qui n'y sont pas sont vertueux. « L'image du délinquant crée *a contrario* celle de l'honnête homme » que chacun prétend être [11].

Toutes ces représentations postulent une différence radicale entre les prisonniers et nous. Malgré les efforts, tout récents, de l'AP pour désigner le détenu comme une « *personne* détenue », celui-ci n'est jamais, dans les représentations populaires, une personne, mais un violeur, un braqueur ou un assassin qui ne fait qu'un avec son infraction. Les surveillants, quant à eux, recourent abondamment aux métaphores animalières : « Le détenu, c'est comme un chien », « Quand on enferme *quelque chose*, on l'enferme comme une bête dans une cage », « Le détenu pour moi c'est un malade », « Tout détenu au bout de quelque temps devient menteur ». Un prisonnier fait état d'« une phobie chez les gardiens » [12] vis-à-vis des détenus. La représentation négative de l'autre/prisonnier participe ainsi à l'image positive de soi, si vitale pour chacun de nous.

Mais n'est-elle pas vitale aussi pour les prisonniers qui, il faut bien le reconnaître, nous ressemblent sur ce point à s'y méprendre ? Comment vont-ils réagir face à une représentation dégradante que leur renvoie sans cesse le corps social ? Certains s'insurgent, comme les auteurs de cette diatribe, déjà citée, qui circule, début 1972, à la centrale d'Ensisheim : « Il est inadmissible, intolérable que nous soyons à perpétuité les boucs émissaires, les paillasses, les bêtes de somme, les mange-merde. [...] Nous sommes traités en sous-hommes, à chaque moment on nous le jette au visage ! [...] Il nous faut manifester un peu chaque jour que nous sommes des Hommes à part entière. Il nous faut le faire admettre [13] ! »

Mais le faire admettre, n'est-ce pas un combat de Sisyphe ? Et il arrive aussi que des détenus intériorisent dans toute sa noirceur l'image qui leur est renvoyée. Ils se trouvent alors dans une situation psychiquement insupportable. « Madame, je suis un monstre » : ainsi un prisonnier se présente-t-il à une chercheuse [14].

10. Clairvaux. « Une centrale quatre étoiles » ?

Le 19 juillet 1974, la centrale de Clairvaux, fidèle à sa terrible réputation, s'embrase.

Pourquoi, alors que les conditions matérielles d'existence se sont améliorées ? « La nourriture est correcte, affirme un détenu interviewé par *L'Express* après la mutinerie. Nous avons des cellules claires et relativement confortables. » « Il y a des constructions neuves, avec des cellules individuelles, équipées de sanitaires, eau chaude et froide », ajoute l'envoyé du *Figaro* [I]. À en croire *Le Parisien libéré*, qui ne semble pas s'être déplacé, « toutes les cellules [...] disposent de douches et de la radio ». Pour les douches, c'est faux. La « radio » est ce haut-parleur qui diffuse dans les cellules tantôt une émission radiophonique, tantôt les consignes des surveillants.

Le second reporter de *France-Soir* n'hésite pas à qualifier Clairvaux de « centrale quatre étoiles [II] ». Selon le surveillant qu'il cite, chaque nouvelle cellule individuelle, qui aurait coûté 23 000 F (17 000 €), serait ornée « de mosaïques par terre et sur les murs », possède « un matelas mousse et une couverture de laine [III], une glace biseautée, la radio et les journaux à volonté [IV] ». Nous n'avons pu vérifier toutes ces « informations ».

Comme toujours, les surveillants sont les principaux témoins accessibles aux journalistes. Ils remarquent que « ces messieurs

---

I. En 1970, la centrale quitte l'abbaye de Clairvaux, qui est fermée. Dans son enceinte, sont progressivement érigés les bâtiments d'une nouvelle centrale.

II. *Le Parisien* fait mieux, évoquant « ce que les citoyens appellent, avec des hoquets d'indignation, des centrales **** ».

III. Dans l'hiver dijonnais, une couverture de laine n'est pas un luxe ; et nous connaissons déjà les dangers des matelas mousse.

IV. En 1974, l'information n'est pas toujours, ou pas entièrement accessible dans les prisons.

ont un terrain de sport où ils s'exercent. [...] On leur fait des muscles pour mieux nous casser la gueule, et ils peuvent fumer des cigares que je n'ai pas les moyens de m'offrir[1] » *(Le Parisien libéré).* « Nous sommes les valets de ces messieurs. [...] Si un détenu veut faire la grasse matinée, personne ne l'oblige à se lever » *(Le Figaro).* « Ils mangent mieux que les malades des hôpitaux et que beaucoup de vieux. » « Ils sont mieux logés que nous [les surveillants], plus bronzés que s'ils étaient allés à Saint-Trop. Il ne leur manque qu'une piscine » *(France-Soir).*

Sans doute espère-t-on, en haut lieu, amadouer, grâce à un relatif confort, les prisonniers de Clairvaux, surtout depuis le meurtre des deux otages – affaire que chacun rappelle à tout moment : « Comment oublier ? Comment ne pas avoir peur devant des hommes que nous savons prêts à tout ? » s'écrie un dernier surveillant *(Le Figaro)*, oubliant que Buffet et Bontems ont agi seuls.

Hélas ! l'hôtellerie ne suffit pas à rendre les hommes dociles : « Clairvaux est un établissement moderne, entièrement rénové, où le confort est bon. On s'y est révolté. Comme à Nîmes, [...] véritable taudis », remarquera Hélène Dorlhac après la mutinerie. Il n'a pas suffi non plus de « purger » la centrale de Clairvaux d'une trentaine de « dangereux meneurs » (*L'Aurore*).

On ignore si les journalistes ont visité le « petit cloître où sont relégués quatre-vingts condamnés » (sur trois cent quatre-vingts au total) qui, pendant la mutinerie, « n'ont pas bronché » : ce sont les plus disciplinés, ou leur libération est proche. Les autres sont « des meurtriers, des gangsters, des voleurs », assène un surveillant *(France-Soir)*, des condamnés à de longues peines (dix ans et plus), dont soixante à perpétuité *(Le Figaro).*

Aux dires des gardiens (au nombre de cent quarante), le libéralisme règne à Clairvaux. Même « les surveillants ont changé », témoigne le détenu de *L'Express*. L'hebdomadaire parvient à dénicher un maton ultra-libéral : « Ce qu'il faudrait, [c'est] permettre aux détenus d'avoir des rapports sexuels. [...]

1. Ce qui est fort possible s'il s'agit de caïds qui jouissent en prison de revenus assez confortables pour... soudoyer les matons.

Qu'on nous enseigne la psychologie. [...] Peut-être que la prison, c'est dépassé. » Mais pour le syndicat CGT du personnel pénitentiaire, cette mutinerie est le résultat d'un « excessif libéralisme » *(Le Monde)*. Pourtant, depuis l'affaire Buffet et Bontems, des gardes mobiles remplacent les surveillants aux quatre miradors. Par excès de libéralisme, sans doute...

« Chaque détenu entretient un chat »

Le climat est cependant tendu, selon *Le Monde*, les détenus sont à cran. Au lendemain de la mutinerie, la journaliste de *L'Express* entendra un prisonnier invectiver des surveillants : « Salauds, je n'ai pas touché mon salaire. Si vous ne me le donnez pas, je vous fous la cellule en l'air. » Certains hommes sont donc des durs. Mais aussi des doux : « Chaque détenu ou presque entretient un chat que certains portent tendrement dans leurs bras », rapporte aussi *L'Express*.

En 1971-1972, un directeur réputé libéral (Ange Calisti) avait « rigoureusement interdit les brimades et les brutalités » (Claude Vincent, *France-Soir*). Il a été remplacé par un directeur à poigne (Jean Ferrand) qui a renforcé la discipline au point que les détenus s'en étaient plaints au JAP. En raison de la « grande nervosité » des surveillants, « des incidents éclatent à tout propos » en 1974 *(Le Monde)*. Entre détenus et surveillants, « il n'y a pas le moindre contact humain, pas le moindre effort de compréhension, rien d'autre qu'une implacable hostilité » (Claude Vincent, *France-Soir*). Pendant la mutinerie, pourtant, « les détenus se sont abstenus de toute violence envers les surveillants », affirme le prisonnier interviewé (ce que confirme un maton) : « Ils nous font rigoler avec leur trouille, reprend le prisonnier. Les surveillants, on s'en fout. Le problème est ailleurs » *(L'Express)*.

Où est-il, alors ? « Une large partie des détenus est au chômage », avance *Le Monde*. Pour les autres, il existe des ateliers – de cuir, de chaussures pour l'armée, de meubles pour enfants – où l'outillage est ultramoderne *(Journal du dimanche)* ; mais on travaille aussi à la pièce.

« À l'atelier des ballons de football, chaque ballon, qui demande trois ou quatre heures de travail, est payé 15,14 F

(11,19 €) par l'entreprise [explique le détenu de *L'Express*]. L'administration nous retient de 30 à 70 % selon la peine encourue. Il reste environ 5 à 10 F pour nous (soit 13,67 € à 27,64 €) par mois. Dans un magasin, ce même ballon coûte 160 F (118,31 €). »

D'où des grèves du travail. Toutefois, à en croire l'aumônier de Clairvaux, les prisonniers « ont souvent essayé de se conduire en adultes responsables. En faisant des grèves de la faim, par exemple, tout en continuant à travailler huit heures par jour. Et ça n'a servi à rien » *(L'Express)*.

Autre problème : « Ce que demandent les prisonniers, ce n'est ni plus ni moins que la liberté. Ils contestent la prison en tant qu'institution », veut croire Ferrand qui rend la justice responsable « des peines scandaleusement longues, alors que [ces détenus] étaient parfaitement récupérables. […] Je sais, sans pouvoir rien y faire, qu'ils sortiront broyés », confie-t-il à *L'Express*.

« Parce que nous avons commis un délit, il nous faut payer toujours », remarque le détenu de *L'Express*.

– À quoi sert la prison ? questionne la journaliste.

– À rien.

Le détonateur de la révolte

On ne connaîtra jamais le point de départ de cette mutinerie si l'on se fie aux journaux qui tous se contredisent. Une bagarre entre détenus ? Un détenu (ou deux ? ou trois ?) aurai(en)t-il(s) craché au visage d'un gardien ? En tout cas, les impétrants sont expédiés au mitard. Solidaires et en colère, d'autres détenus (voire une délégation de soixante-dix) auraient exigé la levée de la sanction. Refus du directeur, qui aurait ajouté, selon le *CAP* : « Nous vous materons à coups de matraques. »

Ou s'agit-il d'« un incident provoqué par des détenus qui voulaient faire évacuer l'un de leurs camarades hypernerveux, malgré l'avis du médecin »*(L'Humanité)* ?

Pour Ange Calisti, le directeur qui a quitté Clairvaux pour la Santé, c'est la faute aux « “caïds” de Clairvaux, […] grands truands qui sont entourés du respect des autres et qui imposent leur autorité, souvent par la contrainte et la terreur. » Dans la même veine, Jacques Chirac, alors Premier ministre, incrimine « de grands criminels particulièrement endurcis, [...] une altercation entre deux détenus qui, dans le milieu, estiment avoir une certaine importance, et qui ensuite a dégénéré » (*Le Monde*).

Partis d'une banale bagarre, plusieurs journaux glissent vers une autre version, qui permet d'expliquer la mort de plusieurs détenus pendant la mutinerie. Selon les informations fournies par le préfet de l'Aube, les détenus bagarreurs auraient fini par s'entretuer. Le second journaliste de *France-Soir* rappelle « que la population pénitentiaire n'est pas composée que de doux agneaux et de coupables en mal de repentance ». *Politique-Hebdo*, quant à lui, ironise (à tort, comme on le verra) : « Il s'agit purement et simplement d'un règlement de comptes entre des prisonniers qui ont d'ailleurs fini par s'entretuer... Des bêtes sauvages ! Des criminels de nature ! D'ailleurs, rappelez-vous Buffet et Bontems ! On pourra faire toutes les réformes qu'on voudra : ces gens sont irrécupérables. »

Or, le *CAP* publiera, un an après, le témoignage du détenu Jérôme, qui était présent à Clairvaux cet été-là : « [Jeudi 18 juillet] Rommel, malade, non soigné, a cassé deux cellules dans des crises d'épilepsie. 150 gars du bâtiment A tapent dans les portes pour le faire hospitaliser, ce qui est fait immédiatement. Le lendemain, vendredi, deux gars du quartier, Normandin et Decrossac prennent quinze jours de mitard pour le vacarme de la veille. Tout le bâtiment B demande à voir le directeur pour les faire sortir. Une délégation de quatre du bâtiment B et de cinq du bâtiment A [est reçue]. Ferrand réfléchit un moment, mais Scriva, [...] chef adjoint, dit : “Non, pas question qu'on lâche.” Alors les gars du B vont au A avec des masses, des pioches, des barres de fer, des marteaux, etc. [...] Samedi [20 juillet] entre 2 heures et 4 heures du matin au B, règlement de comptes entre deux Arabes : Boudjema et Akouche : deux morts. Cadic (bombe lacrymogène) et Baara (tête éclatée par une grenade OF[fensive] sont tués par des grenades jetées par l'hélicoptère sur les toits. Bouazza et Rossi sont blessés grièvement lors de l'assaut du Petit Cloître, qui pourtant n'avait pas bougé. Bouazza a dû mourir à l'hôpital, et l'autre a été amputé d'une jambe et des parties. »

Il y aurait donc cinq morts : deux prisonniers entretués, trois abattus par les forces de l'ordre (le dernier lors d'un assaut inutile). Et peut-être un sixième, dont fait état le détenu visité par *L'Express* : « Des grenades lacrymogènes nous ont explosé en pleine gueule et ont tué devant moi un camarade. » S'agirait-il de ce Bouazza dont parle Jérôme ?

Le bilan officiel fait état de deux morts.

Nul ne fait état, à propos de Clairvaux, de slogans ou de revendications. Ce qui est rare, mais permet aux autorités de « s'étonner de la faiblesse des motifs apparents » de cette mutinerie. Il ne s'agit pas d'une révolte politique, suggère *Le Monde*, mais d'un « sursaut instinctif ». Ce quotidien distingue les mutins de Clairvaux des « intellectuels » de Melun qui, en 1972 et 1973, ont privilégié, sans succès, revendications et négociations. Mais aussi, en 1974, « le temps est plus à la rébellion qu'à la seule revendication, estime Charlie Bauer. Il nous arrive de manifester pour manifester, sans mot d'ordre ni motif autre que celui d'être en colère, en révolte et en prison [15]. » C'est « un ras-le-bol, tout simplement » : telle est l'explication, un peu courte, d'Hélène Dorlhac.

Mais où sont les forces de l'ordre ?

Que s'est-il passé ensuite ? Selon les journaux, certains prisonniers montent sur les toits, d'autres restent dans les cours où ils dressent, semble-t-il, des barricades.

À quel moment sont arrivées les forces de l'ordre ? Le préfet aurait déclaré, selon *L'Humanité*, que « toutes les mesures de sécurité [avaient] été prises » avant que n'éclate la mutinerie. Pas du tout, selon *Le Monde* : « Quand la mutinerie éclate [à 18 h 30] il n'y a pratiquement aucun dispositif sur place. » Et pourquoi donc ? Alors même que, de notoriété publique, « la révolte couvait à Clairvaux depuis plusieurs jours » *(Journal du dimanche)*, les forces de l'ordre sont vraisemblablement éparpillées sur les routes où elles surveillent les grands départs en vacances.

« Quand [elles] arrivent, guère avant minuit, poursuit *Le Monde*, les mutins sont depuis longtemps déjà maîtres de la prison. » Et le resteront « toute la nuit », indique Bauer. *France-Soir* situe à 6 h 15 du matin la présence des forces de l'ordre au grand complet.

Auparavant, les rebelles auraient donc eu tout le temps de mettre le feu à l'atelier de menuiserie, dont la toiture s'effondre. Deux autres ateliers sont incendiés à leur tour. Présents, les pompiers se seraient contentés d'arroser les foyers de loin, sans grande efficacité. Pourquoi ? Selon les versions officielles, le préfet, grand maître des opérations, les aurait empêchés de franchir les murs de l'enceinte, craignant qu'ils fussent pris en otage par les mutins. (Or, aucun journaliste ne prête de telles intentions aux insurgés.) « Aussi nous avons décidé de laisser brûler », aurait conclu le préfet. Ce qui est curieux puisque si, comme il l'a prétendu, les forces de l'ordre étaient déjà présentes, elles auraient pu accompagner et/ou protéger les pompiers.

Et si elles étaient absentes, comment l'expliquer, alors que Clairvaux fait trembler tous les gardiens de France et leurs chefs également ? Avant cette mutinerie, indique *Le Monde*, « la moindre crainte d'un responsable suffisait à faire envoyer à Clairvaux des unités de gendarmes mobiles et de CRS. Ce ne fut pas le cas cette fois ». Bizarrement, les autorités feront preuve de la même passivité face aux feux allumés à Nîmes. Le 30 juillet, *Le Parisien libéré* laisse entendre que c'est le cas général, « d'où la difficulté à éteindre les incendies. »

Le Figaro se demande si, dès avant cette mutinerie, « d'aucuns n'espéraient pas que "quelque chose" se produise [à Clairvaux] qui puisse [...] faire éclater aux yeux de l'opinion les inquiétudes du personnel ». Plus tard, *France-Soir* glissera, à propos de la mutinerie de Loos, cette phrase lourde de soupçons : « Les gardiens ne semblent pas mécontents de la situation actuelle, qui semble leur donner raison. »

Concernant la mutinerie de Clairvaux, *Le Monde* remarque que « l'absence des forces de l'ordre a fatalement permis le pourrissement de la situation. On voudrait croire que ce n'était pas le but recherché et pourtant [l'entourage du préfet de l'Aube lui prête] l'intention d'avoir voulu – avant de promouvoir une répression sévère – laisser le champ libre aux mutins le temps qu'à court de vivres et d'eau ils capitulent d'eux-mêmes. Cherchait-on à faire de Clairvaux un exemple ? »

En clair, cette mutinerie serait-elle, comme les suivantes, le fruit d'une provocation ourdie avec ou sans la complicité de surveillants ? Le mot « provocation » n'est pas lâché par ces quotidiens prudents, mais il est suggéré. Les syndicats des personnels dénoncent, eux, la « démission » des autorités.

Une bonne cuite

Voilà donc les détenus « maîtres » de la prison. Pour commencer, ils laissent les surveillants « s'enfuir hors de la détention », avance Charlie Bauer sans doute avec raison car si un maton avait été égorgé, ou même violenté ce soir-là, cela se saurait.

D'autre part, les insurgés ont vraisemblablement pris une cuite monumentale. *L'Express* est, à cet égard, le plus compréhensif : ce fut « un chahut énorme qui tient à la fois de la fête et du happening. À Clairvaux comme à Nîmes, [les mutins] envahissent l'économat et se jettent goulûment sur la nourriture et les boissons si parcimonieusement distribuées ». L'hebdomadaire rapporte que « 2 000 boîtes de bière » sont absorbées en une nuit par les trois cents insurgés. Soit 6,6 canettes par tête [1].

Personne, à notre connaissance, ne relève que de nombreux surveillants, à Clairvaux comme ailleurs, sont fréquemment alcoolisés, ce qui ressort amplement des témoignages de détenus.

L'Aurore évoque elle aussi cette cuite : « La folie s'est emparée [...] des mutins déchaînés, [...] ivres » d'avoir bu « toute la réserve de bière » et qui, « massés sur les toits, regardaient brûler avec ravissement les trois ateliers incendiés ». Allégation furieusement commentée par un correspondant du *CAP* qui se demandera comment le reporter a pu s'approcher au point de lire le « ravissement » dans les yeux des mutins. Le détenu de *L'Express* reconnaîtra que « nous avons

1. Les boissons alcoolisées ont été interdites dans les prisons en 1995.

mis le feu aux bâtiments avec joie. Certains n'étaient pas d'accord. Mais dans l'ensemble nous étions tous solidaires. »

Quoi qu'il en soit, des insurgés demeurent sur les toits pendant six heures selon les uns, « près de 13 heures » selon *L'Humanité*. Bauer nous offre sa propre vision lyrique, voire onirique, de cette mémorable nuit [I] : « Un embrasement gigantesque illumine la centrale, incendie les esprits. [...] Le rouge des flammes dans le noir de la nuit ensanglante les lieux : les couleurs de la révolte. Ces hommes à la peau rouge qui courent dans tous les sens donnent à l'espoir des soleils de rêves incandescents. [...] Une vie retrouvée. [...] Une identité accomplie. [Ils] se tiennent par la main et chantent la liberté [16]. »

Pendant ce temps, des procureurs – libres de visiter les prisons – se postent à un mirador pour observer la scène. Mal leur en prend : « Il s'agit d'un problème de maintien de l'ordre, rugit le préfet Barbier. Le parquet n'a rien à faire ici. »

Sur un tapis de corps

Vers six heures du matin, le 20 juillet, après les sommations d'usage, l'assaut est donné par quatre cents hommes en uniforme contre trois cents mutins. Ces derniers « abandonnent armes et munitions [II] quelques minutes après l'arrivée de l'hélicoptère. Les forces de l'ordre ne rencontrent pas de résistance sérieuse » *(Journal du dimanche)*. Le détenu de *L'Express* raconte : « Des CRS dans le couloir nous ont matraqués avec la crosse de leurs fusils, ils ont sauvagement zigouillé les chats. » Ce que confirme *Le Canard enchaîné*.

À 8 h 30, tout est terminé. Le bilan est incertain, mais terrible : « Quatre crânes défoncés, des bras cassés, énumère le *CAP*. Un détenu est assassiné parce qu'il refusait de donner

I. Bauer n'a pas dû assister à la mutinerie de Clairvaux car il était alors incarcéré à Muret. Son récit s'apparenterait donc ici à un « docu-fiction ». Mais détenu à Clairvaux jusqu'en 1970, il a pu y laisser des camarades qui l'ont informé par la suite.

II. Aucun autre texte sur les mutineries et révoltes ne mentionne des armes ou munitions entre les mains de détenus. Ils utilisaient des « armes » *ad hoc*, dont une liste partielle figure *infra* p. 186.

son alliance à un CRS. Un [autre] CRS déclare à un mutin : "J'enculerais bien ta mère et ta petite fille" [17] ».

« Les os brisés, les chairs éclatées furent le lot commun, poursuit Bauer. Plusieurs centaines de détenus allongés à plat ventre sur le chemin conduisant au cachot [...] nus pour la plupart, les mains sur la tête, et des CRS vainqueurs se promenant sur ce tapis de corps. [...] Malheur à celui qui n'avait pas les jambes assez écartées ! Le coup de crosse atteignait le récalcitrant sur la tête, la colonne vertébrale, puis les couilles [18]. »

Selon Bauer, deux détenus ont eu, l'un les testicules et l'autre la cheville arrachés par des grenades offensives. Livrozet affirme qu'il y a eu « des tirs à balles réelles » et qu'on a trouvé des éclats de grenades dans la chair des deux prisonniers « tués prétendument lors d'une dispute entre eux [19] ».

Seul *Le Nouvel Observateur* appuie cette thèse. Les autres journaux taisent ou minimisent habituellement les répressions qui mettent toujours fin aux révoltes. *L'Aurore* disculpe les forces de l'ordre, attribuant les décès aux « armes » des mutins : des « coups de tranchet [1] » auraient sectionné l'artère fémorale d'une victime, des « coups de barre à mine » auraient défoncé le crâne d'une autre.

Terminons par cette étourderie probable du préfet de l'Aube : « La majorité des détenus blessés l'ont été en se jetant par les fenêtres pour fuir les gaz lacrymogènes » *(L'Humanité)*. Des fenêtres sans barreaux ? À Clairvaux ? Allons donc.

1. Lame d'acier à bout biseauté servant à l'atelier à couper ou à parer le cuir.

11. Nîmes

Quelle goutte d'eau a fait déborder le vase de Nîmes ? C'est Lecanuet, par un discours « d'une extrême fermeté, pour faire échec à la violence et à la révolte » tout en reconnaissant la nécessité d'« une plus grande humanisation des conditions de détention » *(Le Monde)*. Or en 1965 et 1972, les « longues peines » de Nîmes ont déjà protesté, en vain, contre « ces mauvaises conditions, en refusant tout travail et toute nourriture » *(Le Quotidien de Paris)*.

Le ministre est hué par les prisonniers qui captent son discours à la télévision (ou, selon certains, à la radio) collective. La rébellion éclate dans les minutes qui suivent. Nous sommes le 20 juillet.

Pour *L'Aurore*, le début de la mutinerie est marqué par un échange d'insultes entre deux groupes de prisonniers aux « intentions belliqueuses ». La suite, racontée par *Le Monde* ou *Le Figaro*, ressemble à une réédition de la mutinerie de Clairvaux, qui a éclaté la veille : ouverture de cellules par les rebelles, bière et vin [1] absorbés en quantité, détenus circulant sur les toits et gagnant tous les bâtiments, qu'ils incendient ou saccagent. Les feux aussitôt attisés par un violent mistral, toute la centrale part en fumée. À l'exception, semble-t-il, d'un atelier, défendu par les détenus qui y sont employés, et qui aurait échappé aux flammes.

Une fois de plus les pompiers sont tenus éloignés des foyers d'incendie, par le préfet mais aussi par des barrages qu'ont dressés les mutins. Les forces de l'ordre – quatre cents hommes – attendent dehors, ainsi, paraît-il, que les surveillants et le préfet du Gard : « À bonne distance des jets de tuiles, le préfet piétine, hésite, veut donner l'assaut avant

1. Le vin étant à l'époque interdit aux détenus (mais non la bière), il s'agit sans doute de celui réservé aux personnels.

l'aube, y renonce : aucun gardien ne s'est porté volontaire pour guider ses CRS. Ils ont peur » *(Le Nouvel Observateur)*.

« Une centaine de rebelles » *(Le Parisien libéré)* ou seulement quarante *(Le Quotidien de Paris)* conduisent « l'assaut » ; les autres détenus sont groupés dans les cours. Finalement les CRS arrivent, accompagnés, selon des témoins, d'un régiment parachutiste d'infanterie de marine *(Le Quotidien de Paris)*. Ils attaquent à six heures du matin, « sous une pluie de pierres et de tuiles ». Les grenades « lacrymogènes, fumigènes et offensives » *(Le Parisien libéré)* sont au rendez-vous. À sept heures, selon *L'Aurore*, « les desperados suffoquant derrière leurs barricades » se rendent après avoir résisté onze heures (selon *Le Figaro*) sur les toits. Bilan de l'intervention policière : des dizaines de détenus blessés et un mort. C'est la fin d'un « long combat perdu d'avance [20] ». *Le Monde* fait état de huit blessés ; *Le Figaro* en compte cinq, « dont certains, semble-t-il, à la suite de rixes ». Rixes providentielles qui permettent, une fois de plus, d'exonérer les forces de l'ordre : « Aucun détenu n'a été blessé par [elles] », affirme le préfet.

« Notre but était surtout, je crois, d'affirmer à la fois notre impatience, notre ras-le-bol et notre existence, résume Serge Livrozet. Nous étions encore des humains et nous voulions que les gens le sachent [21]. »

Mais dehors ces gens captent un tout autre message. Ce que retiennent Hélène Dorlhac et certains journaux, c'est que des prisonniers incendiaires ont pillé l'économat et s'y sont emparés des boissons alcoolisées. Étaient-ils ivres (comme l'affirment les journalistes de droite, qui n'étaient pas témoins) ? Tous ? Et jusqu'à quel point ? [1] Les surveillants sont tous indemnes, mais une partie des voitures et appartements du personnel sont démolis, le logement du directeur aussi.

À la différence de Clairvaux, très isolé, la centrale de Nîmes, ancienne forteresse de Vauban, est au cœur de la ville. Elle est, cette nuit-là, entourée de barrages qui ne contiennent pas

1. Les prisonniers rebelles sont presque toujours présentés comme ivres. Pourtant, ils visaient bien « quand ils lançaient, depuis les toits, des messages attachés à des poids », remarque Claude Mauriac, proche du GIP.

les badauds, parmi lesquels des prostituées. Celles-ci encouragent les mutins et insultent les forces de l'ordre. Elles sont chassées sans ménagement.

Pour *Le Monde*, « cette population [pénale] issue des couches les plus misérables de la société » et de surcroît condamnée, comme celle de Clairvaux, à de longues peines, est elle aussi livrée à ses « instincts ». Le CAP n'est guère connu dans ces centrales-là, la politique non plus. Une mutinerie « sans motif précis », insistent des responsables lors d'une conférence de presse, oubliant que les insurgés ont scandé toute la nuit : « La réforme ! La réforme ! » en alternance avec *La Marseillaise*.

À la décharge des émeutiers, il faut reconnaître que cette prison dont il ne reste rien était déjà une ruine : « Si on n'y avait pas mis le feu, elle se serait écroulée toute seule », ironise quelqu'un. Ses plus anciens bâtiments datent du XVIIe siècle, et elle serait la seule, avec Poissy, à posséder encore des cages à poules dans lesquelles les prisonniers « avaient même le droit d'accrocher des photos de femmes nues [22] », s'offusque un maton. Sur un cliché du *Journal du dimanche*, ces cages ressemblent aux niches d'un chenil. Par un heureux hasard, une maison d'arrêt flambant neuve est presque prête, non loin de là. Des mutins y seront relogés.

Dans un bâtiment administratif incendié se trouvait le livre d'écrou qui servait à faire l'appel des détenus. Les compter et identifier sera cette fois une tâche ardue, les détenus ne donnant pas leurs noms… Finalement, on s'aperçoit que deux d'entre eux ont disparu. Peut-être dans les flammes, suggèrent certains journaux.

Hélène Dorlhac arrive en fin de matinée. Contemplant les décombres encore fumants, elle s'écrie : « C'est vraiment beaucoup plus grave que je ne croyais ! Je suis doublement traumatisée. » Ce cri du cœur, inconvenant aux yeux de Lecanuet, lui sera vivement reproché.

12. Loos-lès-Lille

Ils avaient tout pour être heureux.
Un visiteur

Autre exemple d'« extrême violence » que déplorera Hélène Dorlhac : la mutinerie de la prison-école [1] de Loos-lès-Lille.

Ce soulèvement est le seul à faire l'objet d'un compte-rendu (récent) de la part de l'AP, sous la plume de Yannick Leu, un DRH à la Direction régionale des services pénitentiaires de Lille, qui consacre un chapitre à la mutinerie de 1974 dans une *Histoire des prisons de Loos* dirigée par Christian Carlier. Ce dernier s'y livre à une description élogieuse de cette prison dans les années 1960 : « Les détenus bénéficiaient, pour l'époque, de locaux et d'un régime particulièrement remarquables. [...] Les résultats étaient particulièrement encourageants », écrit l'historien, citant un rapport de l'AP pour 1963 qui égrène des activités à faire pâlir d'envie une MJC : un équipement audiovisuel moderne, un enseignement de qualité, « de nombreux et vastes ateliers », l'attention portée à l'hygiène corporelle, etc. « Le personnel [...] s'était efforcé de créer avant tout une ambiance de confiance. [...] Les jeunes se montrent sensibles aux efforts qui ont été faits en leur faveur [23]. »

Reste à savoir si la prison-école est toujours cette « prison modèle » vantée par Christian Carlier – et par Mme Dorlhac – ou si elle a pu, entre 1963 et 1974, perdre quelques-uns de ses charmes.

Serge Livrozet, qui fut détenu-instituteur à Loos en 1962-1965, en garde un autre souvenir : « Les activités éducatives

1. Ce nom colle à la peau de la centrale que Pleven a rebaptisée « centre de jeunes détenus ».

et culturelles étaient réduites au strict minimum [nous écrit-il en 2008]. Seules les activités sportives étaient réellement encouragées et la scolarité était assurée pour un bon tiers par les détenus eux-mêmes, comme moi par exemple. Dans ces domaines, ce qui importait le plus à l'administration était de pouvoir faire état de statistiques satisfaisantes, le contenant étant plus important que le contenu.

» En dehors des tinettes matinales, on ne peut pas dire que la centrale de Loos était dégueulasse. Mais on ne s'occupait pas plus qu'ailleurs de l'hygiène corporelle des détenus, et souvent moins.

» Quant aux efforts du personnel pour créer une ambiance de "confiance", nous sommes en plein rêve. La révolte de 1964 témoigne du contraire… »

Pour « faire comme les autres »

En 1974, le centre pénitentiaire (CP) de Loos comprend trois prisons : une MA pour hommes, une petite MAF et une MC. C'est elle, la prison-école, qui abrite quatre cents détenus. Elle seule se mutine. Cinquante détenus s'y seraient toutefois désolidarisés des mutins (*Le Parisien libéré*).

Selon Yannick Leu, il est quatorze heures, ce 25 juillet, lorsque « soixante détenus […] qui veulent "faire comme les autres" refusent de réintégrer leurs cellules. Ils se répandent dans l'établissement car ils ont subtilisé des clés à des surveillants, sans cependant les retenir en otage. Ils ouvrent les portes des cellules à leurs camarades puis incendient la salle de cinéma, le cabinet médical et la lingerie. Une quinzaine d'entre eux gagne le toit qu'ils saccagent, ce qui attise encore les brasiers notamment dans les différents ateliers (forge, mécanique automobile, électricité, cartonnages, etc.). […] Dès leur arrivée, la centaine de sapeurs-pompiers essuie des jets de projectiles et ne peut attaquer l'incendie qu'à partir de la cour d'honneur. […] À 16 heures, plus de 80 CRS donnent l'assaut, précédés d'un déluge de gaz lacrymogène. Bilan : cinq agents de la force publique blessés, trois du côté des détenus. Un quart d'heure plus tard, les toits sont vidés de leurs occupants. À 16 h 30, les détenus décident de se rendre. L'appel est fait parmi les 400 détenus de l'établissement massés dans une cour de promenade. Les 285 plus dangereux sont regroupés sur le terrain de sport [qui jouxte la prison-école], la plupart [...] encore armés de gourdins de fortune. »

Trois mots intriguent ici : « les plus dangereux ». Certes, le *CAP* a déjà signalé « 80 % de récidivistes » dans cette prison-école ; et la plupart des insurgés sont, selon Yannick Leu, munis de gourdins. Mais pourquoi 285 exactement (près des trois quarts de la prison-école) sont-ils désignés ainsi ? À la suite de quel recensement ou examen ? On peut être récidiviste sans être dangereux, ou dangereux sans gourdin. La notion de « dangerosité » faisait et fait encore l'objet d'âpres discussions [I]. En employant ce terme sans précaution, Yannick Leu introduit « un véritable artefact [II] ».

Si « les plus dangereux » sont si nombreux, serait-ce que tant d'efforts « particulièrement remarquables », consentis pour les éduquer dans un climat de « confiance », soient restés, dix ans après, sans effet ? Ou que le climat se soit, entretemps, sensiblement dégradé ?

Un journaliste de *France-Soir*, qui passera après la mutinerie, glane quelques informations : un poulet-frites coûte 5 F (3,70 €) à la cantine, mais un jeune détenu de Loos ne touche que 2,50 F (1,85 €) par jour après retenues, pour six heures de travail (s'il travaille, car l'offre diminue). Seuls sont censurés les journaux « politiques » ou « sexuellement excitants ». Les bulletins d'information sont coupés. « Le système répressif est très sévère, voire arbitraire en matière de punitions. » Alors que 70 % des jeunes détenus sont abandonnés ou issus de familles désunies, « on a cru bon de limiter les visites familiales » en incarcérant ces jeunes, méridionaux pour la plupart, le plus loin possible de leurs proches.

I. Lire *infra*, p. 245.

II. « C'est-à-dire un énoncé qui n'est ni vrai ni faux, et qui peut donc être en même temps vrai et faux selon l'usage qu'on en fait, mais qui est sans cesse repris et reproduit tel quel sans qu'on y trouve à redire » (Abdelmalek Sayad) [24].

Une nuit très agitée

Mais revenons à la révolte. Ce soir-là, poursuit Yannick Leu, « une centaine de fantassins du 43e régiment d'infanterie de Lille dressent des tentes » sur le terrain de sport où sont regroupés « les 285 plus dangereux » et « distribue avec difficulté des rations aux mutins [25] ». Bons samaritains, ces fantassins se dévouent pour leur fournir le gîte et le couvert... et bien davantage si l'on en croit *Le Parisien libéré* qui assure que « des allumettes, des cigarettes et du rhum » (*sic*) auraient aussi été distribués. Enfin, les soldats « installent [...] de puissants projecteurs. [...] Une nuit à la belle étoile se prépare avec des relèves qui s'enchaînent pour les policiers et les gendarmes. La tension est toujours palpable [26] ».

Yannick Leu n'en dira pas plus sur cette nuit pourtant « très agitée » *(Le Monde)*, alors que les quotidiens fourmillent de détails sur la bataille rangée qui oppose gendarmes et CRS aux insurgés. Ces derniers lancent des projectiles sur les « puissants projecteurs », en cassent un, attrapent au vol des grenades lacrymogènes qui pleuvent et les renvoient aux expéditeurs avec des briques, des pierres, etc. « Ils démontent un poteau de basket-ball et s'en servent comme bélier pour tenter d'enfoncer une étroite porte » de sortie *(Le Monde)*. « Pendant qu'un avion tourne au-dessus de la prison, les détenus écrivent sur le sable les lettres SS », révèle *L'Humanité*.

« Tous âgés de 15 à 20 ans », ces jeunes se trouvent dans un « état de surexcitation extrême » et font preuve d'une « très vive agressivité », selon le reporter du *Monde*. On comprend pourquoi la distribution de vivres s'est faite « avec difficulté » : à en croire un autre journaliste, de nombreux mutins les auraient refusés.

Les récits des journalistes sont-ils pour autant exacts ? Ils puisent vraisemblablement aux mêmes sources, à savoir les autorités. Aucun journaliste n'a pu être admis sur le terrain de sport, théâtre des combats, cerné par un mur de six mètres *(Le Monde)*. Quelle foi accorder alors à ces pseudoreportages ?

Retenons pourtant quelques anecdotes : menacé, un surveillant aurait dû son salut au fait qu'il aurait jeté aux mutins, par dessus un mur, « corned-beef, fromage, crème caramel et chocolat prévus au menu » *(Le Monde)*. Un responsable de la mairie de Lille (témoin oculaire ?) déclare au *Monde* que quatre cents cellules auraient été « comme ravagées par un typhon », donc rendues inhabitables. C'est pourquoi, au soir du 25 juillet, la majorité des détenus est hébergée sur le terrain de sport, sous les tentes fournies par l'armée, mais sans couvertures et ce, « pour d'évidentes [?] raisons de sécurité » *(Nord-Éclair)*.

La Voix du Nord consacre deux reportages à la mutinerie. Le premier est sous-titré « La mutinerie vue de l'extérieur » et pourtant la plupart des informations fournies semblent provenir de l'intérieur, comme si le rédacteur y était. Très hostile aux insurgés, celui-ci évoque « les locaux [...] que les mutins ont froidement, semble-t-il, saccagés » et affirme que les rebelles « ont contraint leurs camarades à se mutiner ». « La détermination des détenus était farouche », souligne le rédacteur, quoiqu'une demi-heure après « ils se rendirent sans trop de difficulté, sans aucun incident ». On apprend enfin que « la réfection récente de la toiture » avait coûté 270 000 F (200 000 €) et que les mutins en ont arraché les ardoises « avec des pieds de biche et des pièces métalliques provenant des lits. [...] Scène révoltante ». Enfin, « les tireurs [de grenades] veillent à ne blesser aucun des mutins. À l'extérieur, dans la foule [...] la colère gronde : “cette mutinerie est inqualifiable” ».

Bizarrement, l'article du lendemain adopte un tout autre ton. Le même reporter admet que « l'entrée de la prison a toujours été interdite aux journalistes » et qu'il est « extrêmement difficile d'obtenir des renseignements précis sur l'univers carcéral », donc de relater « les faits, ou tout au moins ce qu'on en sait, tant ont été restreints et vagues les communiqués » officiels.

Le journaliste se penche ensuite sur les difficultés rencontrées par les prisonniers : la FPA [1], qu'il a vantée la veille, n'occupe finalement qu'un détenu sur dix ; « un balayeur récemment libéré ne gagnait que 2 F [1,50 €] par jour » ; un

1. Formation professionnelle pour adultes.

« vrai point noir : les détenus vident tous les matins dans des fosses (deux trous d'aisance) 200 ou 300 tinettes » juste avant d'avaler leur Ricoré. Enfin, le reporter s'inscrit en faux contre les allégations officielles selon lesquelles les incendiaires auraient « tout » détruit (car « des ateliers ont été épargnés ») et les détenus seraient des incapables car, à la prison-école, « le pourcentage des succès au CAP est remarquable ». Qui a pu renseigner notre homme ? Probablement le CAP, qui rôde alentour…

Quand un petit juge s'en mêle

Comme presque tous les journalistes, Yannick Leu est muet sur la répression qui va s'abattre sur les détenus de Loos. Mais il nous renseigne au moins sur les mœurs policières : « Le substitut Joël Meñez chargé de l'exécution des peines s'était rendu sur les lieux avec l'intention d'entamer le dialogue avec les détenus afin de les calmer. Le magistrat est témoin d'une scène de violence au cours de laquelle un CRS aurait matraqué gratuitement un détenu puis projeté ce dernier dans l'escalier. Le substitut demande alors au commissaire Andréïs […] d'éviter toute violence inutile. Mais le commissaire considère que le magistrat entrave le bon déroulement du rétablissement de l'ordre : il lui aurait demandé de le laisser faire son travail et de quitter les lieux en le molestant vigoureusement [27]. »

Le préfet de police du Nord prend parti pour le commissaire : le substitut Meñez « cherchait à défendre des mutins en pleine rébellion, il a proféré des menaces à l'intention du commissaire » *(Le Figaro)*. Résultat : le petit juge se verra interdire, par le procureur général de Douai, l'accès aux prisons de Loos.

Le lendemain 26 juillet, poursuit Yannick Leu, « 250 policiers donnent un nouvel assaut à 85 mutins qui s'étaient barricadés. Ils sont rapidement maîtrisés et évacués ». Et le surlendemain, vers 21 heures, « par solidarité [avec ceux de la prison-école] une partie des 700 détenus de la maison d'arrêt font du tapage et enflamment des couvertures et des draps qu'ils passent à travers les barreaux. La réaction de l'administration ne se fait pas attendre : à 22 heures, les foyers d'incendie sont éteints [...] alors que les meneurs sont placés à l'isolement [28] ».

Cependant notre DRH reste muet sur les antécédents et les causes du soulèvement. Que ceux de Loos aient voulu « faire comme les autres », par mimétisme, semble une explication trop simple. Nous verrons en effet que les détenus vivant dans des prisons supportables ne se sont pas révoltés.

« Cette mutinerie se déclenche, selon Yannick Leu, de façon impromptue, [sans] négociation avec les autorités [29]. » Une explication possible serait qu'après une révolte en 1964 et une autre en 1967 des revendications ont déjà été déposées, sans succès, en 1971 et réitérées à l'occasion d'une troisième révolte, en janvier 1972 (aucune n'est mentionnée dans l'*Histoire des prisons de Loos*). Or, « depuis quatre ans, rien n'a changé à Loos [I] ». Cela étant, les rebelles ont pu juger inutile, en 1974, de parlementer à nouveau.

Changer « l'ordinaire »

Pourtant ils déposent bel et bien en juillet des revendications que Yannick Leu passe sous silence alors que plusieurs journaux s'en font l'écho [30] : ils demandent notamment le SMIC, les congés payés – sur place, évidemment, ce que *Le Parisien libéré* trouve « cocasse » – et des tarifs plus modérés à la cantine. *Le Parisien* s'indigne que « les détenus réclament un confort que beaucoup de travailleurs n'ont pas eux-mêmes ».

Publiées par le GIP, leurs revendications de janvier 1971 (jointes, semble-t-il, à celles de la MA voisine) étaient plus détaillées [31]. Puisque depuis quatre ans rien n'a changé à Loos, elles doivent encore être d'actualité en 1974 :

1. *Augmentation des salaires.* En effet, « on travaille pour des prunes », écrivent des détenus de Loos au *CAP* [32].

2. *Changement du surveillant-chef* (pied-noir), auquel « appartient le pouvoir dans la centrale ».

I. Comme l'indiquent au *Monde* Michel Foucault, Jean-Marie Domenach et Claude Mauriac au nom de l'ADDD.

3. *Suppression des peines de mitard et des brutalités* : « 35 jours de mitard pleuvent facilement. » « On est tabassé, isolés, punis, épiés [33]. »

4. *Changement de l'ordinaire.* À ce propos, l'Organisation des prisonniers politiques (OPP, maoïste) remarquait dès l'été 1970 : « Les détenus ont en moyenne un fruit et un morceau de fromage par mois. On mange de la viande une ou deux fois par semaine, parfois avariée. [...] À Loos, toutes les femmes [de la MAF] commencent à perdre leurs cheveux, à avoir des caries dentaires, les ongles cassés dès le huitième jour de ce régime. Les maladies intestinales sont presque inévitables. Les détenus sont malades et le restent souvent après leur sortie [34]. »

5. *Abolition des cages à poules* : « On est 80 dans un dortoir. Chaque cage, c'est 2 m x 1,10 m, un lit, un broc, une tinette. »

6. *Du sport.* Jamais pratiqué, sauf dans la prison-école [I].

7. *De réels soins médicaux.* « La surveillance médicale consiste à effectuer des pesées. Qui pourra dire qu'à la prison de Loos [...] le contrôle [médical] est sérieusement fait ? [demande l'OPP]. Le toubib vient 2 heures par semaine. Son médicament est la Véganine pour tous. »

8. *Suppression de la censure sur les journaux.*

9. *Préciser la fonction de l'assistante sociale en prison.* « Son rôle est-il de faire divorcer nos femmes ? »

10. *Visites plus fréquentes des éducateurs.* « Il y en a deux en tout (qui sont bien) » pour mille cent détenus (prison-école et MA).

11. *Parloirs mixtes* [II] *pour les hommes mariés.*

12. *Visites de l'avocat après la condamnation.*

13. *Abolition du casier judiciaire.*

14. *Abolition du livret d'interdiction de séjour* [III].

I. Cette revendication émane de la MA de Loos.

II. Où les épouses pourraient pénétrer. Et les enfants ?

III. Il s'agit de l'interdiction faite à certains détenus libérés de séjourner dans certaines parties du territoire français, les privant ainsi éventuellement du domicile familial et de l'accès à un bassin d'emploi.

Une odeur insoutenable

Sur les conditions matérielles, un détenu témoignait déjà en 1971 : « La centrale de Loos, c'est dégueulasse, les murs sont crados, il n'y a pas de chasse d'eau ; on est encore à chier dans des tinettes qu'on va vider le matin. [...] Il règne dans les coursives une odeur de merde insoutenable [35]. »

Selon un ancien détenu de Loos, « l'hiver 1969, il y a eu une panne de chauffage et pendant un mois on crevait sans, alors que dehors, il faisait -8°. On nous a donné une couverture supplémentaire. Et les matons nous interdisaient de nous coucher pendant la journée, ils nous foutaient des rapports. [...] Le directeur me disait : "Vous n'avez qu'à courir dans votre cellule" ou "vous n'aviez qu'à pas venir ici". [...] J'ai aussi entamé une grève de la faim, toujours pour que nous ayons du chauffage ; on m'a mis huit jours au mitard et on m'a matraqué. J'ai voulu écrire à Pleven, on m'a arraché les lettres, on m'a mis à l'isolement parce que j'avais incité les copains à faire comme moi. [...] J'ai voulu me suicider en m'ouvrant les veines mais tout s'est bien passé pour moi [36] » [*sic* !]

Le 13 mai 1972, les maos de Lille dénonçaient des sévices sur un détenu de Loos, constatés à sa libération par un médecin.

Selon Christian Carlier, « les événements de 1974 devaient démontrer qu' [...] une prison demeure une prison, toujours insupportable pour ceux qui s'y trouvent enfermés [37] ». Que la privation de liberté soit insupportable, nul n'en doute. Mais il suffit de lire n'importe quel cahier de revendications pour comprendre que d'autres facteurs, matériels, immatériels, ont conduit aux révoltes, à Loos comme ailleurs ; et qu'en les occultant, le discours de Carlier [1] fait naître une dangereuse illusion qui exonère, en somme, la Pénitentiaire de toute responsabilité. Car la Pénitentiaire ne se borne pas à enfermer sur ordre d'un juge. Elle crée et perpétue, dans ces lieux de

1. On a vu (*supra*, p. 157) que Ferrand, le directeur de Clairvaux, tient le même langage.

privation de liberté, des conditions au moins aussi insupportables que le seul enfermement.

Opération « portes ouvertes »

Le 5 août 1974 a lieu à la prison-école de Loos une « journée portes ouvertes », proposée par un député socialiste et approuvée par Michel Poniatowski, ministre de l'Intérieur, afin que le public se rende compte des dégâts commis par les prisonniers. Dégâts « très importants », estimés à « plus de dix millions de francs » (9,74 millions d'euros), précise Yannick Leu.

Place, donc, aux journalistes enfin admis derrière les murs pour contempler les restes calcinés de la « prison modèle » : « Nous piétinons dans les gravats [rapporte *Le Figaro*]. "Quel gâchis !" s'exclame le procureur général de Douai, "vous pouvez prendre des photos". Nous découvrons en effet des murs lépreux, des cagibis sombres, des tinettes rudimentaires, des lavabos de pierre fêlés, noircis par la crasse. [...] "Une prison modèle", souligne-t-on. Suivez le guide : couloirs étroits, sinistres, humides. Sur un mur, une fleur tracée à la craie : "Une fleur pour ma mère", lit l'inscription. »

La presse, conviée à l'atelier de forge où l'on fabrique des grilles, constate qu'il n'est en rien pulvérisé : « Les outils sont rangés au râtelier. Les machines sont intactes, briquées, tout est en ordre », s'étonne *Le Figaro* avant de rendre la parole au procureur général : « Ceux qui ont cassé sont des méchants, toujours insatisfaits. De quoi se plaignent-ils ? Ici, Messieurs, on leur sert une bonne nourriture de collectivité. Bien souvent, ces gens-là mangent mieux que chez eux. Du beurre. De la viande. [...] Des détenus se sont montrés incapables, intellectuellement parlant, de profiter de leur formation. Leur niveau baisse. [...] Le mouvement a été téléguidé, il suffit d'une quinzaine de meneurs pour gangrener toute une centrale. »

Dans la même veine, le préfet de police parle aux journalistes de la « furie collective » des mutins et le maire de Loos, dénommé Avinée, souligne leur « folie destructrice ». La preuve : « Ils ont incendié leurs propres vestiaires où étaient déposés leurs effets personnels. [...] Les prisonniers n'avaient aucune raison de se lancer dans une telle aventure », enchaîne le maire, soulignant qu'ils ont droit, par la radio collective, à une « information sans coupures de l'ORTF et des postes périphériques » *(Nord-Éclair)*.

Pour une fois, les journalistes sont autorisés à pénétrer en détention, à regarder par l'œilleton « la minuscule cellule, le lit de fer scellé au mur, table et tabourets retenus par une chaîne. Pas un cri, pas un bruit. Derrière chaque porte, un prisonnier, l'oreille collée de l'autre côté. Il écoute. Un autre, assis sur son tabouret, lit un roman de la Série noire. [...] Dehors, quelque 2 000 personnes attendent leur tour : "Il faut que tout le monde sache !" Mais qu'est-ce qu'il faut savoir ? » s'interroge, songeur, *Le Figaro*...

« À Loos, 5 000 personnes défilent sur les lieux de la mutinerie. Un marchand de glace s'est installé à proximité. La visite se fait par groupes de trente, puis de soixante-dix, puis de cent. Des photographies permettent de comparer l'« avant » de la prison modèle avec l'« après » du saccage. Les étiquettes indiquent [en anciens francs !] le prix des objets saccagés. [...] Le préfet de police de la région Nord [...] n'a que le mot démocratie à la bouche. Seul le Syndicat de la magistrature [SM] tente de sauver l'honneur à la porte de l'établissement, critiquant la haute hiérarchie judiciaire qui a cautionné cette opération [38]. »

Dehors, l'équipe du CAP tente d'expliquer à la foule, à la presse, les raisons de la « sauvagerie » des mutins. Peut-être initié par le CAP, présent mais relégué à l'extérieur de la prison, *Le Monde* découvre qu'à la prison-école, « un prisonnier sur dix suit des cours et un sur deux est admis à travailler : c'est une faveur. [...] Un volant de chômage est savamment entretenu ».

Le CAP n'a pas dû rencontrer ce maître d'école qui voulait exposer à ses élèves la vie quotidienne des prisonniers : « Mais je ne pourrai pas : je n'ai rien vu et on ne m'a rien dit », déplore l'enseignant.

« À aucun moment, les visiteurs ne pourront voir les prisonniers, si ce n'est là-bas, très loin, une silhouette immobile et muette derrière une fenêtre grillagée », complète *Le Monde*.

Même frustration au *Figaro*, à *Nord-Éclair* : toutes les portes ne sont pas ouvertes, loin de là, même le personnel pénitentiaire n'a pas pu s'exprimer et les détenus, escamotés, demeurent tout au long de cette journée invisibles, mythiques, vaincus mais vaguement menaçants.

Le PS parle d'« incitation à la haine ». Au nom des socialistes, Denise Cacheux se déclare « profondément choquée ». Protestations, enfin, d'avocats [1], interdits de prison ce jour-là, alors qu'ils ont des clients à l'intérieur : ils réclament la libre communication avec eux, la mise en liberté de tout prisonnier non auteur d'un crime de sang et la suppression du mitard. Loin de ces quelques contestataires, les notables les plus puissants du département – deux préfets, dont un de police, un ou deux procureurs, un maire, des directeurs de journaux – se félicitent mutuellement.

Profondément choquée, elle aussi, Hélène Dorlhac reviendra dix ans plus tard sur « cette démagogie » : ce fut « un gros succès de curiosité. Cinq mille personnes avides de sensations fortes y viennent en famille [...] comme à une kermesse. *Le Parisien libéré* titre : « LES CONTRIBUABLES-VISITEURS INDIGNÉS DEVANT LE SACCAGE DE LA PRISON MODÈLE. »

Mme Dorlhac rappelle « le coût moyen de l'entretien d'un détenu en 1974 : 5,96 F [4,40 €] par jour », nourriture comprise. Et relève, dans le livre d'or, ces réflexions de visiteurs :

« Il fallait leur tirer dessus. »

« Qu'ils en bavent et reconstruisent ce qu'ils ont cassé. »

« Ils avaient tout pour être heureux. » [39]

1. Mes Odile Dhavernas, Jean-Jacques de Félice, Henri Leclerc, Thierry Lévy.

13. Muret et quelques autres

Muret

Sans le témoignage de Charlie Bauer, on ne saurait presque rien de la révolte de Muret (Haute-Garonne), centrale si éloignée de la capitale que la presse nationale l'ignore, à l'exception du *Monde* qui lui consacre dix lignes le 30 juillet. Pour son rédacteur, « il semble que ce mouvement ait été dicté plus par solidarité avec les détenus d'autres prisons, que par des motifs revendicatifs. Le calme a été rapidement rétabli. » Charlie Bauer, l'un des « meneurs », est plus loquace et ses souvenirs très précis [40].

Avec quelques compères, Bauer distribue un tract appelant à un rassemblement. Ils ont choisi un dimanche car de nombreux prisonniers sont alors rassemblés dans la salle de cinéma. À leur sortie, une porte est défoncée pour leur permettre de rejoindre d'autres détenus en promenade dans la cour. Deux cents prisonniers (soit un tiers de l'effectif) y sont torse nu (ce qui est interdit) car « le soleil est chaud ». Ils affirment leur solidarité avec les autres révoltés mais présentent sept revendications. Accourt le directeur qui « joue [...] la carte "monsieur-courage-qui-est-à-l'écoute-de-vos-problèmes-mais-dans-le-calme-et-dans-l'ordre" ». Il renvoie au lendemain sa réponse. Les prisonniers attendent dans la cour. « Depuis les cellules, des copains nous envoient des conserves et des fruits pour tenir le siège de la faim. »

Les détenus « rêvent à une issue favorable ». Mais « la réalité, ce sont les uniformes noirs, casqués et bottés, armés de fusils lance-grenades, qui s'alignent sur les toits... » Bauer exige que les revendications soient « entendues ». Réponse : « Vous avez deux minutes pour rejoindre vos cellules. » Personne ne bouge. Des dizaines de gardes mobiles déboulent alors dans la cour et, en « gueulant », encerclent les insurgés.

« Les insultes fusent de toutes parts. [Mais] nous ne risquons pas de les effrayer avec nos mots armés d'injures. [...] Certains se sont mis des mouchoirs [...] pour se protéger des gaz. [...] Le béton est devenu plus gris, plus armé que jamais. [...] Et pourtant, le soleil illumine encore cette soirée d'été. [...] Vive le soleil ! Nous ne craignons plus les coups. Des fenêtres des cellules, les injures ont fait place aux jets de boîtes de conserve, d'assiettes. [...] Je regarde, rigolard, cette infanterie encagée nous soutenant allègrement de sa colère. [...] Chacun de nous compte pour trois. [...]

» — Chargez !

» Un vacarme assourdissant explose dans la mêlée disparate de soldats en guenilles. [...] Ce sont les grenades offensives. L'explosion est terrifiante. [...] Le bouchon allumeur de la grenade [...] peut être meurtrier s'il percute un organe vital. La tenaille referme ses mâchoires d'acier, et ça tape et ça crie !

» — Repli tactique !

En colonnes ordonnées nous franchissons les barrages formés par les uniformes. [...] Des bras matraqueurs se lèvent et s'abattent » sur les insurgés qui regagnent leurs cellules. »

Le lendemain, la détention est calme. Mais des prisonniers, dont Bauer, entament une longue grève de la faim.

L'AP qualifie de « mutinerie » ayant « nécessité » l'intervention des forces de l'ordre ce mouvement qui a été (presque) pacifique. Aucun détenu n'a fait usage d'armes *ad hoc* ou autre ; les locaux de détention, « difficilement inflammables, [...] tout neufs, salubres, avec des couloirs ripolinés, aseptisés », n'ont subi aucun dommage ; le personnel non plus. Quant au projet de « foncer sur les ateliers pour les détruire », il a été court-circuité, assure Bauer, par le double verrouillage de leurs portes et par l'apparition d'une dizaine de cars de gardes mobiles... Pas de casse, donc.

Si la révolte de Muret ne correspond guère à l'idée qu'on se fait d'une mutinerie, d'autres révoltes offrent elles aussi des variantes significatives, de petits faits qui illustrent la complexité du mouvement, la variété des situations, la diversité des réponses des geôliers. Seules les forces de l'ordre reproduisent indéfiniment leurs assauts à l'identique.

Saint-Martin-de-Ré

Hormis la révolte de Pointe-à-Pitre (Guadeloupe) où les détenus arrosent leurs surveillants d'eau bouillante, la mutinerie de Saint-Martin-de-Ré (30 juillet) est sans doute la plus destructrice des révoltes mal couvertes par la presse nationale.

Tout aurait commencé par de petits feux allumés dans les cellules. Ensuite les cent soixante-quinze mutins, « brisant rageusement tout ce qui leur tombait sous la main » (*Le Parisien libéré*), parviennent à démolir tout le pénitencier. La chaleur serait la cause suffisante de tant d'énervement. Un incendie ayant fait exploser des bouteilles d'acétylène, les forces de l'ordre, « elles-mêmes affolées par le feu », chargent avec leur violence habituelle et deux détenus sont tués, l'un par un bouchon de grenade et l'autre « par une bagarre » (veut croire *L'Aurore*). L'un des combattants a « le crâne fracassé » (*Le Canard enchaîné*). Quatre gendarmes et vingt-et-un mutins sont blessés, dont deux grièvement.

Rennes

Curieux « mouvement » que celui de la MA de Rennes, qui commence le 27 juillet dans la violence et se termine, pour les mutins, en queue de poisson. La centrale des femmes n'est pas concernée par ce mouvement.

À Rennes, c'est seulement après l'attaque des forces de l'ordre, chassant les rebelles des toits à coups de grenades, que ces derniers se mettent à « tout casser » *(Le Monde)*, brisant mobilier et matériel. Quelques prisonniers qui en profitent pour tenter la belle sont très vite rattrapés.

Les pompiers éteignent rapidement deux incendies, à la lingerie et dans un atelier *(Le Monde)*. Des pourparlers s'engagent avec le procureur, un habile négociateur qui obtient, sans nouvelles violences, à cinq heures du matin, le retour des mutins en cellule. Ces derniers n'obtiennent rien : ni de meilleures rémunérations, ni la révocation du directeur, ni la présence d'Hélène Dorlhac.

Pour ne pas « perdre la face » (*Le Figaro*), ils ne réclament plus, *in fine*, qu'un cachet de la prison moins visible sur leur courrier (*Le Monde*) et une douche supplémentaire – ce qui est accordé – portant le total à « deux douches par semaine ! » Ce point d'exclamation indigné est celui du *Parisien*.

Caen

Ici, les réclamations portent essentiellement sur le travail – SMIC, semaine de quarante heures – et l'assurance maladie. Le principal concessionnaire est un fabricant de chaises qui n'emploie que des prisonniers *(Le Figaro)*. *Le Canard enchaîné* (qui a sûrement un correspondant dans la place) rapporte que les détenus-travailleurs sont payés 13 F (9,61 €) par chaise et en fabriquent une dizaine par mois. Aucune règle de sécurité n'est respectée et « rien n'est prévu en cas d'accident sur la machine à dégrossir le bois. [...] À l'atelier de polissage, un bon polisseur peut gagner jusqu'à 1 000 F [à peu près le SMIC : 739,44 €] par mois », quitte à inhaler, faute de masque, force poussières métalliques. Quant à l'entrepreneur, il n'ose plus mettre les pieds dans la centrale, tant sa « popularité » y est grande.

L'envoyé spécial du *Monde* découvre que quarante visiteurs se bousculent dans une minuscule salle des parloirs. Et que certaines cellules de Caen (Calvados) sont classées monuments historiques, ce qui interdit d'y installer ne serait-ce que l'eau courante, les occupants n'ayant droit qu'à deux brocs d'eau par jour.

Le 24 juillet, un certain M. Charles, inspecteur général de l'AP, vient spécialement de Paris pour négocier. Il « conseille aux détenus d'élire des délégués, relate *Le Canard enchaîné*, et s'engage à doubler le nombre de parloirs. Sur le reste, les négociations, qui ont débuté dans l'après-midi, se poursuivent jusqu'à vingt-trois heures. « Elles sont en bonne voie, lorsque le préfet fait charger les CRS [quatre cents hommes contre deux cent deux détenus] avec des grenades offensives ». Ce que confirme Knobelspiess qui se trouve alors détenu ici.

Alors, « avec des sanglots dans la voix », M. Charles « appelle les taulards et leur montre un chemin de repli. Des gardiens s'interposent entre les détenus et les forces de l'ordre », poursuit le *Canard*. *L'Express* signale qu'« un [surveillant] brigadier arrache un détenu des mains des CRS » qui vont s'acharner plus loin « sur un Noir et deux Arabes », précise encore le *Canard*. « Plus tard, les prisonniers, craignant un dérapage des plus excités d'entre eux, organisent un refuge dans un bâtiment et le proposent aux gardiens. Qui ne disent pas non. »

Les CRS « tirent au P38 dans les jambes [des détenus] pour leur faire peur, raconte Knobelspiess. Il y a eu des pieds, des mains arrachées, des côtes, des nez, des mâchoires, des doigts, des bras, des jambes, des sternums..., enfoncés, cassés, fracturés. La prison n'était plus qu'une vaste infirmerie [41] ». Le bilan du *Canard* est plus modeste : dix à vingt détenus blessés, avec « des bras et des jambes cassés » et non pas deux ou trois blessés légers, comme il est dit officiellement.

À 5 h 15 du matin, les mutins se rendent sans opposer de véritable résistance, à la grande surprise des autorités qui s'attendaient à pire, et l'ordre est rétabli en vingt minutes.

Ceux de Caen ne paraissent guère plus menaçants au début août, alors que s'éteint le mouvement des prisonniers : « Nous, détenus de la centrale de Caen [...] curieux de connaître le contenu de ces projets de réforme, [...] avons opté pour le retour au calme... » déclarent-ils. Ils souhaitent que tous fassent preuve de « bon sens » et dominent leurs « passions » (*Le Monde*). Cependant, ajoutent-ils, « nous refusons désormais la condition de sous-hommes et de castrats ».

Fleury-Mérogis

Une autre affaire montre les surveillants sous un jour inhabituel : à Fleury-Mérogis, un cahier de revendication est présenté le 26 juillet à l'un des directeurs, que celui-ci ne daigne pas lire *(Le Nouvel Observateur)*. Les jeunes, sans doute du CJD, organisent alors un chahut, brûlant journaux, draps et couvertures, brisant les fenêtres de leurs cellules. Les surveillants refusant de réprimer cette « émeute », les CRS investissent les lieux. Le bâtiment 3 est épargné parce que « des gardiens empêchent les CRS d'y pénétrer », indique *Le Monde*.

Le 5 août, à la tripale D4, une vingtaine de jeunes détenus, en promenade sous une chaleur étouffante, escaladent un couloir afin de soumettre, « sans hurlements ni heurts », des revendications à la direction, qui refuse le dialogue et fait entrer les forces de l'ordre. Celles-ci chargent. Les jeunes détenus « se rendent sans violence ni heurts » mais les forces de l'ordre les font allonger sur le béton des cours. « Les matraques se lèvent et se baissent en un rythme parfait, les accompagnant jusqu'aux cachots. »

Le lendemain, en guise de protestation, quelques détenus grimpent sur un toit. À leur tour, les CRS y font irruption, « tapant à tour de bras les détenus, les obligeant ensuite à se dévêtir, de même qu'à s'allonger sur le toit ». Parmi eux, un travesti. « Les travestis, on va les jeter du toit, lancent les CRS, on va te foutre le bout de notre fusil dans le cul. » Le travesti apeuré se réfugie sur l'extrême bord du toit. Les CRS approchant, matraques levées, le travesti se jette dans le vide et se fracasse mortellement dans la cour [42].

La Talaudière

Ce centre pénitentiaire a été mis en service en 1968, en remplacement de l'ancienne prison de Saint-Étienne (Loire). Selon l'AP, La Talaudière est une « prison modèle », où il fait bon vivre. Alléché, un journaliste de *L'Aurore* s'y rend le 28 juillet 1974. Il déchante en y découvrant « des conditions inhumaines de détention [I] ». Toutefois les locaux sont corrects.

Il ne s'agit pas non plus d'une rébellion tumultueuse, mais d'« un refus collectif de remonter de la promenade et du vol d'un trousseau de clés [43] ».

Gilbert Besnard, détenu de vingt-deux ans, est tué ce 28 juillet, abattu par un gardien qui le soupçonne de tenter une évasion car il l'aurait aperçu sur un mur d'enceinte [II]. La direction assure qu'il y a eu sommation. La mort de « ce gosse qui n'avait rien fait » met en fureur ses codétenus.

I. Lire *supra*, p. 59.

II. En 1974, pendant les « troubles », les surveillants sont armés. En temps normal, ils ne le sont pas, sauf ceux affectés au mirador, qui ont le droit de tirer sur les candidats à l'évasion. Les forces de l'ordre aussi qui ont, en cet été 1974, le feu vert de Michel Poniatowski, ministre de l'Intérieur.

Une enquête est ouverte. Avant de se perdre, comme tant d'autres, dans les sables judiciaires, elle révélera quelques détails troublants : la mère de Besnard déclare que la balle a atteint son fils dans le dos. Besnard ne se trouvait pas sur un mur d'enceinte. Sa tentative d'évasion n'est donc nullement avérée. Bavure de surveillant ?

La Santé

Dans l'unique prison parisienne, l'agitation est endémique en juillet. Des incidents parfois violents s'y produisent, qui engagent rarement en même temps tous les occupants de la maison d'arrêt.

Le 27 juin une cinquantaine de détenus sur les toits ont réclamé l'application de la réforme de Pleven ; plus de temps au parloir ; le droit d'embrasser leurs enfants et celui de travailler. Ange Calisti [1], le directeur, refuse les transistors réclamés, mais autorise les lecteurs de cassettes.

Le 23 juillet, vingt-neuf autres prisonniers déclenchent à leur tour une grève de la faim contre les abus de la détention provisoire qu'une loi de 1970 était censée limiter. Cinq jours plus tard, au quartier haut, une centaine de détenus (sur mille cinq cents) brisent les vitres de leurs cellules et mettent le feu à leurs paillasses. Presque au même moment, d'autres détenus déclenchent une grève de la faim illimitée pour obtenir des parloirs de quarante-cinq minutes au lieu de trente ; et, au quartier haut, des promenades en commun *(Le Figaro)*. Le lendemain 30 juillet, Claude Vincent, de *France-Soir*, venu s'entretenir avec Calisti, sceptique sur la réforme, doit quitter la Santé parce que « de nouveaux troubles » ayant éclaté, des CRS s'apprêtent à y pénétrer.

Pourtant ceux du quartier bas de la Santé sont si peu inquiétants, fin juillet, qu'ils « demandent à tous les détenus de France de mettre un terme à leurs actes de violence, [...]

1. Leader syndicaliste FO des personnels pénitentiaires, Ange Calisti en est devenu secrétaire général adjoint, puis directeur de prison, à Clairvaux dans un premier temps. Le sous-directeur (et bientôt directeur) de la Santé, Hubert Bonaldi, détesté par les détenus, est secrétaire général du même syndicat.

le but recherché [la promesse de réformes] étant maintenant atteint ». Ces mots figurent dans une lettre adressée à Calisti. Les auteurs y rendent hommage à Giscard. Préoccupés par l'image exécrable des prisonniers, ils ajoutent : « Il ne faut pas donner raison à ceux qui pensent [...] que les prisons ne sont peuplées que d'assassins, d'illettrés et d'irresponsables. Il faut montrer que les détenus sont aussi capables [...] d'attendre dans la sérénité que le gouvernement donne des preuves de sa volonté de changement. La réforme à venir dépendra essentiellement du comportement des détenus, de leur intelligence, de leur obéissance, de leur patience. »

Pourquoi les détenus du quartier haut n'ont-ils pas signé cette lettre ?

Alors que les détenus révoltés ont eu jusqu'à présent le plus grand mal à se faire entendre, cet appel de la Santé est publié partout, parfois à la une.

Enfin, *L'Aurore* souligne le 1er août qu'il n'y a plus à la Santé « aucun chahut, aucun geste de mauvaise humeur ». Les détenus agités seraient-ils devenus raisonnables parce que étroitement surveillés par « 300 CRS à l'intérieur et à l'extérieur de la prison » ? Dans d'autres établissements, le retour au calme n'a probablement pas d'autre explication.

À armes inégales

Quelles conclusions tirer de ce survol de prisons plus ou moins en colère ?

Les forces de l'ordre disposent d'hélicoptères, d'où elles déversent, sans danger pour elles, des grenades sur les insurgés. Parmi celles-ci, des grenades offensives, épargnées aux étudiants de Mai 68 car très dangereuses et susceptibles de déclencher des incendies.

Les insurgés se défendent au moyen d'invectives, de barrages, de « gourdins de fortune », d'espaliers de salle de gym, d'outils « empruntés » aux ateliers, de morceaux de lavabos et de lits métalliques... Des béliers servent à défoncer des portes, à saccager des locaux mais aussi à faire peur.

Les provocations des geôliers ne sont pas rares. C'est pourquoi Pierre Goldman, qui se trouve à Fresnes, empêche, avec ses camarades, une mutinerie d'éclater : « Je pensais (et *savais*) que divers membres du personnel [...] voulurent, quand éclatèrent les mutineries [...] fomenter, provoquer [...] un mouvement de prisonniers, entraîner l'occupation et la surveillance de la détention par les gendarmes et les CRS. Cela ne manquerait pas, pensaient-ils, de produire des incidents violents, voire sanglants. Ils pensaient ainsi utiliser les prisonniers comme masse de manœuvre inconsciente qui leur permettrait de faire valoir leurs revendications [catégorielles]. Dès lors, tout mouvement violent [...] pour justifié qu'il pût être, servait les intérêts des surveillants. [...] Et les forces de l'ordre, qui assuraient le service intérieur de la prison après que les surveillants se fussent mis en grève, étaient armées [1]... »

Quand il est mentionné, le nombre des prisonniers blessés – des centaines, selon les rebelles – est systématiquement sous-estimé dans la presse. Le nombre de détenus morts du fait des révoltes est sujet à caution. Pour le seul été 1974, l'AP en recense six et la plupart des autres sources, sept ou huit – ce qui paraît peu. Mais il y a aussi des « disparus ». Aucun mort parmi les forces de l'ordre, qui déplorent toutefois vingt-neuf blessés.

Les prisonniers n'obtiennent cet été-là que des os à ronger : insecticides contre les moustiques (à Eysses), modifications d'horaires de travail, davantage de parloirs... et beaucoup de promesses. En principe, les autorités locales transmettent les doléances à la chancellerie ou à l'AP. Ce que les prisonniers, souvent, acceptent. Ils doivent bien se douter que les revendications d'ordre général – sur les rémunérations, les libérations conditionnelles... – ne peuvent être satisfaites sur-le-champ ni localement. Toutefois, leurs réclamations vont peser dans la balance : beaucoup seront étudiées en haut lieu, et certaines réponses données par la réforme de 1975. Ange Calisti adresse à ses détenus de la Santé une lettre ouverte où il reconnaît – il est, à notre connaissance, le seul – que les réformes ne seront rendues possibles que par « les actions sans précédent » qu'ont menées les prisonniers [45].

1. Pour sa contribution à l'apaisement de Fresnes, Goldman sera, à son corps défendant, félicité par ses geôliers et par ses juges [44].

En ce sens, les luttes de l'été 1974 ne sont pas « des combats perdus d'avance ». Elles le sont si l'on se réfère à l'inégalité des forces en présence. Mais l'unité, la solidarité même éphémères entre prisonniers, sont de petites victoires : les mutins de Clairvaux « se tiennent par la main » mais, ajoute sobrement Charlie Bauer, « il n'y eut pas toujours de réelle prise de conscience parmi la population pénale – je veux dire par "conscience" une réflexion profonde sur les motifs de mécontentement –, mais tous avaient en commun cette rage qui devait à terme conduire chacun vers une certaine solidarité [46] ».

Plus sobre encore, Serge Livrozet décrit les prisonniers comme « la plupart du temps des êtres frustes qui ne sont jamais allés à l'école [1] et n'ont jamais lu de livres politiques. Ils se sont révoltés de façon vachement réactionnelle et pas du tout politique. Lutter collectivement sur les toits, en réalité ce n'est pas révolutionnaire. Une fois qu'ils sont redescendus des toits et ont repris la vie "normale", c'est fini [...] Comment passer de la lutte individuelle à la lutte collective ? [...] Comment on l'a fait, je ne sais pas. [...] Nous [au CAP] nous avons un mal énorme à recruter des taulards. [...] Se battre, non pas parce que ton usine est en grève, mais parce que l'usine de ton copain à 500 ou 1 000 kilomètres est en grève – c'est ce niveau de conscience de classe qu'on n'a pas atteint [48] ».

D'autant qu'en prison les moyens de diviser l'adversaire sont autrement plus conséquents qu'en entreprise, et que les prisonniers sont doublement isolés : de l'extérieur comme à l'intérieur. Avec l'extérieur, des ponts sont cependant jetés : les gauchistes ont fait leur travail d'amplification, la presse parle abondamment des prisons, journaux et journalistes commencent à y pénétrer après la bataille.

En règle générale, les révoltes les plus violentes et les plus destructrices de l'été 1974 sont le fait de condamnés qui estiment n'avoir rien à perdre lorsqu'ils purgent en centrale les peines les plus longues. Les condamnés bientôt libérés se

1. 80 % ont pourtant fait des études primaires, selon une enquête réalisée par des aumôniers et des médecins de prison [47].

désolidarisent parfois – souvent ? on ne sait – des mutins pour ne pas compromettre leur sortie. Toujours est-il que l'AP fait état de six mutineries en centrale et trois en maison d'arrêt. Les condamnés sont-ils plus désespérés que les prévenus ? Ces derniers se suicident en tout cas davantage.

Quoi qu'en disent les surveillants, le recours des prisonniers à la violence n'est pas l'effet d'un excès de libéralisme mais celui, immédiat ou différé, de la politique rigide et autoritaire qu'adoptent de nombreux directeurs d'établissements et/ou leurs personnels. Si les prisonniers sont bien traités, comme à Arras [1] ou à Melun, ils restent tranquilles cet été-là. La solution au problème des révoltes, que cherchent dans l'affolement et à tous les niveaux, y compris le plus haut, les responsables pénitentiaires et autres, est tout simplement là.

1. Comme on le voit au chapitre suivant.

14. Des prisons sans histoire(s)

Alors que *Le Parisien libéré* titre, pendant l'été 1974, « PRISONS : CAHOS PARTOUT », un chroniqueur attentif trouverait largement de quoi alimenter une rubrique « prisons sans histoires », ou du moins très modérément chaotiques.

Parmi les moins agitées, il évoquerait celle d'Arras (Pas-de-Calais), prison véritablement modèle quoiqu'à notre connaissance l'AP ne l'ait pas gratifiée de cette étiquette. L'établissement ne compte que cent soixante détenus, ce qui lui vaut, comme aux autres petites prisons, d'être dirigé par un surveillant-chef, un certain Lucien Hénocq, présenté par un détenu comme le chef d'« une grande famille ». Ici, les surveillants entament une grève de la faim de cinq jours. Ils sont rejoints par les prisonniers qui épousent – comme aussi à Nice et à Mulhouse – la cause des matons. Plus surprenant, Hénocq fait grève avec toute sa « famille ».

Ici, le personnel réprouve l'intervention des policiers dans les enceintes des prisons. « Tirer sur les détenus en fuite est une provocation qui pourrait déclencher un massacre », avance Hénocq. Il n'y en aura pas chez lui. D'ailleurs, aucun détenu ne s'insurge ni ne cherche à s'évader. À Arras, en effet, « la discipline est nécessaire mais librement consentie ».

Persuadé que « la délinquance est un mal curable », Hénocq a formé de petits groupes de quinze détenus selon leurs affinités. Ils ont la radio et la télévision, qui ne sont jamais coupées. Au parloir, seule une table sépare les visiteurs des visités. Dans les ateliers de petite manutention, l'activité est paisible. *Aucun* suicide n'est recensé ici.

Les détenus d'Arras ne veulent pas suivre le mouvement de violence, précise *Le Figaro*, l'un des rares journaux à pousser les investigations jusqu'au Pas-de-Calais. Les pensionnaires veulent toutefois « que cela change ». Mais de quoi se plaignent-ils ? Le reporter ne le dit pas.

À Laval (Mayenne) se trouve une maison d'arrêt où seulement huit détenus, qui n'ont aucun contact avec les soixante autres, passent une heure sur les toits avant de redescendre pour discuter. Bon enfant, « le directeur a su régler en quelques minutes la mutinerie qui se dessinait en évitant de mêler les forces de l'ordre à l'affaire : “Tout cela n'est pas grave. Mes pensionnaires veulent se montrer un peu à leur tour” », déclare-t-il à *L'Aurore*.

À Riom (Puy-de-Dôme), la MC regroupe essentiellement des Maghrébins purgeant de longues peines. Ils sont cent cinquante, le 26 juillet, à se réunir dans la cour et à présenter pacifiquement leurs doléances. Cela suffit pour que cent quarante policiers et gardiens de la paix investissent la centrale. Apeurés, les protestataires ne réclament plus alors qu'une réponse rapide à leurs demandes avant de regagner leurs cellules.

« Ni violence, ni dégâts » à Fresnes (Val-de-Marne), rapporte *Le Monde* : « La vue des forces de l'ordre a suffi pour convaincre [deux cents détenus] de se rendre. » Une trentaine d'autres sont délogés des toits par des jets de grenades lacrymogènes.

À Varces (Isère), vingt-six détenus, qui tiennent à préciser qu'ils ne sont pas des rebelles, exigent seulement que leurs revendications soient publiées dans la presse.

Les quatre cent cinquante-trois détenus d'Eysses (Gironde) mènent « une véritable action syndicale » (*L'Aurore*) qui se traduit par une grève des cinq ateliers « dans le plus grand calme » (*Le Figaro*). Arguant que le président de la République promet aux détenus-travailleurs des rémunérations « normales », les grévistes rejettent comme insuffisants les 10 % d'augmentation proposés par les concessionnaires.

Mais dans la nuit du 4 août, près du dortoir où de pacifiques grévistes, déjà couchés, s'endorment, un incendie d'origine inconnue éclate à vingt-deux heures. « Alors nous avons cassé nos cellules afin de ne pas brûler, nous sommes sortis du dortoir et [...] montés sur le toit pour nous mettre à l'abri du feu. [De là-haut] nous avons vu que ce n'était pas si grave. » À peine descendus sur ordre des surveillants, ils reçoivent des CRS et gardes mobiles jusqu'alors postés alentour « une de ces volées de coups de crosses et de matraques dont ils ont le secret. […] Ce fut une avalanche ». Suit le massacre habituel : les « mutins » grelottants restent allongés toute la nuit dans la cour, « face contre terre avec, chaque fois que nous relevions la tête, un coup de crosse sur la tête ou dans les reins ». (C'est décidément un rituel – imaginé au ministère de l'Intérieur ?) Puis, au cachot, fouilles, « strip-tease » et un second massacre perpétré cette fois par « certains surveillants seulement », sous « l'œil amusé » des forces de l'ordre [49]… Et tout cela pour un malentendu.

Saint-Paul – Saint-Joseph (Rhône) ou encore Toul (Meurthe-et-Moselle) se contentent, pendant l'été 1974, de paisibles protestations – grèves du travail à Toul – alors qu'ils s'étaient signalés jadis par des actions très dures. Saint-Paul – Saint-Joseph connaîtra pourtant une révolte très violente en 1975.

« Pourquoi nos camarades d'autres centrales ont-ils voulu attirer l'attention ? questionnent les détenus de Melun (Seine-et-Marne). Parce qu'il n'existe pas [chez eux] le libéralisme instauré depuis quelque temps par la direction de Melun. […] Le directeur a eu raison de laisser les détenus se prendre en charge eux-mêmes » *(Le Figaro)*.

Ces prisonniers vantent « le dialogue et le contact permanent » avec la hiérarchie « dont les bureaux sont accessibles à tous » ; et apprécient le chef de fabrication de l'imprimerie qui considère les détenus-travailleurs « comme des ouvriers à part entière ». Ils réclament néanmoins la disparition des « travaux abêtissants », la sécurité sociale, des salaires approchant ceux de l'extérieur « et un personnel plus éducatif ».

Le 1er janvier 1975 se produit une mini-mutinerie à Melun, la dernière de la série. Ce jour-là, selon *Le Monde*, des prisonniers « cassent quelques portes, quelques vitres et 200 à 250 assiettes, ouvrent les mitards à coups de gouttières en fonte et incendient les sapins de Noël ». « Nous ingurgitons quelques bouteilles d'eau de Cologne pour nous donner soi-disant de la force », confessera à *Libération* l'un des participants. Mais l'ensemble de la détention ne suit pas le mouvement. Certains prisonniers, dont les « mutins » ont ouvert les portes de cellule, refusent même de sortir !

Autre déconvenue pour les Cassandre de l'époque : de la MC d'Ensisheim (Haut-Rhin), on attendait le pire, révèle Hélène Dorlhac dans ses mémoires, « certains détenus étant armés de couteaux ou de pointes. Or, il n'y eut pas d'affrontement, mais seulement un *sit-in* dans la cour, toute la nuit, autour d'un feu de bois », par solidarité avec les prisonniers en lutte ailleurs. À l'aube, ceux d'Ensisheim regagnent calmement leurs cellules [50].

Les prisonnières ne sont pas non plus remuantes cet été-là, à l'exception de celles de Fleury-Mérogis [I].

Les surveillants, qui ont réussi à créer une psychose autour de l'éventualité de prises d'otages, sortent indemnes de l'écrasante majorité des « mouvements » de l'été 1974. Souvent, ils se sont enfuis dès le début. Un seul aurait été réellement pris en otage, à Fresnes, si l'on en croit *Le Journal du dimanche* qui ne fournit aucun détail. À Colmar (Haut-Rhin), où se produisent de violents incidents, une soixantaine de détenus « capture » (selon *Le Monde* qui y met des guillemets) ou « immobilise » (selon *Le Journal du dimanche*) deux gardiens dans la cour de promenade, mais les libère presque aussitôt. Le gardien « retenu » vingt minutes dans une cellule à Quimper (Finistère) est également libéré, à la demande du JAP. Si, à Mulhouse (Haut-Rhin), des prisonniers s'en prennent à des surveillants, c'est seulement pour s'emparer de leurs clés. Très attentive aux doléances des gardiens, la presse de notre échantillon ne mentionne pas, à notre connaissance, d'autre agression les concernant cet été-là. Par contre, un surveillant est tué par un détenu de Brive en septembre. Les matons, dont l'esprit de corps est incomparablement plus prononcé que celui des prisonniers, assistent en masse aux obsèques [II].

I. Lire *infra*, p. 307.

II. Lire *infra*, p. 202.

V. Une réforme « libérale »

15. L'été brûlant à Paris

Dans les coulisses du pouvoir giscardien

On a vu que les timides réformes de René Pleven (1971-1972) n'ont pas amadoué les détenus : les révoltes collectives ont repris après une courte pause. Il en va autrement de l'équipe « libérale » de Valéry Giscard d'Estaing, qui saura y mettre un terme pour plus longtemps. Comment vaincre le cancer des prisons ? Ce sera, pour le nouveau président, « l'*acid test*, seuil à partir duquel un homme d'État a ou non le courage de déplaire [1] ». Élu en mai 1974, Giscard confie la chancellerie au centriste Jean Lecanuet et invente un secrétariat d'État à la condition pénitentiaire que dirigera dès le 11 juin Hélène Dorlhac de Borne.

Été 1974. La direction de l'AP est « en pleine tourmente ». On y redoute la « décomposition [2] » d'une vénérable institution. Fin juillet, des attentats plombent un climat déjà lourd : une charge explosive abîme un peu la DAP, alors située place Vendôme ; une autre vise le siège de la CGT pénitentiaire. Actions revendiquées par de mystérieux Damnés de la terre.

À l'Élysée, « la révolte des prisons fut vécue comme très dure et très éprouvante. L'affolement l'emporta sur la détermination », se souviendra Philippe Boucher du *Monde*, comparant l'exécutif à un bateau ivre [3]. Le pouvoir semble en effet pris de court. Tantôt il cogne, tantôt il hésite, tergiverse, recule, laisse pourrir la situation, tantôt il cherche à séduire les insurgés par des promesses, sans lendemain pour certaines. Pour Olivier Fouquet, conseiller technique à l'Élysée, « l'État était complètement désemparé [4] ».

D'autant plus que l'habituel rempart contre la chienlit carcérale semble s'écrouler : au printemps 1974, un surveillant sur cinq démissionne dans les dix-huit mois qui suivent sa formation. En juillet, les surveillants observent, en ordre dispersé, des arrêts partiels de travail, empêchant les visites : ce sont alors les prisonniers qui sont pris en otage. Parfois les gardiens les incitent à des actions violentes qui justifieraient leurs sombres prévisions. Ainsi, des détenus sortant de Fleury rapportent au *Monde* qu'ils ont été poussés à casser des carreaux [5].

Une fois de plus les porte-parole des surveillants cultivent le catastrophisme, agitant la menace d'un « démantèlement de l'administration pénitentiaire » et imputent les révoltes à la « carence totale de [ses] moyens », « à une politique incohérente, une démagogie permanente, une méconnaissance des véritables problèmes ». Ces sinistres propos sont loin d'être faux, et l'inoxydable Bonaldi en rajoute : « Qu'on y prenne garde : la passivité et la peur s'installeront dans l'indifférence et le bel édifice des institutions s'écroulera dans le fracas des intolérances [6]. »

Au 1er août, la plupart des sept mille surveillants entrent en dissidence. Leur grève (illégale) ne dure, il est vrai, que trois jours, Lecanuet adressant à chacun une lettre où il promet « la revalorisation de la fonction pénitentiaire ».

Nonobstant leurs intérêts catégoriels, les « sentinelles blafardes » s'élèvent parfois contre l'exploitation des détenus-travailleurs.

La carotte et le bâton

Pendant tout l'été brûlant, le gouvernement manie tantôt le bâton et tantôt la carotte. Au lendemain de la mutinerie de Clairvaux, « le ministre de la Justice annonça à la radio et à la télévision qu'il ne se laisserait pas intimider par quelques énergumènes, que la révolte de Clairvaux avait été matée comme il se devait, qu'il conseillait solennellement aux autres détenus de se tenir tranquilles... Un discours en forme de menace qui produisit immédiatement une explosion en chaîne... », se souvient Charlie Bauer [7].

Lors d'une retentissante conférence de presse, le président de la République avance sa première carotte : « La prison, c'est la privation de liberté et rien d'autre [8] », reprenant ainsi une idée déjà formulée en 1972 par le Syndicat de la magistrature. (On lui attribue aussi cette autre formule : « La détention, c'est la peine, et le reste, c'est au contraire quelque chose qui doit permettre la réinsertion ultérieure. ») Beaucoup de prisonniers l'applaudissent. Ainsi, toutes les avanies, toutes les souffrances accumulées en détention n'auraient aucune raison d'être ? Le président s'engagerait à les faire disparaître ? Mais le *CAP* met en garde ces naïfs : avec ou sans « le reste », réplique-t-il, la prison est inacceptable *puisque* privative de liberté.

« Le travail, poursuit Giscard, doit être un travail normal, considéré et rémunéré comme tel. » Il souhaite enfin « que la lecture soit complètement libre et l'enseignement, de qualité [9] ». Les détenus boivent du petit lait. Impressionné, *Le Figaro* juge que les propos présidentiels « remettent en question toute la politique pénitentiaire suivie chez nous depuis l'ancien régime [10] ».

Les revendications des prisonniers touchant à leurs conditions de vie, de travail et d'hygiène sont « légitimes » aux yeux d'Hélène Dorlhac. Elle interprète les mouvements des détenus-travailleurs (principalement à Melun, Lyon et Caen) comme une « ébauche de "syndicalisme" » raisonnable [11]. Si Lecanuet ne l'en avait empêchée, elle serait volontiers allée à Nîmes (où elle réside) pour écouter les doléances des détenus incendiaires. Habilement, la chancellerie organise pour sa part des « missions d'urgence » chargées de désamorcer les conflits sur le terrain. L'une d'elles décide, à Besançon, de « libérer l'habillement et la coiffure, sinon ce serait l'insurrection [12] ».

Nul ne manie le bâton avec autant de dextérité que le ministre de l'Intérieur. Non seulement il dépêche les forces de l'ordre là où quelques palabres conciliantes pourraient faire l'affaire et expose les mutins de Loos à la réprobation publique, mais aussi il prévient que « tout détenu surpris à l'extérieur de sa cellule aux heures et dans les endroits qui lui sont interdits sera considéré en état d'évasion et courra le risque d'être abattu [13] ».

Le gouvernement réinvente le double langage de l'ordre et des réformes, résume *Politique-Hebdo*, qui poursuit : « On rentre Lecanuet dans un tiroir et on en sort Mme Dorlhac [...] La France est gouvernée par Janus : deux bouches pour un double langage, deux personnages pour une politique à double face [14]. »

Le Monde « s'étonne qu'on puisse annoncer le mardi les détails d'une réforme qu'on abandonne le jeudi et qu'on remplace le jeudi suivant par des menaces de mort [15] ». Dans les coulisses du pouvoir se livre, il est vrai, un combat acharné entre droites réformatrice et conservatrice, sans oublier le centre gauche qu'incarne Lecanuet, ce qui explique pour partie ces revirements.

Mais ce n'est pas encore la réforme. Ce sont des projets, ceux du « plan Lecanuet » présenté au Conseil des ministres du 31 juillet. Certains seront effectivement mis en chantier par la suite, et partiellement appliqués. D'autres dépassent d'assez loin les réformes réellement engagées. D'autres encore sont étouffés dans l'œuf. Ainsi, le statut du détenu, où droits et devoirs seraient « équilibrés », est désavoué le surlendemain par Lecanuet qui juge sa propre formulation « excessive ». Quant au SMIC, Giscard l'exclut d'emblée : « Il n'est pas question, tranche-t-il, de les payer au SMIC [1], mais plus décemment, oui [16]. »

Puis le « plan Lecanuet » est ajourné à la demande de Poniatowski au motif que l'ordre n'est pas encore rétabli. En effet, d'ultimes mutineries éclatent à Saint-Martin-de-Ré et Avignon. Pour le ministre de l'Intérieur, « la réforme est actuellement empêchée par les prisonniers eux-mêmes ». Au Conseil des ministres du 7 août, les projets, amendés, refont

1. En prison, seuls quelques ouvriers hautement qualifiés, comme le polisseur de Caen (lire *supra*, p. 182), approchent le SMIC, qui est alors à 1200 F (887,33 €).

surface. Quant aux réformes de fond, elles sont renvoyées, comme c'est l'usage, à des commissions. Du 8 août au 31 décembre 1974, on ne signalera plus que seize mouvements collectifs « de peu d'importance », à en croire Jean-Michel Dejenne [17], auteur d'un mémoire sur Hélène Dorlhac.

« C'est M. Poniatowski qui a imposé dans tous ses détails le subtil dosage de fermeté, de conciliation et de promesse qui est venu à bout de l'effervescence des détenus », croit savoir *Paris-Match* [18]. Les velléités libérales de Giscard s'évanouissent plus d'une fois devant la cravache de Poniatowski. Mais celui-ci « forme avec le président une dyarchie harmonieuse, huilée, instinctive. C'est un seul pouvoir en deux personnes, mues par une même pensée [19] ». Les deux compères, inséparables depuis plus de vingt ans, se téléphonent ou se rencontrent plusieurs fois par jour.

À côté d'un tel couple, Lecanuet ne fait pas le poids. Lui qui visait les Affaires sociales ou étrangères s'ennuie à la chancellerie qu'il considère comme son « tombeau ». En 1974, ce centriste se voit humilié par Giscard qui lui vole sa conférence de presse sur la réforme des prisons. Lecanuet n'est guère apprécié des détenus : « Il a tellement retourné sa veste qu'il ne sait plus où est l'envers, où est l'endroit », s'amuse un correspondant du *CAP* en 1975. L'année suivante, cet humaniste chrétien signera l'ordre de guillotiner Christian Ranucci [1].

Quant à Poniatowski, il aurait « personnellement dirigé le ministère de la Justice, soutenant à bras le corps le garde des Sceaux [20] » avec ses forces de l'ordre, et mis Lecanuet devant le fait accompli. Quand ce dernier assure que la suppression du casier judiciaire « est à l'étude », « Ponia » oppose son veto au projet. « M. Jean Lecanuet vient, dans les faits, de subir un triple camouflet qui risquerait de le faire apparaître, si l'on était mal intentionné, comme le vassal de M. Poniatowski », commente malicieusement Philippe Boucher dans *Le Monde* [21].

1. Jeune Marseillais condamné à mort et exécuté pour le meurtre d'une fillette. Sa culpabilité est largement contestée (lire Gilles Perrault, *Le Pull-over rouge*, Ramsay, 1978). Deux autres condamnés (dont Hamida Djendoubi, un terrassier infirme) seront encore exécutés sous la présidence de Giscard, avant l'abolition de la peine de mort, imposée par Mitterrand en 1981.

Une poignée de poignet

La seconde carotte de Giscard est magistrale. Sans informer aucun de ses ministres, il rend, le 10 août, une visite impromptue aux détenus de la MA de Saint-Paul à Lyon. Le directeur n'a été prévenu qu'au dernier moment. Accompagné de la seule Hélène Dorlhac, Giscard s'informe sur tout, arpente coursives et cuisines, goûte à un plateau-repas, se fait ouvrir les cellules étroites et sombres, interroge leurs occupants, leur serre la main et plaisante avec eux. Mais il évite le sujet des revendications.

Les médias immortalisent la « poignée de main » du président à un vulgaire prisonnier : le geste, banal en d'autres circonstances, est ici spectaculaire, sans doute calculé, démagogique mais totalement inattendu. Un tel geste, dont la vieille droite n'est pas coutumière [1], laisse pantois Jacques Chirac, alors Premier ministre, qui prend très mal la chose.

Mais une poignée de main, n'est-ce pas d'abord l'une des obscures techniques du corps que Marcel Mauss conseillait d'étudier au plus près [22] ? Technique convenue, rituelle, à laquelle recourent des millions d'individus, surtout occidentaux, pour signifier une reconnaissance *a minima* de l'autre, un rapprochement voulu ou subi, en tout cas limité, distant puisqu'il n'atteint pas le torse, réservé aux contacts plus chaleureux. Les surfaces corporelles impliquées sont en effet restreintes. Deux corps se touchent, mais brièvement, et par le seul truchement d'un bras prolongé par une main.

Sur un cliché célèbre, c'est l'inégalité vestimentaire des deux hommes qui d'emblée saute aux yeux : l'impeccable costume de Giscard, son col blanc, son élégante cravate, contrastent avec le tablier du détenu, sa manche retroussée, sa cigarette au bec.

Le bras présidentiel est si énergiquement tendu qu'on ne peut s'y tromper : l'initiative vient de Giscard, le décideur, c'est lui. Le visage, que n'éclaire aucun sourire, semble quelque

1. Jean Taittinger, le précédent chancelier, avait déjà visité, en 1973, la MA de Saint-Paul, mais sans rencontrer de prisonniers. Ni avant ni après Giscard, un président n'a serré la main d'un détenu.

peu crispé. Plutôt nonchalant, le prisonnier ne sourit pas davantage et paraît jouer le rôle passif de faire-valoir. Il s'attend d'autant moins à cette visite qu'il est occupé à laver la vaisselle. La distance sociale qui sépare les protagonistes est accentuée par la présence de quatre antiques éviers dont deux les éloignent de plus d'un mètre. Ils doivent donc se pencher, bras tendus l'un vers l'autre, pour accomplir le fameux geste.

Le prisonnier se tient derrière l'évier rempli d'eau grisâtre où flotte un nuage de mousse. Le grand bourgeois anobli qu'est Giscard d'Estaing peut-il serrer une main souillée par de la vaisselle sale, et carcérale ? Y a-t-il une autre issue ? L'avant-bras du détenu étant nu, le président s'empare sans rechigner non de la main, mais du poignet.

Ce geste horrifie son électorat. Giscard a eu le courage de déplaire.

La solitude d'Hélène Dorlhac

Grande, brune, digne, aristocratique, que fait donc la belle Hélène Dorlhac de Borne dans cette galère ? Sa position est inconfortable. Lecanuet marque peu de sympathie pour elle et son secrétariat, cette pièce rapportée, ce gadget élyséen dont il apprend la création par les journaux.

On peine à dénicher un local pour ce secrétariat qui ne dispose d'aucun budget, d'aucune administration, au départ d'aucun meuble. Hélène Dorlhac est tout de même dotée d'un chef de cabinet, Philippe Chemithe, qui fera son éducation juridique « car elle n'y connaissait absolument rien » (Lecanuet non plus, d'ailleurs). « Trop provinciale, Mme Dorlhac fut carbonisée d'entrée », confiera Philippe Boucher [23]. Elle ne connaît personne à Paris et si Giscard l'apprécie, du moins pendant un temps, les hauts fonctionnaires qui l'entourent lui vouent indifférence ou mépris, voire une franche hostilité (à l'exception toutefois de son indéfectible allié Jacques Mégret, le nouveau directeur de l'AP). Mme Dorlhac ne pourra même pas signer les circulaires ayant trait aux prisons. À la télévision, elle reconnaîtra que son secrétariat est bien « impopulaire ». Elle en veut pour preuves les lettres d'injures qu'elle reçoit, ainsi que Lecanuet, par milliers.

Hélène Dorlhac résumera son bref parcours politique par cette litote : « Je puis dire qu'au début, il y eut un certain blocage. Heureusement, on me laissa enfin plus d'autonomie [24]. »

Parce qu'elle multiplie les visites aux prisonniers – qui la réclament partout – y compris aux rebelles, et leur parle en tête-à-tête ; parce qu'elle défend les détenus, rappelant que sur mille quatre cents bénéficiaires de permissions de sortir, cinq seulement ne sont pas rentrés ; parce qu'elle tient à ses idées libérales, allant jusqu'à regretter de n'être pas soutenue par les intellectuels de gauche [1], elle s'attire les foudres des surveillants.

Téméraire, elle se rend aux obsèques d'un des leurs, mort étouffé en septembre 1975 par un détenu de Brive. Mal lui en prend. Massivement présents, les gardiens ponctuent son discours de « toussotements, réflexions à haute voix, raclements de gorge, brouhaha [26] » et appellent à sa démission : « Elle s'est faite insulter de façon abominable, elle a subi des propos atroces, effrayants », se souvient Olivier Fouquet [27].

Les surveillants sont injustes avec Mme Dorlhac – mais n'est-il pas plus facile de s'en prendre à une faible femme, ce qu'elle est politiquement, qu'à un président de la République serrant la main d'un prisonnier ? Elle s'implique totalement dans la réforme que Bonaldi qualifie d'« outre de vent ». Lorsqu'elle visite les prisons, pourtant, Hélène Dorlhac s'entretient également avec les surveillants, ne cesse de répéter que sans eux, la réforme ne saurait aboutir et les invite aux commissions qu'elle préside, consacrées à la revalorisation de leur statut.

Mais « les obscurs travailleurs de ces pays de géhenne, qui campent sous les murs noircis des prisons dévastées, veulent davantage, et qui n'a pas de prix : le droit d'exister », s'écrie Hubert Bonaldi [28]. Dans ses mémoires, où il tempère sa rhétorique, celui-ci conviendra que « la bonne foi de Madame Dorlhac semble à toute épreuve. […] Je ne crois pas qu'elle

1. « Je déplore que les intellectuels dits de sensibilité de gauche n'aient pas appuyé ma démarche que, dès le début, j'ai voulu libérale. […] Quelle déception pour moi qui croyais naïvement que l'on pouvait, sur des problèmes humanitaires, trouver un consensus [25]… »

ait manqué de courage politique, mais cela ne suffisait sans doute pas [29] ». De son côté, l'intéressée fait cette surprenante déclaration : « Au fond, je crois qu'ils [les surveillants] m'aimaient bien [30]. »

En tout cas, ils ne sont pas ses pires ennemis. Cette palme revient à Michel Poniatowski. Mme Dorlhac ne se prononce pas publiquement sur la répression sauvage – et qu'elle réprouve certainement – des mutineries et autres « mouvements collectifs ». Elle affiche avec constance un humanisme aux antipodes de la *realpolitik* menée par le ministre de l'Intérieur. Toutefois cet humanisme n'a rien de révolutionnaire. Ce qui vaut à Mme Dorlhac l'ironie cinglante du CAP.

Elle pâtit enfin d'évitables retards dans la promulgation, puis l'application de la réforme : des textes annoncés en 1974 et publiés en 1975 ne sont mis en œuvre qu'en 1976 dans le meilleur des cas. Jusqu'alors, « rien ne vient, déplore *Le Monde*, sinon Mme Hélène Dorlhac, riche de visites, de paroles et avare de réalisations, les moyens qui lui sont propres étant nuls. [...] Le sentiment de frustration est encore plus grand, maintenant que l'on promet, que lorsqu'on ne disait mot. [...] Jugée peu crédible, on la dit sur le départ [31] ». C'est enterrer un peu vite l'obstinée Mme Dorlhac : fin 1975, alors que Poniatowski se livre à une tirade féroce contre la réforme qui aboutirait, selon lui, à des « prisons quatre étoiles », elle contre-attaque devant l'Assemblée nationale : « Je tiens à le dire très fermement : le libéralisme n'est pas synonyme de laxisme. [...] On ne refait pas un homme social dans un cadre asocial. [...] Il n'y a pas de "prisons quatre étoiles" et il faut en avoir un jour passé les grilles pour concevoir l'horreur de cet univers artificiel qu'est l'univers carcéral [32]. »

Et elle est applaudie... par les parlementaires qui n'y mettent jamais les pieds !

Qui, finalement, est l'auteur de la réforme de 1975 ? Quel rôle revient à Hélène Dorlhac ? C'est difficile à dire.

« Cette réforme, c'est le bien de Giscard et non celui de Lecanuet », avance *Libération* [33]. Selon les confidences de Philippe Chemithe recueillies par Jean-Michel Dejenne, « la réforme est l'œuvre de Jacques Mégret [34] ». Elle serait, à en croire Olivier Fouquet, le fruit de délibérations entre le président lui-même et Jacques Mégret au cours de trois conseils restreints à l'Élysée, en présence de Mme Dorlhac et de quelques assistants. Jacques Toubon, alors conseiller technique à Matignon, estime pour sa part que « c'est Mme Dorlhac qui a fait la politique pénitentiaire pendant ces deux années [juin 1974-août 1976] mais chaque fois plus contrôlée, voire contrecarrée par la chancellerie, Matignon et même l'Élysée [35]. » Elle aurait donc pris une part importante, mais non mesurable, de responsabilité dans la réforme de 1975.

Réforme conçue au plus haut niveau de l'État, assez cohérente, ambitieuse, politique, et en cela très éloignée de la réforme technico-administrative concoctée par René Pleven et ses juristes.

16. La réforme de 1975

Quelques grands principes animent cette réforme[1] : diversifier les régimes des condamnés ; alléger la discipline et les peines ; « socialiser » les détenus ; les « responsabiliser ».

Diversifier

« Cette réforme est dans le droit fil de celle amorcée dès 1945[36] » : ainsi Hélène Dorlhac revendique-t-elle l'héritage du régime progressif instauré par Paul Amor, directeur de l'AP à la Libération. Novatrice pour son époque, la réforme de cet ancien prisonnier de guerre visait à différencier les condamnés selon leur aptitude à se « réadapter » à la société. Le travail pénal en était la voie royale. Le condamné devenant réadaptable passait progressivement par cinq étapes, d'un traitement rigoureux à un autre, plus souple, la dernière étape étant la libération conditionnelle. Des récompenses étaient réservées aux meilleurs éléments, des punitions aux autres. Tous se trouvaient réunis sous le même toit d'une maison centrale. Inconvénient : ces traitements différenciés étaient « sources de disparités et donc parfois de conflits » entre détenus[37].

Ce système ne fut pas généralisé : au cours des années 1970, il concernait environ 7 % des condamnés. En 1975, « la réforme Amor est un enfant mort-né dont on nous cache le décès », reconnaît un haut fonctionnaire[38].

La réforme de 1975 adopte la progressivité chère à Amor mais les paliers sont répartis entre trois types d'établissements pour peine, chacun avec un régime identique pour tous les

1. Amorcée à partir du 23 août 1974 par des circulaires et arrêtés, la réforme prend officiellement corps en 1975 avec les décrets du 5 février, du 7 mars et du 23 mai, et les lois des 2 et 11 juillet et des 30 et 31 décembre.

condamnés : des centres de détention (CD) accueilleront ceux qu'on juge récupérables ; ils correspondent au palier dit « de confiance » de la réforme Amor. Le régime intermédiaire est celui des centrales. Des quartiers de haute sécurité (QHS) [1] abriteront les prisonniers réputés « dangereux ».

La décision d'affectation des condamnés à l'un des trois régimes revient à la seule AP et elle est sans appel. Mais entre les trois régimes elle dispose de passerelles, comme le voulait Amor.

Les centres de détention. La réforme phare de 1975 est sans conteste la création des CD avec leur régime libéral consacré à la « resocialisation » de condamnés purgeant une courte peine ou en fin de peine. Séparés seulement la nuit, ils pourront se réunir dans une salle commune « au moins deux ou trois fois par semaine » pour participer à des activités socioculturelles variées, et même circuler d'une salle à l'autre, « mais pas de leur cellule à la salle ».

Sont autorisés en CD la décoration des cellules, où la lumière peut rester allumée toute la nuit ; les parloirs « libres » (sans séparation) ; des permissions de sortir plus longues ; le port de chemises, polos, cravates (*sic*), même si le détenu circulant hors cellule ou travaillant en atelier doit encore – et jusqu'en 1982 – revêtir par dessus le costume pénal. En cas d'urgence, il peut téléphoner à sa famille (et inversement), mais en présence d'un surveillant à l'écoute.

Réforme moins mesquine, donc, que celle de René Pleven, mais qui dispense ses bienfaits avec parcimonie.

Au final, les CD ne concerneront, en 1979, que 3581 détenus soit environ 10 % de la population carcérale. Le degré de « liberté » varie selon les chefs d'établissement. Avec le temps, enfin, la différence entre le régime des CD et les autres tendra à s'estomper, soit que les avantages des CD soient étendus à d'autres régimes, soit que les restrictions des autres régimes soient étendues aux CD.

1. Lire *infra*, p. 239.

Alléger

« Les révoltes de 1974 [ont] eu raison, sinon de la Bête, du moins de son excès de bêtise [39]. » Elles débouchent sur des changements qui vont rendre la prison plus respirable et qui concernent tous les détenus. Les révoltes passées, le principe de la carotte et du bâton va s'infléchir : il y aura désormais plus de carottes et moins de bâtons. Ainsi, dans toutes les prisons, les plus méritants accèdent aux parloirs « libres ». Le nombre de sanctions disciplinaires diminue. Les règles et interdits « qui ne sont pas nécessairement liés à l'exécution des peines », notamment les plus absurdes, sont, sauf exception, allégés ou supprimés. Un bilan de la réforme fait état d'« une certaine détente dans les relations entre surveillants et détenus [40] ». L'arrivée massive de nouveaux surveillants plus jeunes et moins autoritaires contribue à cette détente [I] : selon un détenu, « les surveillants ont moins de prise sur nous [42] ».

Enfin, ces derniers deviennent des citoyens dans la mesure où ils peuvent désormais voter et se marier sans autorisation.

Les aménagements de peines. Un grand mérite de la réforme est de réduire ou moduler la durée des peines [II]. La voie en était déjà tracée par René Pleven et par d'autres avant lui. Mais les réformateurs de 1975 vont plus loin. Le JAP, dont les prérogatives sont élargies, pourra suspendre ou fractionner l'exécution d'une peine pour motif grave (d'ordre médical, familial, professionnel ou social). Un condamné pourra prétendre, dès la mi-peine (ou les deux tiers, s'il est récidiviste), à une libération conditionnelle. Les réductions de peine se multiplient, avec de nouveaux motifs : elles peuvent, par exemple, être accordées aux condamnés réussissant un examen (mesure déjà prévue par Pleven) ou présentant « des gages exceptionnels de réadaptation sociale ». Ces

I. Même si, pour Claude Lucas, « le surveillant standard est plus affable de nos jours, mais sa fonction demeure peu compatible avec la notion d'humanité [41] ».

II. Quoique dans les faits elles ne cesseront de s'allonger, non pas du fait du JAP, qui intervient en second lieu, mais du fait du juge du siège qui prononce les peines initiales.

réductions doivent évidemment « inciter les détenus à bien se conduire » ; et dépendent « des efforts accomplis et du comportement » de chaque condamné [43]. Les autres aménagements de peine – rarement mis en œuvre – sont la semiliberté et le placement à l'extérieur.

Une autre mesure, abrogée par la suite, permet de supprimer, dans certains cas, les peines inférieures à six mois et à les remplacer par d'autres, non privatives de liberté mais contraignantes, comme les amendes. Mais ceux, nombreux, qui ne pourront les payer échoueront quand même en prison, la contrainte par corps [I], cette « peine du pauvre » très critiquée à gauche, demeurant en vigueur.

Les prévenus ne sont pas gâtés par la réforme de 1975 qui réserve aux condamnés la plupart de ses innovations. Une intéressante mesure est pourtant envisagée et annoncée à grands cris dès août 1974. Il s'agissait de limiter la détention provisoire à six mois pour certains détenus dont l'instruction n'aurait pas alors commencé. Hélas ! On cherche en vain cette mesure – que l'opinion approuve pourtant à 77 %, selon l'IFOP – dans la réforme de 1975 [II].

« Socialiser »

En affranchissant – partiellement, provisoirement ou précocement – certains condamnés de leur peine initiale, en les laissant sortir davantage en permission, ou travailler dehors, on leur permet, espère-t-on, de s'imprégner à nouveau des us, coutumes et valeurs de la société libre, présumée bienfaisante. Les réformateurs en attendent le salut pour les prisonniers les plus prometteurs. Il s'agit d'« utiliser la force d'intégration que possède la société, au lieu de lui tourner le dos [44] ». On va donc réduire – prudemment – le fossé entre le monde carcéral et la société libre. Les nouvelles mesures

I. Lire *supra*, p. 8.

II. À l'époque, la détention provisoire ne peut, selon la loi, durer plus de quatre mois. La réalité est tout autre : un petit voleur en attente d'instruction moisit depuis six ans dans sa maison d'arrêt (*Rouge*, 26 mars 1976). La détention provisoire est aujourd'hui prudemment limitée à un « délai raisonnable ».

relèvent pour la plupart de ce principe, déjà invoqué, on l'a vu, par René Pleven et avant lui par Paul Amor.

Auparavant, et selon une doctrine d'inspiration monastique en vigueur au XIXe siècle, la meilleure, voire la seule façon d'obtenir l'« amendement » d'un malfaiteur consistait à l'extraire de la vie sociale, l'obligeant à se départir des habitudes « vicieuses » contractées en société. La réforme de 1975 y renonce. « Il n'est plus question de rendre meilleur le condamné. » Mieux vaut « maintenir sur [lui] la pression de la société [45] ».

On introduit en prison certaines pratiques propres à la société libre : tout détenu peut désormais posséder une montre ; éclairer sa cellule jusqu'à vingt-trois heures et y conserver de nuit ses propres vêtements ; consommer davantage de produits cantinés (dont des transistors et des magnétophones à cassettes) ; correspondre librement (quoique le censeur veille aux menaces pour la sécurité) ; s'informer librement (quoiqu'il ne puisse conserver en cellule « plus de cinq quotidiens et cinq autres périodiques, et pas plus de quinze livres », sans doute pour simplifier les fouilles de cellule).

Autre nouveauté, la couverture sociale accordée aux condamnés incarcérés et à leur famille ainsi qu'aux détenus libérés [46]. Pour faciliter leur réinsertion, les demandeurs d'emploi auront droit à une modeste aide publique et à la sollicitude de l'agence pour l'emploi [1]. De même, l'allègement *a minima* du casier judiciaire, dont le bulletin n° 3 – que réclament le plus souvent les employeurs – ne mentionnera plus les peines inférieures à deux ans.

Certes, le zèle réformateur a ses limites : sauf à supprimer la fonction même de la prison, on ne pourra jamais y introduire tous les droits, avantages et libertés dont jouit le citoyen hors des murs. D'ailleurs les réformateurs n'y songent pas.

1. S'agirait-il d'un simple effet d'annonce ? Car l'ANPE ne refusait pas les anciens détenus auparavant, signale *Le Monde*. Quant à leur trouver du travail, c'est une autre affaire : gracié, Claude Charmes, qui a obtenu en prison plusieurs diplômes universitaires, ne trouve à sa sortie qu'un poste de veilleur de nuit.

Responsabiliser

Autre idée-force de la réforme : la responsabilisation des détenus. Ainsi, dans une note qu'il leur adresse en 1975, Jean Lecanuet les sermonne : « Vous devez tous vous sentir concernés par la réussite de l'œuvre commune et la favoriser par votre attitude personnelle. [...] L'ordre et le calme appellent de chacun de vous un effort de discipline et de prise de conscience de vos responsabilités dans l'effort de renouvellement entrepris [47]. » (Dans le même discours, Jean Lecanuet autorise les détenus à embrasser leurs jeunes enfants « *à titre exceptionnel* ».)

En s'adressant directement à eux, le ministre fait des prisonniers des interlocuteurs valables et potentiellement responsables – ce qui est nouveau et flatteur. Mais quelle(s) responsabilité(s) pourrait bien exercer un détenu dans le contexte carcéral où, comme le note le psychiatre Paul Hivert [1], la relation entre détenus et geôliers s'établit sur un modèle totalitaire, plaçant le détenu dans une dépendance totale à l'égard de l'institution ? De fait, la seule responsabilité que lui propose Lecanuet est d'être « associé le plus possible [...] à l'organisation des loisirs et activités collectives » (circulaire du 26 mai 1975 aux chefs d'établissements). De quoi un prisonnier est-il dès lors responsable, sinon de son acquiescement à un ordre imposé, à une réforme élaborée sans lui ?

Peut-on, d'autre part, imaginer un individu responsable qui serait dépourvu de libre arbitre ? Car les geôliers décident toujours de tout, s'insurge Knobelspiess : « Ils décident à quelle heure vous devez manger, [...] vous lever, [...] prendre l'air. [...] De la façon dont on doit être [...] soigné. [...] Ils décident que vous ne devez plus avoir de sexualité. [...] Qu'on ne doit pas vous entendre. [...] Ils décident qu'ils vous auront fait confiance et que [...] vous aurez abusé de cette

1. Le Dr Paul Hivert, fondateur-directeur du centre médico-psychologique de la Santé, a impulsé la création, en 1967, des CMPR qui deviendront SMPR (services médico-psychologiques régionaux).

confiance. Ils décident, si vous posez des problèmes, de vous faire interner. [...] À l'aube, ils décident de guillotiner [48]... »

La responsabilité que Lecanuet appelle de ses vœux n'a en tout cas rien à voir avec celle que revendiquent, depuis janvier 1972, les détenus de Melun qui réclament « un comité de prisonniers élu démocratiquement [49] ». Mais ce comité ne verra jamais le jour puisque aujourd'hui encore aucune association de détenus n'est autorisée.

Si la réforme de 1975 ne bouleverse pas, sur le fond, le système carcéral, elle renouvelle le vocabulaire officiel : « punition » devient « sanction disciplinaire » ; la « récompense » (« notion vieillie » selon Lecanuet) est remplacée par une laborieuse périphrase : « mesure visant à encourager les efforts des détenus en vue de leur réadaptation sociale » [50]. Sans doute cherche-t-on, avec ces artifices terminologiques, à dissiper l'image de détenus infantiles et à neutraliser les textes en les dépouillant de tout jugement de valeur. Comme si les autorités entendaient porter désormais un regard impartial sur les détenus, se gardant de les stigmatiser.

Une note de Mégret

L'un des rares soutiens de Mme Dorlhac est Jacques Mégret, directeur de l'AP, « un honnête homme et un homme remarquable », selon *Le Monde*, nommé en août 1974 et mort en septembre 1976 dans l'exercice de ses fonctions.

Les visées du tandem Dorlhac-Mégret semblent assez différentes de celles de Lecanuet, même si tous les trois se tiennent officiellement les coudes. Idéaliste, la secrétaire d'État insiste, avec bien plus de conviction que René Pleven, sur la nécessité d'un dialogue entre geôliers et taulards. Il ne s'agit pas de doter ces derniers de pouvoirs, mais de les informer sur la réforme et de les amener, « en petits groupes [...] à exprimer leur propre point de vue et observations [...] sur les activités [51] » (travail, enseignement, sports...).

Dans une note du 26 mai 1975, Mégret exhorte les chefs d'établissements et les surveillants gradés à « considérer comme une priorité absolue et le premier de leurs devoirs de passer chaque jour un long moment en détention et de développer à cette occasion les contacts avec les détenus. [...] L'autorité n'est pas seulement liée à la possession et à l'exercice du pouvoir hiérarchique, elle s'appuie largement sur la qualité des rapports entre les personnes [52] ».

Mégret cherche aussi à freiner les ardeurs sécuritaires des personnels pénitentiaires : « La crainte de l'évasion ne saurait constituer [...] leur unique et obsessionnelle préoccupation », la priorité allant désormais à « l'exécution du traitement pénal ». Pourtant l'obsession sécuritaire va dominer la fin de la décennie.

Le directeur de l'AP clôt son homélie sur un avertissement d'une vigueur peu commune : « Je ne tolérerai aucune action qui ne serait justifiée au regard de la lettre et de l'esprit du code de procédure pénale et des circulaires d'application... » Autrement dit : l'ère des petits arrangements avec la légalité, c'est terminé.

Pourtant, aucune sanction n'est prévue pour les personnels récalcitrants...

Le casse-tête du travail pénal

Le détenu-travailleur se rapprochera davantage, selon les réformateurs, de son homologue libre s'il accède à une véritable formation professionnelle, pourvoit à son propre entretien, épargne selon ses moyens et dispose d'argent de poche. Les retenues, toujours obligatoires, sont donc diminuées, le pécule disponible atteignant désormais au moins 50 % des « redevances » qu'on n'appelle toujours pas salaires puisque le Code du travail ne s'applique toujours pas en prison : encore une limite au décloisonnement.

Le travail, moins souvent imposé puisqu'il y a pénurie, reste un devoir pour les condamnés. Mais il devient aussi, paradoxalement, un droit pour tous. D'importantes augmentations sont versées par l'AP-employeur : +53 % au service général et +41 % à la régie industrielle. Cependant toutes ces rémunérations sont grignotées par une inflation galopante d'environ 15 % par an. Ainsi, à Fleury, un détenu-travailleur gagne en 1975 4 F (2,65 €) par jour, moins 2 F de retenues, soit le prix d'un... citron à la cantine [53]. Sachant qu'en règle générale, les prix à la cantine sont bien plus élevés que ceux pratiqués hors des murs [1].

Priés de suivre le mouvement, les concessionnaires rechignent à majorer les rémunérations : refroidis par les incendies et saccages d'ateliers en été 1974, ils préfèrent embaucher des handicapés et malades mentaux, plus calmes et moins gourmands. Ce qui est grave, puisque les concessions représentent 50 % de l'emploi en prison, et 61 % des rémunérations. En 1974-1975, seul un détenu apte au travail sur deux travaille effectivement, et rarement à temps plein.

Mégret aurait déployé de réels efforts pour trouver du travail aux détenus, gagnant pour eux 1 259 emplois en deux ans [54]. Mégret disparu, l'emploi rechute. L'AP a beau annoncer, en 1981, que depuis 1975 « la situation du travail pénitentiaire s'est améliorée régulièrement », elle publie, à la page suivante, un graphique qui ne justifie guère cet optimisme [55].

Il en ressort que les détenus-travailleurs passent de 13 400 en 1974 à 16 800 en 1980. C'est peu au regard de la population pénale qui, dans le même temps, passe de 27 100 à 35 655, soit un bond de 31,6 % ; et au regard du nombre d'inoccupés qui, lui, augmente d'un tiers, alors que celui des détenus chômeurs reste stable à plus de 10 000... Fin 1977, 13 000 détenus tout au plus travaillent à temps complet. « Résultats très insuffisants », opine un député. Enfin, le travail pénal reste inégalement réparti : 84 % des condamnés ont un travail, mais peu de prévenus. Quant au nombre d'« inoccupés volontaires », il explose, passant de 3 400 à 9 700, peut-être parce que les prévenus ne sont plus contraints de travailler.

Le travail manuel proposé en prison n'intéresse guère le détenu : « D'abord parce qu'[...] on le lui impose. Ensuite parce qu'il lui rappelle le milieu familial [...] dont il sort [...] et qu'il a essayé de fuir le plus souvent. [...] Les détenus, lorsqu'ils rêvent à un avenir propre, s'imaginent employés de bureau, commerçants, voyageurs de commerce, jamais ouvriers. [...] Pas plus de 2 % continuent, après leur sortie

1. On ne sait quels bénéfices en tirait l'AP à l'époque, mais ils s'élevaient, en 2005, à 500 000 €, selon François Bès, de l'OIP.

de centrale, à travailler dans le métier qu'on leur a prétendument appris [56]. »

Certains prévenus, pour lesquels le travail pénal n'est plus obligatoire, refusent un travail d'« auxi » proposé. « À l'époque [1977], on était dans cette mentalité. On voulait avoir de l'argent en étant des malfrats, en réussissant de gros coups », explique un ancien de la Santé que nous avons interrogé.

Formations et travail pénaux préparent mal aux rares emplois disponibles au-dehors, ce qui ruine pour beaucoup l'espoir d'une réinsertion ultérieure. Déception, donc, pour les détenus, mais aussi pour les réformateurs de 1975 qui, comme tous leurs prédécesseurs, misent beaucoup sur le travail pénal, rédempteur selon eux : ce serait « la meilleure préparation à la vie libre et [...] la garantie de la réadaptation du condamné [57] ».

La main au porte-monnaie

Cette réforme entraîne, à l'évidence, d'importantes dépenses : rémunérations majorées du travail, couverture sociale pour les familles et les libérés... Mais aussi rénovations urgentes, car « le confort est un mécanisme intégrateur [58] » : fin 1976, toutes les prisons de l'archipel possèdent un chauffage et les sanitaires progressent.

Le coût moyen d'entretien d'un détenu/jour passe de 6,77 F (4,90 €) par jour en 1974, à 9,24 F (5,99 €) l'année suivante et à 13,45 F (6,01 €) en 1979. Augmentation qui, rapportée à l'inflation, est dérisoire : 1,11 € en cinq ans ! Le budget alimentation, compris dans l'entretien, n'augmente guère davantage et le budget hygiène stagne autour de... 0,50 F (0,20 €) ! « Il serait bien exagéré de dire que l'entretien des détenus est une opération qui coûte cher à la Nation », ironise le rapporteur du budget à l'Assemblée nationale [59].

En revanche, les dépenses en personnel, qui doublent entre 1974 et 1975, dépassent de très loin celles consacrées aux détenus. L'effort le plus considérable est fait pour les surveillants. Mégret revalorise leurs salaires, améliore leur formation [I] et en recrute à tour de bras, grâce à une substantielle rallonge budgétaire. Le chômage menaçant, les candidats ne manquent pas. Ce qui n'empêche pas les « sentinelles blafardes » déjà en place de poursuivre leur fronde contre la réforme.

S'agissant de socialiser et responsabiliser les détenus, les réformateurs devraient logiquement multiplier les éducateurs de prison, introduits par la réforme Amor. Mais l'embauche de quelques-uns ne peut combler le déficit historique creusé par l'AP [II]. Le déficit de travailleurs sociaux et d'enseignants reste lui aussi chronique.

Annoncée, la réforme des soins n'aboutit pas, malgré une autre rallonge budgétaire et la bienveillance de Simone Veil, alors ministre de la Santé, « la seule qui m'ait réellement soutenue dans ce gouvernement », avouera Hélène Dorlhac.

« Tout le monde est mécontent »

Cette réforme sera-t-elle appliquée ? Ses débuts ne portent guère à l'optimisme. « Tout le monde est mécontent, croit savoir *Libération* du 13 mai 1975 : les réformes sont inappliquées parce que le personnel pénitentiaire leur est hostile et le ministère, impuissant et débordé, [...] n'ose pas sanctionner les directeurs car ils ne sont pas remplaçables », faute de candidatures à leurs postes.

Signe que des réformateurs s'inquiètent enfin de la réception de leur réforme, une enquête sur son application est confiée par le ministère de la Justice et la DAP à la sociologue Monique Seyler. Toutefois, celle-ci interrogera moins les détenus que les personnels. Elle constate que la réforme est « partout mal reçue [61] ». La plupart des chefs d'établissement la rejettent sans le dire ouvertement et désobéissent

I. Officiellement, celle-ci passe de trois à six semaines, mais dans l'urgence, elle est souvent réduite à quinze jours.

II. L'éducateur Philippe Pottier en dénombre à peine plus de cent (pour plus de trente-cinq mille détenus, répartis dans vingt établissements seulement sur cent quatre-vingts. De son côté, Claude Charmes compte, pour Fresnes, un seul éducateur pour deux mille cinq cents prisonniers, le règlement en prescrivant... un pour cinquante [60].

quand ils le peuvent aux ordres ministériels. Considérant les récentes révoltes comme une forme de chantage, les surveillants reprochent au gouvernement d'y avoir cédé en lâchant trop de lest : la réforme est allée trop loin, trop vite, « surtout au niveau de la discipline. [...] Avant, c'était trop dur, maintenant c'est la kermesse. [...] Ce n'est plus une prison, c'est une pension de famille. [...] Les détenus ont obtenu tout ce qu'ils voulaient [62] ». Inversement, un « membre du personnel socio-éducatif » soupçonne qu'il s'agit d'« une libéralisation en toc [63] ».

Des directeurs se méfient des régimes diversifiés qui aboutissent, selon eux, au regroupement, dans un même lieu, de populations trop homogènes, ayant des intérêts communs : « Ce ne serait pas viable », tranche, sans explication, un directeur décidé à bouder cette mesure pourtant difficilement contournable. Paradoxalement d'autres directeurs craignent tout autant l'hétérogénéité au sein des CD où l'on enverrait, outre les détenus récupérables, d'autres sujets « qui n'y auraient pas leur place ». Les treize CD sont jugés trop nombreux, alors que les huit centrales, au régime plus strict, ne le seraient pas assez.

Signe de régression, « le régime progressif [de 1945], tout le monde le pleure » car il aurait beaucoup contribué « au maintien de l'ordre et de la discipline [64] », croient savoir les surveillants qui épinglent les nouveaux réformateurs, « des théoriciens et des rêveurs » ignorant tout des réalités carcérales.

Discuter avec les détenus ? Les directeurs admettent les audiences individuelles mais refusent, à l'instar des gardiens, les réunions de groupe, les jugeant ingérables. Ces personnels s'habituent mal aux nouveaux droits des détenus, imputant à la réforme leur « insolence » et leurs « nouvelles exigences ». Mais curieusement, de nombreux surveillants « avouent tout ignorer » de cette réforme, malgré les consignes de Mégret. Ce qu'ils auraient néanmoins compris, c'est que « l'amendement moral n'est plus l'affaire de l'institution, mais celle, toute personnelle, du détenu, et sous sa responsabilité. [...] Cette nouvelle donne dévalorise les surveillants, privés de la responsabilité de l'amendement » (qu'à vrai dire ils ont peu exercée). Ils se considèrent désormais comme « les *boys* des détenus [65] ».

Le personnel s'interroge sur l'extension des permissions de sortir. Pour les uns, « c'est une soupape » qui laisse espérer « moins d'homosexualité » en détention. Pour les autres, « c'est la carotte ». Ce qu'un prisonnier confirme : « Les détenus se tiennent tranquilles, ils ont peur de perdre leur permission : ça casse les solidarités [66]. » Mais n'est-ce pas l'un des buts recherchés ?

Les innovations les plus redoutées des personnels sont celles qui leur donnent un surcroît de travail : permissions et parloirs « libres » les obligent à plus de vigilance, de contrôles, de fouilles. La correspondance illimitée multiplie, pour les rares éducateurs, les heures de lecture (et les rend suspects aux yeux des détenus). Quant aux travailleurs sociaux et greffiers qui doivent gérer davantage d'entrées et de sorties, de semi-libertés, de libérations anticipées et autres réductions de peine, ils croulent sous les dossiers toujours plus nombreux.

La possibilité de cantiner toujours plus de produits (on en recense jusqu'au millier) se traduit par un entassement d'objets dans les cellules, rendant les fouilles plus longues et compliquées. Cette relative abondance aggrave aussi les inégalités entre surveillants et surveillés : selon les premiers, « eux [les prisonniers] ont des appareils que nous, on peut pas se payer [67] ». Un maton s'indigne que certains remplissent une déclaration de revenus… comme si tout détenu se devait d'être pauvre [1].

En revanche, les détenus les moins fortunés « acceptent de travailler à n'importe quel tarif [69] » pour pouvoir acheter davantage à la cantine, alors que d'autres, comme les caïds, ont toujours de l'argent en réserve, rappelle un détenu. Les prisonniers soupçonnent, enfin, qu'on les « achète » par le biais de la cantine. Mais comblés ou non, ils apprécient, dans l'ensemble, leurs nouvelles conditions matérielles, conclut Monique Seyler.

---

1. Ce thème n'est pas nouveau chez les matons : dès avant la réforme, ils se plaignaient que « les détenus [aient] tout ce qu'ils veulent, sauf les femmes et l'alcool. Et on ne peut même plus leur cogner dessus. Enfin, presque plus [68] ».

Font écho à la chercheuse plusieurs détenus satisfaits : Charmes, qui a connu les paillasses, salue l'avènement des matelas, des draps, du chauffage. Un prisonnier assure que depuis la réforme on peut rester au lit toute la journée. Au parloir sont admis des visiteurs autres que la famille. On peut écrire autant qu'on veut, à qui on veut, mais la censure perdure. Le travail serait moins répétitif et mieux payé, les études encouragées, et le montant des mandats aux détenus est désormais illimité. Mais ces nouveautés sont-elles introduites partout ?

Au courrier du *CAP*

Un correspondant du *CAP* reconnaît que « Fleury-Mérogis, Fresnes et la Santé ont quelque peu appliqué la réforme [70]. » Le directeur de Saint-Paul – Saint-Joseph, qui en est partisan, « met tout en œuvre pour qu'elle soit appliquée [71] ». De même, l'un des directeurs de Fleury « essaie de dialoguer sérieusement, de comprendre et de rechercher une solution aux problèmes individuels, de rectifier tout ce qu'a d'inhumain la vie à Fleury-Mérogis. C'est la meilleure recette anti-suicide [72]. »

Christian Carlier ménagerait-il son administration lorsqu'il écrit que « la réforme Lecanuet ne combla que modérément les insatisfactions [73] » ? Peu enclin à la langue de bois, le *CAP*, lui, piaffe d'impatience et de colère : « L'AP, pour un pas en avant, en fait six en arrière. Les promesses de Mme Dorlhac, c'est du vent [74] », « la réforme pénitentiaire est un attrape-nigaud [75] ».

De fait, les critiques publiées par le *CAP* portent moins sur la réforme que sur sa non-application. Ainsi : au CD de Muret, les permissions de sortir, que la réforme étend à cinq jours, sont réduites aux trois jours accordés par Pleven.

Alors que la loi prévoit désormais pour les condamnés une remise de peine de trois mois par année de peine purgée, celle-ci n'est accordée, selon certains, qu'aux condamnés « honnêtes » et « calmes ». Un juge prévient d'ailleurs les jurés : « Ne comptez pas sur les remises de peine : elles sont aléatoires ».

À la MC de Rennes, les détenues ont droit à une douche par semaine au lieu de trois, « et encore, il faut la réclamer ».

À Valenciennes, il a fallu « une rude manifestation pour arracher une demi-heure de promenade alors que la réforme l'a étendue à deux heures ».

À Gradignan, les prisonniers réclament « la simple application de la réforme ». Pour l'obtenir ils entament une grève de la faim collective de onze jours « en raison d'un énorme ras-le-bol ».

Un détenu en CD se voit systématiquement refuser les permissions « prévues par la circulaire B256 ». Estimant que la réforme n'est pas plus appliquée en CD qu'ailleurs, il demande son transfert en centrale. « Les CD sont un bluff », conclut-il.

Des directeurs de prison « traitent par dessus la jambe » la circulaire de Lecanuet selon laquelle « il y a lieu de [s']abstenir de censurer les lettres, [...] les retenir ou les raturer ».

À la MAF de Fleury, malgré la liberté de l'information, « ce n'est plus *France-Inter* qui est diffusé dans toutes les cellules de 7 h à 22 h, mais *RTL* ».

La commission de l'application des peines met huit à dix mois pour statuer sur une libération conditionnelle : pour le demandeur, la peine est prolongée d'autant.

Libération et *Le Canard enchaîné* ne sont pas toujours admis derrière les murs et le *CAP* n'entre pas « dans la majorité des prisons » (sauf à soudoyer les surveillants). Rien de nouveau, donc.

Toul a-t-il changé ? L'établissement est devenu un CD, lui aussi, « destiné aux petites peines et aux fins de peines pour détenus modèles [mais] ce CD a failli à sa principale mission : la réinsertion. Toul est la place forte du chantage, des menaces et de la répression. Tous les tortionnaires de la fameuse époque de la révolte de Toul n'ont pas été mutés [76] ».

Au mitard de Fresnes, le recours à la contention « est coutumier et à la totale discrétion des surveillants ». Fresnes est « la seule prison de la région parisienne où les surveillants tabassent régulièrement les détenus sans que cela se sache ». « Les détenus [y] marchent en ligne et en silence, au pas militaire [77]. »

« La natation sans eau »

Si le *CAP* privilégie les plaintes aux dépens des satisfecit, d'autres, dont Monique Seyler, confirment que les détenus sont réticents à l'égard de la réforme : s'ils « concèdent que, matériellement, ils peuvent avoir pratiquement ce qu'ils veulent, que la vie est plus facile, [ils] estiment que les choses n'ont pas profondément changé pour autant [78] ». Serait-ce que les changements en profondeur ne se décrètent pas ?

Que la réforme soit appliquée ou non apparaît presque secondaire au regard de la persistance, dans les prisons, de lois non écrites, d'habitudes bien ancrées qu'on croyait disparues. Pourtant Lecanuet a bien précisé qu'« il est opportun de supprimer les pratiques qui n'ont finalement d'autre fondement que celui de l'habitude remontant à une réglementation ou un usage très ancien [...] et sans utilité [79] ». Il n'est guère entendu.

Si l'esprit des lois évolue – lentement – que dire de l'esprit des geôliers ?

« L'infantilisation reste l'objectif », écrit un détenu à *Esprit.* « Bien sûr que nous les infantilisons, rétorque un psychiatre, sinon comment supporteraient-ils l'enfermement ? » Ainsi une détenue de Rennes, en grève de la faim, est condamnée à huit jours de mitard (dont quatre avec sursis) pour avoir jeté du lait dans son lavabo, et parlé à une codétenue à 20 h 40 [80].

« La prison redevient ce qu'elle n'a vraiment jamais cessé d'être : le lieu du secret. [...] On chercher à cacher, à camoufler [...] à contrôler toute l'information [81] », déplore un éducateur.

En 1979, « personne ne croit plus vraiment à la possibilité de "resocialiser" un détenu par la prison, regrette François Colcombet. Il est aberrant de poursuivre un objectif de réintégration dans la société, de rétablir de la communication sociale, dans un univers où tout est conçu pour séparer, couper, opposer ; de défendre un système de valeurs dans le lieu même où ces valeurs sont bafouées [82] ».

Le Figaro est plus sévère encore : « L'incarcération n'est pas le meilleur moyen d'obtenir le reclassement social.

Apprendre en prison l'exercice de la liberté revient à pratiquer la natation sans eau [83]. »

Deux CD : Melun et Muret

Faut-il conclure, avec le *CAP*, que « les incendies n'ont servi à rien » ?

Un visiteur à Melun [84], une centrale qui n'a pas brûlé, et qui est devenue CD, nous persuadera du contraire : Melun abrite, on le sait, l'imprimerie administrative du ministère de la Justice. Celle-ci requiert une main-d'œuvre compétente et offre au quart de ses détenus, dont les typographes, « un travail valorisant, intelligent, dont on peut désirer faire son métier, qui respecte la dignité de l'homme et de l'ouvrier », et des rémunérations presque confortables : de 5,50 F à 9,50 F l'heure en 1977 (3,04 € à 5,24 €). Par contre, « pour atteindre et parfois dépasser le SMIC horaire [soit 10,60 F, ou 5,85 €] les ouvriers non qualifiés travaillent de 7 heures à 23 heures », mais avec les pauses pour la promenade et les repas qu'exige la nouvelle réglementation.

Des formations sérieuses sont assurées. L'instruction l'est aussi, à tous les niveaux, par un instituteur de l'Éducation nationale qui pratique une « pédagogie du succès » très individualisée, fondée sur l'encouragement à la moindre réussite. Le niveau d'instruction est d'ailleurs bien plus élevé à Melun qu'ailleurs.

Les détenus peuvent accéder directement – ce qui est rare en prison – à une bibliothèque de qualité (quoiqu'ils cantinent souvent polars et revues pornographiques). Il existe aussi un important cercle de lecture, trois de musique (classique, folk et variétés) et bien d'autres clubs « autogérés » par les détenus et supervisés par l'unique éducateur.

Toutefois « le centre de Melun est une prison modèle, un peu un mythe », conclut le visiteur. Ce qu'il était déjà au début de la décennie, avec son imprimerie, ses détenus d'élite et, par moments, ses directeurs libéraux. Il n'est donc pas certain que la situation exceptionnelle de Melun résulte de la réforme de 1975.

Un exemple moins reluisant de la vie en CD est fourni par des détenus de Muret. Ils indiquent au *CAP* que « le personnel de direction est à 100 % hostile au changement [85] ». Leur amertume transparaît dans une lettre à *Libération* [86] où ils déclinent, sur le mode ironique, « les farces et attrapes puisées dans la philosophie des illusions giscardiennes » :

« Oui au dialogue : c'est ce qu'on fait de mieux pour imposer de façon indolore des décisions arbitraires.

» Oui aux permissions de sortir, ces récompenses pour bonne conduite. [Ces] miettes de liberté peuvent rendre docile et même parfois servile.

» Favoriser la réinsertion sociale, c'est pas mal… si on est résigné à accepter une situation pire que celle qui nous a conduits en taule.

» Oui aux libérations conditionnelles, systématiquement rejetées ou ajournées, en théorie accordées selon l'estimation qui est faite de la volonté de s'amender et des efforts de réinsertion sociale. Disons qu'il faut donner l'impression de s'amender aux membres d'une commission [de l'application des peines] dont on sait la dépendance à l'égard du pouvoir en place.

» [Encore que] l'amendement, personne n'est fichu d'en donner une définition rigoureuse et cohérente.

» À de très rares exceptions près, les directeurs préfèrent aux activités socioculturelles, la TV et les jeux de cartes.

» Maintenir les liens familiaux, c'est bien, en supposant qu'ils aient tenu jusqu'au tiers de la peine…

» La préparation à la sortie ? Absurde. Les études ne dépassent pas le BEPC.

» Et même pour l'obtenir il faut une telle ténacité ! Car tout le système fonctionne sur un principe de dissuasion [vu que] le savoir prédispose à la réflexion critique.

» Sur le plan de la formation professionnelle, c'est la même carence… »

L'exaspération des détenus de Muret les aveugle-t-elle ? Ils ne prennent pas cette réforme pour ce qu'elle est, selon nous : une affaire de donnant donnant. Il faut que les avantages accordés soient suffisamment nombreux et importants – et ils le sont, sur le papier – pour que les bénéficiaires leur sacrifient leur résistance à l'Ordre carcéral. Avantages que résume Bauer en évoquant ces « carottes qui transforment le prisonnier en son propre maton ». Stratégie plus subtile et plus efficace en tout cas que celle du châtiment à l'ancienne, ou les demi-mesures concédées par Pleven : « Il n'y aura probablement plus de révoltes avant longtemps », prophétisent les détenus de Muret.

Longtemps ? La prochaine série de révoltes – moins spectaculaires qu'en 1974 – se produira en 1983-1985.

Ci-dessus : couverture de *La Révolte de la centrale Ney* (Gallimard, 1973). Archives GIP (Groupe d'information sur les prisons)/IMEC.

Ci-contre : couverture du journal *La Cause du peuple* du 18 décembre 1971. Archives GIP (Groupe d'infomation sur les prisons)/IMEC.

Ces couvertures marquent l'irruption au grand jour de ceux qui étaient d'ordinaire soustraits aux regards : l'image des prisonniers sur les toits est devenue soudainement l'icône des révoltes carcérales des années 1970.

Voir aussi la photographie de couverture (Nancy) et p. VIII du présent cahier photo.

N°31
novembre
1975
Mensuel
Deuxième série
Troisième année.
Tirage :
50000 exemplaires.
Dépôt légal 4e trimestre 1975
commission paritaire :
N° 53 507

JOURNAL DES PRISONNIERS

CAP

« Les chaines des prisonniers sont les mêmes que celles de tous les hommes sans pouvoir sur leur vie : elles sont simplement plus visibles.

2,50 F.
Distribué par N.M.P.P.
Responsable de la publication :
Jean LAPEYRIE
matr. 164.904, La Santé
Editeur :
Comité d'Action des Prisonniers
15, rue des Trois-Frères
75018 PARIS
Imprimé aux Marchés de France
44 rue de l'Ermitage 75020 PARIS
Journal conçu, composé,
et mis en page
par des militants du C.A.P.

TOUS A NIMES LE 13 DÉCEMBRE

voir en page 3

LE PARI CONTINUE

Avec ce 31e numéro, *Le Cap*, journal des prisonniers poursuit son tirage de 50 000 exemplaires distribués dans la plupart des kiosques et chez les marchands de journaux.

Soyons clairs. Le but de cette opération n'est point de se satisfaire béatement d'une augmentation de tirage. Il consiste essentiellement dans une diffusion beaucoup plus élargie du journal, qui se trouve ainsi pour la première fois en vente dans des départements où la faible concentration d'habitants ne permet pas encore la création de Comités d'action des prisonniers au plan local.

Ainsi, à la suite de cette opération avons-nous eu la satisfaction de voir s'abonner des personnes qui n'avaient jamais eu auparavant l'occasion de lire *Le Cap*.

Nous pouvons dire que nous ne menons pas seulement une campagne de vente, mais surtout une entreprise de propagande.

Toutefois, ne nous leurrons pas. Cette dernière ne saurait se poursuivre sans une réussite au moins partielle de la première.

Il faut vendre un minimum pour pouvoir continuer le maximum de propagande (à 50 000 exemplaires). L'échec des ventes nous obligerait à abandonner la diffusion par les N.M.P.P. et à retourner à la vente militante réduite à 5 000 exemplaires. Le journal, aussi modeste et défectueux soit-il, ne serait plus alors lu que par les « privilégiés » des grandes villes — ceux qui par leur situation géographique ont plus que les autres la possibilité d'agir et de réfléchir.

Pour que *Le Cap* puisse continuer à être lu à « *Trifouillis-les-Oies* », il faut que nous, habitants des grandes villes, assurions sa survie en l'achetant, en le diffusant, en exigeant des marchands qu'ils ne le cachent plus.

Chacun peut donc participer à cette « opération propagande » du « *Journal des Prisonniers* ».

Il suffit de vouloir.

LE C.A.P.

Page de couverture du numéro 31 du *CAP*, novembre 1975. Coll. de la BDIC

Le *CAP. Journal des prisonniers*, écrit en partie par les prisonniers et pour les prisonniers, fut un organe décisif de la mobilisation et reste aujourd'hui une source indispensable pour l'histoire.

S'agit-il pour autant de
estraire du problème et de
ire que nous, gens de la
y sommes pour rien ? Ce
trop simple ! La vérité,
se la société entière porte
rt active de responsabilité
ien dans un premier acte
que dans la récidive. Il
donc ridicule et injuste
niner les seules personnes
tact avec les prisonniers,
njuste et ridicule que de
les seuls parents d'un
qui « tourne mal ».

société

, l'alcoolisme (encore, eh
les instabilités psycholo-
le tous ordres, les mauvai-
uentations, les parents et
urs qui ont failli à leur
. Bref, à force de prendre
idération toutes ces expli-
dont certaines relèvent de
: du moment, on finit très
: perdre de vue la cause
objective de ce qui fait la
ance, c'est-à-dire l'injus-
ciale propre à provoquer
rtains individus matériel-
plus mal lotis que d'autres
ctions de survie suscepti-
ller jusqu'à la délinquan-
ces réactions se produi-
préférence chez les moins
nés intellectuellement et
ogiquement relève de l'a-
pour criminologue et non
éalité sociale qui prédis-
itialement et globalement
démunis à la délinquan-
nous importe en fin de
les travers particuliers de
délinquant. Ce que nous
retenir pour résoudre ce
e, ce ne sont pas les ano-
ou les aventures person-
mais le point de départ
n qui relie entre eux les
ants. Et ce point de dé-
u'on le veuille ou non,
ente de le dissimuler ou
reste le même dans 95 %
: la misère. C'est donc elle
porte de combattre avant
r contrairement à l'auto-
— encore que le tour de
viendra bien un jour —,
fort bien la supprimer
suite.

Un choix politique

Toutefois ces réserves que nous émettons sur ce qu'on peut qualifier de « réinsertion sociale classique », c'est-à-dire celle destinée à faire accepter passivement à un miséreux sa misère alors qu'elle l'avait préalablement conduit à se révolter, ne nous empêche pas de constater qu'il existe incidemment, par le biais de la prise de conscience politique, une sorte de possibilité de réinsertion sociale où l'analyse et la contestation du système viennent généralement se substituer à l'acte délictueux.

Cela implique évidemment que le délinquant soit devenu capable de démonter le mécanisme social et politique qui l'a conduit à la misère et donc à l'acte délictueux. Mais cela nécessite surtout qu'il se soit découvert suffisamment de générosité pour abandonner le combat individuel pour sa seule survie au profit d'une lutte collective désintéressée qui lui apportera plus de satisfactions morales, intellectuelles et politiques que matérielles. Il s'agit donc en l'occurrence d'un choix politique au sens noble du terme, noble, car désintéressé, puisque nécessairement éloigné (du fait de son passé) de toute ambition électorale.

Il s'agit là de l'unique réinsertion sociale possible à laquelle, l'expérience aidant, nous puissions croire au C.A.P. Mais ne nous leurrons pas, les tenants du sytème actuel ne désirent nullement voir aboutir ce genre de réinsertion. Ils semblent nettement préférer des récidivistes à des « réinsérés » contestataires. Un récidiviste on l'emprisonne sans se poser de problème. Un contestataire, c'est une autre paire de menottes. Beaucoup moins facile à réduire qu'un simple délinquant.

Certains hommes du pouvoir assez intelligents et ouverts abondent cependant dans le sens de cette analyse et pensent en effet avec nous qu'une prise de conscience politique de la part des détenus ne peut être que favorable, quitte à risquer de transformer ce récidiviste virtuel en opposant du régime. Je pense notamment à Monsieur Peyrefitte qui est le seul ministre de la Justice à avoir pris fermement position pour que la loi sur la liberté de lecture se trouve appliquée en prison et que les détenus puissent enfin lire le «Cap ». Ce qui n'empêche pas, soit dit en passant, certains responsables administratifs de continuer à baffouer la loi et les ordres en refusant l'entrée du Journal des Prisonniers en prison.

Ainsi, de ce qui précède, on peut aisément tirer la conclusion que sans le rechercher et sans en faire un but en soi le Comité d'Action des Prisonniers est à l'heure actuelle l'organisation qui sur le plan de la réinsertion sociale obtient le plus de succès. Il ne convient pas pour nous d'en tirer une gloire quelconque, mais de se servir de ce résultat pour affirmer plus fort que jamais la justesse de nos analyses en matière de prison, de justice, de politique et de société et réclamer le droit de les divulguer librement.

Serge LIVROZET

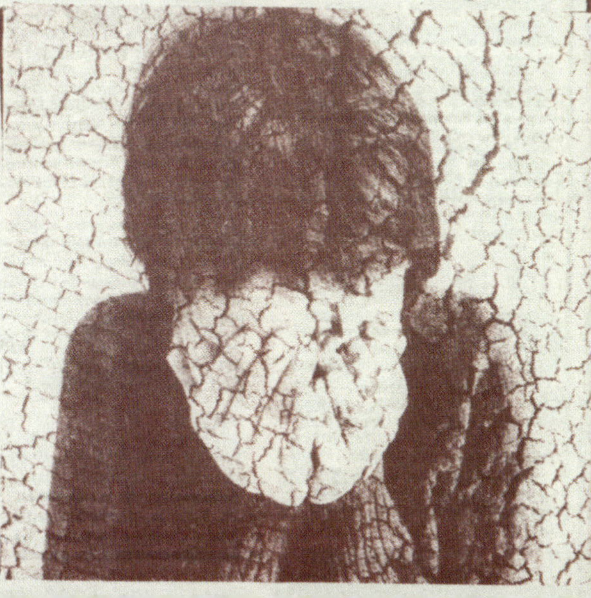

tration non signée
article de Serge
ozet publié dans le
re d'une double
« Réinsertion ».
Journal des prison-
s, numéro 49, sep-
bre-octobre 1977.
. de la BDIC.

HOMMES

porte s'ouvre pour le café : alors ma belle on a fait un gros dodo ? Je parie que t'es encore amusée avec le manche de la balayette. Etc.

De toute façon, l'homo en prison est exclu par tous, méprisé, frappé bien souvent. Il est condamné à vivre dans le cercle restreint des homosexuels et là je parle uniquement des homos qui s'assument, qui se déclarent tels ou encore de ceux qui ont été surpris en trein de... et sont donc catalogués. Il y a bien sûr une frange de la population pénale que l'on peut qualifier de « douteuse », des gens dont on ne sait pas, « on n'est pas certain », « ça m'étonnerait pas que », des gens qui nient leur appartenance au troisième sexe allant même jusqu'à le critiquer en termes violents à la cantonades. Ceux-là sont presque aussi nombreux que les autres, et il arrive quelquefois qu'ils soient surpris un beau jour malgré leurs précautions, leur méfiance, leur discrétion. Ça nourrit les conversations aux fenêtres pour de longues soirées et le pauvre bougre se trouve dans une situation peu enviable.

DES ANNEES A VIVRE EN TAULE

Chacun réagit à la prison à sa manière, selon son caractère, son tempérament. Untel se plonge des les études, un autre se plie aux exigences et au rythme de la vie en atelier, celui-là se livre à une culture physique de tous les instants, et autre ne quitte plus sa cellule depuis des mois, se masturbe sept, huit, dix fois par jour devant un étalage lamentable de photos découpées dans des magazines, tel autre se « met en ménage » avec un ami de cœur pour faire un bout de chemin à deux. Il ne faut pas juger. Chacun fait sa peine comme il peut et les caractères forts sont rares. A noter encore que les rapports entre homos en prison sont généralement empreints d'une grande tendresse, que l'amitié, la camaraderie et l'entr'aide morale et matérielle existent davantage que chez les autres sans doute. On pourrait dire peut être que l'homosexualité en milieu carcéral est une façon de se protéger de la prison en se réfugiant dans un « cercle » d'initiés au sein duquel la camaraderie existe. C'est aussi sans doute une façon de continuer à vivre presque normalement sa sexualité. Mon point de vue est évidemment le point de vue d'un « non homo » et je ne prétends pas avoir fait le tout de tout le sujet. La camaraderie nette et franche et « non ambiguë » existe aussi très fort chez les voyous mais ceux-ci constituent des « coteries » très fermées ou les « non voyous » (les « truffes ») ne sont pas admis. D'une façon générale vivre en homosexuel en prison c'est accepter de vivre à l'index du reste de la population pénale, c'est accepter le mépris des autres, les vexations, humiliations, mises à l'amende et tout le long cortège des brimades, coups, sévices, quarantaines, etc.

PATRUT J.J.
ex 1553 MURET
ex 3147 Clairvaux

Illustration non signée d'une double page « La vie sexuelle et affective dans les prisons ». *CAP. Journal des prisonniers*, numéro 38, juillet 1976. Coll. de la BDIC.

REPRESSION , FRUSTRATIO

Passé le choc de l'incarcération, l'obsession majeure du détenu se fixe sur le sexe, source vive, sans vouloir devenir freudien, de l'épanouissement de chacun, qu'il soit incarcéré ou non. Alors même qu'il pensera à sa libération plus ou moins éloignée, c'est encore à travers elle à la libido qu'il songera. J'ai connu des types que des masturbations trop fréquentes rendaient malades physiquement et psychiquement. Les livres de nus, à l'époque où ils étaient interdits, arrivaient à valoir jusqu'à une dizaine de fois leur prix. Et c'était le cachot à la clé pour les détenus trouvés en leur possession. Si l'on accorde un certain crédit à l'idée selon laquelle les systèmes répressifs sur le plan sexuel influent sur le comportement social des gens, on doit aller jusqu'au bout et se dire que la prison ne saurait échapper à cette règle. C'est pourquoi j'ose affirmer que l'incarcération, qui multiplie cette répression par cent, fait de tous les prisonniers des paranoïaques. Ce qui se traduit par une agressivité supérieure à la normale — encore qu'inférieure à celle qu'on pourrait craindre — et, surtout par une tendance caractérisée de la mythomanie.

Conserver son équilibre nerveux et psychique en prison constitue une prouesse rare. Et l'on peut dire que les diagnostics fort peu amènes des psychologues à notre égard ne sont généralement pas fondés a priori, mais plutôt justifiés a posteriori, après que l'incarcération a achevé son influence néfaste.

Je ne connais pas un seul détenu qui ne soit, selon la récente déclaration de Paul VI, en état de péché mortel. Et puisque les prisonniers, jusqu'à preuve du contraire, ont conservé leurs âmes peut-être serait-il bon de commencer à songer aux moyens qui leur permettraient de les sauver. Et je ne vois à cela qu'une solution — au moins valable pour la majorité d'entre eux : le parloir lib me ce fut le cas détenus politiques notamment. Mais l on se heurte au ve administration rigid grade et imbue de

Et cependant comm parler de réinsertion en maintenant les l'on prétend rééduq un état de frustra compromet jusqu'à l libre psychique. En s du simple point de l'intérêt social et e tant l'état de fait tence de la prison, il que la politique pén en matière sexuelle contre du but préte recherché. Nous n' mes plus au stade d par ignorance mais à l'échec conscient. L tration n'agit point, r qu'elle ne sait pas, m des raisons qui éch l'entendement, parc ne veut pas.

Je me rappelle éprouvé lorsqu'une

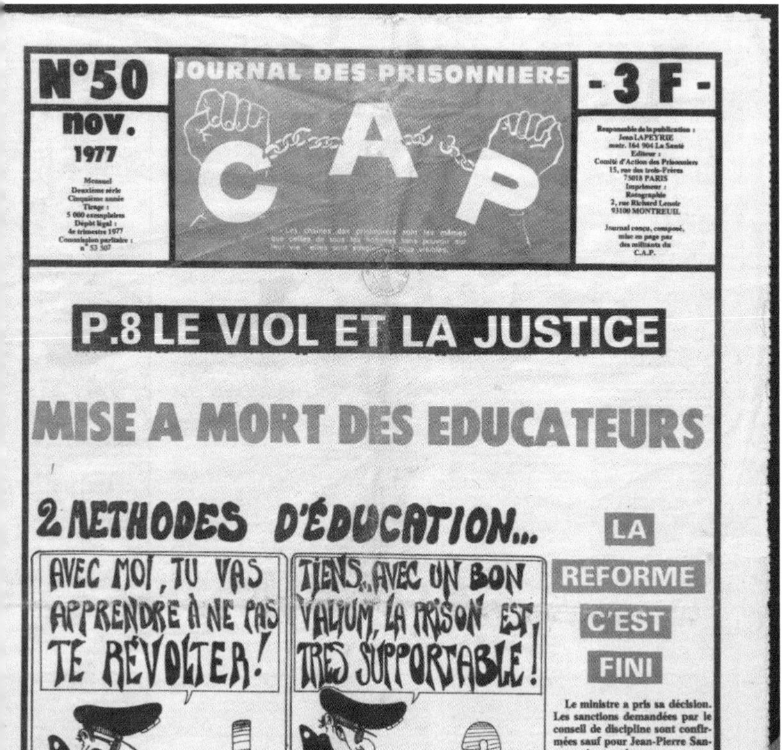

N°50

nov.
1977

Mensuel
Deuxième série
Cinquième année
Tirage :
5 000 exemplaires
Dépôt légal :
4e trimestre 1977
Commission paritaire :
n° 53 507

JOURNAL DES PRISONNIERS

C A P

« Les chaînes des prisonniers sont les mêmes que celles de tous les hommes sans pouvoir sur leur vie, elles sont simplement plus visibles.

- 3 F -

Responsable de la publication :
Jean LAPEYRIE
matr. 164 904 La Santé
Éditeur :
Comité d'Action des Prisonniers
15, rue des trois-Frères
75018 PARIS
Imprimeur :
Rotographie
2, rue Richard Lenoir
93100 MONTREUIL

Journal conçu, composé, mise en page par des militants du C.A.P.

P.8 LE VIOL ET LA JUSTICE

MISE A MORT DES EDUCATEURS

2 METHODES D'ÉDUCATION...

LA REFORME C'EST FINI

Le ministre a pris sa décision. Les sanctions demandées par le conseil de discipline sont confirmées sauf pour Jean-Pierre Sanson qui est exclu.

Monsieur Peyrefitte a donc fait don de sa personne au pouvoir absolu de l'administration pénitentiaire. Le nouvel académicien, l'auteur du « Mal français », enterre ainsi son image libérale alors qu'une autre ressuscite : celle du ministre de l'Education nationale de 1968 qui préféra les sanctions à la compréhension et au dialogue... On sait ce qu'il advint ! Ce ministre d'alors porte le même nom que le ministre de la justice d'aujourd'hui.

Nous avions jusqu'ici espéré, sur la foi de ses discours, que ce n'était pas le même. Hélas ! Hélas ! il nous fait enterrer aussi nos illusions ! En société libérale la répression est éternelle.

Le C.A.P.

P.4/5 : notre dossier

FOP 3155

Couverture du numéro 50 du *CAP* (novembre 1977), qui comprend une double page sur les éducateurs. Coll. de la BDIC.

Protestation devant le ministère de la Justice contre la suppression des colis de N
aux détenus, le 4 décembre 1971. Fonds Elie Kagan/BDIC.

Michel Foucault lors de la manifestation contre la suppression des colis de Noël au
détenus. Fonds Elie Kagan/BDIC.

Michel Foucault, Jean-Paul Sartre, Jean-Pierre Faye (ci-dessus) et Alain Geismar (ci-contre) à la conférence de presse du GIP dans les locaux de l'Agence de presse Libération (APL), le 17 janvier 1972. Fonds Elie Kagan/BDIC.

Toul et Clairvaux furent le cadre de deux grandes révoltes dans les années 1970.

Ci-contre : prison de Toul, 1971. Droits réservés.

Ci-dessous : centrale de Clairvaux, vue du centre de détention et du petit cloître de l'ancienne abbaye. © Bernard Bolze, CGLPL (Contrôleur général des lieux de privation de libertés), 2009.

X

Ci-dessus : toilettes d'un local d'attente de la prison de Fleury-Mérogis dans lequel séjournent les personnes détenues avant et après les parloirs.
© Bernard Bolze, CGLPL, 2009.

Ci-contre (haut) : centrale de Clairvaux, terrain de sport.
© Bernard Bolze, CGLPL, 2010.

Ci-contre (bas) : centrale de Clairvaux, la Villa Suchet, les quartiers disciplinaires et d'isolement.
© Bernard Bolze, CGLPL, 2009.

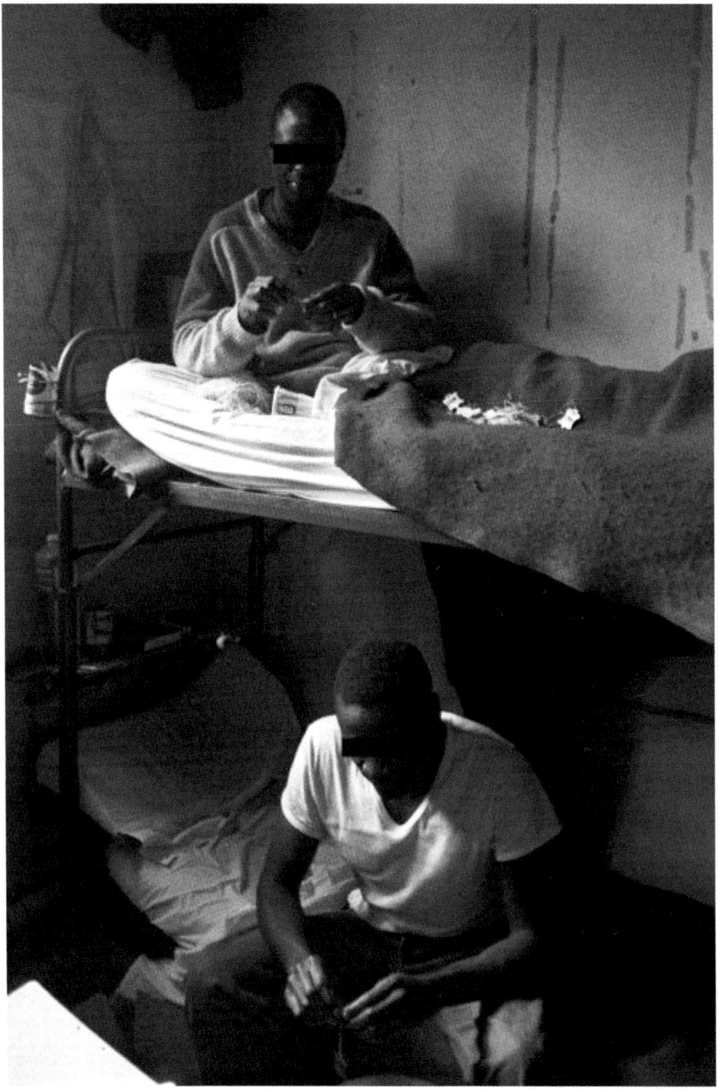

Ci-dessus : maison d'arrêt de la Santé, détenus dans une cellule de travail du bloc B. Ce travail consiste à accrocher un fil à une étiquette « cuir ».
© Oliver Aubert, 2000.

Le bandeau sur les yeux des détenus s'explique par l'interdiction de photographier et d'exposer leur visage.

Ci-contre : maison d'arrêt de la Santé, chariot de distribution de nourriture dans une coursive, au-dessus de filets anti-suicide.
© Oliver Aubert, 1990.

Ci-dessus : maison d'arrêt de la Santé, détenus se brossant les dents au-dessus de la cuvette des toilettes, seul point d'eau de la cellule.
© Oliver Aubert, 1990.

Ci-dessous : maison d'arrêt de la Santé, radiographie de l'estomac d'un détenu ayant avalé une fourchette.
© Oliver Aubert, 1990.

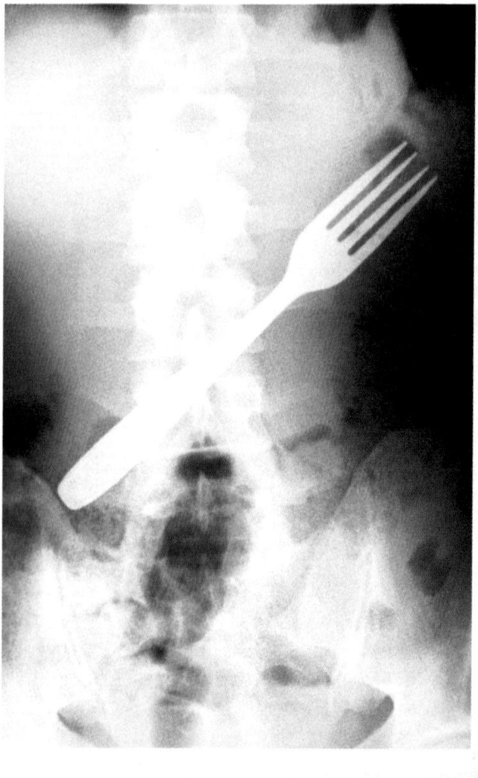

Ci-contre : maison d'arrêt de la Santé, détenu en caleçon après la fouille des « entrants » avec, dans une couverture, les affaires qu'il est autorisé à conserver pour sa première nuit.
© Oliver Aubert, 1990.

Portrait de Michel dans sa cellule à la Santé : « Le pied de la lampe est fait d'une bo
de Ricoré. J'ai percé le couvercle pour installer la douille. Quatre feuilles de pap
imprimées forment l'abat-jour. J'ai récupéré le fil et les douilles quand il y a eu
travaux dans les cellules. Les franges, c'est le papier cadeau du colis de Noël. »
© Catherine Réchard, 2001. Photographie publiée dans *Système P. Bricolage, inven*
et récupération en prison (Alternatives, 2002).

VI. Des lendemains qui ne chantent pas (1975-1980)

17. Tempête dans les têtes

> La séparation est infime entre la revendication et le désespoir, et [...] encore moindre entre le désespoir et l'action désespérée.
>
> Lettre d'un détenu au *Monde* (21 septembre 1972)

Mal vivre la prison

Il est difficile de croire que la réforme de 1975 se traduise par un mieux-être psychique de la population carcérale. En 1975-1980, en effet, le nombre de suicides, tentatives et autres auto-agressions est plus élevé encore qu'en 1971-1974.

	1970-1974	1975-1979
Grèves de la faim	3 496	5 799
Auto-mutilations	2 640	6 206
Suicides	139	209
Tentatives de suicide	1 124	1 627

Examinons de plus près ces actes « d'opposition à la prison », comme les appelle la sociologue Catherine Pauchet [1]. Si la plupart des records culminant en 1974 et 1975 sont encore battus par la suite, il ne faut pas se méprendre sur les premiers : en 1974-1975, et pour la première fois, l'AP aurait publié sans les minimiser, des statistiques plus exhaustives qu'auparavant. Sans doute faut-il attribuer ce beau geste à l'honnête Jacques Mégret. Toutefois certains actes ne sont pas connus de l'AP. L'exactitude de ses chiffres n'est donc nullement avérée.

Roland Agret a eu raison d'intituler l'un de ses livres *Mon corps en otage* car, dans tous les actes recensés au tableau ci-dessous – et Agret les a presque tous expérimentés – c'est le corps qui est en jeu et en péril. Si c'est dans la tête que se lève la tempête, c'est sur le corps, seul moyen d'expression dont dispose l'écrasante majorité des prisonniers, que ses ravages se manifestent.

Année	Évasions	Incidents collectifs	Grèves de la faim	Auto-mutilations	Suicides	Tentatives de suicide	Agressions contre le personnel
1970	13	11	604	179	19	108	19
1971	15	37	615	229	17	127	15
1972	15	85	844	345	36	172	26
1973	20	36	796	557	42	325	30
1974	35	152	837	1 330	25	392	45
1975	36	36	1 139	1 323	47	380	38
1976	31	48	1 000	1 211	40	286	31
1977	18	39	1 209	1 227	40	263	34
1978	22	38	1 233	1 142	46	300	35
1979	19	36	1 218	1 303	36	398	38
1980	8	25	1 054	1 592	39	396	35

« Un mort a été pendu »

Ce panorama de la violence carcérale appelle quelques remarques.

Les statistiques de l'AP sont incontrôlables : ainsi, quand elle fait état de trente-six suicides en 1972, le GIP en dénombre trente-deux et le CERFI, quarante-cinq. De tels écarts s'expliquent, selon le GIP, du fait que « si l'AP répugne à enregistrer comme suicides des décès dont il lui faudrait assumer la responsabilité morale, elle manifeste un grand empressement à classer comme tels des décès dont elle voudrait cacher la cause réelle [2] ». Le *CAP* donne plusieurs exemples de « suicides "aidés" administrativement », comme les appelle Agret, dont celui-ci : « Videira (Alberto) a été assassiné au mitard de Fresnes par les matons qui avaient trouvé deux pistolets factices dans sa cellule. Il ne s'est pas suicidé. C'est un mort qui a été pendu [3]. »

Par « agressions contre le personnel », il faut entendre les actes graves, souligne Catherine Pauchet. Or ces agressions étonnent par leur rareté : l'AP en recense un maximum de quarante-cinq (pour 29 100 détenus) en 1974, l'année de tous les dangers, soit moins d'une par semaine ; ou encore, en moyenne, une agression pour six cent deux détenus. À l'évidence, la « violence inouïe » attribuée aux prisonniers est on ne peut plus minoritaire… Sachant qu'en la seule année 2005, cinq cent soixante-douze gardiens auraient subi des agressions, on peut même comparer à un troupeau d'agneaux la population carcérale des années 1970 [1].

On ne connaît pas le nombre d'agressions des personnels à l'endroit des détenus. Si l'AP possède des statistiques à ce sujet, elle ne les publie pas, alors que nos seuls témoins en signalent par dizaines. Pourtant, le 18 janvier 1975, un surveillant est condamné en justice – ce qui est rarissime – pour violence sur un détenu. C'est la seule partie émergée de l'iceberg.

Faute d'une définition précise, le terme « tentatives de suicide » ne veut pas dire grand-chose, car on ignore s'il s'agit d'appels au secours sans réelle intention de mourir, de suicides intentionnels inaboutis (le suicidant s'est raté, un tiers

1. Entre 1974 et 2006, le taux d'agressions de surveillants est à multiplier par six environ.

est intervenu…) ou encore d'auto-mutilations graves. L'AP assimile ces dernières aux tentatives de suicide. Toutefois elle refuse d'appeler tentative de suicide celle qui « ne met pas en danger la vie de son auteur ». Tout cela ajoute à la confusion statistique.

Cent soixante-treize suicides au peigne fin

Les actes auto-agressifs sont de beaucoup les plus nombreux, comme si l'« opposition à la prison » se retournait finalement contre soi. Du reste, ce terme d'« opposition » est-il toujours pertinent ? À en croire les spécialistes, les suicides, de prison ou d'ailleurs, obéissent à plusieurs mobiles, apparents ou cachés, déterminants ou déclenchants, parmi lesquels ne figure pas nécessairement l'« opposition » à quoi que ce soit.

Les suicidologues interprètent souvent le suicide en philosophes : il s'agirait selon eux de l'ultime affirmation de la liberté humaine. Ainsi « le suicide [impliquerait] l'autonomie au moins relative d'un sujet qui tente de se donner à lui-même sa loi, […] un acte, donc, qui témoigne d'une liberté, qui fonde une certaine dignité [4] ». En effet, un *suicide de prison* (l'expression vient du GIP) ne peut être dissocié des notions de liberté, et de fuite. Un ancien détenu l'exprime simplement : « Si tu te tues, tu leur échappes [5]. » Plus doctement, Durkheim définit un type de suicide qu'il appelle « fataliste » et qui pourrait convenir au suicide de prison : c'est « celui qui résulte d'un excès de réglementation, celui que commettent les sujets dont l'avenir est impitoyablement muré, dont les passions sont violemment comprimées par une discipline oppressive [6] ».

Mais ce sont là des interprétations émanant de tiers. Ceux qui ont eux-mêmes tenté le suicide nous parlent davantage d'un véritable maelström émotionnel qui précède le geste et les aspire presque malgré eux vers le fond, laissant peu de place au raisonnement.

Faut-il rappeler qu'on se suicide essentiellement par désespoir et qu'une « simple » déception sentimentale peut y conduire ? « Beaucoup de taulards se sont pendus ou jetés du troisième étage [I] parce que leur femme les avait quittés [7]. » À première vue, ce type de suicide, d'ordre privé, n'a aucun message à livrer à l'institution. Mais, comme le rappelle le GIP, « le régime et l'administration pénitentiaires, le système pénal, y ont une part directe [8] »... Ou indirecte, nuancerons-nous, en amplifiant et multipliant toutes les raisons qu'un détenu peut avoir d'en finir. N'est-ce pas, après le juge, l'AP qui sépare le couple ? La responsabilité de l'AP est peut-être écrasante mais elle est diffuse, rarement explicitée par le candidat au suicide. L'AP tend de son côté à écarter les motifs de suicide qui mettent en cause les institutions concernées.

Ainsi, 1,7 % des suicides qu'elle recense ont pour cause apparente le régime pénitentiaire ; 11,6 % seraient dus à une décision ou absence de décision judiciaire ; et 29,5 %, à des raisons personnelles, familiales ou de santé [9]. Pourcentages peu convaincants puisque 57,2 % des suicides de prison n'ont pas de raison connue.

L'AP accueille, d'autre part, des personnes à risque suicidaire car ravagées par leur vie antérieure et qui ont déjà commis avant leur incarcération des actes auto- et/ou hétéro-agressifs [II]. La responsabilité de l'AP est dans ces cas atténuée.

Des estimations sans grande valeur scientifique donnent, pour la décennie, jusqu'à 75 % de prisonniers psychiquement atteints. En 1980 sont dépistés 28 000 cas de troubles mentaux pour 35 655 prisonniers [III]. C'est énorme, mais les troubles mentaux ne débouchent pas forcément sur des suicides ou tentatives.

Parmi les éléments qui, en revanche, accablent l'AP, on soulignera la pénurie de psy en prison et l'absence d'une politique sérieuse de prévention des suicides. Privilégiée encore

I. À mesure que des filets étaient tendus dans les cages d'escaliers, la pendaison s'est encore répandue (de 87 % des cas en 1975-1978 à 92 % de nos jours).

II. Soit 8,3 % des prisonniers interrogés par l'un d'eux, Alain Monnereau [10].

III. On peut objecter que « troubles mentaux » ne veut rien dire, que tout dépend des critères utilisés, alors que chaque école de psy a les siens. On peut aussi s'interroger sur le « dépistage » dans le contexte carcéral. De nos jours, ces enquêtes donnent des résultats encore plus inquiétants.

aujourd'hui, la surveillance accrue, et surtout nocturne, des détenus à risque n'est pas la panacée. Les pyjamas et draps en papier non plus. « Le détenu qui retourne l'agression contre lui-même est paradoxalement impossible à surveiller », assure le Dr Gonin [11], et ne présente pas forcément de signes avant-coureurs. Celui qui veut vraiment se suicider trouve toujours moyen de le faire, prévient ce psychiatre.

En 1970-1971, les taux officiels de suicide de prison correspondent, en gros, à ceux de la population générale, et ne surprennent guère. L'inquiétude des autorités naît avec les trente-six suicides de 1972. Mais les suicides de prison sont alors peu étudiés, et encore moins les tentatives (qui augmentent depuis 1969 et atteignent 392 en 1974).

Il faudra attendre 1976 pour qu'un jeune démographe, Jean-Claude Chesnais, crée un tollé en désignant les conditions de détention comme la première cause des suicides de prison, tout simplement parce que dans la population générale les suicides n'augmentent pas à cette époque, alors que dans la population carcérale ils deviennent au moins quatre fois plus nombreux [12]. Ensuite un autre jeune démographe, Pierre-Victor Tournier, nouveau venu à l'AP, va se saisir de la question avec un magistrat, Philippe Chemithe. Ils discernent à partir de 1972 « une véritable crise de sursuicidité au caractère tout à fait nouveau [13] ».

Passant au peigne fin les cent soixante-treize suicides recensés en quatre ans (1975-1978 inclus), ils découvrent que les suicides sont proportionnellement plus nombreux au mitard, à l'isolement, chez les moins de 30 ans, les plus de 50 ans et les usagers de drogues. Que les prévenus se suicident plus souvent que les condamnés [I]. Que 23 % des suicides sont le fait de détenus étrangers (dont la moitié environ sont maghrébins [II]) alors qu'ils ne représentent qu'environ 18 % de la population carcérale (et seulement 8 % de la population générale).

I. Les maisons d'arrêt hébergent 80 % des prisonniers à la fin de la décennie, et les taux de suicide y sont plus élevés. La Santé, puis Fleury-Mérogis, détiennent alors les records de suicide.

II. Ces derniers sont bien plus respectueux que les Français de l'interdit religieux qui frappe le suicide. Ce qui souligne l'absolu désespoir qui les y conduit malgré tout.

Un supplice de Tantale

Chez les détenus, le risque suicidaire est majoré à certains moments que décrit le Dr Paul Hivert :

« - dans les tout premiers jours et mois de la première incarcération, en raison du "choc carcéral" : l'individu "dépouillé de son être social a perdu son identité".

» - pendant la longue attente de l'instruction et/ou du jugement.

» - lorsque le jugement rendu est perçu comme trop sévère. Le condamné n'a pas, alors, "le sentiment d'avoir été entendu, reconnu par les autres comme sujet".

» - peu avant la sortie, quand "l'affrontement à cette réalité longtemps désirée et idéalisée trouve [le prisonnier] brusquement désarmé. [...] La sortie devient une nouvelle épreuve, menaçante [...] et la réintégration, à part entière, dans le groupe social, devient un projet impossible" [14] ».

Un détenu de Lyon exprime ainsi son anxiété face à la liberté : « Comment avoir confiance et courage quand, à ma libération, je n'aurai plus de toit pour m'abriter, de lit pour dormir, de couvert pour manger, de travail pour vivre, ni d'argent pour subsister ? Je n'aurai pas le droit [...] d'aller dans ce qui me reste de famille, puisque le tribunal a prononcé trois années d'interdiction de séjour. Où vais-je aller [15] ? »

Non recensés, les suicides d'après la prison seraient nombreux aussi. D'autres facteurs, de fond et le plus souvent inavoués, sont intimement liés aux suicides de prison : la privation de relations affectives et sexuelles, par exemple.

Les chercheurs qui veulent à tout prix exhumer les raisons d'un suicide de prison butent néanmoins sur un obstacle majeur : les 57,2 % des suicidés qui n'ont laissé aucune explication, soulignant par là même leur difficulté, majorée en milieu carcéral, à s'exprimer par la parole ou par l'écrit.

« La conduite suicidaire s'inscrit dans le trouble d'une communication qui ne réussit pas à s'instaurer dans une structure où les relations s'établissent sur un mode autoritaire. [...] Le suicide reste un langage avorté. [...] L'amélioration de la qualité de la communication reste la meilleure des préventions [16]. »

Sociologue, Catherine Pauchet attribue la hausse des suicides depuis 1972 au fait que « la nouvelle génération de délinquants accepte de plus en plus mal les conséquences de ses actions délictueuses et supporte péniblement la détention ». En s'« ouvrant » davantage sur l'extérieur, surtout après 1975, la prison expose ses occupants à un supplice de Tantale en « ravivant sans cesse les plaies de l'enfermement [17] ».

En somme, la période 1975-1980, réputée calme en la quasi-absence de révoltes collectives, se distingue par un nombre sans précédent d'auto-agressions. Lors de la mutinerie de Toul, « il n'y avait pas de suicides, remarque le Dr Georges Fully. Le ministre [Pleven] me disait : "Je ne peux tout de même pas organiser [pour les prisonniers] des séances sur les toits !" [18] ». La hausse des suicides et tentatives s'observerait, selon certains, aux moments de reflux, après – et non pendant – les révoltes, révolutions, guerres et autres moments d'engagement maximum [I]. Le Dr Fully constate enfin que « les réformes [de 1971-1972, mais aussi celles de 1975] concernent plus les centrales que les maisons d'arrêt. Or, on se suicide plus en maison d'arrêt ». Coïncidence ?

Un prisonnier suicidaire ou suicidé passe, auprès du personnel, pour un perturbateur, voire un provocateur, toujours dérangeant : c'est « un détenu qui veut reprendre la libre disposition de son corps contre ceux qui en ont la garde. La prison devient alors dérisoire et inutile [19] ». Souvent, le personnel perçoit un tel acte comme « un moyen de pression insupportable que l'on s'empresse de rejeter [20] ». Punir l'auto-agresseur est une tradition très ancienne [II], sans doute puisée dans l'interdit religieux. En prison (« mais pas dans toutes », insiste un ancien détenu) l'auto-agresseur est fréquemment transféré, ou expédié au mitard.

Lorsqu'il survit à ces « agissements », comme les appelle l'AP [21], celle-ci parle de simulation, de désir d'attirer l'attention, « de faire pression sur l'autorité », en un mot de chan-

I. Hypothèse confirmée par une légère (et provisoire) baisse des suicides (25) en 1974 ; mais infirmée par le record (provisoire) de 392 tentatives de suicide cette année-là.

II. En 1704 une femme fut condamnée à être pendue pour avoir tenté de se couper les veines avec une pointe de ciseau.

tage, de manœuvre. « Peut-on si légèrement traiter le problème ? interroge le Dr Hivert. La tentative de suicide, même lorsqu'elle ne constitue qu'un moyen d'attirer l'attention, n'exprime pas moins une réalité tragique [22] ». Qu'en pensent les détenus ? Ils n'en témoignent guère. Le CAP intérieur de Fleury, où se produisent en 1975 « deux TS par jour en moyenne », tient sur le suicide et la tentative un discours ambigu, mais où la responsabilité du « système » est manifeste et entière :

« La simulation, ça n'existe pas. Que le geste réussisse ou non, c'est un appel. Tout détenu sait que pour obtenir ce qu'il veut de l'Administration, il doit faire le chantage au suicide : si tu veux faire venir ton avocat, ton JAP, taille-toi les veines ! [...] Le suicide est un acte de lutte individuelle par lequel le détenu met courageusement sa vie en danger, et auquel le système l'accule [23]. »

Plus prosaïque, le Dr Rose note que les tentatives de suicide et auto-mutilations sont souvent le fait de détenus cherchant à échapper à Toul par un transfert à l'hôpital.

Treize mois de grève de la faim

Parmi les auto-agressions, seules les grèves de la faim, individuelles ou collectives, semblent, dans presque tous les cas, manifester une « opposition à la prison ». Plutôt que se laisser mourir par désespoir [1], il s'agit là de sommer un tiers, détenteur de pouvoir, de mettre fin à une situation jugée intolérable, de réparer une injustice. C'est ainsi que, pour faire valoir son innocence, Roland Agret entame, seul, la grève de la faim la plus longue de l'histoire pénitentiaire de France : treize mois (avec, il est vrai, quelques interruptions) [24]. En voici un épisode : « À mon quinzième jour de jeûne, il m'était impossible de quitter ma paillasse. Il faisait froid, très froid. [...] Mes entrailles endolories ne souffraient plus que d'un mal très sourd... Un nouvel incident cardiaque me valut trois jours de réanimation à l'hôpital Salvator [à Marseille]. J'en

1. Un détenu signale toutefois au GIP « un suicide par grève de la faim » de cent onze jours (*sic*).

arrivais à 47 kilos [contre plus de 80 kilos en temps normal]. Tantôt les perfusions, tantôt les tubages, tantôt les périphéries internes, mon corps n'était que plaies et je risquais l'infection. [...] Je restais des heures entières dans le noir [car] je souffrais terriblement des yeux. Je couchais vraiment avec la mort qui [...] prenait pour moi d'étranges couleurs fascinantes de délivrance et de paix. Mon état était comateux, mais je savais où j'en étais : c'était fini [25]. »

À Muret, en 1974, Charlie Bauer jeûne pour protester contre sa mise à l'isolement. Il le raconte plutôt gaiement : « Les odeurs de gamelle restent encore dans l'air et dans ma tête, évoquant en moi des souvenirs de repas pantagruéliques ! J'ai faim ! [...] Et les jours passent, lancinants, cotonneux, ponctués de fringales à bouffer du rêve à pleine louche. Satané imaginaire où j'évolue, ouvrant des placards emplis de victuailles, de plats débordant d'abondantes sauces, de desserts onctueux. [...] Mes papilles en frémissent d'envie, je salive et m'enivre d'odeurs de ripaille. [...] J'ai faim ! Qui n'a jamais eu faim ne peut comprendre mes ardeurs salivaires. J'en boufferais du béton pour desserrer cet étau qui me broie les entrailles [26]. »

La plupart des gardiens considèrent ces grévistes comme « des faibles peu dangereux ». Par « sadisme », certains matons leur présentent une gamelle, voire un poulet-frites (le *nec plus ultra* en prison), dénonce Roland Agret ; d'autres menacent : « Mange, ou on te casse la gueule... » ; d'autres encore « se moquent complètement » [27] du jeûneur. Mais l'AP s'en moque moins : les décès nuisent à sa réputation. Les médecins vont donc alimenter les jeûneurs *in extremis*, au besoin par la force : « Six à huit gardiens m'ont emmené de ma cellule au bloc opératoire. Je fus attaché, mais le moribond que je suis a résisté de toutes ses forces. C'est de la torture [s'écrie Daniel Debrielle qui jeûne depuis vingt-huit jours]. Un viol avec violence et préméditation. [...] On a violé ma dignité d'homme, mardi je ne serai plus qu'une oie à visage humain. [...] On a tenté de me prendre la gorge avec une sonde gastrique, je l'ai sectionnée avec mes dents. Je n'ai pu empêcher une autre sonde nasale de me violer la narine gauche [28]. »

Tous les médecins ne sont pas pour autant des « nazis ». « Deux [médecins] me sauveront. Ils entreprendront une course folle pour m'arracher à la mort », atteste Roland Agret [29]. Selon un autre gréviste, « le docteur Totsi, qui ne supportait plus d'obéir aux ordres de la Pénitentiaire, donnera sa démission [30] ».

Auto-mutilations

Inégalement déclarées, mal répertoriées au point qu'on ose à peine produire des statistiques à leur sujet, les auto-mutilations sont minoritaires dans la population carcérale. Une chercheuse indique, sur un échantillon d'« auto-agressants » en 1980, quarante-cinq mutilations (coupures), dix-sept tentatives de suicide (par pendaison), huit ingestions de corps étrangers, trois recours à plusieurs de ces moyens. Au total, soixante-treize actes dont trente-trois répétitions [31].

Les auto-mutilations, se produisant dans les asiles aussi bien que dans les prisons, passent pour des gestes de fous. Elles ne le sont pas toujours. Les coupures au rasoir, plus ou moins profondes, sur les avant-bras sont les plus fréquentes ; les amputations (de phalanges surtout) le sont moins. Célèbres en leur temps furent les deux doigts qu'apporta Roland Agret, libéré, à la chancellerie [1]. Moins connues et plus étranges sont la couture des deux lèvres, ou des testicules sur la cuisse, avec du fil et une aiguille ; et l'ingestion de toxiques – Javel, détergents, overdose de médicaments… – et d'objets métalliques.

Tantôt ce sont des actes de pur désespoir, ou qui paraissent gratuits, « fous » en effet ; tantôt ils sont « rationnels », calculés pour obtenir des pouvoirs en place ce qui, pense-t-on, ne peut s'obtenir autrement. Ce sont bien alors des actes d'opposition. Mais n'est-ce pas, dans ce cas, la prison qui est « folle » dans la mesure où elle crée les conditions dans lesquelles des actes « fous » deviennent, aux yeux de leurs auteurs et de codétenus, des actes quasi « normaux », raisonnés, nécessaires, voire salutaires lorsqu'ils atteignent leur but ?

1. Ce champion de l'auto-mutilation milite alors pour la révision de son procès. D'autres détenus, groupés dans une cour de prison, se sectionnent chacun une phalange et les envoient groupées, par la poste, à la chancellerie.

Les avaleurs sont les plus mystérieux. L'un d'eux est présenté par le Dr Antoine Lazarus, alors médecin « faisant fonction » de psychiatre à Fleury-Mérogis, au cours d'un reportage télévisé qui lui coûtera son poste en 1976. Cet avaleur est un comptable (ou aide-comptable), au vocabulaire et aux vêtements soignés. Pourquoi est-il avaleur ? « Mais c'est la chose la plus naturelle », explique-t-il posément. Autour de lui, tout le monde le fait. C'est, ajoute-t-il, le seul moyen d'obtenir une réponse de son juge d'instruction.

Un autre avaleur, compulsif celui-là, ingère systématiquement, et constamment, des morceaux de verre, y compris devant le psychiatre. D'autres encore avancent des motifs jugés insignifiants : à l'un, il est interdit d'écrire à sa cousine ; l'autre n'a plus de nouvelles de sa petite fille…

Allons maintenant à la centrale d'Ensisheim, en 1970 ou 1971, où nous retrouvons Charlie Bauer quelque temps – et plusieurs transferts – après sa tentative d'évasion par les égouts. Sitôt arrivé, il est conduit à l'isolement dans un sous-sol.

Là, il effile une lame de canif sur le sol bétonné de sa cellule « pour qu'à la radio elle paraisse dangereuse pour le transit intestinal », mais l'entoure de papier hygiénique. Preuve que l'instinct de vie est bien présent chez cet avaleur précautionneux. D'autres entourent leurs lames à rasoir de ruban adhésif, plus efficace contre les coupures que le papier de toilette.

Bauer coupe en deux une lame de rasoir dans le sens de la longueur. « Je renverse la tête en arrière pour tendre le cou au maximum et je pousse la lame en déglutissant. […] Les nausées sont si violentes que je dégueule le tout. […] Je recommence. Je redégueule. Je prends un verre d'eau et j'essaie encore. Je pousse la lame le plus verticalement possible tout en versant de l'eau dans ma bouche. Je déglutis. J'ai des nausées […] mais la lame a franchi le barrage des amygdales, elle est dans l'œsophage.

» Les morceaux de lame de rasoir subissent le même sort. […] Je crache un crachat rouge de sang.

» Fierté, rage, provocation, ou que sais-je encore ! […] Faut-il être fou, fou à lier, pour imaginer même une telle folie : avaler un couteau et une lame de rasoir ! […] Folie, soit, mais était-ce bien raisonnable de se soumettre à ces conditions [l'isolement] mortifères entre toutes ? [...] Raison et folie sont des références très relatives selon les situations... »

Le gardien averti, notre avaleur attend les secours. En vain. « Toujours rien, et l'heure tourne. [...] Les ordures ! Ils sont bien capables de me laisser crever. [...] La nuit est bien avancée à présent. [...] Des renvois au goût métallique remontent de mon estomac. [...] À Clairvaux, un détenu avait avalé une lame de rasoir. Il n'en avait rien dit à personne. Il en était mort dans la nuit. Hémorragie interne, perforation des intestins. Ce souvenir me tient éveillé longtemps. [...] J'entends les deux surveillants faisant leur ronde extérieure se pencher à la fenêtre de ma cellule et dire : "Eh bien, il n'est pas encore crevé !" »

Au petit matin, docteur et infirmière – qu'on vient seulement d'avertir – font leur apparition. Ce sont ensuite « les chaînes, les entraves, le fourgon cellulaire, l'escorte de gendarmes [...] et nous arrivons quelques instants plus tard à l'hôpital de Mulhouse. [...] Mon ventre est tétanisé, dur comme du béton, mais au moins suis-je rassuré [...] : la finalité de mon geste est bien l'hospitalisation ».

Hélas ! Le radiologue parvient, « à force d'efforts, d'entêtement et après plusieurs heures, à faire franchir aux lames l'étranglement duodénal. "À présent, il n'y aura pas de problème, vous devriez rejeter ces lames dans vos matières" »...

Or, Bauer comptait bien rester quarante-huit heures au moins à l'hôpital. Il est furieux. Après avoir copieusement engueulé le médecin, le voilà réexpédié en centrale, où il passe quelques jours à l'infirmerie à manger des poireaux qui facilitent le transit. Enfin, il évacue les lames [32].

Métaphores

Ce prisonnier-là est un néophyte. Les habitués engloutissent sans grande difficulté des objets bien plus nombreux et variés : verre cassé, fourchettes, cuillers, trombones, découpes de canettes, cailloux, pièces de monnaie, aiguilles, ressorts de pinces à linge, clous, vis et boulons, stylos à bille et même anses de seau... Le Dr Gonin signale un estomac rempli de « plus de trois kilos » d'un tel bric-à-brac. La suite est incertaine. Dans quelques cas, l'acte, négligé, est mortel ; dans d'autres, le sujet doit son salut soit à une matière plâtreuse, soit à du coton hydrophile imbibé d'huile de paraffine qu'on lui fait avaler, soit à une intervention chirurgicale ; dans d'autres cas, nombreux, « ça passera tout seul et ça lui fera les pieds », pronostique un médecin de l'AP.

Quoi qu'il en dise, Bauer n'est pas fou. Comme bien d'autres détenus qui ont fait pire pour sortir un moment de leur prison, il imagine l'hôpital comme un havre de paix, un paradis où il serait entendu, écouté, entouré.

L'avaleur veut-il montrer qu'envahi jusqu'à l'intérieur par la prison, son corps n'est plus qu'une « poubelle », un « sac de merde », « un tube sans rapport avec le vivant » par où passent des aliments morts ? « Il devient lui-même pierre ou métal ou verre, le mur de sa prison », considère le Dr Gonin [33]. Métaphore qu'on retrouve sous d'autres plumes, dont celle de Jimmy Segura, maintenu à l'isolement pendant neuf ans et quatre mois : « La prison fait de nous des murs. On devient une pierre en soi. Devenir une pierre, c'est la mort. On a le sentiment de ne plus exister [34]. »

Curieusement, la métaphore du « sac de merde » surgit assez souvent aussi sous la plume de prisonniers qui ne sont pas des avaleurs, encore moins des fous ; ainsi que « vider » ou « se vider ». « Je n'étais en prison que depuis une nuit, se souvient Joël. Et déjà on me vidait de ma vie, doucement, tout doucement [35]. » Et comment oublier ces lignes de Georges Hyvernaud, prisonnier en 1940-1945 des oflags de Poméranie, accroupi sur la « fosse à merde » collective ? « On n'a pas d'âme. On n'a que des tripes. On s'emplit tant bien que mal et puis on va se vider. [...] S'emplir, se vider. [...] Toujours en public. Dans l'indistinction de la merde [...] avec gravité, sans fin et sans but [36]... »

Convenons que ce choix de métaphores n'a rien de logique. Il s'agit bien plutôt d'un enchaînement d'images mortifères traduisant le sentiment d'indignité que produit, chez beaucoup, la prison : « Chaque jour, s'enfoncer un peu plus en soi, [...] n'être qu'un légume qui s'alimente et se vide, pour découvrir finalement qu'on n'est plus rien. [...] L'homme à se recroqueviller finit par puer de l'intérieur [37]. »

18. QHS : LA « TORTURE BLANCHE »

> Nul ne sera soumis à la torture, ni à des peines ou traitements cruels, inhumains ou dégradants.
>
> Article 5, *Déclaration universelle des droits de l'homme*, 10 décembre 1948

> Les droits de l'homme ? Quels droits ? Quels hommes ?
>
> CHARLIE BAUER

« Si, Monsieur le Président, on torture en France. En QHS, c'est l'accélération de la déchéance, la dégradation de l'individu par petites doses mortelles, vrai supplice, supplice lent [...] par des moyens feutrés. [...] Ici, il ne subsiste plus rien, plus rien, plus RIEN. C'est froid, c'est calme, c'est glacé, c'est bétonné comme la morgue. [...] Pas de traces de sévices [mais] l'intérieur est broyé [38]. »

Dans la veine pathétique qui n'appartient qu'à lui (et à Roland Agret), Roger Knobelspiess fait ainsi, en 1978, le procès des QHS qu'il connaît bien, dans une lettre ouverte au président de la cour d'assises de Paris. François Besse et Taleb Hadjadj, figures du banditisme de l'époque, évoquent, eux, une « mise à mort blanche » qui les conduira à « l'action désespérée ou l'aliénation mentale de type paranoïaque ou schizophrénique [39] »...

Mais s'agit-il bien de torture ? Pas de torture physique, en tout cas. Autre emmuré, Daniel Debrielle préfère parler de « répression incorporelle ». Toutefois les textes internationaux précisent que la torture peut aussi bien être psychologique et que ce terme s'applique quels que soient le but recherché et les moyens employés [1].

---

1. La torture est une forme aggravée des traitements cruels, inhumains ou dégradants. « Le terme torture désigne tout acte par lequel une douleur

Certains locataires de QHS emploient, il est vrai, des termes discutables, tels cette « volonté d'extermination » que Knobelspiess impute à l'AP, alors que Mesrine l'accuse d'« assassinat moral légalisé [40] ». Également hasardeuses sont les comparaisons implicites de Knobelspiess avec les camps nazis : « Nous sommes martyrisés, lentement et collectivement exécutés. Il nous manque [seulement] d'être juifs [41]. » Mais le mot torture ne paraît pas, ici, déplacé.

Des QHS avant la lettre

Au XIXe siècle, on pensait qu'il existait « deux espèces [de prisonniers] : les pauvres types d'un côté, et de l'autre, les durs, les irrécupérables, rappelle Michel Foucault, ceux dont on ne peut rien faire, et dont il faut faire en sorte qu'ils ne soient plus rien. [...] Le système des QHS permet de tracer, dans les faits, le partage dont on rêve depuis si longtemps entre bons et mauvais criminels : ceux que l'on redresse, ceux qu'on élimine [42] ».

L'isolement est vieux comme le monde des prisons. Dès l'implantation des geôles modernes en 1830-1840, on débattait du système pennsylvanien, qui proposait l'isolement intégral, et de l'auburnien, qui se contentait d'un isolement de nuit, suivi le jour de travail et de repas en commun. On connaissait déjà les conséquences désastreuses de l'isolement pour le psychisme. Mais à l'époque, la fonction disciplinaire de l'isolement était accessoire. Il devait surtout favoriser réflexion et repentir, limiter les épidémies (tuberculose...) et éviter l'homosexualité et la promiscuité, source de corruption des esprits par les « mauvais » éléments.

Sur les établissements sécuritaires postérieurs à 1945, de rares articles et témoignages, aucune recherche scientifique sauf celle, imposante mais inédite, du sociologue Michel Fize [43] ; et un seul livre majeur, *QHS*, du détenu Roger Knobelspiess. Nous leur devons presque tout.

ou des souffrances aiguës, physiques ou mentales, sont intentionnellement infligées à une personne » (Convention contre la torture, adoptée par l'ONU en 1984).

En 1955 apparaît à Beaune le premier de ces établissements. Le détenu Maurice Hanneton appelle Beaune « la prison de la mort lente [44] ». Ce QHS avant la lettre est remplacé en 1968 par un quartier de la prison de Mende, « le plus terrible des QHS de France », note un ancien locataire. Le CAP dénonce les « pratiques nazies » ayant cours à Mende, « chef-lieu de la Lozère et de la torture », en manifestant au pied de ses murs [45]. S'il était prévu, à Mende, de réunir « exceptionnellement » les pensionnaires dudit quartier, ils subissaient de fait l'isolement intégral. Maurice Gatau (ou Gateau) est devenu fou dans cette « prison de force pour rebelles et gauchistes [46] ».

Au début des années 1970, certains « dangereux » sont maintenus en QI (quartiers d'isolement – une trouvaille de Pléven) ; d'autres sont « en haute surveillance [47] », comme à Fresnes. À Fleury existent des régimes spéciaux, « de haute surveillance et de super haute surveillance [48] ».

Le DPS ou « détenu particulièrement signalé » (en réalité : surveillé) est inscrit sur un fichier national créé en 1967 et géré par la chancellerie. Cette étiquette est « une véritable étoile jaune pénitentiaire », résume Louis Perego qui l'a longtemps portée sans même savoir pourquoi. Considéré comme « dangereux pour l'ordre et la sécurité », le DPS vit en détention normale mais son régime préfigure celui des QHS : fouilles et changements de cellule plus fréquents qu'à l'ordinaire, moins de promenades (et en solitaire). Les DPS se voient appliquer des mesures spéciales de sûreté en matière de fouilles, transferts, parloirs, promenades. Un DPS n'a pas le droit de rencontrer un autre DPS, ce qui limite ses activités.

Bien avant la réforme de 1975 les syndicats de surveillants, et même celui de la magistrature, réclamaient un régime spécifique pour les détenus « dangereux ». Quoi de plus équitable ? De plus logique ? La prison n'est-elle pas, depuis toujours, brocardée pour le mélange qu'elle opère entre petits délinquants et criminels, n'est-elle pas de ce fait qualifiée d'« école du crime » ?

« Une poignée de furieux »

En avril 1974, l'AP se demande « comment prendre en charge ces condamnés à la personnalité dangereuse, qui ne sont pas susceptibles d'évolution [*sic*] et qui ont cependant à purger de très longues peines, voire des peines perpétuelles ». Mais il ne s'agit alors, que d'« une poignée de furieux [49] » : quelques dizaines, auxquels l'AP promet « une vie collective convenable » et « le strict respect de la personne » (affirment les circulaires) au sein de petites unités autonomes… Entre autres, les QHS avant la lettre de Besançon [I] et Tarbes.

Les révoltes de l'été 1974 changent la donne : cent quatre-vingt-douze rebelles vaincus sont « baluchonnés », comme disent les détenus, d'une prison à l'autre. Mais ces transferts disséminent le virus de la révolte. Pour les auteurs de la « réforme » de 1975 – que Foucault orne de guillemets – il est urgent d'évacuer les fortes têtes.

Sur les QHS, le premier texte semi-officiel date du 15 mai 1975 : ce sont les instructions de Lecanuet aux chefs d'établissements concernés. Sont nommées « établissements » ou « quartiers de sécurité renforcée » (QSR) onze unités destinées aux condamnés « dangereux ». Le décret du 23 mai officialise ces QSR. Ces textes soulignent dès 1975, et au mépris de l'évidence, que leur « régime […] n'est pas de nature disciplinaire ».

Présumés innocents

En septembre sont créés en maisons d'arrêt douze « quartiers de plus grande sécurité » (QPGS), réputés plus durs que les QSR. Trois ans plus tard, les QPGS sont au nombre de quarante-et-un. On y reçoit des condamnés mais surtout des prévenus… qui bénéficient, en droit, de la présomption d'innocence. On ignore combien sont concernés [II]. Dans le

I. « À Besançon, j'ai retrouvé [en 1974] un assassin galonné de la Pénitentiaire, Van Den Brocke, qui a frappé 120 détenus (sur 150) en trois mois », se souvient Maurice Hanneton [50].

II. Quatre cents sont envisagés en 1978. Mais au début de l'année, les QHS comptent cent soixante prévenus et soixante-dix condamnés (*Le Figaro*, langage courant, QSR et QPGS sont baptisés QHS : « quartiers de haute sécurité » [I]. Des détenus « dangereux » y sont placés dans un quartier distinct au sein de la prison. Ce placement n'est pas motivé par l'infraction initiale, déjà sanctionnée par un magistrat, mais par une atteinte à l'ordre carcéral – atteinte dont l'AP est seul juge.

Quelques prisons sont entièrement transformées en QHS [II]. Ailleurs, ce sont des quartiers existants, ou nouveaux, au sein de prisons ordinaires. Ces petites structures peuvent héberger trente à soixante détenus.

La trentaine de détenus qui devait initialement être affectée aux QHS devient soixante-dix. Puis deux cent vingt-neuf. Puis trois cents, soit environ 1 % de la population pénale. Selon Fize, ce nombre ne sera dépassé « à aucun moment ». Mais quelques milliers ont pu y séjourner entre 1955 et 1982.

Aux termes des instructions du 15 mai 1975, les détenus destinés aux QHS sont les « condamnés [...] caractériellement dangereux » ; ceux qui manifestent une « agressivité particulière faisant craindre des actes dangereux pour autrui » ; et ceux qui « visent avec persistance à troubler gravement le bon fonctionnement d'un établissement » pénitentiaire.

Élastiques à souhait, ces critères permettront bientôt d'expédier en QHS n'importe quel détenu étiqueté « dangereux ». Ils ont pourtant paru « très stricts » à Hélène Dorlhac qui, en 1975, n'y a vu que du feu [52]. À l'en croire, l'idée des QHS serait venue de Jacques Mégret : « Pour lui, c'était le prix du libéralisme, avance-t-elle. On pouvait être libéral pour certains détenus à condition qu'il existe un contrepoids qui permette de maintenir l'ordre dans les prisons ». Hélas, « ce qui

23 mai 1978). En 1981, les prévenus ne représentent plus qu'un quart d'un échantillon étudié par Michel Fize et les QPGS ne sont que douze.

I. Ils fermeront officiellement en 1982. Les années 1970 ont vu fleurir des équivalents-QHS aux USA, en Irlande, en Allemagne fédérale notamment. Pour ne parler que des pays occidentaux, il existerait aujourd'hui deux équivalents-QHS en Belgique (*Le Monde* du 22 novembre 2008) et aux USA les prisons « supermax » leur ressemblent comme des sœurs.

II. À ne pas confondre avec les « maisons de grande sécurité » (comme on les appelle à l'époque) que sont les MC de Clairvaux, Nîmes, Poissy et Mende, totalisant 1 130 places, selon le *CAP* [51].

ne devait être au départ qu'une "soupape de sécurité" temporaire [devint] un moyen officiel et facile de se débarrasser des meneurs ». L'ancienne secrétaire d'État s'en excuse presque. Elle regrette que les activités de groupe initialement prévues aient été ensuite « réduites à néant le plus souvent » ; et que les locataires des QHS n'y aient reçu « aucun traitement pénitentiaire » [I].

Selon les textes de 1975, les QSR sont voués à l'isolement partiel, les QPGS à l'isolement intégral. Mais à partir de 1978 les QSR sont alignés *de facto* sur les QPGS, quoique cette règle souffre des accommodements. Les instructions de Lecanuet précisaient que les occupants des QHS ne connaîtraient l'isolement intégral que durant une « période d'observation de quinze jours ». Cependant l'un des premiers locataires du QHS des Baumettes « n'a vu personne pendant deux ou trois mois [II] ». Les instructions précisent que « pendant la moitié au moins de chaque journée, les condamnés [en QHS] sont réunis par groupes de deux à cinq dans les petits ateliers ou salles d'activités et dans les cours de promenade ». Mais avec les mois et les années et aussi selon le degré d'anxiété des chefs d'établissement et des nouveaux chanceliers [III], ces agréments se raréfient.

Finalement les QHS remplissent quatre fonctions :

– châtier les contestataires, dont les participants à des « mouvements collectifs » de toute nature, y compris les grèves de la faim (qui occasionnent à elles seules 18,3 % des placements en QSR) ;

– servir d'épouvantails pour les détenus ordinaires, placés en permanence sous la menace d'un transfert en QHS ;

– protéger les surveillants des prisons ordinaires. Ainsi les agressions, menaces de mort, tentatives d'évasion avec prise d'otages et même « opposition » au personnel, figurent, selon

I. Suivi individuel du détenu, dépendant essentiellement du JAP et des travailleurs sociaux, censé favoriser sa réinsertion, ce « traitement », peu pratiqué, ne l'était pas du tout en QHS.

II. Sauf sa famille, qui vit à Paris (800 kilomètres), précise *Libération* du 7 mai 1975.

III. Olivier Guichard et Alain Peyrefitte, deux chanceliers qui succéderont à Jean Lecanuet.

Fize, parmi les motifs de placement en QSR de près de la moitié de ses occupants ;

– évincer de la détention ordinaire les détenus jugés « dangereux.

Dangereuse « dangerosité »

La gestion de tels détenus est l'un des problèmes qui demeurent, à ce jour, sans solution en France. « Dangereux », mais dans quel(s) sens ? Et dans quelles circonstances ? Ces questions appellent une infinie variété de réponses et montrent, en creux, l'indigence de la réflexion de l'AP qui n'en apporte aucune puisqu'à ses yeux la « dangerosité » est, à l'époque, axiomatique. Fize analyse plus finement cette notion : « Le détenu "dangereux" est celui qui revendique une identité à l'intérieur de la prison, [...] compromet la finalité punitive de l'institution par ses tentatives d'évasion, [...] contrarie une autre finalité de la prison qui est la préservation de l'intégrité physique ou morale de la population carcérale, par le suicide ou la grève de la faim qui sont les deux indices significatifs de l'échec de cette mission. »

De leur côté, les surveillants majorent la « dangerosité » des prisonniers : à quoi serviraient-ils, en effet, si les individus qu'ils surveillent assidûment n'étaient pas si « dangereux » ? Ces « dangers » qu'affrontent les matons légitiment leurs revendications corporatistes, mais aussi leurs écarts de conduite. Tabassé pour avoir protesté contre le tabassage de son voisin, Hadjadj précise : « Comme toujours, [les surveillants] ont justifié leur truc en disant que c'était moi qui les avais agressés. Non, mais ! Moi tout seul, sauter sur dix mecs ? C'est ahurissant [53]. »

Si le prisonnier est manifestement inoffensif, le geôlier peut encore anticiper : « S'ils ne sont pas dangereux, ils peuvent le devenir », se justifie un surveillant de QSR auprès d'un journaliste [54]. Ainsi les personnels de l'AP brodent sur le thème du « risque » (d'agression, d'évasion, etc.) pour conclure à la « nécessité » d'un placement en QHS. En vertu de la notion de risque, on sanctionne un individu non pour ce qu'il a fait, mais pour ce qu'il pourrait faire. Dans ce domaine, le fantasme est roi.

Or, la dangerosité n'est pas, on le sait, une donnée invariable. Mais la représentation séculaire, religieuse, d'un Mal originel, consubstantiel, qui habiterait le criminel jusqu'à sa mort et en toutes circonstances, reste vivace [I]. En vertu de cette conception, celui qui est qualifié de « dangereux » pourra conserver toute sa vie cette étiquette.

La preuve que nul ne peut extirper le Mal est prétendument fournie par les statistiques de la récidive, qui sont toujours inquiétantes. Encore que les criminels récidivent bien plus rarement que les petits délinquants. Si l'impétueux Mesrine revendique trente-neuf crimes, dont certains imaginaires, paraît-il, il est bien le seul.

Pour affiner la notion de dangerosité, on peut consulter les psychiatres. Les plus honnêtes distinguent dangerosités psychiatrique, sociale et carcérale, regrettant que l'AP souvent les confonde [II]. Ils s'estiment incapables d'émettre un pronostic sur le comportement futur d'un sujet. Pour autant, l'expert psychiatre près les tribunaux ne peut totalement exclure qu'un criminel apparemment assagi redevienne un jour dangereux. Par précaution, il conclut bien souvent à une possible « dangerosité » future qui pèsera forcément sur la décision des jurés. Plus rarement, il arrive que l'expert découvre, chez le prisonnier, une évolution positive. Ainsi, au second procès de Pierre Goldman, la psychiatre qui l'a examiné par deux fois, affirme, à la deuxième, qu'« il a manifestement changé du tout au tout [III]. [...] Les conditions de notre premier rapport sur les virtualités de dangerosité [de Goldman] ne doivent plus être prises strictement à la lettre [55] ».

Combien sont les « dangereux » ? Les estimations varient. Jean Favard, à l'époque magistrat affecté à l'AP, raconte qu'en

I. « Quel est le gène du crime ? » demandait récemment, et très sérieusement, un sénateur à Pierre-Victor Tournier.

II. La dangerosité psychiatrique est le risque de passage à l'acte du fait d'un trouble mental. Pour illustrer les deux autres dangerosités, et leurs contradictions, rappelons que les grands truands, dangereux socialement, sont souvent les caïds de nos prisons, où ils sont des piliers de l'ordre carcéral ; et qu'en général les pédophiles deviennent des prisonniers modèles.

III. Il est vrai qu'entre ces deux expertises, un fort courant d'opinion s'est dessiné en faveur de Goldman.

1975 celle-ci les évaluait à deux cents. « Mais ensuite le nombre est passé à deux mille. » Pour sa part, Favard les estimait, en 1981, à « une cinquantaine tout au plus [56] ».

Pour le grand public, que peut signifier la « dangerosité » ? Il semble que peu de gens soient précisément informés de l'existence des QHS. Ceux-là ne font pas dans le détail : s'« ils » sont au QHS, c'est donc qu'« ils » sont dangereux. Dans le meilleur des cas, les QHS laissent indifférent : « Le public se fout totalement du problème des QHS », reconnaît Mesrine [57].

Quoi qu'il en soit, les QHS se développent à un moment anxiogène, celui où les Français affrontent le tout début d'une crise économique majeure et où les actes de violence semblent augmenter. Les QHS peuvent rassurer puisqu'ils érigent un mur fantasmatique de plus entre les « honnêtes gens » et les « dangereux ». Imposer les QHS à une opinion angoissée est dès lors un jeu d'enfant. Ou le serait, si le public était informé.

Cadavres dans le placard de l'AP

Mais celui-ci ignore que les QHS sont des lieux à la porte desquels « s'arrêtent tous les discours sur la réinsertion sociale et autres fariboles sur "la privation de liberté et rien d'autre" [58] », écrit *Rouge*. Car les autorités présentent ces petites structures comme un détail de la réforme si libérale de 1975 et éviteront jusqu'en 1978 toute publicité les concernant : « Les conditions de détention, le fonctionnement des QHS sont réglés au moyen de notes internes de service », écrit J.-P., un occupant de QHS. Ces derniers « se structurent dans le secret, en douce, note Bauer, comme ces choses scélérates que l'on n'ose dévoiler tant elles sont sordides [59] ». Knobelspiess confirme : « Dans les prisons, on installe le QHS, puis on légifère. Les législateurs n'ont pas eu à [en] assumer la lourde responsabilité. [...] Mis devant le fait accompli d'un QHS construit dans l'illégalité, ils n'eurent plus qu'à le voter, le légaliser [60]. »

Si tout est mis en place au printemps 1975, la loi sur les QHS est en effet tardive : elle date de la fin 1978. Tout se passe comme si ces QHS, cadavres dans le placard de l'AP, avaient été constamment soustraits aux regards. Quant au rapport de Michel Fize, commandé sous Mitterrand, il ne paraîtra qu'en 1984 (deux ans après la disparition officielle des QHS).

Cités par ce chercheur, les locataires des QHS sont ulcérés par leur épouvantable réputation : « Un détenu dangereux ou irrécupérable, ça n'existe pas ! Il n'y a que des hommes incompris. » « Je demande à être considéré comme un être humain et non comme une bête enragée susceptible de sauter à la gorge du premier venu. » « La dangerosité n'existe que parce que l'espoir [...] est lointain. » « Le QHS ne sert à rien à part détruire l'homme mais dans ce cas ayez le courage de nous tuer physiquement. » « Dangereux, caractériels, agressifs, nous ne le sommes ni plus ni moins que l'ensemble de la population pénale. Et quand bien même quelques-uns d'entre nous le seraient, ce qui reste à démontrer, le régime appliqué [au QSR de Mende] est la pire des solutions. » « Étiqueter un garçon de dangereux, c'est [lui ôter] définitivement toutes chances de s'amender. »

Mais ces hommes sont surtout terrifiés par ce qu'ils risquent de devenir : « Une fabrique de fauves, dit-on ? [L'expression est de Mesrine.] Surtout, oh oui, d'hommes en colère, haineux, suicidaires. » « La plupart des détenus en QSR ne sont pas des irréductibles. Là-bas, ils peuvent le devenir. [...] Les QSR sont un apprentissage de la violence et de la folie. » « C'est l'acheminement vers l'état zombie ou sanguinaire. Être carpette ou égorgeur, voilà notre avenir », conclut Hadjadj en avouant un fantasme de viol qui lui est venu en QHS alors qu'un tel acte lui répugne profondément. De son côté, Jean-Claude Dague confesse : « Quand j'ai été libéré [du QSR de Tarbes] j'avais une envie folle de me venger. [...] Je me suis promené avec une arme dans ma poche. Je voulais tuer n'importe qui pour faire payer ce qu'on m'avait fait subir [61]. »

« On ne sait jamais quand on en sort »

En 1975, le séjour en QHS ne doit pas excéder quinze jours. Délai étendu par la suite à trois mois. Puis à trois ans. À Lisieux, en 1978, la durée moyenne du séjour en QRS serait d'un an. Selon Knobelspiess, le minimum, à la fin de la décennie, est de « dix-huit mois pour les récalcitrants et entre deux et cinq ans pour ceux qui résistent malgré tout » [62]. En 1981, Fize découvre l'un de ces résistants en QHS depuis plus de six ans.

En octobre 1977, le directeur de Fresnes (un pied-noir) déclare : « Hadjadj est un meneur qui ne sortira jamais de QHS. » De fait, la durée de séjour est indéterminée. « On ne sait jamais quand on en sort, remarque B... Et cette ignorance, cet oubli s'inscrivent aussi dans l'œuvre destructrice du complexe QHS. » On ne sait même pas quand on y rentre : un détenu à transférer en QHS doit ignorer sa destination ainsi que le motif du transfert.

On peut même mourir en QHS. De Tarbes, J.-C. Dague affirme que son voisin est mort de froid au mitard attenant [1].

Toutefois les autorités ne prévoient pas le maintien en QHS au-delà de la fin de peine. Des locataires considérés comme assagis sont renvoyés avant à leur prison d'origine. Mais d'autres deviennent, en QHS, de plus en plus ingérables ; on craint alors leur retour en détention ordinaire et on les laisse en QHS. La décision finale est prise par l'administration centrale sur avis du chef d'établissement et – en principe – du JAP.

« Vivre » en QHS

Une cellule de QHS n'a rien d'original. À en croire leurs occupants, le mitard de Melun ressemble à un QHS, le QHS de Château-Thierry « ressemble au mitard de la prison, en moins crasseux, en mieux aménagé [63] » ; le QI de la MC de Rennes est une « sorte de QHS déguisé », comme le QI de

1. Nos témoins ne mentionnent aucun suicide en QHS où la surveillance constante le rend plus difficile qu'ailleurs.

Béziers où Jean-Claude Reille est devenu fou. Tous ces lieux d'exclusion dans l'exclusion se distinguent donc d'abord par leurs appellations. Les mêmes principes sont à l'œuvre et les locaux, interchangeables ou presque.

Pour transformer une cellule ordinaire en cellule de QHS, il suffit d'obstruer la fenêtre, de multiplier grilles et barreaux, de sceller tout ce qui bouge (« sauf la bible »). Parfois, comme à Clairvaux, le quartier du QHS est construit *ex nihilo*. Tous ces travaux sont rondement menés. Pour l'aménagement de douze cellules de QHS aux Baumettes, « les crédits sont débloqués en huit jours » : du jamais vu à l'AP, rapporte *Libération* [64].

Les autorités soutiennent que les pensionnaires de QHS jouissent des mêmes droits que ceux conférés par les réformes aux condamnés en centrale. En réalité ces droits sont restreints pour la plupart, ou inexistants, en QHS. Il n'y est bientôt plus question d'activités communes. Pas de travail (sauf, un temps, au QHS d'Évreux) car « pour travailler, il faudrait qu'ils aient des outils : trop dangereux [65] ». Ni de sports, sauf en cellule où l'on peut faire des pompes ou « marcher toute la journée, jusqu'à extinction des feux [66] ». Un psychiatre note que la « vie » en QHS n'offre aucun autre exutoire à l'agressivité naturelle de l'homme.

Il est interdit de s'allonger de jour sauf entre 12 h et 14 h [1] et même de s'asseoir, sauf pour manger [68], comme au bon vieux temps de René Pleven. On a droit à une douche par semaine (au lieu de deux). Au QHS de Chaumont, raconte Bernard Gless, « la lumière électrique reste allumée vingt-quatre heures sur vingt-quatre et cela, en dépit de l'article D270 du CPP ». Comme en 1970, les résidents de QHS sont dépouillés, de nuit, de tous leurs vêtements diurnes car au cas où ils s'évaderaient, ils seraient reconnus à leurs pyjamas.

Au QHS on peut recevoir des visites, mais au compte-goutte : « Un demi-parloir par semaine » pour Debrielle et Hadjadj au QHS de la Santé. « À Lisieux, remarque Knobel-

1. Le *CAP* qui rapporte ces propos dit qu'ils sont « confirmés à cent pour cent par le juge Albert Petit, ancien prisonnier des geôles nazies, qui n'est pas contre le principe » des QHS [67] !

spiess, on prévient les visiteurs – rares d'ailleurs – contre les détenus, [...] des individus dangereux, [...] des criminels capables de tout. [...] "Attention ! Vous avez un bouton sur la table pour appeler en cas de danger. [...] Suivez-moi, monsieur l'abbé." [69] » Quant aux familles, qui viennent peu car trop éloignées ou trop pauvres, elles ne peuvent plus apporter de livres à leur détenu, ce qu'elles pourraient faire pour un détenu ordinaire. Les réformes des années 1970 sont ainsi foulées aux pieds.

« Les chiens de la SPA ont plus d'espace que nous [dans leurs chenils] ! » s'insurge Mesrine [70]. Agret aussi souffre de l'exiguïté du QPGS des Baumettes : sa cellule mesure « trois pas de large et quatre de long » ; la lucarne est perchée « à deux mètres du sol ». Pour Knobelspiess, « ce qu'ils appellent cellule n'est autre qu'un blockhaus cubique [71] ».

Ces hommes n'en sortiront – un à un – que pour la douche ou pour arpenter en solitaire « un cul de basse-fosse appelé pompeusement "cour de promenade" [72] » où l'on peut faire sous un ciel grillagé, selon Mesrine, « quatre pas de plus en long et en large » qu'en cellule.

« Les cellules (je dirais plutôt les tombes) où mon fils et ses compagnons [...] passent 23 heures sur 24 sont très humides. Quand le chauffage est éteint, les vêtements et autres objets sont mouillés et sentent le moisi. [...] L'eau coule sur les murs de certaines cellules. [...] Ceci même quand le chauffage est allumé. »

Un pyjama administratif

Ce n'est pas le cas général. Un hiérarque de l'AP présentait les quarante-six cellules du futur QHS de Mende comme « spacieuses et claires, bien chauffées, dotées d'une installation sanitaire complète et d'une sonorisation radiophonique ». De fait, il s'agirait plutôt de mitards reconvertis : WC, lavabo, placard, table, tabouret – sont tous scellés, proteste le détenu anonyme de Mende, « comme si j'étais un fou furieux ».

La cellule de Knobelspiess à Lisieux, « ripolinée en gris et blanc », contient un lit de camp « sans ressort, avec une paillasse » [73]. Que l'« on mange très bien en QHS [où] il y a de la viande tous les jours [74] » ou que l'on y reçoive « juste de quoi ne pas être affamé [75] », on ne dispose pas toujours de couverts, sauf éventuellement en plastique.

« On touille sa Ricoré avec sa brosse à dents ou son stylo. Monsieur le Juge, j'en ai assez de ne disposer pour prendre mes repas que d'une seule et unique cuiller, [...] assez d'être obligé de déchirer ma viande avec mes dents comme un homme des bois. [...] Albert Camus a dit qu'il ne connaissait pas de spectacle plus abject que celui d'hommes ramenés au-dessous de leur condition d'hommes. [...]Sa réflexion est toujours d'actualité [...] à Mende [76]. »

À Lisieux, les effets personnels sont réduits au minimum : « seulement du papier blanc » ainsi que le droguet, « une serviette et un pyjama administratifs, un paquet d'enveloppes, un crayon, une brosse à dents, un tube de dentifrice, un morceau de savon, une assiette, un bol, un verre en plastique [77] ». Knobelspiess doit choisir entre ses livres et la correspondance de sa femme. Il se voit privé d'un numéro de *Libération* parce qu'il est vieux de plus de trois jours. Certains se plaignent de ne pas pouvoir étudier, faute de livres d'étude.

Que fait-on de ses journées ? Au QPGS de Fresnes, Mesrine les « occupe [...] à lire, faire de la gym ou une maquette de voilier [78] ». D'autres écoutent des cassettes de musique. De solitaires tournois d'échecs sont interrompus par les rondes des gardiens. À l'ouverture du QHS d'Évreux, les treize occupants, après avoir travaillé le matin deux heures en atelier, peuvent regarder la télévision un après-midi sur deux, puis un après-midi sur cinq.

Quarante pour cent des pensionnaires de QHS ont fait au moins des études secondaires. Mesrine a un diplôme d'architecture. Dague est cinéaste. Hadjadj cite Nietzsche, le détenu de Mende lit Camus, Besse est un familier de Virgile et de Platon. Pendant ses trente ans de prison, Bauer (qui ne s'exprime pas sur les trois QHS qu'il a fréquentés, lui aussi) réussit deux licences et un doctorat en anthropologie sociale.

Or, certains livres sont admis en QHS, mais pas tous et pas partout. À la Santé, Besse reçoit des journaux pré-déchirés. Tous ont le droit d'écrire. Mais lorsqu'elles sont autorisées, leurs machines à écrire sont minutieusement inspectées, voire désossées, une fois par semaine.

Nos témoins ne mentionnent pas la censure, probable, de leur correspondance. Une lettre dénonçant les QHS, adressée aux journaux, est un « délit d'opinion dans la presse » qui vaut à Knobelspiess une année de plus en QHS. Ce qui n'empêche pas ces têtes brûlées de recommencer. Elles ne précisent pas – on les comprend – comment les écrits que nous citons se sont évadés des QHS : grâce à des avocats ? Des gardiens soudoyés ? En cellule, « nos dossiers et notre courrier d'avocats sont librement regardés : une insulte au Barreau », accuse Mesrine [79] ; et une violation du secret professionnel, qui semble relativement respecté dans les prisons ordinaires.

Michel Vaujour se souvient d'une fleur qui poussait dans la cour d'un QHS et qu'on a arrachée : « Arrachée pour cause de sécurité ! Tu peux faire toutes les lois que tu veux… Derrière les murs, ceux qui les font appliquer, ils n'en ont rien à foutre de ces lois. Ils disent "sécurité" et la loi n'existe plus [80]. »

Surveillants et surveillés

Ce qui distingue les QHS des autres lieux de sur-punition, c'est aussi le nombre de gardiens. En 1974, le QHS-avant-la-lettre de Mende abrite une trentaine de détenus (pour dix-huit mois au moins) et pas moins de quatre-vingt-quatorze surveillants. À Lisieux, on compte trente-trois surveillants pour huit prisonniers. Le directeur de Tarbes est fier ses « cinquante gardiens pour neuf détenus, plus des gardes extérieurs et une compagnie d'hommes en armes sur les murs d'enceinte qui tirent sans sommation [81] ». La moyenne serait de trois surveillants par détenu, proportion presque inverse de la norme carcérale, qui est de 3,5 détenus par surveillant en 1977. « Armés de barres de fer [82] », ces gardiens sont plusieurs à accompagner un détenu seul dans ses rares mouvements hors cellule. Le reste du temps, ils observent les pensionnaires toutes les demi-heures, voire tous les quarts d'heure.

« Que surveillent-ils ? se demande Knobelspiess. Ma cellule est plus blindée qu'un coffre-fort. Dehors, il y a le [surveillant préposé au] mirador qui veille, le fusil à la portée de la main. Que surveillent-ils ? Je ne peux vraiment rien faire. Je suis fouillé, nu, plusieurs fois par jour. Ma cellule et mes affaires sont examinées dans les moindres recoins [83]. »

Pour Hadjadj et Debrielle, « le surveillant n'a aucune initiative : il doit seulement apprendre tous les interdits du règlement. C'est un robot [84] ». À Lisieux, « les surveillants ne frappent pas », déclare l'un d'eux à Bernard Guetta. Knobelspiess note que les neuroleptiques viennent à bout de presque tous les réfractaires. « Les sévices personnels ne sont plus utilisés que rarement [à Mende]. La tendance est à la psychologie, considérée et utilisée sous un angle purement répressif. » Exemple de psychologie : des gardiens « jettent la nourriture à terre pour obliger le détenu à ramper pour la ramasser [85] ».

Mais la répression qu'exercent les « robots » n'est pas toujours « incorporelle » : parfois ils « fouillent le corps du détenu avec une barre de fer [86] » et même lui pissent dessus ou l'obligent à boire sa propre urine. Le détenu Gless rappelle qu'à Mende un Arabe a été battu, ainsi qu'un Noir et que « le JAP était complice ». Knobelspiess se lie d'amitié avec Vincent, un transfuge du QHS de Briey où « les matons lui [avaient] cassé les dents et fendu la mâchoire [87] ».

Charlie Bauer résume la carrière d'un surveillant qui l'avait tabassé à Clairvaux en 1970. Ses collègues l'avaient alors dénoncé pour sa sauvagerie. Muté à Fresnes, l'homme aurait tué un Portugais au mitard. Promu, ce même surveillant devient chef d'un QHS [88]. Pour terrifier les occupants du QHS de Tarbes, il arrive qu'on recoure à « des chiens dressés pour te couper les couilles », dont « un molosse, babines haineuses retroussées sur des crocs menaçants [89] ».

Mais ces geôles se modernisent. L'année 1978 marque un tournant ultra-sécuritaire dans l'histoire des QHS : au lendemain de l'évasion de Mesrine, l'AP est prise de délire parano-technologique, installant dans les QHS portes blindées, vitres sécurit, portiques électroniques de détection, cellules photo-électriques, caméras de télévision, avertisseurs volumétriques (pour les tentatives d'évasion), systèmes de blocage automatique de toutes les issues, pièges en tous genres et... hygiaphones pare-balles dans les parloirs. Un seul de ces gadgets peut intéresser les détenus : le détecteur de métaux, qui remplacera parfois la fouille à nu.

Pour finir, les occupants des QHS sont plus souvent changés de cellule et fouillés à des heures irrégulières ; une brigade spéciale est créée pour former les gardiens à l'autodéfense.

Trois archétypes

Le JAP de nos prisons est assisté, depuis 1972, d'une commission de l'application des peines (la CAP). Consultative, son rôle n'est pas déterminant. Elle rencontre toutefois les locataires des QSR [1] afin de donner un avis trimestriel sur leur maintien ou non dans les lieux. Les dossiers des CAP, consultés par Michel Fize, nous éclairent sur ce point :

I. Dans un dossier concernant soixante-et-onze hôtes de QSR, la qualité de « meneur » est mentionnée trente-quatre fois comme motif principal d'affectation en ces lieux. Les remarques d'une autre CAP sur quatre-vingt-douze détenus visités permettent de brosser un portrait-type du contestataire envoyé de centrale en QSR : « Ne pense qu'à se venger », « menace le personnel », « rancœur envers la société », « revendique » (onze fois), « opposé à la fermeture des portes des cellules », « … aux fouilles », « … au travail », « se plaint des surveillants et écrit au ministre », « idées anarchistes », « incite à l'insubordination », « … à la révolte », « récriminateur », « plaintif », « agressif », « fait la grève de la faim », « incite ses codétenus à manifester contre l'ordinaire », « se pose en victime d'injustices ». Le contestataire est donc notre premier archétype.

Dans *QHS*, Knobelspiess dresse une liste de vingt-trois compagnons d'infortune, dont vingt furent des contestataires en centrale. Parmi eux, Taleb Guerfi, « monté sur un arbre pour protester contre une sanction disciplinaire » ; Roger H.,

1. Seuls les QSR sont visités par la CAP : elle y réunit en principe le substitut du procureur, le chef d'établissement, le surveillant-chef du QSR et l'assistante sociale. Un médecin et un psychiatre, non membres de la CAP, doivent aussi examiner les pensionnaires. Dans les extraits de leurs déclarations consultés, les locataires des QHS ne mentionnent jamais les trois derniers personnages.

« chef-cuisinier [qui] a refusé de faire son travail en déclarant que les détenus ne sont pas des chiens pour leur donner de la merde à manger » ; Roger L. qui « réclamait l'augmentation des salaires » ; Marco M., qui nourrissait le « projet de monter un syndicat de détenus » ; Jacques C., chef d'atelier, qui « a refusé de faire travailler ses codétenus en grève » [90].

II. L'espèce sournoise inspire aux CAP bon nombre de synonymes : « fourbe », « rusé », « pervers », « douteux », « hypocrite », « simulateur », « cache son jeu », « sait manier pression et contrainte », « suspect », voire « suprêmement suspect ». Tout comme le contestataire, le sournois – notre second archétype – existe réellement. Nécessairement. Car on voit mal un candidat à l'évasion ou à tout autre méfait, effectuant ses préparatifs au grand jour et à visage découvert. Ainsi, « tout détenu [devient] menteur », généralise un gardien [91].

III. « Les durs, les irrécupérables », selon l'ironique classification de Foucault, constituent un troisième archétype, celui des grands criminels. Pour *Le Figaro*, les pensionnaires de QHS ne sont que « gangsters chevronnés, caractériels agressifs », tueurs de policiers, évadés de palais de justice, auteurs de vols qualifiés, séquestrations, menaces avec armes, homicides volontaires, assassinats, etc. [92]

On peut dès lors s'étonner que de tels individus puissent avoir, en QSR, un « bon comportement à l'égard du personnel ». « Très bon, poli et très calme », « très bon comportement, pas de contestation » ; « comportement exemplaire ». C'est pourtant le cas des deux tiers des personnes visitées par une CAP en 1981. Il ne faut pas se méprendre, toutefois, sur ces bonnes notes : « Une bonne conduite ici, cela veut dire se laisser docilement détruire et vous louer de ce traitement », ironise Knobelspiess s'adressant à un surveillant-chef [93].

Certes, les pensionnaires de QHS ne sont pas majoritairement des enfants de chœur : 51 % de l'échantillon de 1981 ont été initialement condamnés à des peines supérieures à dix ans, dont deux à la réclusion criminelle à perpétuité. En revanche, 49 % ont commis des infractions moins graves et purgent des peines inférieures à dix ans ; parmi eux, trois condamnés à un an ou moins : des vendeurs du journal du CAP et même des détenus de Caen au motif qu'en 1974 ils proposaient aux détenus arrivants une aide morale et matérielle (timbres-poste...). Ce sont ces 49 % qu'oublie *Le Figaro*.

Ce quotidien n'oublie pas les auteurs de tentative d'évasion avec ou sans violence, et ceux qui risquent (*sic*) de s'évader : selon Michel Fize, ces méfaits seraient à l'origine de plus de 40 % des placements en QSR. Leurs auteurs rejoignent à l'évidence la catégorie des contestataires. L'un d'eux est Daniel Debrielle, qui a tenté quatre fois, en vain, de s'évader de centrale, où il était maintenu à l'isolement ; puis – nouvel échec – du QSR de Lisieux. Ce qui lui vaut, en tout, quatre années de QSR. Debrielle précise toutefois : « Je ne suis pas en QSR pour tentative d'évasion, mais je tente de m'évader parce que je suis en QSR ou en régime d'isolement. » Dans la même veine, Michel Foucault va bien plus loin. Témoignant pour Debrielle et ses trois camarades qui ont tenté l'évasion du QSR de Lisieux, il écrit : « Leur dangerosité n'est plus manifestée par le délit, mais suscitée par la prison. Eh bien ! si la prison crée un danger qui lui est spécifique, c'est la prison qu'il faut supprimer. Si la prison crée le danger, il est juste et légitime de vouloir y échapper. [...] L'évasion dans ce cas est un devoir [94]. »

Signalés par Knobelspiess, d'autres motifs d'affectation en QHS paraissent plus discutables encore : Mohamed, en QPGS pour avoir « protesté contre la bouffe » ou Roger D., « trois ans de QHS pour gauchisme contestataire » [95].

En parcourant, enfin, les très objectives statistiques de l'AP que rapporte Michel Fize, on est frappé tantôt par l'imprécision, tantôt par la légèreté de certains motifs : « sécurité » (dix-huit détenus), « grève de la faim » (six), « nombreux incidents "mineurs" » (trois), « gravité des faits reprochés » (trois), « antécédents » (deux), « subversif par sa contestation » (un), « moyen de thérapie » (*sic*) (un), « sans motif apparent » (trois), « sans renseignement » (cinq) [1].

1. En 1980-1981, trois détenus sont affectés en QSR « à leur demande », dont un « pour sortir de Clairvaux » !

Un emmuré plein d'humour énumère les motifs de placement en QHS :

1° Avoir revendiqué en été 1974.
2° Manifester son droit d'exister.
3° Manifester son droit de ne pas crever.
4° Avoir des opinions.
5° Avoir eu raison.
6° Avoir eu tort d'avoir raison [96].

« Fous », innocents, semi-innocents

Les QHS sont réservés, selon les textes, aux détenus « exempts de troubles mentaux ». Pourtant, un arriéré mental est expédié en QHS « parce qu'il a dit au juge qui lui refusait de se rendre à l'enterrement de sa mère, qu'il était un enculé [97] ». Les malades mentaux doivent être assez nombreux au QSR de Lisieux puisqu'une religieuse [I] déclare : « Il y en a tellement qui partent en psychiatrie [98] ». Une CAP préconise l'envoi de huit « cas psy » en hôpital psychiatrique mais en laisse quatorze autres (sur quatre-vingt-douze) moisir en QSR. Une autre CAP signale un détenu qui « n'a pas toutes ses facultés mentales. Délire de persécution » ; et un second qui « reste assis par terre toute la journée [...] Prétend ne pas pouvoir marcher. Sur-adapté à l'isolement en se coupant symboliquement les jambes [II] ».

Knobelspiess mentionne deux « cas psy » : Daniel L., « deux ans de QHS. Motif : ne cesse de tenter de s'immoler par le feu pour simuler (*sic*) la dépression suicidaire » ; et G., ayant tué un surveillant, rendu fou par sept années de QHS à Mende puis « interné pour folie » [99]. Mais dans de nombreux cas, on ignore si les troubles mentaux étaient antérieurs ou postérieurs à l'incarcération initiale, ou s'ils ont surgi en QHS.

Dehors comme dedans, il arrive que des personnes jugées coupables se disent innocentes. Certaines le sont réellement. Toutefois « les rouages de la machine [judiciaire] ne sont pas

I. Cette religieuse sert d'assistante sociale aux emmurés qu'elle dit « écouter » et « aimer ». Elle est bien la seule.

II. Euphémisme signifiant que l'homme s'est tailladé les veines.

faits pour les innocents ; ils sont construits, aménagés pour les coupables », considère en 1970 le juge d'application des peines Étienne Bloch [I]. Pour l'AP, un condamné est nécessairement coupable et s'il s'insurge contre son verdict, c'est un contestataire… à expédier en QHS. On y retrouve donc quelques détenus qui se sont battus et débattus, des années durant, contre la justice pour être reconnus innocents d'au moins une des infractions qui leur sont reprochées.

Coupable d'innocence est le titre d'un ouvrage de Roland Agret. Celui-ci est accusé, en 1970, d'être l'instigateur d'un double meurtre – qu'il nie – et condamné à quinze ans de réclusion. Il en purge la moitié, émaillée d'auto-mutilations et de grèves de la faim. « J'inventais tout pour faire chier l'AP », reconnaît-il. Il passe entre le QPGS des Baumettes et les hôpitaux de Marseille plus d'une année à l'issue de laquelle, ayant remué ciel et terre, perdu vingt-cinq kilos et la plupart de ses dents, il bénéficie d'une grâce présidentielle à terme de trois ans puis, en 1976, d'une libération conditionnelle pour raison médicale. Il obtiendra enfin la révision de son procès – procédure rarissime – et sera ensuite réhabilité.

Par semi-innocents, entendons les auteurs d'infractions souvent banales qui, ayant purgé leur peine, sont à nouveau condamnés, lourdement, pour des infractions graves qu'ils nient avoir commises. Situation classique des fictions policières : l'ancien détenu est *a priori* soupçonné du pire.

Pauvre, fort en gueule, un frère délinquant, Knobelspiess est « le coupable idéal » [II]. Ce fils de ramoneur-ferrailleur a débuté à quinze ans par le vol d'un magnétophone, suivi d'autres larcins : « C'est ce qu'on appelle les antécédents. C'est comme avoir la tête sous l'eau. Il y a des vies où les antécédents succèdent aux antécédents, sans jamais passer par l'avenir [100]. » Prison. Libération. Accusé d'une agression sur un pompiste, il nie. Condamné, il passera encore quinze années en prison, d'où il s'évade, et plus de quatre mois en cavale (il braque alors des banques) avant d'être à nouveau arrêté…

I. Plus tard, Bloch démissionnera.

II. Titre d'un ouvrage que lui a consacré Serge Quadruppani aux éditions Maurice Nadeau en 1985.

Lorsque son *QHS* est publié en 1980, il a déjà purgé onze années de prison, dont huit au cachot, au quartier d'isolement, en QHS. Finalement gracié par Mitterrand, il sera à nouveau condamné, cette fois pour l'attaque d'un fourgon de transport de fonds, qu'il nie… Il passera en tout vingt-six années sous les verrous.

Autre semi-innocent probable : l'ancien boulanger Daniel Debrielle qui écope de douze ans pour vols et vols qualifiés qu'il reconnaît tous… sauf un : sa participation à un braquage de Prisunic, car il avait alors un bras cassé et plâtré. Mais la cour ne tient pas compte de ses certificats médicaux. Sa peine sera ponctuée de tentatives d'évasion et de séjours en QHS. Jamais innocenté, il mourra peu après sa libération, d'un cancer.

Le dépérissement des sens

« La privation sensorielle […] vous brise, morceau par morceau, effiloche votre résistance, […] désoriente vos sens, ramollit votre corps, détériore votre organe sournoisement, fait tourner à vide votre capacité de penser, régresser votre intelligence. Vous êtes comme une plante qu'on n'arrose plus ou seulement pour la maintenir [101]. »

L'appauvrissement des stimuli aux cinq sens, les ravages psychiques que celui-ci entraîne à terme, sont communs à beaucoup de prisonniers [1]. Mais il semble qu'en QHS comme à l'isolement de longue durée, ces effets soient démultipliés du fait que les stimuli sont quasiment absents. Le silence, explique un gardien, peut faire « péter » un détenu. « Rien de plus terrible que d'avoir deux yeux qui n'ont plus rien à voir », s'écrie Mesrine [102]. Hadjadj et Besse se demandent : « Qu'est-ce qu'une fleur ? Qu'est-ce qu'un rayon de soleil ? Qu'est-ce qu'une odeur de femme [103] ? ». Ils n'en savent plus rien. Knobelspiess parle d'« asphyxie, [d']une forme de torture difficilement dénonçable [104] ».

Autre emmuré, J-P. Gérard résume ainsi la situation dans une lettre citée par Michel Fize : « Cet appareil de torture

1. Lire *infra*, p. 282.

[...] s'exerce contre nous au moyen de la dépossession de nos capacités sensorielles, relationnelles, de la privation de notre maîtrise du temps et de l'espace. Ainsi on supprime tous les éléments avec lesquels se forge l'identité de l'individu. On cherche par ces moyens à obtenir des individus "blancs", des enveloppes vidées de leur contenu, inertes. [...] Le système pervers de l'AP [nous] réduit à l'état de larve humaine... »

L'isolement permanent a conduit à faire de Maurice Loquin, enfermé à Besançon, « la proie d'une panique de régression et d'anéantissement. [...] Le détenu est confronté à une situation de solitude absolue [qui] entraîne une situation régressive, peuplée de fantasmes, de monologues stériles, de gestes obsessionnels, de préoccupations hypocondriaques qui déstructurent l'individu, fixent certains délires névrotiques [...]. La sécurité et la "mesrinophobie" [1] ont amené l'AP sur la pente de la négation de l'humain [105]. »

C'est en ces termes que le Dr Patrice Dorget témoigne en 1979 au procès de Loquin. Il sera, pour cela, licencié par l'AP.

Autres conséquences de la « vie » en QHS :

« Ne plus pouvoir penser et écrire, ou n'y parvenir qu'au prix d'efforts désespérés [106]. »

« Dissociation entre gestuelle et pensée. [...] Le vouloir n'est plus coordonné au pouvoir... Déconnexion : le fantasme risque de devenir permanent. [...] Nous sommes pires que des chiens, car doublés de dégénérés mentaux [107]. »

Les pensionnaires des QHS en arrivent parfois à douter du réel : « Mes pas sont des pas d'automate. [...] J'échappe à la réalité du temps. [...] L'individu se fixe inconsciemment une trame d'habitudes et de manies [afin de] se repérer, se sentir exister. [...] Nous en venons à tout contester, seul moyen d'affirmer notre existence, nous posant la question : "suis-je ou ne suis-je pas ?" [108] »

1. Allusion à la crainte et la colère qui s'emparent des milieux pénitentiaires et judiciaires et de l'opinion de droite, quand Jacques Mesrine s'évade du QSR de la Santé en 1978.

Solidaires, solitaires

Le QSR de Lisieux abrite, en avril 1978, huit prisonniers, dont les mouvements hors cellule se font par groupes de quatre : « Les deux groupes ne se voient jamais. Dans chaque groupe, les quatre hommes sont choisis pour leur caractère ou leurs intérêts incompatibles afin d'empêcher toute connivence », précise le journaliste-visiteur [109].

Hadjadj et Debrielle réussissent malgré tout, fin 1977, à rédiger et, mieux encore, à « exfiltrer » un communiqué de presse.

La même année, au QPGS de Fresnes, Hadjadj et son voisin Knobelspiess, qui subissent l'isolement intégral, peuvent néanmoins s'appeler en tapant trois coups au tuyau de chauffage et se parler en grimpant jusqu'à la lucarne de leurs cellules respectives. Débrouillards, ils font passer à Taleb Guerfi (qui ne reçoit « ni courrier, ni visite, ni mandat »), « sucre et piles pour son transistor, un vieil appareil à 80 francs que je lui avais donné [110] ». Ces pauvres contacts permettent aussi d'organiser jeûnes et communiqués collectifs. Mais « quelle communication peut-on avoir lorsqu'on s'adresse à un interlocuteur qu'on ne voit jamais ? interroge J.-P. Girard. Lorsque pour lui parler on n'a d'autre ressource que de hurler à travers les grillages de la fenêtre ou de la cour ? Dialogues d'aveugles. Discours de zombies ».

Il est donc encore possible, en janvier 1981, d'avoir des contacts auditifs en QHS. Pour Christian Demonchy, architecte de prisons, « le vide social étant aussi mortel que le manque d'air, il faut, pour que la doctrine ne soit pas mortelle, qu'elle soit sans cesse mal appliquée, que des relations puissent s'établir [111] ». Mais en 1978 ces relations sont devenues rares. « Interdiction de s'échanger ne serait-ce qu'un journal, s'insurge Mesrine. Qu'on ne vienne pas me parler des deux heures de télévision une fois par semaine. Comme si la télévision était susceptible de compenser les contacts humains [112]. » Même face aux gardiens, « défense d'ouvrir la bouche [113] ».

Le détenu anonyme de Mende conclut : « Laissez un homme en tête à tête avec lui-même pendant des mois, voire des années et c'est à terme plus ou moins long la névrose assurée. »

Selon Knobelspiess, on n'a pas le droit, à Lisieux, « de se dépanner mutuellement en se prêtant un paquet de tabac, des timbres pour écrire. "On a des ordres de Peyrefitte" [alors ministre de la Justice], s'entend-on dire lorsqu'on s'avise de réclamer. [...] Je suis là au fond de ma solitude face à un ennemi sournois qui m'inflige, avec ses méthodes abruptes de dessèchement vital, la plus grande déportation de l'être [114] ».

» — J'ai hurlé : Jean-Pierre ! [son voisin]. Au bout de cinq minutes, ma porte s'est ouverte : deux brigadiers, six matons, un véritable commando.

» — T'as fini ?

» — C'est normal, j'ai besoin de parler.

» — Ta gueule ! »

» Du coup, cet homme passe « huit jours sans pouvoir entendre [sa] propre voix ». Transféré par la suite à l'hôpital de Fresnes, où la promenade est collective, il sera « si abasourdi de [se] retrouver ainsi avec d'autres qu'[il restera] seul à marcher sans parvenir à établir des contacts [115].

» Ah ! si nous pouvions communiquer entre nous, se reconnaître tous en tant que prisonniers et lutter... C'est ce qui effraie les maîtres de cette société, que les prisonniers parlent, que la vérité des prisons jaillisse au grand jour [116]. »

« Un être humain ne peut pas exister sans un autre être humain », notait le psychiatre Dorget. Ce propos pourrait être nuancé. Si tel ne supporte pas la solitude, tel autre ne supporte pas la vie en collectivité, note la CAP. Un moment voisins de cellules, Hadjadj et Debrielle remarquent que la présence, même amicale, de l'autre, « irrite. [...] Il devient votre bouc émissaire [117] ». Mais sans relations humaines, chacun se sent dépouillé de sa propre humanité. Aussi tous accordent une importance démesurée au moindre don d'un objet dérisoire, à la respiration d'un voisin, au bruit de ses pas, à tout signe, visible ou audible, provenant d'un vivant.

Entre emmurés d'un QHS, la solidarité se renforce à mesure que diminuent les moyens de l'exprimer. Des amitiés naissent, intenses, fidèles : « Je l'aime bien, Daniel, même si je ne le connais pas, ne l'ai jamais vu. Je le connais à travers ce qu'il subit comme moi, ose nommer, et ce contre quoi il se bat désespérément [...] à son soixantième jour de grève de la faim.

[En lisant] son petit article dans le *CAP* [...] je me suis un instant oublié pour n'être avec lui que mes propres plaies [118] ».

« Essayer de monter Debrielle contre Hadjadj, ça n'a jamais marché, témoignent ensemble les intéressés, qui ont occupé, au QHS de la Santé, des cellules contiguës. L'union est restée entière. Nous ne nous sommes jamais réellement vus, [...] juste aperçus furtivement à travers des carreaux sales, des barreaux et des grillages. Extraordinaire, rien n'a jamais pu entamer ce lien créé par deux rages, deux désespoirs, deux solitudes cohabitantes [119]. »

Les occupants des QHS se sentent bien éloignés, par contre, des prisonniers ordinaires : « Il n'y a pas de solidarité chez les détenus, peste Knobelspiess, la plupart se confortent même à penser que ce qui arrive aux autres ne les atteindra pas, eux, soumis et obéissants [120]. »

Les luttes contre les QHS

Mais deux heureuses surprises attendent Knobelspiess : des mouvements de solidarité avec les emmurés des QHS, de la part de centaines de détenus ordinaires (janvier 1978) et de la MAF de Fleury tout entière (août 1978), qui se traduisent par des grèves de la faim dont certaines durent huit jours. Ceux des QHS jeûnent eux-mêmes fréquemment, et parfois de concert, dans un même QHS ou dans plusieurs à la fois.

Ces grèves, des tentatives d'évasion, des dénonciations dans la presse, deux ou trois livres, quelques comités de soutien sont, pour les emmurés, les seuls moyens de lutte. Moyens qui mobilisent rarement des prisonniers hors QHS et encore moins l'opinion. Sur les QHS, Michel Fize recense plus de quarante articles, ce qui, sur sept ans, est bien peu. D'ailleurs, s'écrie D. (Debrielle ?), « quelles améliorations ont apportées ces dizaines d'articles ? AUCUNE ! » On est très loin d'une mobilisation massive comme celle orchestrée par les maos en 1971. Enfin aucune négociation n'est possible avec l'AP, hormis une seule qui se solde par l'attribution... d'une boîte de Nescafé par semaine et par détenu.

Le combat des idées ne serait rien dans l'opinion publique sans les défis imposés à l'autorité par les révoltés. De ceux-là,

Mesrine est le plus visible. Ses provocations – « la justice est une putasse [...] au cul sale [121] » – ses rocambolesques évasions d'une geôle canadienne et d'un tribunal français, son best-seller *L'Instinct de mort*, concourent à l'étonnante popularité de l'ennemi public n° 1. « Il devient le seul "people" du combat contre la justice [122]. »

Son évasion du QSR de la Santé, en mai 1978, est retentissante. Dès le lendemain, des journalistes découvrent l'inutilité de telles structures. Pour *Le Monde*, « ces QHS sombrent tout bonnement dans le ridicule [123] ». Pour éviter dix-huit évasions annuelles (en 1977), était-ce bien la peine de les créer ? Pour *Libération*, la preuve est faite qu'« on peut s'évader de partout [124] ».

« Depuis des mois, nous sommes abreuvés de récits épouvantables sur ce qu'on appelle les QHS [commente *L'Aurore*]. On n'en finissait pas de nous apitoyer sur les conditions de vie effroyables faites aux condamnés. Chaque matin, un flot de larmes s'épanchait sur eux. Que la prison soit une privation de liberté et cela seulement, nous sommes tous d'accord [*sic*] mais le jour où elle n'est même plus cela, il est difficile de dire que [l'AP] accomplit sa mission [125]. »

Au Palais-Bourbon, Alain Peyrefitte, l'académicien-ministre de la Justice essuie « la mortification d'un immortel ». Son analyse de « l'incident » (l'évasion de Mesrine) « a plongé l'hémicycle dans la plus franche hilarité ». Quand Peyrefitte proteste timidement qu'il ne voudrait pas « "laisser dans l'esprit du public l'impression que notre système pénitentiaire est tout entier à remettre en cause", le nombre de députés pliés en deux ne diminue pas [126] ». Le plus hilare doit être Mesrine, parti pour une cavale qui s'achèvera avec la tuerie de la porte de Clignancourt.

Loin derrière la star du banditisme, Agret et Knobelspiess sont populaires à gauche et leurs livres se vendent très bien [1].

Taleb Hadjadj est l'un de nos témoins oubliés. Sa prose est remarquable mais ce n'est jamais qu'un Arabe et il ne publie guère que dans le *CAP* ou dans *Libération*. Seul ce quotidien

1. « Agret fait vendre autant qu'une femme nue en couverture », signale à Marie-Josée Agret, sa compagne, un journaliste de *Détective* [127].

lui consacrera une élogieuse nécrologie [128] qui ne nous apprend rien de sa courte vie avant 1975. Cette année-là il réalise l'un des plus beaux hold-up du siècle (selon *Libération*) dans un CIC parisien. Il contraint alors Poniatowski à négocier avec lui et s'enfuit avec sept otages sans en molester un seul. Le magot ne sera jamais retrouvé. Arrêté, Hadjadj est expédié directement en QHS. Condamné, il séjournera ensuite dans sept QHS, pas moins. Avec quelques autres, il y forme un noyau de résistance : « Il fut de tous les mouvements, toutes les grèves de la faim, tous les cris. »

« Je sais que, libre, je pourrais construire, innover, vivre heureux », écrivait-il alors. En novembre 1979 il est transféré à Clairvaux où il se pend avec ses draps, ne supportant plus d'être « condamné à mourir d'amour censuré » pour la femme de sa vie, et épuisé par une détention « faite de cachot, d'isolement, de QHS. [...] Il me reste quatorze ou quinze ans à faire [...] quand au bout de cinq ans je n'en peux plus. [...] Je n'ai pas assez de lâcheté ou de courage pour résister. Alors reste l'utérus de Thanatos ».

Hadjadj a vingt-cinq ans. Sur sa tombe on aurait pu inscrire, en guise d'épitaphe, cette expertise psychiatrique : « Son désir de jouissance est immense et il veut vivre dans l'instant [129] ».

Si la gauche officielle ne milite guère contre les QHS, Raymond Forni, socialiste, s'emporte à l'Assemblée nationale contre « la toute-puissance » de l'AP : aux termes du décret du 23 mai 1975, celle-ci s'arroge le droit d'infliger à certains prisonniers, déjà jugés, une seconde peine : le régime des QHS. Ainsi le décret « aboutit à dessaisir presque totalement le juge de l'application des peines de ses pouvoirs, au profit de l'administration pénitentiaire, sans recours ni garantie, dans un total arbitraire [130] ».

Une grogne plus feutrée gagne les gens de justice qui attaquent le décret pour d'autres raisons : il enfreint le principe – posé par la déclaration des droits de l'homme de 1789 – d'égalité de traitement de tous les citoyens. Il viole l'article 34 de la Constitution stipulant que seule la loi fixe les peines applicables aux crimes et délits qu'il appartient aux seuls juges de prononcer. Or, « aucune autorité judiciaire n'a donné d'ordre justifiant l'enfermement des détenus dans pareils quartiers [I] ». Et un décret n'est pas une loi [II].

Un recours contre ce décret est déposé auprès du Conseil d'État qui mettra plus de trois ans avant de le rejeter, se ralliant à la thèse de l'AP pour qui le placement en QHS n'est pas une sanction, pas une peine, mais une modalité de l'exécution de la peine. Il fallait y penser.

De leur côté, les magistrats s'agacent de cette « mesure d'ordre intérieur » à l'AP, « insusceptible de contrôle juridictionnel ». Des juges font preuve de mansuétude à l'égard de Knobelspiess, alors braqueur en cavale, qui écope, une fois rattrapé, de trois années seulement. À Briey, d'autres juges, se prononçant sur l'évasion d'un QSR, ratée et sans violence, condamnent les auteurs à un jour de prison, les estimant déjà assez punis par leur séjour dans les lieux, considéré comme une circonstance atténuante. Ainsi des magistrats perçoivent des candidats à l'évasion comme des victimes… de l'administration pénitentiaire !

1982 : on refait les peintures

Avec l'arrivée de la gauche au pouvoir, Robert Badinter, premier garde des Sceaux de François Mitterrand, supprimera officiellement les QHS. Cependant, à Muret, prévient Roland Agret en 1987, « le "quartier des isolés" [QI] est l'équivalent des QHS soi-disant abolis. La couleur de la peinture est différente, la fonction reste la même [131] ». Jean-Marc Rouillan d'Action directe en fait l'amère expérience en juillet 1981 : le QI de la Santé, où il est transféré, n'est qu'« un QHS fraîchement repeint et rebaptisé ». L'isolement, « cet avant-goût de la mort »[132], Jean-Paul Jean, magistrat, confirme : « Les quartiers de haute sécurité se sont reconstitués très vite […] sans garanties […]. Les chefs d'établissement, pour éviter un retour en détention normale, ont […] recouru à la procédure disciplinaire [mitard] et à

I. Lettre d'avocats au président Giscard d'Estaing (4 janvier 1981).

II. Mais il permet de court-circuiter le Parlement.

l'isolement, reconstituant même des unités particulières de détention, dans des conditions aussi strictes et moins contrôlées que lorsqu'elles étaient reconnues [133]. »

19. La fin du discours libéral

La société a le droit de punir.

Alain Peyrefitte

La seconde moitié de la décennie 1970 se place sous le signe de la désillusion. On affirme que les révoltes ont pris fin en août 1974. Un silence – apparent – leur succède, rompu malgré tout par de rares explosions : Saint-Paul et Saint-Joseph, si tranquilles en été 1974, seront, en 1975, le théâtre de très violentes révoltes, « signes d'un manque total d'espoir », relève Mme Dorlhac [134]. En 1979, une mutinerie éclate à Château-Thierry, réprimée par les CRS à « dix assaillants contre un détenu. [...] La détention est un immense cri... Un abattoir hurlant », témoigne Knobelspiess qui s'y trouve alors [135].

Mais dans l'ensemble les révoltes, de collectives, deviennent individuelles ou n'impliquent plus que des groupes restreints de prisonniers. Elles perdent de ce fait leur caractère médiatique et partant, l'opinion, persuadée que Giscard a résolu le problème des prisons, semble s'en désintéresser. Ainsi, en 1976, la mutinerie des quatre détenus qui prennent leurs gardiens en otage au QSR de Lisieux passe quasiment inaperçue. La grève de la faim d'un seul homme s'enlise dans l'indifférence générale jusqu'au jour où, affaibli, le jeûneur abandonne... À de rares exceptions près, comme Debrielle ou encore Agret, qui a patiemment et habilement construit sa propre médiatisation. Avec la complicité de sa femme Marie-Jo, qui a tous les culots, dont celui de jeûner sur un brancard devant la maison de Lecanuet à Rouen.

La frontière est insaisissable qui sépare, ou relie, l'individuel et le collectif. Chaque détenu auteur d'un livre révèle qu'il s'est révolté à titre à la fois personnel et collectif. Les grandes révoltes favorisent certes l'expression collective, mais au moment où elles se produisent les individus agissent aussi pour des raisons personnelles. Une grève de la faim entamée par un seul peut devenir collective. Aucune révolte n'est donc individuelle ou collective à cent pour cent.

Mais c'est le grand nombre qui attire l'attention des médias et effraie le pouvoir. Dès que des milliers de voix se taisent, ce dernier reprend l'offensive.

Hors des murs, la situation se détériore. Le travail se raréfie, les solidarités de proximité faiblissent, les protections collectives de l'État-providence également, l'ascenseur social se bloque pour les couches populaires. Apparaissent alors de nombreux « individus placés comme en situation de flottaison dans la structure sociale, et qui peuplent ses interstices sans y trouver de place assignée [136] » : l'époque est propice au remplissage des prisons.

Elles se remplissent en effet, du fait que le nombre de détenus augmente ainsi que la durée de leur détention [1].

Dix années de promesses et trois lois (1970, 1972, 1975) n'ont pas permis de diminuer le nombre des prévenus, qui représentent, en 1970, 37,5 % des détenus et en 1980, 44,4 % [138]. Alors même qu'officiellement la détention provisoire est toujours présentée comme exceptionnelle. (Dans ce domaine au moins, la situation est meilleure aujourd'hui : les prévenus ne représentent plus qu'un quart environ de la population carcérale.)

La durée de la détention provisoire augmente, elle aussi, au cours de la décennie, de 2,1 mois (1970) à 2,8 mois (1980) en moyenne, mais elle peut être beaucoup plus longue. (Elle est aujourd'hui de 4,1 mois.)

La réforme de 1975 a multiplié les centrales dites sécuritaires, où le nombre de places passe de 1132 avant 1975 à 2138 après (sans compter les occupants des QHS) [139].

1. La population carcérale passe de 26032 au 1/1/1975 à 38957 au 1/1/1981 à cause, principalement, de l'augmentation du nombre d'entrées en détention : 77117 en 1975, 96955 en 1980 (record historique jamais égalé depuis), la durée moyenne de détention étant de 4,3 mois en 1975 et 4,6 mois en 1980, nous précise P.-V. Tournier. En 2011, cette durée moyenne passe à 9,8 mois [137].

La récidive ? Au sens général du retour en prison, elle concerne en moyenne environ 50 % des condamnés libérés, 60 % des « courtes peines », 30 % à 40 % des « longues peines »[1]. Ceux qui récidivent le moins sont les grands criminels, les femmes, les détenus âgés. Ces dernières données, qui concernent les années 1970, n'ont pas beaucoup changé depuis.

Le survol des années 1970 offre néanmoins une embellie : le nombre de libérations conditionnelles – ces Arlésiennes que les détenus ne voient jamais venir – a triplé entre 1971 et 1979. Mais elles restent réservées, comme aujourd'hui, à une faible minorité.

Doigt dans l'œil

Ceux des prisonniers qui, au début des années 1970, plaçaient leurs espoirs dans les réformes pénitentiaires, voire dans une révolution à venir, sont maintenant démobilisés.

L'individualisme forcené de l'époque a ses revers. Autant il a pu pousser les détenus – comme le reste de la population – à réclamer plus de confort, de biens de consommation et moins de discipline, autant il pousse, au moment du reflux, au sauve-qui-peut. Cet état d'esprit, qui n'a sans doute jamais disparu des prisons, semble maintenant le plus répandu.

Passées les grandes émotions et luttes collectives, passé ce mouvement de 1974 que le CAP croyait « irréversible », les solidarités s'effritent. Les fondateurs du CAP « ont commis une erreur [...] grossière en s'appuyant essentiellement sur les prisonniers et ex-prisonniers. Car [...] la grande majorité des détenus se fout du CAP, [...] de la politique [...] et ne pense qu'au moyen de sortir plus vite de taule pour se démerder individuellement [...] s'enrichir vite et facilement [...] s'intégrer au système et en profiter[141] ». Qui s'en étonnera, sachant que dehors, tant de révolutionnaires de 1968-1973, et non des moindres, empruntent le même chemin ?

1. Encore qu'aucune enquête n'ait été faite sur la récidive à l'échelle nationale dans les années 1970, rappelle Pierre-Victor Tournier, qui a écrit sur le sujet, avec Véronique Dupont, un premier rapport pour la DAP en 1982[140].

Le CAP fait son autocritique : « Démontrer que 90 % des prisonniers sont issus de la classe ouvrière n'a pas conduit [les détenus] à se poser des questions politiques et économiques sur la fonction et l'utilité de la prison. [Ils] s'en contrefoutent. [...] Autre doigt dans l'œil, dire aux taulards : "rejoignez le combat révolutionnaire". Ce discours-là, les taulards s'en moquent [142]. »

Quant au soutien tant espéré de la classe ouvrière, il n'est jamais venu. Les militants contre la peine de mort regardent ailleurs : « Face aux grandes manœuvres de la droite, que font la gauche et l'extrême gauche ? Très peu de choses, accuse Livrozet. On descend dans la rue [pour] protester contre l'exécution de cinq militants politiques espagnols, mais on ne réagit pas à la condamnation à mort [en France] d'un anonyme de 17 ans [143]. » (L'adolescent ne sera pas exécuté.)

Tirant les conséquences du désintérêt pour les prisons, le CAP élargira son champ de vision : si les QHS le préoccupent durablement, le journal développera ses rubriques sur la justice, le féminisme et la criminalisation du viol, les insoumis et objecteurs de conscience, les handicapés, les asiles psychiatriques (« ces autres prisons »)... Après le départ de Serge Livrozet, en juillet 1980, le *CAP* deviendra le *CAP-Justice*, avant de s'éteindre en 1982.

À l'époque de Peyrefitte, ministre de la Justice de 1977 à 1981, les ventes du *CAP*, qui atteignaient cinquante mille en 1975, stagnent autour de cinq mille. Le désintérêt pour les prisons et pour le discours radical du *CAP* y sont pour quelque chose, mais aussi de nouveaux obstacles à sa diffusion intra-muros.

Le CAP entame et perd, fin 1977, le dernier round de cette longue bataille. Alors que juridiquement, rien ne semble plus s'y opposer depuis la réforme de 1975, et qu'Alain Peyrefitte est bien obligé d'en convenir, les grosses prisons franciliennes, indifférentes à la loi, interdisent le *CAP* à la barbe du ministre. Ce qui signifie, pour ce journal, vingt mille lecteurs potentiels en moins. D'autres établissements le rejettent aussi : le directeur d'Ensisheim fait savoir qu'« on ne peut autoriser la diffusion d'un journal ordurier et diffamatoire [I] ». Peyrefitte cède aux pressions des syndicats de surveillants et de l'AP, et fait modifier la loi. Un ajout à l'article D444 permet désormais d'interdire un journal « contenant des menaces précises contre la sécurité des personnes » ou celle des prisons. Mais des propos « orduriers » et des « menaces précises », il n'y en a jamais eu dans le *CAP*.

Furieux, Livrozet incrimine Peyrefitte, « ce personnage de vaudeville, au regard de jésuite, qui pense ce qu'il ne dit pas, qui fait ce qu'il prétend ne pas penser, qui se garde bien de faire ce qu'il dit [...] et dont les seuls talents restent la roublardise et la médiocrité ».

Diffamation ? Eu égard à sa définition légale [II], il semble bien que non, puisqu'aucun fait précis n'est avancé [145]. Toujours est-il que six semaines de prison sont requises contre un militant du CAP qui distribue le journal *devant* la MA de Fresnes. Un avocat est inculpé pour avoir tenté de faire passer le *CAP* à un détenu [146].

« Les étranges questions » de Michel Foucault

À partir de 1976 le contexte politique est défavorable aux détenus. Les réformateurs perdent du terrain et ne concrétisent pas toutes leurs réformes, que Giscard ne soutient plus guère. Le président renonce, pour des raisons électorales, à ses velléités libérales et forme en 1977 un nouveau gouvernement issu de la droite musclée.

Les premiers discours du nouveau chancelier sont on ne peut plus libéraux : « Rien n'est pire que d'être en prison, [...] cet univers kafkaïen qu'il faut combattre... » Mais très vite, il fait part de sa crainte que « la prison ne [fasse] plus peur »

I. Le directeur régional de Dijon était plus nuancé : « Votre journal a indiscutablement cristallisé les espoirs de beaucoup de détenus. Permettez-moi de regretter une virulence qui en a peut-être limité l'efficacité », écrit-il au *CAP* [144].

II. La définition légale de la diffamation est : « Toute allégation ou imputation d'un fait qui porte atteinte à l'honneur ou à la considération de la personne ou du corps auquel le fait est imputé [...] par tout moyen de communication au public. »

et théorise la fonction punitive de l'État : « La société a le droit de punir. » À la prévention de la délinquance, il préfère la punition, plus rapide, moins aléatoire.

L'académicien a-t-il lu Foucault, pour qui « punir est la chose la plus difficile qui soit » ? « Longtemps, on s'est inquiété de ce qu'il fallait punir ; longtemps aussi de la manière dont on devait punir. Et maintenant sont venues les étranges questions : "Faut-il punir ?" "Que veut dire punir ?" Pourquoi cette liaison, apparemment si évidente, entre crime et châtiment [147] ? »

Avant d'être ministre, Peyrefitte réunissait, à la demande de Giscard, un comité d'études (où s'égare une brochette d'intellectuels, dont Edgar Morin) qui a pour tâche d'analyser la « montée de la violence » et de lui fournir des réponses en s'appuyant sur des statistiques opportunes [I].

Curieusement, le comité ne se prononce pas sur la crise économique comme cause majeure de cette violence « installée au cœur de la cité », selon Peyrefitte. Au contraire, ses *Réponses à la violence* [II] font diversion en attirant l'attention sur la responsabilité individuelle de la violence, occultant la violence collective ou structurelle qui est le fait de la société dans son ensemble [149]. L'ouvrage introduit enfin la notion de sentiment subjectif d'insécurité, qu'il distingue – à juste titre – de l'insécurité objective, traduite par des chiffres.

Dans sa présentation des *Réponses*, rendues à Giscard en juillet 1977, Peyrefitte s'appuie sur les manchettes de journaux pour évoquer une « peur » généralisée dans la population. Toutefois, à en croire les sondages, si 81 % des Français estiment que la violence augmente, 5 % seulement disent en avoir été victimes. La population met le phénomène criminel au sixième rang de ses préoccupations. Il faut donc relativiser ce « sentiment » non quantifiable : les Français seraient-ils plutôt sous le choc des images violentes propagées par les médias ?

I. En effet, les condamnés pour violences volontaires sont passés de 925 en janvier 1970 à 1 110 en janvier 1977. Ce qui ne paraît pas si énorme, d'autant que les violences sexuelles ont diminué et les atteintes aux biens, plus que doublé durant la même période.

II. Fruit des délibérations du comité d'études, mais rédigées par Peyrefitte [148].

Le comité d'études malmène, d'autre part, les statistiques, lorsqu'il affirme, par exemple, que « la criminalité », qui englobe à ses yeux la totalité des crimes et délits (sauf les infractions mineures), se serait accrue de 120 % en moins de dix ans. Outre qu'un tel chiffre, global, n'a pas de sens, il est faux : pour arriver à ce pourcentage, il faudrait ajouter aux crimes et délits les simples contraventions, qui sont légion, relève Me Thierry Lévy [150].

À l'AP comme à la chancellerie, le ton est donné. On serre les vis carcérales et surtout judiciaires. On ampute, dévoie ou abroge de nombreuses mesures libérales récentes : « Des réformes de 1975, il ne reste quasiment rien », assure, depuis sa prison, un correspondant du *CAP*.

Lorsqu'on voit aujourd'hui qu'avec sa loi « sécurité et liberté » (2 février 1981) Peyrefitte entendait contrôler les juges laxistes en fixant pour les peines des fourchettes plus serrées et en relevant les peines-plancher, on croit s'être trompé d'époque : ne s'agit-il pas plutôt des années 2007-2012 ?

Selon Peyrefitte, la réinsertion sociale que prônaient les réformateurs de 1975 a échoué. À cette opinion, assez largement partagée à gauche, *Esprit* répond que la réinsertion n'est pas en cause, mais la manière d'y procéder : « Ce qui a échoué, c'est l'idée qu'on puisse réinsérer des délinquants grâce à un régime qui en fait des objets passifs, grâce à un "traitement individualisé" qui récompense la soumission et interdit toute prise de conscience collective [1]. »

Enfin, Peyrefitte durcit discrètement mais radicalement le régime des QHS : « Ce sont les ordres de Peyrefitte », répondent, on l'a vu, les surveillants chaque fois qu'une nouvelle restriction ou avanie frappe les « mauvaises têtes » des QHS. La « dangerosité » est plus que jamais à l'ordre du jour. Les critères de placement en QHS sont de plus en plus imprécis : « En fait, soutient le juge Petit, celui qu'on

---

1. Dans cet article, Paul Thibaud appelle de ses vœux des peines /réinsertion qui seraient choisies par le détenu, et des travaux utiles à la société [151]. Ce qui ressemble aux travaux d'intérêt général (TIG) inaugurés plus tard par Robert Badinter, auxquels les juges recourront très peu par la suite (lire *infra*, p. 339).

qualifie ordinairement de mauvaise tête, c'est n'importe quel détenu [qui] emmerde les personnes qui le gardent. Je suis formel [152]. »

Deux « lois scélérates »

Avant de faire voter sa fameuse loi « sécurité et liberté » contre la délinquance – baptisée « loi scélérate » par la gauche – le ministre en a donné, en urgence, un avant-goût avec la loi de 1978 qui instaure les périodes de sûreté.

Celles-ci s'adressent en premier lieu aux « longues peines » (dix ans ou plus) coupables des infractions les plus graves. Leur période de sûreté s'étendra au minimum au tiers de leur peine initiale, au maximum à vingt-deux ans. Pendant ce temps, aucun aménagement de peine n'est possible. L'idée générale, qui n'est pas nouvelle, est de prolonger autant que possible l'incarcération d'individus perçus comme « dangereux ». Peyrefitte supprime la tutelle pénale inventée par Pleven et devenue inutile, mais celle-ci concernait moins de prisonniers que la période de sûreté.

Le JAP perdra ainsi toute utilité pour plus d'un tiers de la population carcérale, anticipe le *CAP* [153]. Les aménagements de peines (libérations conditionnelles, permissions de sortir, etc.) sont du reste révisés à la baisse pour l'ensemble des détenus.

L'opinion semble suivre Peyrefitte puisque, selon un sondage, 76 % des Français estiment que « la Justice n'est pas assez sévère ». 76 % se sont pareillement prononcés à l'été 1974. Ils font là preuve d'une belle constance qui se vérifiera lorsque, au lendemain de son élection en mai 1981, François Mitterrand fera abolir, contre l'avis d'une large majorité de Français [I], cette peine de mort que Peyrefitte approuve « par

I. Comme l'écrivent Philippe Artières et Pierre Lascoumes : « En faisant parler l'opinion par la voix des sondages, on la fait se manifester puis disparaître, s'ouvrir à des préoccupations puis se rétracter, on la rend réformatrice puis sécuritaire mais il n'est pas certain que, sous la surface, elle ait évolué [154]. »

II. Tout en tenant des propos ambigus, tels que « la peine de mort est maintenue à titre exceptionnel en attendant son abolition définitive » (1979).

principe, par idéal " ». Mitterrand s'empressera également d'abroger la loi « sécurité et liberté », mais la période de sûreté (art. 132-23 du code pénal), encore aujourd'hui largement appliquée, aura de beaux jours devant elle.

C'est dire à quel point la politique pénale française est restée ambiguë pendant la période 1970-1981 – celle que nous connaissons le moins mal – avec ses avancées qui masquent souvent des reculs. À l'instar de la réforme de 1975 instituant d'un même coup de plume centres de détention et QHS. Cette politique a donné aux libéraux comme aux conservateurs des gages plus ou moins perceptibles selon les cas, mêlant avancées et régressions. À l'exception toutefois de l'intermède Peyrefitte, qui s'est situé à droite sans états d'âme.

Depuis 1945, le courant le plus important – mais non le seul – de la politique pénale française s'est fondé, du moins officiellement, sur la réadaptation (ou resocialisation, ou réinsertion) possible des prisonniers. De 1977 à 1981, c'est l'intimidation qui l'emporte place Vendôme. L'ère de Peyrefitte marque-t-elle donc un tournant ? Ou seulement une pause, puisque Robert Badinter va reprendre le flambeau libéral ? De fait, rien n'est définitif puisque notre politique pénale poursuit un éternel mouvement de balancier.

VII. D'HIER À AUJOURD'HUI

20. CORPS PRISONNIERS

> Le châtiment – comme la prison – n'a jamais fonctionné sans un certain supplément punitif qui concerne le corps lui-même.
>
> MICHEL FOUCAULT, *Surveiller et punir*

On a tenté jusqu'ici d'approcher les prisonniers *de l'extérieur*, à travers leurs conditions de vie, leurs luttes, les réformes les concernant. Tentons maintenant de sonder leur vie intérieure et sociale, et ce avec le concours des psy qui parviennent, mieux que nous, à décoder les témoignages, dire ce qui est sous-jacent ou non dit, au plus près des enfermés.

Nos principales sources sont Simone Buffard, psychiatre aux maisons d'arrêt de Saint-Paul – Saint-Joseph à Lyon, auteur du *Froid pénitentiaire* (1973) ; Daniel Gonin, psychiatre lui aussi, et médecin chef des mêmes maisons d'arrêt, qui publie *La Santé incarcérée* et *Médecine et conditions de vie en détention et pathologies somatiques* (1991), après enquête auprès de neuf cent vingt-cinq détenus entrants [1] dont des

1. Sept cents à Saint-Paul – Saint-Joseph, cinquante-trois à Varces et mille neuf cent soixante-douze à la MAF de Montluc, les comparant à un groupe de probationnaires hors les murs.

femmes, que son équipe a suivis pendant une année ; et Dominique Lhuilier, psychologue qui a souvent enquêté en prison, et publié notamment *Le Choc carcéral* (2001).

Les derniers ouvrages sont fort éloignés des années 1970. Mais rares étaient alors les psy qui considéraient les détenus comme des sujets/objets de recherche. Rares donc étaient leurs publications. Et quels que soient les changements survenus en quatre décennies, l'enfermement perdure. Dès lors le vécu de l'enfermé change assez peu. Comme aussi les hiérarchies, sources d'inégalités, dans la société prisonnière. C'est pourquoi les remarques d'un Claude Lucas (*Suerte*, 1996) ont leur place ici, comme aussi celles d'autres témoins et observateurs d'aujourd'hui.

On ne traitera pas ici des maladies mentales, mais des effets de l'enfermement habituellement ou fréquemment ressentis par des prisonniers qui ne sont pas « fous » pour autant. Même si « on est tous ici au bord de la folie [1] », comme l'affirme un détenu qui exagère peut-être. Nos psy ont écouté le « tout-venant » en prison.

Giscard définissait la prison comme privation de liberté et rien d'autre. Mais pour ceux qui y vivent, la prison est privative de presque tout – « le détenu est une coquille creuse à qui on aurait tout ôté sauf la capacité de souffrir [2] » et d'abord de son intimité. Cet espace mental privé où chacun se meut et qui étaye son identité est mis à mal dès l'entrée, avec l'annonce du numéro d'écrou qui efface le prénom – « Le pire, c'est qu'on nous appelait toutes par notre nom de famille [1] » – et la première fouille à corps durant laquelle « même la zone anale est "déprivatisée" [3] ». Une autre détenue s'en souvient : « Je me sentais plus rien, j'étais plus rien… Tout, tu perds tout. J'avais plus de seins, j'avais plus de fesses. […] J'avais plus de corps [4]. »

Constamment épié désormais, le prisonnier va redouter le regard du surveillant à l'œilleton, au parloir ; des codétenus à la douche et en cellule où chacun est condamné à la défé-

1. Non précédé de Madame ou Mademoiselle, précise Claude, ancienne détenue.

cation publique : « Je ne sais pas, Monsieur le ministre, si vous pourriez accomplir vos besoins dans de telles conditions », écrit à Jacques Toubon, alors garde des Sceaux, un certain D.B. qui, ne parvenant plus à évacuer ou absorber les aliments, a perdu dix kilos [5].

En maison d'arrêt surpeuplée, on est rarement seul en cellule. Multifonctionnel, cet espace domestique de poche réunit les activités réservées dehors à des locaux distincts : on y mange, dort et se nettoie (sommairement), on y lave son linge, on y travaille souvent (à la pièce), on y enfourne toutes ses affaires, on y écrit et s'y consacre à des loisirs mais on n'y reçoit pas de visiteurs. On y fume aussi, au grand dam des non-fumeurs, et sans guère d'aération. Longtemps, la lumière s'y éteignait de l'extérieur. On y entend la radio collective et, de nos jours, la télévision, parfois jusqu'à l'aube.

Quoiqu'en centrale le condamné puisse aujourd'hui vivre seul et décorer sa cellule, celle-ci n'est pas non plus une chambre à soi : certains objets y sont interdits, l'occupant n'en a pas la clé [1], et le surveillant peut, à tout moment, y intervenir.

Le courrier peut être lu, des effets personnels malmenés lors d'une fouille, l'appétit sexuel nié. Toujours sur le qui-vive, toujours accusable sinon coupable, l'individu le plus équilibré se découvre vulnérable, parfois au bord de la paranoïa. Ou alors, renonçant à toute résistance, tout désir, toute agressivité, il se cuirasse contre l'envahisseur.

Cuirasse, carapace, armure, métal, pierre, béton : nos témoins associent ces mots à l'homme fort qui s'ampute de ses émotions, ou du moins s'y essaie. D'où ce paradoxe que décline, à Clairvaux, un condamné à perpétuité : « Ce n'est pas parce qu'on a des cœurs de pierre qu'on n'est pas ému [6]. »

Cet homme a trouvé dans un récent atelier d'écriture un exutoire, un moyen d'expression ailleurs découragé. Mais ces ateliers n'existaient pas en 1970-1980. « La privation de la parole, celle que porte chacun de nous [...] à la connaissance et la reconnaissance d'un autre, et qui nous fait vivre

1. Autorisée dans les centres de détention dès 1975, plus tard tolérée dans les centrales, la (relativement) libre circulation diurne a été interdite en 2003.

en hommes, est la conséquence la plus dommageable de l'enfermement », soutient le Dr Gonin [7]. Parler peut être dangereux. En effet, si « la parole est un truc pour se défendre, ici [...] la parole c'est rien, parce que si vous parlez de trop, c'est le mitard [8] ». Parler entre détenus ? « Ici on parle de tout superficiellement [9]. » « Les discussions sont toujours [...] axées sur la prison, la justice, etc. On n'en sort jamais [10]. »

Les cinq sens

Les sens sont les premiers à avertir le prisonnier qu'entre lui et son environnement quelque chose ne va plus. En cellule comme dans la cour des vieilles prisons, les murs sont tellement rapprochés qu'au-delà d'un mètre cinquante on ne voit rien. « Le problème, c'est qu'il n'y a pas de perspective, pas d'horizon. On est dans un entonnoir, on voit toujours la même chose [11]. »

Le rétrécissement de l'espace dans lequel on vit ne paraît pas, à première vue, bien lourd de conséquences. Nous avons pourtant rencontré un ancien prisonnier, Thomas, qui a vécu cinq mois seulement dans une cellule à trois, relativement spacieuse, à Fleury-Mérogis à la fin des années 1970. Séjour qui ne fut pas spécialement traumatisant. Mais il refusait de sortir dans la cour, craignant de se faire tabasser comme l'avait été son codétenu et ami.

Il avait jusqu'alors vécu une vie sociale normale d'étudiant qui, pour arrondir ses fins de mois, dealait un peu de l'« herbe » qu'il consommait modérément. Dès sa libération, le voilà qui s'enferme dans son appartement, redoutant d'en sortir, fuyant tout contact extérieur, « accro » aux neuroleptiques et à l'alcool, et incapable de travailler ou de reprendre ses études. Cette agoraphobie persiste jusqu'en 2001, « la première année où j'ai connu un moment de bonheur », grâce à une psychothérapie. Cas extrême, cas rarissime. Il rappelle néanmoins que « la prison ne finit pas quand on sort », comme le souligne Thomas.

En détention, l'éclairage est le plus souvent déficient. Dans les cellules de la Santé on dispose encore au XXIe siècle d'une ampoule de 40 W accrochée à un haut plafond ; à Villefranche, en 2008, des caillebotis qui filtrent la lumière sont posés sur les fenêtres : « C'est la lumière qui, la première, perd la liberté de luire. [...] La différence de chacun s'annule dans la grisaille commune [12] », avance le Dr Gonin. Passé un an, la vue baisse chez 50 % de ses détenus.

L'ouïe, par contre, ne faiblit pas : « Les sons ont une importance capitale en prison, analyse le détenu Robert, qui est due à l'inutilité de la vue. [...] Et on s'habitue, comme les animaux, à développer l'ouïe pour savoir ce qui se passe autour [13]. » Cependant les bruits violents (portes qui claquent, cris) ou incessants (radios, télévision, hauts-parleurs) agressent l'individu.

Le sens tactile peut être anesthésié par la rareté et la pauvreté des objets en cellule. « Dedans, y a plus le toucher, y a plus rien. Au parloir, c'est quand même mieux, y a le contact, on se touche, on s'embrasse [1]. Avec les enfants, surtout, pouvoir les prendre dans les bras [14]... » Toutefois le contact peut être redouté aussi quand l'individu perçoit l'autre comme malfaisant, conséquence d'une promiscuité prolongée.

L'odorat d'Alphonse Boudard est sans doute le plus célèbre, tant ce passage de *La Cerise* est cité : « La prison, c'est d'abord une odeur. [...] Un mélange de rat crevé, pisse de chat, moisissures, [...] pieds douteux, gaz d'éclairage en fuite, mégots froids et puis la soupe aux choux. [...] Pour lier l'ensemble, le Crésyl, désinfectant de l'Administration [15]. »

Une solution : s'amputer de l'odorat. Près de 40 % des détenus du Dr Gonin disent ne plus rien sentir de la prison. Mais « quand tu ne sens plus son odeur, c'est que tu l'as adoptée, que la taule t'a fait taulard, que cette puanteur, c'est toi », confie un prisonnier [16]. Même les libérés se plaignent de cette odeur qui leur « colle à la peau ».

L'air confiné est souvent perçu comme raréfié ; ces reclus étouffent entre leurs murs : « L'air me manque, raconte un prisonnier, mes poumons restent aplatis au fond de ma poitrine, c'est finalement eux qui sont le plus en prison [17]. » Enfin,

1. Il s'agit évidemment de parloirs sans séparation, autorisés dès 1975 en CD et ailleurs en 1983.

les détenus ont souvent froid – le manque de chauffage, et d'exercice, n'est-il pas, pour l'AP, la plus économique des punitions ? – mais ce froid pénitentiaire s'entend aussi, bien sûr, au sens figuré.

La nourriture carcérale a quelques défenseurs : « En 1974, l'ordinaire de Fresnes est certainement plus convenable que la plupart des restaurants universitaires. Je l'ai vérifié [18]. » Mais le Dr Gonin rapporte que 86 % des prisonniers jugent insatisfaisant cet ordinaire et se plaignent, à 52 %, d'y perdre leur sens gustatif. À la différence des aliments familiers, familiaux, les repas de prison, préparés par des mains anonymes, puis refroidis, apparaissent fades, sans valeur nutritive, voire suspects : « Ils ont mis des enzymes dans les pâtes, c'est acide, ça me ronge l'estomac [19] », indique Simone Buffard. L'attention obsessionnelle portée aux aliments, au tube digestif, est, pour les psy, un signe de régression au stade infantile. « Mal mangée et mal assimilée, la nourriture est ici le mauvais lait d'une mauvaise mère. [...] Loin de remplir le ventre, elle passe à travers le tube digestif et s'écoule dehors : "Tu la chies telle quelle" [20] », ose un prisonnier. Quoi qu'il en soit, le Dr Gonin rapporte que 40 % de détenus souffrent de diarrhées, constipations, vomissements, ulcères et autres indigestions.

Le corps selon l'Administration

Sous l'Ancien Régime, la souffrance corporelle était la principale forme du châtiment, son objectif. Elle n'est plus, depuis cette époque, qu'un accessoire, un dommage collatéral, pourrait-on dire, de l'enfermement. Mais si la punition ne passe plus directement par le corps, celui-ci est néanmoins impliqué, sanctionné de mille façons par le régime carcéral. Pour l'administration, « le détenu est d'abord et essentiellement perçu et traité comme un corps, il n'est qu'un corps [21] », sa dimension psychique étant tenue pour négligeable.

Le corps doit être contrôlé, ou contrôlable à tout moment. Le mouvement, aux yeux de la Pénitentiaire, est source de danger – l'homme pourrait s'échapper – comme l'attestent les instructions aux surveillants qui détaillent jusqu'à l'obsession les règles à observer lors des déplacements de prisonniers. Tout mouvement hors cellule doit être accompagné, voire entravé. En cellule à lits superposés, on passe de longues heures allongé (c'est aujourd'hui autorisé) ou assis immobile, le dos courbé. Ils sont près de 40 %, dans l'échantillon du Dr Gonin, à signaler des douleurs musculaires (mal aux reins, etc.) et 70 % à souffrir « énormément » du manque d'activité physique. Corps flasques qui s'empâtent et s'affaissent, corps agressés, carencés, corps douloureux que les soignants négligent souvent, corps asexués – tout cela concourt à entamer l'image et l'estime de soi, si tant est qu'elles aient survécu à la « faute » commise et au mépris des geôliers : « Il n'y a pas de miroir dans les cellules [observe Simone Buffard en 1973] mais à quoi servirait-il, sinon à redoubler l'image d'un corps perdu ? Celui qui n'a plus la libre disposition de son corps, comment pourrait-il "se voir" ? Il voit des membres inutiles, un sexe coupé, un visage qui n'a pas à plaire, une peau sans couleur et quant à ce qui est à l'intérieur, Dieu sait si ce n'est pas tout pourri… Ce corps-là, on ne peut pas l'aimer [22]. »

En résumé, « Nous nous sentons pourrir/Âme et corps, pourrir, misérables [23] », écrivait Oscar Wilde.

Ne noircissons tout de même pas le tableau : si certains désespèrent, d'autres s'adaptent, d'autres encore résistent. Les « pompes » en cellule, le footing dans la cour, les multiples demandes d'activités sportives, témoignent d'un effort de réappropriation du corps. Certains prisonniers se réorganisent psychiquement autour d'une autre activité – études, souvent [1]. Les voilà sauvés, puisque (relativement) autonomes : «Je n'ai jamais subi ma détention, je l'ai gérée [25] », affirme fièrement Pierre. Mais de telles réussites, parfois brillantes, sont rares car elles exigent une volonté de fer, une discipline de tous les instants.

1. Claude Charmes : « On peut étudier, mais à ses frais, le CNTE (Centre national de télé-enseignement) coûte 150 F (111 €) en frais d'inscription [24]. »

Repli

La peau « affiche le stress, l'angoisse [...] et en détention le mur de l'enfermement en soi [26] ». Interface entre le dedans et le dehors, elle reflète l'individu qui résiste à l'effacement (tatouages), ou encore sa souffrance : eczémas, pustules, mycoses affectent jusqu'au quart des détenus du Dr Gonin, convoquant le dermatologue, le spécialiste le plus demandé, après le psychiatre, à Saint-Paul – Saint-Joseph. Dans les cas, extrêmes, de lacération, une lame de rasoir découpe des stries parallèles, le plus souvent à l'avant-bras.

Faute de relation au monde extérieur, et voyant son espace privé agressé, envahi, l'individu tend à se replier sur son corps, qui seul lui appartient en propre, à s'y enfermer. L'enveloppe corporelle devient alors un rempart de protection. Mais si l'intérieur est pourri, il est source de danger, lui aussi. Celui qui jadis malmenait ou négligeait son propre corps est maintenant à son écoute et s'inquiète (tout comme, en liberté, l'oisif ou le malade) de son moindre dysfonctionnement. On le dira simulateur... Mais s'il se plaint de maux imperceptibles pour le somaticien, c'est peut-être faute de pouvoir exprimer le mal être général dont il souffre bel et bien ; c'est qu'il cherche à attirer l'attention, sur ce mal-être, de soignants très sollicités, souvent inaccessibles.

En règle générale, « il est impossible de connaître l'origine de [ces] divers maux, regrette Dominique Lhuilier. Manque d'hygiène, hérédité, stress, promiscuité ? – mais toujours la prison est mise en cause : elle est maltraitante et mortifère. Les détenus perçoivent leur santé comme dégradée depuis leur arrivée [27] ».

« Depuis que je suis en prison, j'attrape tout [28] », résume Fabio.

Dépendance

« Les relations qui peuvent s'établir [avec les personnels] sont rarement le résultat d'un choix, notait dès 1971 le Dr Paul Hivert. Elles s'instaurent sur le mode dépendant. Il est préférable de se soumettre et d'entrer dans le jeu plutôt que d'affirmer une position personnelle, attitude dangereuse qui pourrait encourir une sanction. [Ainsi] le conformisme fait l'économie d'une lutte et devient critère d'adaptabilité, mais à quel modèle [29] ? »

Claude Charmes, meurtrier devenu détenu modèle, remarque en 1974 qu'autonomie et initiative sont indispensables au détenu sortant qui va devoir se réinsérer. Or tout au long de son incarcération, la Pénitentiaire a œuvré à faire de lui un incapable dépendant. Le seul choix qui lui est laissé est de « se brosser les dents avec la main droite ou la main gauche [30] », ironise un prisonnier. L'autonomie corporelle est alors réduite à peu de chose.

La perte de l'espace propre coïncide avec celle du temps personnel : « Le temps [est] la propriété du code pénal et des juges [31] » et celle de l'AP. Sans la maîtrise de son temps quotidien ou futur, comment un détenu peut-il anticiper le lendemain ? La décision ne lui appartient pas.

Le temps de la peine, des jours programmés, c'est ce temps répétitif où l'on vit sans exister, le temps perdu de la prison. Pour Claude Lucas, « la journée carcérale n'appartient pas au temps social. Elle est une journée entre parenthèses, [...] une pure vacuité temporelle, un temps sans contenu qu'on traîne comme un boulet ».

Les activités ? « Des alibis qui contribuent à faire paraître la prison acceptable. [...] Aucune ne présente d'utilité en termes de réinsertion. Ce faux semblant de temps social [...] déstructure et désocialise [l'individu] de manière quasi irréversible [32]. »

Il est pourtant possible de démentir ces propos désespérés en introduisant ici un témoignage exceptionnel, celui de Claude, prisonnière à l'époque, rencontrée en 2011 [1] : « La prison, pour moi, c'était du temps donné, à mettre à profit, nous a-t-elle raconté. Et j'ai pu en faire quelque chose. J'ai appris à être seule. Mais j'ai trouvé beaucoup d'intérêt à la vie en détention. J'y ai eu de bons moments. Jamais je n'ai connu autant de fous rires, avec les copines. On a besoin de rire en prison, comme des gamines en pensionnat.

1. Lire les autres éléments de son témoignage au fil du chapitre suivant.

» À la centrale de Rennes, j'ai pu faire des études, empêchées dans mes maisons d'arrêt. J'ai adoré le CNTE [centre national de télé-enseignement]. On devient très ingénieux en prison : j'ai fabriqué des jeux, une pince à épiler, du maquillage avec des crayons de couleur.

» Étant donné ce que j'avais fait, il était normal que je purge une peine de prison. Et je l'ai pris comme ça. Je voulais tourner la page, passer à une autre vie. »

Incarcérée deux ans et demi, de 1972 à 1974, Claude a ensuite mené une vie normale et apparemment épanouie et s'est occupée, entre autres, d'enfants handicapés.

Les autres

On ne choisit pas son ou ses compagnon(s) de cellule et en changer n'est pas facile. La cohabitation est donc forcée : « Où que vous soyez, vous êtes toujours avec des gens autour de vous [33]. » « Nous nous cognons aux autres comme aux parois d'un cachot. Aux sales autres. [...] Plus rien à soi. [...] Les autres viennent crever vos rêves [34]. » Tout cela ne favorise guère le lien social. Du reste, on rencontre surtout des solitaires : « Je n'ai personne à qui parler [35]. » On se méfie des autres, souvent on les méprise : pour Agret, « l'amitié en prison est presque toujours intéressée [36] ». Knobelspiess et Livrozet brocardent les mouchards et ceux, nombreux, qui « acceptent leurs murs [37] ».

« Je vous le dis, c'est inhabitable ! On est mélangé avec des clochards ou des délinquants [38] », dit-on à Simone Buffard. Prisonnier des Allemands, Jean Zay, ancien ministre du Front populaire, s'en inquiétait déjà : « Le régime pénitentiaire jette pêle-mêle, dans les mêmes dortoirs et les mêmes ateliers, ces créatures si différentes, dont les fautes ne sont pas comparables – quelles contaminations [1] n'en résulte-t-il pas [39] ? » À Poissy, des détenus s'en plaignent à l'ethnologue : « C'est un *melting pot* pas possible [40] ! » Le système pénitentiaire, en sou-

1. Ce mythe de la contamination, très répandu à l'époque du sida galopant, sévit encore chez de nombreux gardiens qui, associant mal (notion morale) et maladie, se tiennent à l'écart des gardés.

mettant tout le monde aux mêmes règles, dénie à chacun sa différence, son identité.

Promiscuité et surpeuplement suffisent parfois à muer en misanthrope l'individu le plus grégaire, et la violence, alors, n'est pas loin : « Un mec il avait pissé et après il me servait un café, il me foutait du sucre, je lui disais : “Mais ça va pas, tu viens de tripoter ta bite, tu me fous du sucre dans ma tasse, lave-toi les mains !” Tu deviens maniaque pour des petits trucs à la con. [...] Puis un jour il était au-dessus de moi (parce que c'étaient des lits superposés) à bouffer un casse-dalle et [...] il a balancé ses miettes comme ça par terre et elles sont tombées sur mon lit, donc ça a été la goutte d'eau quoi. Je l'ai attrapé par la tête, je l'ai descendu et puis [...] je l'ai pris par les cheveux, je lui ai éclaté les dents sur le robinet [41]. »

Quant à l'administration, qui opère parfois des mélanges désastreux se soldant par des viols en cellule, elle ne favorise pas l'amitié, source possible de connivence, voire de conspiration. Il arrive que les codétenus d'une même cellule soient séparés parce qu'ils s'entendent trop bien. Aux liens horizontaux qui lui échappent, l'autorité substitue des liens verticaux : le détenu doit dépendre d'elle seule pour ses besoins vitaux. Malgré tout, « parfois naissent des sympathies, des amitiés très grandes comme des fleurs poussent entre les pierres ou les fissures du béton [42] ».

Solidarités

Nos témoins des années 1970 se tiennent à l'écart des exclusions et anathèmes. Ils déplorent l'absence de cohésion entre détenus qu'ils jugent individualistes à l'excès. Simone Buffard l'explique ainsi : « La camaraderie à fleur de peau, le sentiment d'injustice subie ne créent aucune véritable solidarité. Il s'agit d'une collectivité réunie contre son gré et qui répond assez bien à la définition sartrienne de l'enfer [43]. »

Il faut pourtant nuancer, car les années 1970 sont traversées, on l'a vu, par des moments forts où s'expriment, dans la protestation et la révolte, des solidarités collectives plus ou moins durables (comme celles qui unissent des salariés d'entreprises). Mais les solidarités au sein de petits groupes, ou d'un individu à l'autre, sont plus fréquentes : « Le type craquait. [Il] était aussitôt embarqué [...] au mitard où pourrait lui être infligée [...] sans témoin, une sévère punition. Je me souviens en avoir presque pleuré tandis que je martelais, comme d'autres, la porte de ma cellule, de rage et par solidarité [44]. »

Seuls, à notre connaissance, ont été solidaires avec constance les occupants des QHS, les « politiques » et ceux que rassemblaient un objectif, une origine, une culture communes : pendant leur guerre d'indépendance, les prisonniers algériens ont formé, en Algérie comme en métropole, de telles communautés, soudées jusqu'à la mort (car les exécutions n'étaient pas rares) [45]. Encore dans les années 1970, « les Arabes, français ou pas, fondent une sorte de famille très solidaire. Si une insulte raciste est lancée à l'un d'entre eux, tous se sentent concernés et sortent leur lame en même temps [46] ».

Hiérarchies

Les pages qui suivent ne concernent pas le « tout-venant » des prisonniers, mais un petit nombre : les caïds. En même temps que la peur, ils inspirent à leurs codétenus une certaine admiration, parfois une attirance. Puissants, ils peuvent intervenir auprès de la hiérarchie pour réparer une injustice, rendre service à leurs nombreux protégés, résoudre mille problèmes en détention, séduire, tisser des liens avec les détenus ordinaires, les introduire peu à peu dans le « milieu ».

Au début des années 1970, racontent les journalistes Kunstlé et Vincent, les « garçons » tiennent le haut du pavé carcéral : « Ce sont les grands truands, les braqueurs, les chefs de bande. "Garçon" est [...] un terme honorable qui classe celui qui en est paré dans l'aristocratie des prisonniers. [...] Les garçons les plus considérables deviennent des caïds. [...] Spontanément, les autres détenus se mettent à [leur] disposition [47]. »

À l'atelier comme en cellule, le caïd, déjà aisé, fait travailler les autres à sa place et empoche leurs gains, contrôle les jeux et les trafics, prélève sa dîme, distribue des amendes, prononce, le cas échéant, des condamnations à mort parfois suivie d'exécutions. « Cinquante caïds font plier une prison », avance Ange Calisti, alors directeur de Clairvaux.

« Officiellement, l'AP lutte contre le caïdat, [...] en réalité [...] l'un des piliers du système. » « Pour le détenu de rang modeste, le caïdat représente une forme d'oppression parfois pire que celle de l'AP », notent Kunstlé et Vincent.

Au milieu de l'échelle sociale se tiennent les voyous : petits truands, petits casseurs, cambrioleurs, voleurs de voiture. Et au plus bas, « les caves, délinquants souvent primaires, criminels par accident, auteurs de crimes passionnels, d'infractions sexuelles et délits financiers. [...] Hommes peu aptes à se défendre [...] proies toute désignées des racketteurs, [ils] ne savent pas manier le couteau et [...] cristallisent un maximum de mépris [48] ».

Caïds, grands truands, voyous : le sujet est tabou pour la plupart de nos témoins des années 1970. Seul Roland Agret s'y attarde longuement... dix ans après sa sortie de prison, dans *Et si vous saviez !* (1987). À l'en croire, les clans prolifèrent en prison. Fort appréciés par l'administration locale (quoi qu'elle en dise), car ils sont « les premiers à dissuader les mutins, calmer les esprits révoltés », ces clans sont composés de « truands grosse cote », toujours à couteaux tirés, se disputant la suprématie et le contrôle des divers trafics.

« Ils sont les premiers à trafiquer avec les matuches, monnayant le pastis (à 500 francs la bouteille), une saillie (à un prix exorbitant [...] avec une infirmière en cheville avec un surveillant), une cavale [comme celle de Mesrine à la Santé]. Par groupe, chacun règle ses histoires [...] au baston ou à mains nues ou au couteau fabriqué artisanalement dans les ateliers. L'important est de rester le plus fort [49]. »

La société carcérale repose, selon Agret, sur « un ordre hiérarchique avec ses dominants et ses dominés. Les dominants ? Ceux qui ont du fric, des gros bras, de l'esbroufe. [...] Ils sont pires, bien pires que les geôliers. Ils organisent, en fonction du délit, de la race, de la force physique, une ségrégation absolument terrible. Lui ? Un pointeur. Il devra subir sarcasmes et violence. [...] Les pointeurs ont droit aux brimades les plus raffinées. Véritables souffre-douleurs, ils passent le plus clair de leur temps à se faire racketter, ou [...] à l'infirmerie, à se soigner d'un mauvais coup. Lui ? Un Arabe. Il subira le même sort [50]. »

Les dominés se regroupent, eux aussi : « Par réflexe de survie, les étrangers [...] constituent une micro-société avec ses mœurs, ses rites. » Macs et pédérastes forment chacun « une sorte de petite communauté qui se soutient [51] ».

Deux décennies plus tard, Léonore Le Caisne, ethnologue, conclut, après deux années (1992-1994) passées à écouter les détenus de Poissy [52], à une structure hiérarchique semblable aux précédentes, sauf que le « politique », admiré pour son désintéressement, en occupe le sommet. Le terme garçon est remplacé par celui de voyou, mot prestigieux qui désigne alors l'aristocratie de la centrale. Auteur de braquages, vols à main armée, homicides, règlements de comptes, enlèvements, le voyou recourt aux armes – signe de virilité – et ne recule pas devant le crime. Mais il dit épargner les petites gens : question d'honneur. Il prétend adhérer à un code moral qui lui interdirait les actes dits « déviants » : agressions sexuelles et surtout pédophiles. Encore que ses prétentions ne résistent pas toujours à l'examen de son dossier judiciaire.

Au milieu de l'échelle, figurent les délinquants : jeunes des cités, hors-la-loi de peu d'envergure qui cassent tout et « ne respectent rien ». On les dit sans foi, ni loi, ni honneur.

Tout en bas, à côté des « camés » et des « stups » (trafiquants de drogue) qui déstabilisent la société carcérale, se situent comme autrefois les pointeurs et autres « déviants », tout juste bons pour l'hôpital psychiatrique.

Mais l'ethnologue ne croit guère à la réalité de ces catégories. Elles existeraient bien plutôt dans les discours que tiennent les prisonniers pour se forger une identité honorable et se situer en haut de l'échelle. Quoique fluctuantes, ces catégories sont malgré tout étanches en ce sens que chacun fuit ces autres qu'il stigmatise, ne fréquentant que ses supposés semblables. « Chacun se plaît à croire que son type de délits ou de crimes est plus propre que celui des autres [53] », notait déjà Livrozet en 1974.

Dans la cour de Poissy, les voyous s'assoient pour deviser sur le même banc et personne d'autre ne songe à les rejoindre. « Les durs restent avec les durs, les escrocs avec les escrocs et les toxicos avec les toxicos », remarque Jim [54]. Pourtant, il s'agit moins ici de solidarité que de sociabilité au sein de groupes d'affinités.

La catégorisation sociale, qui s'observe chez chacun de nous, est exacerbée en prison. C'est qu'en affirmant ainsi leur singularité menacée, les prisonniers tentent d'échapper à l'anonymat, se ménageant « une distance et une différenciation salvatrice [55] », nous apprend Dominique Lhuilier.

Peut-être pour cette raison, les relations entre détenus restent très hiérarchisées, remarque José Bové qui fut un moment taulard : « Certains se comportent en cour de promenade comme des coqs dans une basse-cour. Les uns et les autres ne se fréquentent qu'en fonction de leur "statut". Il y a toute une ritualisation de la "place" qui se termine souvent en bagarre [56]. »

D'une décennie à l'autre, l'AP pratique elle aussi le cloisonnement. La « dangerosité » des uns incite les directeurs à les isoler des autres. Aux motifs qu'ensemble les détenus non européens s'étriperaient et qu'ils préfèrent demeurer entre eux, la Santé loge dans des blocs distincts ses Européens, ses Arabes, ses Noirs et ceux du « reste du monde ». Riom, centrale plus délabrée que la moyenne, abrite des Maghrébins ; ailleurs, on loge ensemble, pour les protéger des autres, les agresseurs sexuels, notamment les pédophiles, ou encore les agressés.

Ce qui a changé depuis une vingtaine d'années, c'est plutôt le caïdat. Les mythiques Guérini et Cie, issus du « milieu » traditionnel, ont progressivement cédé leur place dans les hiérarchies carcérales aux caïds issus des banlieues, obéissant à d'autres règles largement déterminées par le trafic de drogue, dans un contexte défini par le « territoire ». Leur comportement n'en est pas moins féroce, selon un éminent observateur.

Sexualités

Une autre hiérarchie est décrite par Daniel Welzer-Lang, Lilian Mathieu et Michaël Faure dans *Sexualités et violences en prison* (1996). Faute d'accord avec l'AP, l'équipe de sociologues a mené, pour commencer, son enquête hors des murs, au moyen d'entretiens avec d'anciens détenus et anciens personnels pénitentiaires.

Au bas de l'échelle, les chercheurs retrouvent le pointeur, celui qui a franchi les barrières de la sexualité « normale ». Ce qui est « très mal vu, remarque un éducateur. Dans l'échelle de valeurs de la délinquance, c'est vraiment le pire. Il vaut mieux aller braquer une banque [57] ». Un ex-détenu commente : « Pour moi, ces mecs-là [les pointeurs], il faudrait les foutre dans des fours et les laisser crever à petit feu [58] ! » Sont englobés dans cette catégorie des sous-hommes tous les autres « déviants » – homosexuels, exhibitionnistes, travestis, transsexuels – assimilés à des femmes… mais aussi traités de « pointeurs » ! Dès son arrivée, tout détenu de genre incertain est testé : « Derrière les fronts, ça calcule, ça soupèse, ça évalue la faiblesse ou la force. […] Le respect qu'on te porte en prison est […] proportionnel au degré de force dont tu disposes ou que tu imposes. […] Toujours tu dois faire croire que tu es capable de violence [59]. »

Tous les *sous-hommes* sont en danger : les activités collectives leur sont *de facto* interdites. Ils ont des locaux réservés, des créneaux horaires spéciaux pour la promenade, les douches, l'infirmerie : « Tous les mouvements [des autres prisonniers] sont bloqués […] pour leur éviter d'être agressés [60] », raconte un ancien surveillant. Le père d'un sous-homme écrit à l'OIP : « Depuis neuf mois qu'il est ici, [mon fils] a eu le loisir de prendre l'air et de voir le soleil quatre fois, toujours contraint sous l'effet de la menace et des coups de remonter en cellule [61]. »

Aux échelons supérieurs se regroupent les *grands hommes* qui « passent pour être les caïds des détenus ». Prisonniers de longue date, d'intelligence supérieure, connaissant toutes les ficelles, ils sont de connivence avec les personnels et se vantent de leur puissance sexuelle : « Des nanas, j'en avais ! »

« C'était un mec qui avait […] vachement d'influence sur tout le bâtiment, par rapport à son argent, automatiquement, dès que tu as de l'argent tu es le roi. En fait, tu as le droit de vie et de mort […] entre guillemets, sur les gens [62]. »

Il arrive que les grands hommes punissent, parfois collectivement, le pointeur en le violant à leur tour. Loin de se prendre pour des violeurs ou des homosexuels (n'est *pédé* que celui qui se laisse pénétrer), ils croient devoir venger ainsi l'honneur de la victime, femme ou enfant, en appliquant au *pointeur* la loi du talion. À les entendre, « on a vraiment l'impression que certains pensent mériter une médaille [63] », commentent les auteurs abasourdis.

Un *grand homme* peut prendre sous sa protection un arrivant, jeune, pauvre, fragile ou tant soit peu efféminé, partager une cellule avec lui et le combler de cadeaux cantinés. Mis en confiance, le protégé est bientôt affecté aux corvées (féminines) de cellule et devient l'esclave du protecteur. Parfois les choses en restent là. Parfois, elles dérapent (« si tu me tailles une pipe, je te donne deux paquets de *Marlboro* ») et peuvent aboutir à un viol : « Tirer son coup, [...] ça fait partie aussi de l'humiliation et de la domination [64] », analyse un ancien détenu. À moins que le *schbeb* (comme on appelle en prison celui qui joue le rôle de la femme) préfère se prostituer.

« J'ai vu un des trucs les plus odieux dans cette taule [se souvient un ancien détenu] : c'était un petit Arabe [...] dans une cellule de quatre ou six. [...] Il était vraiment malade, chétif et [...] ces gars-là l'utilisaient comme femme. [...] Il était debout sur le lit avec une balayette de chiotte enfoncée dans le cul et il devait en même temps chanter en dansant sur le lit [65]. »

C'est donc leur « féminité » qui vaut aux *sous-hommes* insultes, sévices et... désir. La domination des *grands hommes* serait impulsée, selon Welzer-Lang, par une homophobie doublée de misogynie. Ainsi Miguel, dont nous reparlerons, regardant le film érotique du vendredi : chaque fois qu'apparaît une femme, il la traite de pute, de salope, de conne, de truie [66].

Misogynie et homophobie affichées sont sans doute liées à une histoire personnelle, mais que la prison peut exacerber. En méprisant femmes et *sous-hommes*, un petit roi de la pègre échoué (« tombé ») en prison croit peut-être retrouver un peu de son ancien statut social et donc l'estime de soi.

Arrachée par l'équipe de Welzer-Lang aux ténèbres du non-dit, la sexualité joue dans cette dernière hiérarchie un rôle déterminant, mais seulement – précisent les auteurs – en tant qu'« outil au service du rapport de force et de stigmatisation [67] ».

Encore faut-il, dans ces sombres histoires, souligner l'écart entre discours et comportement. « Ces mecs qui jouent aux durs, qui osent crier bien haut que les pédés sont des enculés de première, [...] ces mecs-là, en douce, viennent te demander de leur faire une pipe. Ils sont prêts à payer », révèle Serge, détenu homosexuel déclaré [68].

En détention, la plupart des victimes ont trop peur, et trop honte, pour parler et se heurtent à l'indifférence des gardiens : « Les rapports sexuels entre détenus, ça les regarde. » « Pendant qu'ils s'enculent, ils ne scient pas leurs barreaux [69]. » Officiellement, les personnels pénitentiaires ont nié l'existence de tels faits aussi longtemps qu'ils l'ont pu ; même entre eux les détenus ne parlent pas de « ça », paraît-il. Depuis quelques années, toutefois, ces affaires sont mieux connues parce que certains brisent le silence. En voici un cas :

Prévenu à la MA de Fleury-Mérogis, Stéphane, dix-neuf ans, ose raconter, en pleurant, au surveillant Christophe Lambert, auteur de *Derrière les barreaux*, les sévices et viols perpétrés par Miguel, son gigantesque codétenu. Bouleversé, Lambert avertit sa hiérarchie qui « fait tout pour que [Stéphane] ne porte pas plainte [70] ». Avec l'aide de Lambert, Stéphane rédige néanmoins une lettre au procureur. Tout d'abord, son agresseur purgera quarante-cinq jours de mitard. Mais au lieu d'être isolé à son retour en détention ordinaire, il sera affecté à une cellule qu'il partagera avec... un petit jeune de vingt ans.

Fait rarissime, le surveillant Lambert se fait un devoir de témoigner aux assises, en faveur du détenu Stéphane encore terrorisé. Miguel s'en tire à bon compte : cinq ans, dont un avec sursis. « Tout le monde aurait été content si j'avais fermé ma gueule », remarque le surveillant qui sera « harcelé psychologiquement [71] » et mis au placard par sa hiérarchie. En contant son histoire, Lambert montre que l'AP a failli à sa mission de garde des prisonniers, *garder* signifiant maintenir enfermé, surveiller, mais aussi préserver, protéger.

Combien de détenus, caïds ou non, se livrent à des violences sexuelles, combien les approuvent, les réprouvent, combien en sont victimes ? On ne sait. Les viols en cellule ne semblent pas possibles dans les établissements pour peine où prévaut l'encellulement individuel strict. Par contre, « dans les maisons d'arrêt [...] la sexualité est forte [et] non volontaire dans 98 % des cas, [...] le viol est chose courante », écrit le détenu Serge, qui ajoute toutefois : « Ceux qui ont des rapports sexuels en prison, c'est la minorité. » Combien de détenus hétérosexuels se livrent avec ou sans violence à des rapports homosexuels ? Ils étaient près d'un détenu sur trois à Caen en 1966-1971, selon un détenu-enquêteur [I].

On n'en sait pas plus. De tels rapports, que l'autorité locale ne peut pas toujours ignorer, ne remontent pas tous à la DAP, qui ne divulgue pas tout ce qu'elle sait.

On comptait, en moyenne, dans les années 1970, 8,5 % de condamnés pour affaires de mœurs ; on en dénombre, pour 2000-2010, jusqu'à 25 %. Ce qui ne prouve rien, car les affaires de mœurs ne se réduisent pas au viol ; les agressions sexuelles (sans viol) sont plus lourdement sanctionnées aujourd'hui qu'hier ; condamnés, leurs auteurs ne recommencent pas souvent en prison.

Par contre, les plaignant(e)s se multiplient, nos lois se sont durcies entre-temps, le viol a été criminalisé (en 1975 et 1980) et sa définition, élargie [II]. Ce qui peut expliquer le gonflement des statistiques judiciaires. Mais rien ne prouve qu'en prison ces actes, rapportés au doublement de la population carcérale, soient plus nombreux que jadis.

« Branlette »

« Beaucoup de détenus s'en tiennent à la branlette, poursuit Serge. Quatre-vingts pour cent, facile... » Certains font des

---

I. Alain Monnereau suppose que 6 % de la population générale masculine sont d'authentiques homosexuels. Il en déduit qu'en prison 24 % des détenus hétérosexuels se livrent à des rapports entre hommes [72].

II. L'art. 222-223 du code pénal le définit ainsi : « *Toute pénétration sexuelle qu'elle soit vaginale, anale ou orale, ou pénétration par la main ou des objets, imposée* » par une contrainte physique ou psychologique.

trous dans leur matelas mousse où ils introduisent parfois de la viande [73]. La masturbation s'accomplit en cachette et souvent dans la honte : « Piteuses érections ! » s'écrie Joël [74]. Ainsi va la misère sexuelle, « la misère la plus terrible, celle qui pousse aux suicides, celle qui augmente le taux de dangerosité... [75] », énumère Roland Agret. L'abstinence, « couronnement de la punition corporelle », comme l'écrit un détenu, engendre un déséquilibre qui, de nos jours, « s'est amplifié, poursuit un autre détenu, avec l'apparition de la télévision et s'amplifie encore avec la projection de films pornos sur les canaux intérieurs des établissements [76] ». Ainsi l'AP se résigne maintenant à soulager les corps, tout en réduisant le plaisir à un exercice hygiénique.

La branlette est un moyen de rassurer ceux qui vivent leur détention dans la crainte de « ne plus être un homme ». Mais cette crainte, qui grandit avec le temps, laisse certains impuissants, comme le suggère Lesage de La Haye : « Je me suis durci, [...] replié dans une carapace inaccessible. [...] Lorsqu'on a été pétrifié dans la glace pendant plus de onze ans, on ne supporte pas l'eau chaude. Même pas tiède. [...] À la sortie, j'étais condamné pour des années à ne plus aimer. J'en étais incapable [77]. »

De ce terrible témoignage on pourrait déduire que l'impuissance guette tous les libérés. Ce serait inexact. Charlie Bauer et Roland Agret confient joyeusement qu'à leur sortie de prison leur virilité n'était nullement entamée.

Tendresse

Peut-on parler de *plaisir* en prison ? Le mot ne paraît pas venir à l'esprit des témoins. Le mot *tendresse* est également absent sauf dans leurs lettres à une femme aimée. À la remarquable exception de Jean Genêt, qui garde un souvenir ébloui de ses amours carcérales, le seul à employer ces mots est Serge qui, en onze années de prison, a encaissé tous les affronts parce qu'homosexuel. Mais il a connu aussi dix-huit mois de bonheur avec « un garçon qui est lui aussi gay [...] en unissant notre tendresse. De la tendresse en prison, c'est la plus grande richesse ». Il y a quelques couples dans sa centrale, un seul ne se cache pas, c'est celui de Serge, qui a obtenu une cellule à deux : « Deux en cellule, n'est-ce pas admettre ? Oui ! Mais officiellement, non. Pour la Pénitentiaire, il n'y a pas de relations sexuelles en prison. C'est clair ! [...] Notre couple est stable. Honte, humiliations, oui, cela fait mal, mais on tiendra, car la tendresse que nous avons [...] est belle. »

Parloirs

Autre conséquence, générale cette fois, de l'enfermement sur la sexualité : alors qu'aucun texte n'interdit les rapports sexuels en prison, aucun ne les autorise. Pour combler ce vide, l'AP a introduit une « 5e faute disciplinaire du 2e degré » [1] : « Le fait pour un détenu d'imposer à la vue d'autrui des actes obscènes ou susceptibles d'offenser la pudeur. » D'où, au parloir, cette scène ubuesque : le détenu qui étreint sa compagne est coupable d'être vu alors qu'il ne peut se soustraire au regard d'un surveillant.

De fait, rien n'est jamais tranché et la sexualité au parloir est sanctionnée ici, tolérée là, au gré des directeurs et surveillants. Des femmes se rendent au parloir en jupes longues et sans culottes. Un quart des hommes suivis par le Dr Gonin ont eu des rapports au parloir où des bébés ont même été conçus. Rapports pourtant aléatoires, furtifs, frustrants auxquels certains couples, par amour-propre, se refusent...

Le parloir « libre », conclut Roland Agret, « concilie l'hypocrisie et le sadisme du système carcéral. Cela revient à placer une entrecôte alléchante sous le nez d'un affamé qui n'a pas le droit d'y toucher : une forme de torture [78] ».

« Il serait plus simple, complète Lesage de La Haye, d'autoriser le visiteur habituel (femme, mari, concubine, concubin ou ami quelconque) à venir dans la cellule et non pas au parloir. Où est la liberté du parloir "libre" ? C'est une mascarade. La réinsertion doit être affective et sexuelle. [...] La réinsertion sociale deviendrait [alors] une réalité [79]. »

1. Tirée de l'article D249-2 du CPP.

Alors que des « parloirs sexuels » existent sous diverses formes dans d'autres pays depuis des lustres [1], l'AP a expérimenté, à partir de 2003 seulement, deux unités de vie familiale (UVF), réservées aux longues peines. Depuis 2009 y sont admis(es) des condamné(e)s bien noté(e)s n'ayant pas eu de permissions de sortir. Ils (elles) y reçoivent leurs proches dans l'enceinte de la prison, mais hors de la détention, dans un deux- ou trois-pièces sobrement mais correctement équipé, pendant six à soixante-douze heures. Il existe une soixantaine d'UVF en 2012.

Une fois de plus, prévenus et « courtes peines » sont – jusqu'à nouvel ordre – oubliés.

1. Dans certains pays d'Amérique du Sud comme au Danemark, toute la famille du détenu peut, sans y être enfermée, vivre en prison avec lui.

21. Et les femmes ?

> Votre taule, c'est un camp de concentration enveloppé dans du papier de soie.
>
> La détenue Mireille s'adressant à la directrice de la MAF de Fleury-Mérogis

Nos lectures des témoignages de prisonniers nous ont laissé une impression de relative cohérence, sans contradictions fondamentales même si des divergences apparaissent en raison de la personnalité des témoins et de leur situation particulière dans des établissements dissemblables. Nous avons cru déceler chez nos témoins pris dans leur ensemble une façon commune, ou des façons compatibles, d'agir et réagir en tant que prisonniers et en tant qu'hommes.

Cette impression rassurante pour le chercheur s'est évanouie lorsqu'il s'est agi d'aborder les témoignages de prisonnières. Comme si chacune avait vécu à sa manière son expérience carcérale. C'est qu'elles sont cloisonnées à tel point qu'aucune ne peut avoir une vision globale de ce qui se passe dans sa prison, ni à l'étage en dessous, ni dans une « division » voisine.

Pourtant rien, à première vue, ne distingue les femmes des hommes : logées à la même enseigne pénitentiaire, elles subissent le même carcan réglementaire, purgent, pour l'essentiel, les mêmes peines dans des conditions similaires, évoquent les mêmes avanies, frustrations, injustices…

Malgré tout, chez les femmes, des différences profondes apparaissent au fil des témoignages, différences qui nous conduisent à distinguer radicalement l'ensemble des prisonniers de l'ensemble des prisonnières. Celles-ci ne semblent pas agir et réagir comme leurs homologues masculins. Les personnels qui les entourent ne s'y trompent pas : surveillants d'un côté, surveillantes de l'autre, traitent manifestement détenus et détenues de manières distinctes, et sont perçu(e)s assez différemment.

Mais il nous faut aussi distinguer les prisonnières entre elles, que l'on peut très grossièrement partager entre soumises et insoumises. Dans leurs témoignages, cette différence est soulignée, bien plus souvent que chez les hommes où elle existe aussi.

« La définition pénitentiaire et judiciaire de ce que doit être une femme nous apparaissait comme une caricature de la définition sociale de la féminité. […] Les détenues doivent être des femmes dociles, soumises, passives, discrètes, assistées. […] conformes à la définition mâle et séculaire de la femme […] La plupart des détenues ont intériorisé ce profil et leur adaptation à la prison se fait dans la continuité de leur vie à l'extérieur [80]. »

C'est la thèse que défendent Catherine Erhel et Catherine Leguay, ardentes féministes emprisonnées pendant un temps, l'une à la MAF de Fleury-Mérogis, l'autre à celle de Loos, et qui font paraître leur ouvrage, *Prisonnières,* en 1977. Thèse contestée par d'autres témoignages, auxquels il nous faudra aussi rendre justice.

On peut s'étonner du portrait des prisonnières croqué par les féministes à une époque où celles-ci revendiquent haut et fort leurs droits et leur autonomie. Mais la plupart des prisonnières sont issues, non des classes moyennes ou supérieures, mais des couches les plus démunies, celles où « les rôles masculins-féminins traditionnels sont les moins susceptibles d'évolution [81] ». Bien avant leur incarcération, elles étaient prisonnières de leur logis, de leur famille, soutiennent les deux Catherine.

L'époque nous a laissé peu de témoignages de prisonnières : un texte anonyme, dactylographié, de quelques pages, rédigé par une jeune détenue en 1970. En 1982, Natacha Duché, visiteuse de prison pendant huit ans, et Ariane Gransac, ancienne détenue « politique », publient *Prisons de femmes* – les leurs sont la MAF de Fleury-Mérogis et la centrale de Rennes, principales prisons féminines de l'époque.

Vu la pénurie de textes féminins, ne résistons pas à la tentation de citer aussi *Sept ans de pénitence*, véritable autobiographie de prison qui s'achève en juin 1970. Nicole Gérard, son auteure, est une « bourgeoise », femme de médecin, meurtrière de celui-ci lors d'une tumultueuse procédure en divorce. Motif : le mari, volage, voulait obtenir la garde de leur unique enfant, séparer la mère du fils. Dans son livre, injustement oublié, Nicole Gérard décrit la MAF de la Petite Roquette (fermée en 1973) et la MC de Rennes (toujours en service aujourd'hui).

Et c'est tout, ou presque [1], pour une décennie qui a vu éclore une telle quantité de témoignages masculins. Mais les prisonnières ont toujours été ultra-minoritaires : en 1970-1980, elles sont moins d'un millier, soit à peine 3 % de la population carcérale (et 3,2 % en 2011). Si l'on suit le raisonnement des deux Catherine, on comprendra que les prisonnières écrivent peu : timides, promptes au dénigrement de soi, à la culpabilité, elles répugneraient à attirer l'attention. Même après la prison, elles resteraient, plus encore que les anciens détenus masculins, stigmatisées à jamais par leur passé.

D'autre part, nous avons rencontré et longuement questionné deux anciennes prisonnières – Claude, braqueuse, et Blanche, criminelle de sang – qui ont séjourné à la MAF de Montluc (Lyon) puis à la centrale de Rennes, entre autres, au début des années 1970. Après quarante années, leur mémoire est moins fraîche, mais elles s'inscrivent en faux contre nombre de conclusions que nous avions tirées de nos lectures féminines et féministes.

Par chance, toutes ces femmes sont de fines observatrices, témoignant pour elles-mêmes mais aussi pour une foule d'autres prisonnières fréquentées derrière les barreaux. Claude souligne « la grande misère affective et sexuelle » de ses codétenues, misère qui s'ajoutait à leur pauvreté. « Très frustes, elles réfléchissaient peu et manquaient de recul. Elles étaient soumises à leur famille et à leur mari, même lorsqu'elles

1. La revue féministe *Sorcières* a publié, pendant les années 1970, deux numéros (3 et 6) où s'expriment d'anciennes prisonnières.

finissaient parfois par le tuer ! Il est exact qu'elles étaient d'une grande docilité, que j'attribue plutôt à leur *self-control.* »

Notre témoin anonyme, quant à elle, présente ses consœurs prisonnières comme « résignées », voire « hébétées ». Elle semble trouver normal que « la sœur nous attache les mains deux par deux pour la promenade », ce qui ne s'est sûrement jamais produit dans une cour de prisonniers [1].

Description compatible avec celle des deux Catherine pour qui les prisonnières seraient en majorité de « petites détenues modèles [qui] ne posent pas de problèmes [...] car leur détention [...] qu'elles acceptent comme la conséquence logique du délit [...] ne leur en pose pas [82] ».

« Mais comment en serait-il autrement [objecte Blanche, récemment interviewée] puisque nous étions bourrées de tranquillisants, d'anxiolytiques (mais jamais d'antidépresseurs) à longueur de journée ? De psychotropes que nous ne pouvions même pas refuser quand ils étaient prescrits par un médecin ! On ne se souciait pas de nous soigner, mais seulement de nous contenir. Le médicament n'était qu'un moyen de coercition nécessaire au bon fonctionnement de la vie carcérale. »

Crimes et délits au féminin

À en croire plusieurs observatrices de l'époque comme de nos jours, les prisonnières ne cessent de battre leur coulpe : « Entre la Direction omnipotente et les détenues écrasées, [...] les matonnes [...] prenaient leur revanche sur le dos de celles qui leur étaient livrées [...] en les rappelant constamment à leur condition punitive, en les culpabilisant sans relâche. [...] Plus une femme se laisse faire, plus l'Administration en profite [83]. »

« Dans cette prison silencieuse [il s'agit de la MC de Rennes] où l'on ne se révolte pas, [...] où la honte mate les éventuelles récalcitrantes, [...] la nature du délit est le premier frein à toute révolte : elles en rougissent [84]. »

1. D'ailleurs les congrégations de religieuses n'existent pas dans les prisons pour hommes.

Ce seraient donc leurs délits, et plus encore leurs crimes, qui inspireraient honte et remords aux prisonnières. Sur un total de deux cent quarante-quatre condamnations en 1974, leur délit le plus fréquent est, comme chez les hommes, le vol (quatre-vingt-treize condamnations). Ensuite viennent l'escroquerie et l'abus de confiance (vingt-et-une condamnations). Mais chez les femmes la part des crimes (quarante-huit condamnations) est plus importante que chez les hommes. En 1975, cent trente femmes sur un total de sept cent quatre prisonnières sont condamnées pour crimes. De 1969 à 1989, les femmes étaient proportionnellement deux fois plus nombreuses à l'être pour atteinte aux personnes : crimes passionnels et de sang, coups et blessures à enfants et à adultes, le plus souvent membres de leur famille. En 1975, selon *Libération* dont les chiffres sont sujets à caution [85], 70 % des condamnées de Rennes se trouveraient là pour infanticide et mauvais traitements à enfants [1]. Qu'une criminelle se juge coupable ne saurait surprendre.

Les hommes commettent plus rarement des crimes intrafamiliaux. Sans doute sont-ils nombreux à se sentir coupables de leurs infractions, mais nos principaux témoins ne traitent guère ce sujet… et ne sont pas des criminels. Nous avons vu que dans le discours des prisonniers, « c'est toujours la faute des autres ». Du reste, la société patriarcale, qui a infligé aux femmes un véritable carcan d'obligations et d'interdits, a toujours été moins exigeante envers les hommes, dont la violence est attendue et dont les braquages jouissent d'un certain prestige.

En revanche, la criminelle, voire la délinquante, serait doublement coupable aux yeux de cette société : auteure d'une infraction, elle est de surcroît « sortie de son rôle traditionnel de femme passive, épouse et mère, et doit être écartée comme une exception pathologique car son comportement est trop contraire aux attentes des rôles la concernant », notait finement le criminologue Cesare Lombroso (1836-1909) [86]. Les temps ont changé depuis mais, selon les féministes, la

1. Unique centrale, à l'époque, pour les femmes, Rennes abritait les criminelles, dont des infanticides.

société, l'AP, les femmes elles-mêmes restent imprégnées des stéréotypes féminins traditionnels. Dès lors, « on ne frappe pas une [prisonnière] pour la soumettre, on la culpabilise [87] ».

Ces crimes féminins, intra-familiaux pour l'essentiel, les deux Catherine les expliquent du fait que leurs auteures passent au foyer, auprès d'enfants, le plus clair de leur temps. Un père, un compagnon les maltraitent, elles et/ou les enfants. Elles finissent par s'insurger. D'autre part, ces femmes vouées au foyer n'ont guère d'opportunités pour commettre dehors d'autres infractions. La plupart des futures prisonnières échappent très tôt à l'école, n'ont guère connu le travail salarié [1], et arriveraient en prison plus désocialisées encore que les hommes. Peut-être appartiennent-elles à ce « quart monde » dont on a eu un récent aperçu aux procès d'Outreau, un monde dont les habitants semblent imperméables aux valeurs que nous croyions universelles ou du moins communes à nos sociétés « civilisées » ?

Les commentatrices – quasiment les seules à s'intéresser aux prisonnières – sont assez indulgentes envers les criminelles de sang. Les infanticides seraient le fait de filles-mères isolées, désemparées qui tuent leur nouveau-né : il s'agit alors d'avortements différés. Ou encore de mères épuisées car déjà surchargées d'enfants. « L'assassinat d'un enfant plus âgé [appelé libéricide] répond à d'autres motifs. L'alcool, la violence, la volonté de nier une vie antérieure, la jalousie d'un compagnon [89]. » Ces derniers crimes surviennent « presque toujours dans les familles nombreuses, vivant dans des conditions morales et matérielles sordides [90] ». Dans ce cas, la mère ne tue généralement qu'un seul enfant, et entretient avec les autres des relations normales.

S'agissant d'atteintes aux biens, les femmes sont parfois comparses, par amour ou intérêt, dans un braquage, mais ne commettent généralement pas de leur propre chef des crimes aussi prestigieux. À la veille des années 1970 « on ne ren-

1. Dans les années 1970, 15 % des entrantes en prison seraient illettrées contre 10 % des entrants. En 1982, 40 % des « longues peines » féminines ayant obtenu une libération conditionnelle sont des « femmes au foyer » ; 70 % n'ont aucune profession acquise [88].

contrait presque jamais de personnalités, d'escrocs d'envergure, de "truandes" de haut vol, remarque Nicole Gérard, mais au contraire des voleuses à l'étalage [et] des escrocs qui ne peuvent se vanter que d'escroqueries sans gloire [91] ».

Tout cela n'explique pas pourquoi criminelles et délinquantes sont si peu nombreuses. Les femmes ont-elles l'habitude de prendre des coups plutôt qu'en donner ? Par « essence » créatrices de lien social, « [elles] ne sont pas faites pour l'infraction, sauf rares exceptions [92] » ? Perçues comme « les gardiennes et garantes de l'ordre social, familial, moral et bien entendu légal [93] », adhéreraient-elles, fût-ce inconsciemment, à cette représentation ? Plus prosaïques, les statisticiens soulignent que les femmes, habiles à dissimuler leurs forfaits, sont bien moins nombreuses que les hommes à être contrôlées, puis mises en cause par la police ou la gendarmerie, puis accusées et condamnées par la justice, et quand elles le sont, moins sévèrement punies, du moins s'agissant d'un délit.

Dans ce dernier cas, les juges sont assez tolérants. S'érigeant en protecteurs de la famille, ils hésitent à briser celle-ci en envoyant une mère à l'ombre pour de longues années. (En province, ils seraient pourtant aussi sévères que pour les hommes : un an ferme pour des vols de pommes de terre, quatre ans fermes pour un simple vol de voiture, rapporte la détenue de Loos dans *Prisonnières*.) S'agissant des meurtrières, les magistrats sont partagés : Blanche la parricide a agi dans des circonstances à ce point excusables qu'elle a écopé d'une peine assez légère. À l'inverse, séjourne à Rennes une infanticide âgée de seize ans, condamnée à perpétuité. Les peines infligées aux criminelles sont, en moyenne, plus longues que celles des hommes, celles infligées aux délinquantes, plus courtes.

Soumises ou insoumises ?

Les prisonnières, dans leur majorité, répugnent à la revendication collective, plus encore à la destruction, à la mutinerie. En été 1974, les prisons et quartiers réservés aux femmes sont parmi les moins agités. Tout juste si la presse relève, ici et là, de sporadiques grèves de la faim, du tintamarre dans les cellules ou des réclamations que nos deux féministes jugent « dérisoires » [I]. Mais ce tableau est incomplet.

Le 28 juillet 1974, les prévenues de Fleury se déclarent solidaires des insurgés d'autres prisons. Après la promenade, une division entière de femmes s'installe dans la cour pour un *sit-in* tandis que des mineures montent sur un toit. Les CRS envahissent la prison, ordonnant aux femmes de rentrer, de gré ou de force. Elles obtempèrent, « poussées énergiquement par les boucliers des CRS » qui traînent les récalcitrantes jusqu'à leurs cellules par les pieds et par les cheveux. Restée sur le toit, une mineure de seize ans multiplie grimaces et insultes aux CRS.

Le 1er août débute la courte grève des surveillants. À en croire les deux Catherine, les prisonnières auraient eu très peur d'être « abandonnées » par le personnel. Or, les choses ne se sont pas passées ainsi à Fleury. Les détenues bouclées dans leurs cellules échangent par les fenêtres livres et nourriture. « Nous discutions beaucoup, nous étions plus unies » : exactement comme les hommes à côté. Pour finir, ces femmes revendiquent, dans une lettre à la directrice, la libre circulation entre les divisions [II] et l'ouverture diurne des portes des cellules – choses qui leur seront refusées, à la différence des pommes chips qu'elles réclament pour la cantine [94].

D'autres prisonnières sont atteintes par le virus militant : en 1970, huit détenues « liées aux mouvements maoïstes » font plus de peur que de mal à la direction de la Petite Roquette. Catherine Leguay, membre du CAP et deux fois incarcérée, crée en avril 1974 un Front d'action révolutionnaire des femmes de Fleury. En 1978, les détenues de cette MAF font toutes une grève de la faim de trois jours pour soutenir les prisonniers des QHS (où aucune femme n'est jamais allée). Knobelspiess « en rougi[t] de honte. [...] Qu'avons-nous fait [en 1974] pour protester contre les conditions de détention des femmes ? Rien, absolument rien [95] ». C'est qu'on ne sait rien d'elles. Les prisonnières sont isolées aussi

I. Elles ne réclameraient que le maquillage déjà accordé par décret (Pleven, 1972) mais non obtenu.

II. Sur le système des divisions, lire *infra*, p. 322.

de la société civile, le GIP recueille rarement leurs témoignages et personne ne leur prête attention, les journalistes moins que les autres, qui leur accordent au mieux une « brève » à l'été 1974 [1].

Dans l'ensemble, les femmes, quand toutefois elles revendiquent, s'y prennent « bien gentiment », comme à Rennes, en « faisant des courbettes » à la directrice qui accorde généralement la permission de « faire un gâteau pour un anniversaire ». Par solidarité avec les émeutiers de l'été 1974, celles de Rennes refusent de travailler et stationnent longtemps dans la cour. « Pour éviter que le mouvement s'étende, la directrice nous a fait écrire nos demandes – surtout d'ordre matériel, rien sur le fond – et beaucoup d'améliorations sont venues après », se souvient Claude. Suite à la visite de Mme Dorlhac, elles obtiennent le droit de porter des vêtements personnels, du maquillage, de meilleures rémunérations, beaucoup plus de journaux (« et même *Libé* ! ») et le droit aux minicassettes à piles, « trop chères pour nous », regrette Claude.

Crises et crêpages de chignons

D'autres témoignages émanant d'ex-prisonnières ne cadrent pas avec la représentation féministe de « détenues modèles » : « Il ne faut jamais se placer entre deux femmes qui se battent, conseille Nicole, qui n'est pas spécialement féministe. Il faut les laisser s'éborgner, s'entretuer. [Elles] ne manquent aucune occasion de se crêper le chignon [96]. »

« Tout cela est faux, proteste Blanche. Sans solidarité, sans amitiés, sans tendresse intense et active, nous n'aurions pas survécu. »

Le nombre d'usager et d'usagères de drogue augmente régulièrement au cours des années 1970. En manque, elles s'avèrent ingérables, prennent à partie le médecin : « Vous êtes un salaud de me refuser un médicament ! » ou au contraire,

1. *Le Monde* leur consacre une pleine page par décennie, *Libération*, si attentif au mouvement des prisonniers, de rares articles. À notre connaissance, seul Serge Livrozet donne largement la parole à Catherine Leguay : elle est l'auteure d'un chapitre d'*Aujourd'hui la prison*.

« Vous êtes un vrai salaud de me prescrire [cette] camisole chimique [97] ». « Quand elles ont des “crises”, il existe [à la MAF de Fleury] un mitard spécialement conçu pour elles, entièrement capitonné de liège, où elles peuvent hurler sans être entendues et se cogner la tête contre les murs sans se blesser [98]. » Mais les crises de nerfs ne concernent pas que les toxicomanes. Elles seraient répandues, notamment à Rennes où elles s'accompagneraient souvent de convulsions : les détenues se roulent alors par terre, bavant, les yeux exhorbités, « parce qu'elles n'en peuvent plus de prendre sur soi ».

Blanche trouve ces histoires caricaturales : « Les femmes se battent beaucoup moins que les hommes. À Rennes, j'ai assisté à des débordements verbaux, oui, mais pas physiques. Des manifestations de désespoirs, aussi, car nous allions toutes très mal, mais rarement au point de faire des crises. Moi, je trouvais ces femmes d'une endurance, d'un stoïcisme stupéfiants : tenir en prison 18 ans, à perpétuité, comme cette paysanne qui avait jeté ses bébés aux cochons, je n'y serais jamais arrivée. »

À en croire Claude, les bagarres n'étaient pas si fréquentes : « Et quand il y en avait, les autres femmes essayaient de s'interposer. L'idée, c'était de faire la police nous-mêmes. » D'autres détenues se signalent pourtant par leur violence envers autrui, physique ou verbale : « Les femmes, c'est des teignes en prison », assure Mireille à Fleury-Mérogis. Affectée à la lingerie avec une codétenue détestée, Mireille poursuit : « Je l'ai prise et j'ai voulu la mettre dans la machine à sécher le linge. » À la directrice, elle lance : « Votre taule, c'est un camp de concentration enveloppé dans du papier de soie. [...] Vous êtes un con, vous serez toujours un con. » [99] Nicole Gérard rapporte enfin ce flot d'injures qu'adresse une détenue de la Petite Roquette à une religieuse : « Salope ! Sale corbeau ! Va te faire enculer ! » Toutefois, précise Nicole, une telle grossièreté est exceptionnelle, comme l'est aussi la sœur, qui reste imperturbable : « Ma fille, si j'y allais aussi souvent qu'on m'y envoie, je ne ferais que ça [100]. »

Insultes, menaces, violences parfois, poursuivent, selon certains témoins, les tueuses d'enfants. Dans l'inconscient collectif, un mythe vieux de deux mille ans, celui de la mère immaculée tenant tendrement dans ses bras un enfant rédempteur, serait-il toujours aussi prégnant ? Les auteures d'infanticide seraient-elles des « monstres » qui ont rompu le lien social le plus sacré, celui qu'elles-mêmes ont noué avec une innocente créature ? En détention, les infanticides chez les femmes, comme les « déviants » sexuels chez les hommes, feraient figure de repoussoirs, suscitant la même horreur chez les détenu(e)s et le personnel. Des prisonnières caillassent les carreaux des infanticides quand elles ne les battent pas. Exceptionnellement, deux sœurs infanticides sont lapidées à Rennes.

À nouveau, et à l'unisson, Claude et Blanche s'insurgent : « Nous n'étions pas odieuses avec elles. Elles ne parlaient pas, elles étaient profondément tristes et inspiraient de la compassion à beaucoup d'entre nous. »

Quant aux auto-agressions, nos témoins font état, dès avant 1970 mais surtout après, de plusieurs suicides et de très nombreuses tentatives [1]. « L'affaire était ennuyeuse, commente Nicole Gérard à propos d'une tentative. Mais comme d'habitude, on aurait tôt fait de l'étouffer [102]. » « À une exception près, je n'ai jamais entendu parler de ces auto-agressions », réfute Blanche. Claude se souvient d'une femme qui s'est pendue avec un soutien-gorge, à Fleury. Quant aux automutilations, « je n'en ai jamais vu autant ! » s'exclame une directrice de Fleury. Claude, qui a connu cette MAF, tempère : « Beaucoup de femmes, et surtout des mineures, se coupaient avec des morceaux de verre ou de miroirs, se brûlaient avec des cigarettes. Mais pas très gravement. » Cependant les avis divergent, là aussi.

Sur les auto- et hétéro-agressions féminines, on manque de données pour les années 1970. Au mieux, l'AP ne fournit de chiffres, au demeurant discutables, que pour l'ensemble de la population pénale. Les suicides féminins sont noyés dans la masse des suicides carcéraux. Du reste, vu le nombre infime de prisonnières, des statistiques sur leurs suicides, peut-être maquillées, ne seraient guère significatives.

1. Selon Jean Favard, les prisonnières se suicidaient, à l'époque, trois ou quatre fois moins, proportionnellement, que les prisonniers, mais tentaient de le faire trois fois plus souvent. En matière de suicides, elles se seraient largement rattrapées par la suite [101].

« Pas de problèmes » ?

Si ces dames étaient les « petites détenues modèles » que suggèrent les deux Catherine, pourquoi nos auteures raconteraient-elles tant d'histoires d'insoumises, introduisant par là même un biais dans leur présentation des prisonnières ? Sans doute parce que ces auteures, elles-mêmes dissidentes, éprouvent de la sympathie pour leurs semblables sous les verrous ; et que les insoumises et leurs frasques sont franchement plus intéressantes que les soumises. Ces dernières représentent au sens strict la majorité silencieuse qui se bornerait à tricoter d'interminables pulls.

Or, l'objectif premier du personnel est justement de transformer les filles les plus revêches en filles soumises, du moins en apparence. Chez elles comme chez les hommes, un bon moyen est le chantage : « On vit sur et sous le chantage ! [s'écrie Maria]. On nous dit : "Si vous êtes sages, vous aurez des grâces." Bon, vous attendez, vous vous dites : "Je vais être sage pendant ces trois mois pour avoir des grâces." Le moment arrive, et rien ! Alors on vous dit : "Attendez encore, et la prochaine fois vous l'aurez ! Ça va marcher, mais il faut encore rester bien sage [103]." »

On emploie la même méthode pour faire patienter les détenues en attente de libérations conditionnelles, souvent « retournées, ajournées, refusées [104] » ou de permissions de sortir, assez rares… Puisque « la prison est l'école du mensonge », comme le soutient une autre détenue [105], comment distinguer la soumission volontaire de celle, contrainte, des insoumises ?

Si elles sont rarement portées à l'action collective, de nombreuses femmes sont révoltées à titre individuel par le régime carcéral qu'officiellement elles subissent au même titre que les hommes [1] et qu'elles vivent au moins aussi mal, comme la fouille à nu qu'elles perçoivent comme un viol, alors même qu'une gardienne s'en charge, avec délicatesse parfois. Leurs protestations, véhémentes, interdisent de consi-

1. Le CPP ne fait aucune différence entre détenu(e)s des deux sexes. Seules les futures mères et les mères élevant un bébé en prison y font l'objet d'articles spécifiques.

dérer, avec les deux Catherine, que leur détention « ne leur pose pas de problèmes ».

D'ailleurs « elles râlent du matin jusqu'au soir. Mais dès que quelqu'un arrive, elles se taisent [106] ». Des problèmes elles en ont, à commencer par le personnel, pléthorique – un membre du personnel pour deux détenues, dans certains établissements – à l'affût du plus infime écart de conduite. Pour les prisonnières, le contrôle social semble infiniment plus pesant et infantilisant que pour les prisonniers.

Pour la rebelle Catherine Leguay, à Fleury « rien, même pas le fait d'aller pisser, [...] de changer de slip, d'avaler un cachet d'aspirine n'échappe aux "sbires blanches" [surveillantes]. Rien n'est laissé au hasard. Tout est minuté, contrôlé, vérifié, fouillé et supervisé [107] ». Dans cette MAF, « le règlement est appliqué à la lettre, à la virgule et aux points de suspension près [108] ». Même les regards sont interdits : « Les fenêtres de vos chambrettes [cellules] devront être fermées pendant les heures de promenade afin que vous ne puissiez voir vos compagnes qui seront sur cour. » À Rennes, « suspectées sans relâche, nous [étions] mises à l'index pour un rien : des regards échangés... [109] ».

Quant à la discipline dans les rangs, c'est : « Marchez deux par deux. Arrêtez. Continuer. Taisez-vous ! » C'est que la désuète règle du silence, abrogée en 1972, s'impose encore pendant toutes les années 1970 et bien au-delà dans de nombreux quartiers de femmes. Dans d'autres, on a le droit de chuchoter. À la MAF de Loos, « les surveillantes tapent sur les portes en criant "redressez-vous !" quand on est un peu avachie sur son lit [110] ». À la Petite Roquette, les religieuses passent toutes les deux heures, sans frapper, dans les cellules qu'elles éclairent brutalement, la nuit, réveillant les dormeuses, exigeant au besoin que celles-ci remontent leur couverture sur leurs épaules.

Pour avoir tenté d'emporter dans sa poche une tranche de gâteau afin de la manger plus tard, une détenue est privée de dessert : « On imagine mal un Mesrine privé de dessert ! » ronchonne Natacha Duché, la visiteuse [111].

Coupables ou pas coupables ?

Quant au sentiment de culpabilité, sans doute s'est-il « accumulé là depuis des générations », comme l'affirmait la grande Albertine Sarrazin dans *La Cavale* (1967). Les personnels des prisons de femmes abondent dans le même sens, encore aujourd'hui. Des journalistes aussi. Se peut-il que les prisonnières, qui sont de remarquables comédiennes, simulent le repentir qu'attend le personnel, à seule fin d'avoir la paix ?

Mais si l'on en croit Nicole Gérard, qui publie son livre cinq ans après *La Cavale*, la culpabilité a quasiment disparu chez les détenues. En témoigne la galerie de portraits esquissée par l'auteure qui compare une infanticide à « une Médée dépourvue de regrets ». « Aucune des femmes qui avaient martyrisé des enfants ne semblait avoir de remords », ajoute-t-elle. « Accusée d'avoir découpé son amant algérien en morceaux, Jeanine tentait d'apitoyer [...] sur ce qu'elle appelait une erreur judiciaire. » « Si je recommence, je le ferais toute seule ! » s'écrie une prisonnière qui a tué son mari avec l'aide d'un amant maladroit. Une autre raconte « comme s'il se fût agi de la chose la plus banale du monde [qu'] "avec [s]on ami, on a fait rôtir sa mère dans la cheminée" » pour hériter plus vite. Une infanticide se demande : « Pourquoi mon frère ne m'écrit pas ? Ce que j'ai fait, c'est une chose qui peut arriver à tout le monde. » Fernande, qui a liquidé son époux, considère son acte comme « une bêtise de rien » [112].

En revanche, quelques années plus tard, et à l'instar des prisonniers, « toutes [les prisonnières] se retournent contre la société », assure la détenue Maria. À la question de la visiteuse Duché : « La majorité [des prisonnières] pense-t-elle qu'elle mérite d'être enfermée ? », Mireille répond : « Au contraire, tout le monde a le sentiment d'être victime d'une injustice [113]. »

Une exception : Joséphine, détenue à Rennes, qui a tué sa fillette lors d'une crise d'épilepsie. « Il eût été plus juste de la soigner, estime Nicole Gérard. Mais on l'avait condamnée à 20 ans de réclusion criminelle. On se contentait de la bourrer de calmants. [...] Son acte la rongeait. [...] Elle avait vu son mari au parloir. Il l'avait agonie de reproches. Des surveillantes qui avaient assisté à la scène [1], au lieu de la réconforter, l'avaient enfoncée plus encore : "Il a raison, cet homme. Tout ça c'est de votre faute… Après ce que vous avez fait !" […] Parvenue sur le palier du troisième étage, Joséphine a enjambé la rambarde. […] Ses jambes se sont brisées. […] Elle resterait infirme à vie [114]. »

Mais qu'importe, puisque le surveillant-chef de la MA de Bonneville (Haute-Savoie) où séjournent quelques détenues, estime qu'« en prison, les femmes doivent souffrir plus que les hommes [115] ».

Quand la bonne sœur pullule

« Je n'ai jamais compris, avoue Nicole Gérard pourquoi, dans les établissements laïcs, la bonne sœur pullule [116]. » Introduites en 1839 en remplacement des gardiens masculins qui créaient avec les prisonnières les problèmes qu'on imagine, les religieuses de la congrégation des sœurs de Marie-Joseph se répandent dans vingt-huit quartiers féminins, jusqu'en 1879. Elles en sont chassées par les lois anticléricales des années 1880, puis réintégrées par l'AP. En 1969, son directeur Henri Le Corno signe avec les sœurs de Marie-Joseph une convention fixant leurs tâches à la MC de Rennes, aux MAF de Fleury (où vingt religieuses sont prévues) et de Fresnes, ainsi qu'à la Petite Roquette où Nicole Gérard peut, sans assister à la messe, capter les *pater noster* des sœurs et leurs prières à tous les saints, ainsi qu'au général de Gaulle.

Selon les époques, les religieuses remplacent les surveillantes laïques, ou cohabitent (parfois mal) avec elles. À l'époque qui nous intéresse, elles occupent, avec la bénédiction de l'AP, des postes à responsabilité – psychologue, chef d'atelier, enseignante, éducatrice, infirmière –, l'AP n'exigeant pas de diplômes en échange. « Elles se dévouent à passer leur vie

1. Au moins jusqu'en 1975, les arrivantes à Rennes étaient maintenues isolées pendant les trois premiers mois. Lorsqu'elles recevaient une visite, une surveillante postée juste derrière la porte du parloir, pouvait intervenir dans la conversation qu'elle rapportait, le cas échéant, à la direction. Par la suite, les surveillantes arpentent les couloirs, mais ne se privent pas de donner aux détenues des leçons de morale très appuyées.

dans ces lieux de pénitence, à y surveiller leurs chères prisonnières, afin de leur donner une éducation morale et religieuse, une formation professionnelle et de les aider à acquérir les vertus chrétiennes et de saines habitudes d'ordre, d'obéissance, de tempérance et de travail [117]. »

Il arrive que les religieuses se livrent aussi au chantage : à Nicole Gérard, convertie au protestantisme, la sœur psychologue susurre : « Si vous allez à la messe, si vous communiez, je m'arrangerai pour vous faire monter d'une division [118] » À Fleury, les cornettes, comme les appellent les deux Catherine, vont jusqu'à menacer les enfants des prisonnières, épouvanter celles qui voudraient avorter [I], pourchasser les présumées lesbiennes. Pendant plus d'un siècle et demi, des sœurs ont mené tambour battant la culpabilisation des prisonnières perçues comme des pécheresses et/ou de mauvaises mères.

On ne peut que constater, en effet, la convergence de vues et de valeurs entre les deux institutions, laïque et religieuse. Ce qui est logique si l'on considère que les prisonnières, doublement coupables vis-à-vis de l'ordre légal et de l'ordre moral, sont ainsi doublement punies. Certaines prisons de femmes sont de véritables couvents et « le plus impitoyable de tous » est la centrale de Rennes, « une machine à humilier et à punir », selon Nicole Gérard [119].

Toutefois ce témoin se réfère à la fin des années 1960, avant que Blanche, puis Claude n'arrivent à leur tour à Rennes au début des années 1970 ; il se peut qu'entre-temps les sœurs s'y soient faites plus rares. Blanche n'y a croisé qu'une seule religieuse, « sans une once de charité chrétienne », qui tenait l'infirmerie [II].

Mais ne crions pas haro sur les bonnes sœurs : quelques-unes se distinguent par leur compassion et leur tolérance. Ainsi, dans la cour de la Petite Roquette où deux amies se

I. Suite à la loi Veil (1975) autorisant les interruptions de grossesse.

II. Vers 2000, les religieuses ne sont plus que quatorze chez les prisonnières. En 2009, il s'en trouve encore deux à Rennes, où « les sœurs de la congrégation de la Miséricorde et de la Charité prennent en charge les condamnées en grande difficulté », note, sans se formaliser, la délégation aux droits des femmes dans son *Rapport d'information sur les détenues* au Sénat [120].

pelotaient, les religieuses « n'intervenaient jamais et ne levaient pas les yeux de leurs livres de prières. "Que voulez-vous ? [murmurait l'une d'elles] Elles font leur petit bonheur elles-mêmes ! C'est-y pas mieux comme ça ?" [121] »

Notre témoin anonyme, jeune arrivante victime du choc carcéral, se souvient qu'en 1970 « la sœur de nuit était douce, parfois elle me donnait un calmant pour dormir (ce qui est interdit). [...] Je me suis laissée aller contre elle. Quelques secondes elle me caressa les cheveux. [...] Dans mon chagrin je venais de l'appeler Maman ».

Pensions de famille

« Nos prisons pour femmes sont des pensions de famille », estimait Robert Schmelck, directeur de l'AP en 1961-1964. Des relations quasi familiales peuvent en effet se nouer, surtout dans les petites unités abritant de trois à vingt détenues. Un directeur de prison ajoute qu'« avec les femmes, les relations sont toujours personnelles ». Pour le meilleur et pour le pire, car « les rapports entre personnel et détenues doivent être identiques à ceux entre parents et enfants », décrète une directrice de la MAF de Fleury [122]. Aux dires des deux Catherine, les détenues sont dépendantes de ces geôlières qui les cajolent ou les terrorisent.

À Fleury, « la violence s'exerçait de manière absolument pas directe mais aussi sinon plus féroce, se souvient Eugénie. Je n'ai subi que des violences morales, d'une portée beaucoup plus conséquente [123] ». « Les sévices physiques sont quasiment inconnus à Fleury-femmes comme à Rennes », notent les deux Catherine [124]. Lorsque, rarement, une correction est jugée nécessaire – s'agissant par exemple d'une usagère de drogue en manque – les matonnes envoient chercher les surveillants voisins [1] qui savent calmer la folle furieuse à coups de poings et de gaz lacrymogène.

On recourt alors au mitard, pour « deux à dix-huit jours » en MAF, quatre-vingt-dix jours à Rennes, selon les deux

1. Ils ne sont jamais loin puisque le quartier-femmes est cerné de quartiers-hommes.

Catherine. Mais le mitard est rarement occupé. Les geôlières préfèrent provoquer les « chères prisonnières », les pousser à bout, à la faute. Celle qui la commet alors est envoyée à l'isolement, « qui peut s'éterniser des mois ».

Jusqu'aux années 1990 des détenues se plaignent de surveillantes qui les regardent, les caressent même, avec concupiscence (ce qui n'est jamais rapporté par nos témoins masculins). Toutes les relations entre gardiennes et gardées paraissent assez malsaines : « Dans toutes les maisons d'arrêt que j'ai connues, à l'exception de Fleury, nous vivions dans une promiscuité terrible avec les gardiennes, relève Claude. Elles s'ennuyaient à nous garder et voulaient discuter avec nous. Certaines femmes copinaient avec elles. Elles se racontaient leurs vies. Les détenues racontaient ensuite à leurs copines la vie des gardiennes, pour s'en moquer. À Fleury, c'était différent : on ne voyait même pas les matonnes, tout se passait par haut-parleur, tout était automatisé. »

Aux antipodes des prisons d'hommes, où les surveillants doivent toujours craindre un coup de fourchette dans le dos, « l'obsession [des prisonnières] était d'être bien vues [des surveillantes] et si possible mieux que la voisine [125] ». Ce témoignage de Nicole Gérard est contredit par Blanche et Claude qui, elles, ne frayaient pas avec les surveillantes car celles-ci « ont choisi le métier de la répression ». Du reste, à Rennes il était interdit de se lier avec elles.

Les ex-détenues de Rennes évoquent, en revanche, et avec émotion parfois, l'éducatrice à laquelle beaucoup se confient. Au pire l'éducatrice, laïque ou religieuse, rapporte les confidences à la directrice, et culpabilise les détenues ; au mieux, elle les soutient, cherche à résoudre leurs problèmes et sert d'intermédiaire bienveillante entre la détenue et l'administration. Très présente à Rennes (où l'on en compte une pour vingt-cinq détenues [I]), l'éducatrice « nous informait de nos droits, mais pouvait aussi bien défendre le point de vue de l'administration, se souvient Blanche. La

I. Contre un éducateur pour trois cent cinquante détenus hommes (lire note II, p. 215).

mienne a exercé de terribles pressions sur moi pour que je demande une grâce, moi qui n'en voulais pas ! Mais au final, elle a permis que je sorte de là au bout de trois ans ». « La mienne m'a beaucoup apporté », reconnaît Claude. Les éducatrices de Rennes sont aussi responsables des clubs de lecture, de musique…

La gestion d'un gynécée

Comment l'AP gère-t-elle ses gynécées ? Si la plupart sont minuscules, trois dominent par leur taille et sont les plus souvent décrits. Le plus ancien est la Petite Roquette (achevée en 1836), dernière prison parisienne pour femmes, abritant derrière ses murailles rébarbatives quelques centaines de prévenues et « courtes peines » à la veille de sa fermeture en 1973. Les femmes y sont « toujours trois en cellule, pour le respect des bonnes mœurs », note Nicole Gérard. On y circule assez librement, on y passe des samedis, des dimanches entiers dans la cour, par beau temps. Enfin et surtout, la discipline est « assez lâche ». Certes, les cellules sont envahies par les punaises « que le DDT faisait sourire » et il n'y a aucun chauffage ; mais une directrice compatissante réussit à arracher des crédits pour des bouillottes.

La MAF de Fleury, mise en service en 1973, hérite des détenues de la Petite Roquette et héberge bientôt deux cent vingt prisonnières dans des cellules à trois. Les transférées de la Petite Roquette sont agréablement surprises par le confort des cellules chauffées, équipées de véritables WC, et la blancheur des murs. « Blancheur étouffante, pesante, comme celle d'un hôpital », note toutefois une détenue réticente.

La MAF de Fresnes est réputée pour sa discipline de fer. Celle de Loos, pour son obscurantisme : à la bibliothèque trônent, comme à Rennes, Guy des Cars et Delly ; quant aux codes (pénal et de procédure pénale), ils sont « chez les hommes ». Ici « on a un mal fou à obtenir autre chose que le journal local [126] » et il faut une dérogation spéciale pour entreprendre des études.

En 1980, on trouve en province une cinquantaine de mini-MAF et deux maisons de correction pour femmes, chaque établissement offrant en moyenne moins de dix-huit places dans des cellules sous-dimensionnées (de 4 à 5 m² à Montluc). Le nombre total de prisonnières est alors de 1 121.

Mise en service en 1878 dans l'enceinte d'un centre pénitentiaire, la centrale de Rennes est, à l'époque qui nous intéresse, la seule à recevoir deux cent cinquante condamnées à de moyennes et longues peines. L'« énorme et sinistre bâtiment » a sur la Petite Roquette l'avantage d'être souvent rénové et l'intérieur est « d'une propreté impeccable. On pourrait manger par terre[127] ! » Car les auxis, mais aussi les autres détenues, y font constamment le ménage. Moins visible est la corvée des toilettes, chacune à son tour : « Il m'est arrivé de ramasser les excréments des autres par terre, sans gants, avec seulement une serpillière », soupire Blanche, qui n'était pas auxi. Cela dit, l'obsession administrative de la propreté, vertu féminine par excellence, vaut aux prisonnières de pouvoir se doucher plus souvent (sauf exception) que les prisonniers.

À Rennes, Nicole a attendu longtemps l'autorisation d'étudier la comptabilité. Une directrice a imposé à Blanche, qui voulait étudier l'allemand, de se préparer au secrétariat : « Un ennui mortel ! » Claude, par contre, a aussitôt obtenu de poursuivre les études qu'elle souhaitait, mais à mi-temps, l'autre mi-temps étant consacrée au travail.

Ici, il y a du travail disponible et obligatoire pour toutes les condamnées : travail idiot, mais plus minutieux que celui des hommes[1], pour des rémunérations aussi dérisoires, sinon plus. Mais en 1970 déjà, bien avant les prévenus, les prévenues des MAF sont dispensées de travail du fait, sans doute, de la rareté de celui-ci. Leur seule activité manuelle est alors le tricot.

1. À Rennes, Nicole Gérard habillait de minuscules débris de tissus, des poupées en celluloïd de 5 cm de haut ; fixait des mouches artificielles sur des hameçons « presque invisibles aussi bien pour le poisson que pour l'ouvrière ». Elle fabriquait, pour 3 F par jour, des boas en plumes à l'atelier de plumasserie, le plus important de la MC, qui travaillait pour les Folies-Bergères. Aux plumes arrachées aux volatiles, restaient accrochés des lambeaux de chair pourrissante, souvent grouillante d'asticots, qui répandaient dans l'atelier une odeur de cadavre [128].

Les prisons de femmes ne sont pas surpeuplées, ou à peine [I]. Qu'elles soient entourées de quartiers d'hommes n'est pas un avantage, car l'AP ne tolère pas la mixité. Ainsi, dans bien des cas, l'infirmerie est commune aux deux sexes, mais les hommes, de beaucoup les plus nombreux, en monopolisent quasiment l'accès, les créneaux horaires réservés aux femmes restant très limités.

Pour la même raison les activités, déjà rares en détention, et jugées onéreuses, sont plus volontiers réservées aux hommes qu'à une poignée de femmes. Celles-ci sont donc souvent, et encore aujourd'hui, écartées du sport, du travail, des formations professionnelles, des enseignements et activités socioculturelles [II].

Seules Fleury et Rennes, qui hébergent plusieurs centaines de détenues, offrent un éventail de formations : couture, crochet, cuisine, gestion du budget familial et vertus de l'épargne sont proposées à celles qui se destinent au foyer. D'autres peuvent apprendre les métiers d'agent de restauration ou de propreté – ou encore, pour les plus éveillées, la sténodactylo et la bureautique. Aux féministes qui protesteraient contre le choix « sexiste » des formations, l'AP peut toujours répondre qu'étant donné leur niveau intellectuel, les prisonnières ne sauraient prétendre à mieux. À Loos, une détenue postulant à une formation de serrurier est refusée, les quatorze places disponibles étant attribuées à des hommes.

Enfin – et sauf exception – les libérations conditionnelles ne sont rapidement accordées qu'aux « bonnes détenues » ayant assimilé, croit-on, les valeurs morales inculquées en prison : travail, famille, amour du foyer, obéissance et contrition.

I. En 1977, la MAF de Fleury compte deux cent vingt détenues pour deux cents places. Mais en 2004, la surpopulation atteindra 300 % à la MAF de Chambéry.

II. Dans les années 1970, celles-ci se résument, par exemple, au découpage de fleurs en papier crépon. La danse n'étant pas assez « socioculturelle », elle n'est pas admise à la MAF de Fleury.

L'isolement des femmes

Les prisonnières paraissent plus isolées encore que les hommes, dans tous les sens du terme. Isolées de leurs proches, qui n'écrivent guère et viennent rarement au parloir. Une première raison en est l'inégale répartition géographique des maisons de femmes, presque toutes situées au nord de la Loire, ce qui les rend quasiment inaccessibles aux familles méridionales pauvres. Mais bon nombre de prisonnières sont depuis longtemps en rupture de famille. On peut comprendre qu'un crime intrafamilial ne rapproche pas les unes des autres ; mais ces détenues ne sont pas toutes des criminelles.

Très souvent le mari (ou compagnon) aussi fait faux bond à sa belle dès l'incarcération, sinon bien avant, alors que les femmes (ou compagnes) de prisonniers seraient plus fidèles. Les enfants nés avant l'incarcération, souvent placés ou pris en charge dans une famille lointaine, sont absents ou peu présents. La plus grande souffrance des mères (80 % des détenues, dit-on) est liée à cette séparation, peut-être définitive, qui résulte de leur infraction : elles se reprochent de faire « payer » celle-ci à leurs enfants. Le remords qui les assaille alors est tout à fait authentique. Leurs enfants sont pour beaucoup de femmes leur raison d'être ; la paternité serait moins fondamentale pour les hommes, si l'on en croit les psy.

Si à la Petite Roquette comme à Fleury les cellules à trois sont la règle (« parce qu'il en faut une pour espionner les deux autres »), à Rennes elles sont individuelles. Dès l'arrivée à Fleury, primaires et récidivistes sont séparées. À Rennes, les arrivantes sont isolées pendant trois mois (au lieu des quinze jours prévus par les textes) afin que soient « observés » leur comportement et leurs aptitudes au travail. Elles sont ensuite réparties dans les divisions, chacune « fermée à double tour », au point qu'« il fallait déployer des ruses extraordinaires pour envoyer une lettre dans une autre division », s'amuse Blanche.

Tout en haut du panier sont les « confiance », en fin de peine et/ou promises à une libération conditionnelle. (Après 1975, elles rejoindront le CD.) Elles jouissent d'un maximum de privilèges : vie quasi communautaire, surveillance *a minima*, permis de sortir en ville. Elles occupent les moins mauvais postes de travail et les mieux payés. « À Rennes, se souvient Claude, qui fut l'une de ces privilégiées, il y avait un réfectoire et un salon où les "confiance" et les "1re division" avaient le droit de se réunir, de parler (pas trop fort), de rigoler… Oui, rigoler ! Car, hormis les auteures de crimes horribles, les femmes prenaient plaisir à raconter leurs forfaits, avec beaucoup d'humour. » Suivent les « semi-confiance ».

Les privilèges décroissent à mesure qu'on descend les échelons. Les « 1re » (les récupérées) et « 2e divisions » travaillent dans un même atelier où elles ont le droit de communiquer sans bruit ; mais on les sépare après le travail. Les « 2e », à savoir les « indociles » (mais néanmoins récupérables) passent plus de temps en cellule que les « 1re » ou les « confiance ».

Les « 3e division » sont auxis : « Pour 100 F [66,16 €] par mois et quelques beefsteaks », notent les deux Catherine, elles font la lessive, le repassage, la plonge, nettoient les locaux et aident les surveillantes à distribuer les repas. Au moins voient-elles alors du monde. Mais elles ne peuvent suivre aucun cours, sont totalement isolées, y compris dans la cour. « Aussitôt qu'elles sortent et que nous sommes là, "ouf !", il faut se cacher n'importe où, mais il ne faut pas les voir [129]. »

Catherine Leguay qui était classée en « 3e division » à son arrivée, est vite montée en « 2e » puis en « 1re ». Mais « pour avoir passé un paquet de chips à une camarade », elle dégringole en « 3e », où elle reste six ans.

Cette version abâtardie de la réforme Amor, qui s'apparente de loin à celle des castes en Inde, est une spécialité de Rennes. Elle démultiplie les « inégalités exponentielles » qui révoltent Blanche, très politisée dès vingt ans.

Mais l'Administration a imaginé d'autres cloisonnements et ce, pour les seules femmes. À Fleury, certaines détenues intègrent le groupe G (pour garçonnes) qui devient, après 1975, le groupe S (pour spécial, ou sécurité). Ce groupe, qui fait cour à part, est composé d'homosexuelles (ou supposées telles), de prostituées et proxénètes mais aussi de « politiques » quand il y en a, et de « subversives disciplinaires » : toutes sont exclues de la société carcérale. Les usagères de drogues aussi vivent dans une section distincte. Ségrégation, enfin, entre celles qui travaillent, celles qui étudient et celles qui ne font rien ; entre celles qui mangent dans leurs cellules et celles qui le font au réfectoire (sans pouvoir choisir leurs voisines de table), etc.

À l'inverse, et en raison de leur faible nombre, les prisonnières des petites MAF subissent ici et là des mélanges détonants de prévenues et de longues peines, d'adultes et de mineures. Ainsi les femmes sont-elles tantôt séparées, tantôt mêlées, jamais de leur plein gré.

Malgré, ou à cause de tant de cloisonnements – ou parce qu'elles sont femmes ? – les prisonnières font état, bien plus souvent que les prisonniers, du besoin de se confier, sympathiser, correspondre avec une copine, partager, rendre service, donner, recevoir ne serait-ce qu'un morceau de sucre, une cigarette… alors que le don, que l'Administration assimile à un « trafic », est interdit et constitue, à Rennes, une infraction très grave. « Mais on le fait quand même » : assez souvent à la Petite Roquette, en usant de mille stratagèmes et d'un art consommé de la dissimulation ; plus difficilement à Rennes car « la plus grande victoire » de cette centrale est « la destruction, entre les détenues, des formes les plus élémentaires de la sociabilité. “Nous n'étions pas là pour nous occuper des autres.” Il fallait que chacune de nous demeurât enfermée dans sa faute [130] ».

Sans doute informée du besoin humain de lien social, l'administration s'évertue à le contrarier, comme si la vie sociale était inconvenante ou redoutable. Faut-il attribuer cette frilosité extrême à la crainte d'un « complot » ? À la séculaire tradition monacale ? On se souvient de ces gravures de prisonniers encapuchonnés sous le Second Empire ; ou, pire, assistant à une conférence à Fresnes, vers 1900, enfermés dans d'étroites armoires individuelles, semblables à des casiers. Seul un petit rectangle ouvert à hauteur de tête permet d'apercevoir le conférencier [1].

Mais il y a des exceptions. De la vie sociale à la Petite Roquette, il y en a dans la cour, à volonté. Ainsi qu'à la MAF

1. C'est une photographie qui date sans doute du début du XXe siècle et figure dans le cahier d'illustrations de *Surveiller et punir*, de Michel Foucault. La conférence porte sur les méfaits de l'alcoolisme.

de Montluc, où les prisonnières, qui sont vingt ou trente, prennent leur repas ensemble au réfectoire et peuvent séjourner ensuite, si elles le désirent, dans la salle commune où elles tricotent ou s'amusent à des jeux de société. Elles peuvent aussi bronzer ensemble dans la cour, fêter les anniversaires...

Sexe, genre et sentiments

Bien plus que celle des hommes, la sexualité féminine est réprouvée, ou niée. Dans les années 1970, religieuses et laïques en guettent les rares débordements avec la plus grande anxiété. Toute détenue qui manifeste, même pudiquement, un quelconque attachement pour une copine, peut être punie de mitard ou d'isolement. Le fantasme de l'homosexualité hante le personnel qui considère aussi comme scandaleuse la masturbation féminine, alors que chez les hommes les surveillants prennent plutôt à la légère, voire à la rigolade, sa version masculine.

Les « linges de propreté » ne sont apparus qu'en 1905 dans les trousseaux que l'AP destinait aux femmes. Soixante-dix ans plus tard, le tissu en est encore si rêche que les arrivantes les confondent avec des serpillières. Les indigentes doivent laver ces « linges » et les réutiliser. Les autres achètent à la cantine, et au prix fort, des serviettes jetables. Le Tampax est interdit.

Aucun gynécologue n'est affecté aux quartiers-femmes et personne n'explique aux arrivantes affolées que leurs aménorrhées [1], fréquentes et dues au choc carcéral, sont réversibles à terme. À la MAF de Fleury, bananes et saucissons sont soit exclus, soit servis en rondelles, et les bouteilles sont interdites. Le soutien-gorge, dont les baleines peuvent servir d'armes (*sic*), est parfois banni par l'administration, au moins jusqu'aux années 1990. Les parloirs des femmes sont particulièrement surveillés, l'apparition d'un bébé-parloir étant une autre hantise de l'AP. Il faudra attendre 2003 pour que celle-ci ouvre à Rennes une UVF pour les « longues peines ».

1. Absence ou irrégularité des règles. Selon une vieille croyance populaire, le sang menstruel est un mauvais sang, qui doit à tout prix être évacué.

Selon nos deux féministes, « la privation sexuelle n'est pas, loin s'en faut, le problème principal » des prisonnières. Pour elles « la sexualité était source de douleur et non de plaisir [131] ». Alors que les prisonniers souffrent manifestement de l'abstinence, celle-ci serait plutôt un soulagement pour les nombreuses femmes jadis victimes de violences sexuelles et qui ne s'autorisent depuis aucun désir.

Comme souvent chez les femmes, le désir sexuel est noyé dans les sentiments. Les prisonnières disent manquer surtout d'affection : même les rares lesbiennes authentiques seraient plus demandeuses de relations affectives privilégiées que de rapports sexuels. La partenaire dominante apparaît le plus souvent comme une figure maternelle protégeant l'autre, plus jeune, autant sinon plus qu'elle ne l'exploite. Les violences sexuelles seraient ici inconnues.

À Fleury, quelques couples féminins réussissent à obtenir l'une des rares cellules doubles… en attendant que l'administration les sépare. Aucune présence masculine n'est tolérée (sauf celle, limitée, de quelques surveillants gradés, du psychiatre, du médecin et du prêtre), alors que les prisonniers ont droit, occasionnellement, à une assistante sociale ou une visiteuse de prison. Suite à la réforme de 1975, les prisonnières compensent l'absence d'hommes en tapissant leur cellule de photographies d'acteurs et de « leur » homme, tous habillés, alors que les prisonniers affichent des femmes nues.

Les femmes, comme les hommes, n'auront droit aux (petits) miroirs qu'en 1974. Le vernis à ongles reste interdit (à cause, dit-on, du dissolvant qu'il nécessite). Malgré tout, une évolution se dessine à partir de 1975 : pour cette éducatrice de Rennes, « l'introduction en détention féminine de vêtements plus "personnalisés" que le sinistre habit pénal [la robe de bure] et surtout de produits de beauté a eu une importance extrême dans un milieu où les femmes avaient l'impression qu'elles ne correspondaient plus à l'image de la Femme » socialement acceptable [132].

Partagée entre la vision austère de la femme portée par les bonnes sœurs, et les normes hédonistes des années 1970, l'AP ne tranche pas vraiment. Les décolletés restent interdits, ainsi qu'à Rennes les bijoux trop voyants ou de valeur. Mais sachant que les détenues se maquillent déjà de toute façon avec les moyens du bord (pour les yeux, un mélange de charbon et de suppositoires de glycérine…), elle admet enfin quelques produits de beauté. La doctrine réformatrice imposant un rapprochement entre prison et société libre, l'AP inaugure des « salons de coiffure » au moins dans les grandes prisons de femmes. À Rennes, les détenues pourront, grâce à la réforme de 1975, décorer à leur guise leurs cellules de 7 m². L'une d'elles se présente comme « un lit d'amour reconstitué, avec moquette pervenche assortie au cache-seau hygiénique et aux doubles rideaux en velours, dentelle blanche devant la fenêtre aveugle, […] miroirs, le tout acheté aux Trois Suisses » aux frais, bien entendu, de l'occupante [133].

Ces libéralités renvoient à une autre représentation, traditionnelle elle aussi : celle de la femme-femme, qui finit par s'introduire subrepticement dans les *think tanks* de l'AP ; mais elle ne prépare pas les prisonnières à une véritable émancipation.

Bébés taulards

La loi autorise les détenues-mères à garder leur bébé auprès d'elles jusqu'à ses dix-huit mois. À la fin des années 1970, un pavillon est construit à Fleury pour onze couples mère-enfant. Ce « quartier des nourrices » dessine un cercle autour d'un jardin (plus ou moins entretenu), visible par les fenêtres de toutes les cellules. Les détenues sont dûment initiées à la maternité par la directrice de la MAF : « Je conseille aux prévenues de faire du tricot et du crochet, elles font la layette de leur bébé au quartier des nourrices, c'est une occupation aussi saine que la pâtisserie [134]. »

Cependant les parturientes risquent, encore aujourd'hui, d'accoucher menottées.

En 1979, Françoise Dolto est chargée d'imaginer pour elles une nouvelle vie, relativement affranchie des contraintes carcérales. La psychologue insiste sur un régime « portes ouvertes » : mères et futures mères doivent pouvoir sortir de leur cellule huit heures par jour et se rencontrer, car il importe que les relations mère-enfant ne soient pas trop exclusives.

Néanmoins la maternité restera longtemps la seule activité autorisée aux mères, qui restent en tête à tête avec leur bébé en soirée et de nuit, soit quatorze heures d'affilée pendant lesquelles les génitrices doivent gérer seules tout incident.

On s'inquiète de l'évolution de ces bébés taulards qui se cognent à des barreaux dès qu'ils commencent à marcher. Le personnel assure qu'ils n'en souffrent guère. Du reste ils pourront, dès six mois, se « socialiser » à la halte-garderie. Des éducatrices les promènent hors de la prison à la demande de la mère.

À Fleury, les religieuses ne sont jamais loin. Avant d'être remplacées par un personnel laïc spécialisé, elles se chargent de l'éducation des mères et futures mères, diététique, hygiène et puériculture à l'appui. « Je tiens aussi à ce qu'elles allaitent, mais je n'exerce aucune pression », se défend sœur Blandine auprès d'une journaliste. « Le problème majeur des enfants et des mères, c'est l'absence d'éléments masculins. C'est important pour l'éducation. Les bonnes mères sont celles qui, malgré leur nervosité et leurs problèmes, aiment leur enfant et coopèrent à son développement [135]. » Ce qui n'est pas toujours facile, étant donné l'angoisse et la culpabilité qui assaillent surtout la mère d'un premier enfant.

Le quartier des nourrices de Fleury devient vite une vitrine de l'AP. En 2000, dix établissements pour femmes disposent de locaux spécialement aménagés pour les couples mères-enfants, mais treize autres n'en disposent pas et les mères, isolées, passent jusqu'à vingt-trois heures sur vingt-quatre seules avec leur bambin.

Quarante ans après

Entre les années 1970 et les années 2010, le nombre de prisonnières a plus que doublé, mais chez elles la part des crimes a diminué au profit des délits. Elles ont été de plus en plus nombreuses à être condamnées pour ILS et ILE [1]. Ainsi, au tournant du nouveau siècle, 70 % des détenues de la MAF de Fresnes sont usagères de drogues et une détenue sur qua-

1. Infractions à la législation sur les stupéfiants ; sur les étrangers.

tre est étrangère. La délinquance féminine astucieuse[1] occupe, dès la fin des années 1970, une place grandissante dans les statistiques, signe que les femmes s'intègrent à la société masculine. À mesure qu'elles s'émancipent, elles commettent davantage de crimes et délits jadis associés à la gente masculine : on voit apparaître en prison des caïds en jupon, des braqueuses autonomes, même très jeunes, d'une certaine envergure.

Ce qui surprend davantage, c'est que les prisons de femmes, elles, semblent avoir si peu évolué – bien moins que les prisons d'hommes – pendant et depuis les années 1970, époque où les deux grandes réformes les ont tout juste effleurées. Si les religieuses ont quasiment disparu, la règle du silence, l'interdiction de communiquer, sont encore fréquentes dans les années 1990 et même après.

Si la surveillance, la discipline sont plus rigoureuses à l'endroit des prisonnières qu'à celui des prisonniers, c'est que les seconds ont bien plus souvent, collectivement et parfois violemment, brisé les tabous de l'Autorité. Les personnels entourant les prisonnières semblent, quant à eux, s'être durablement investis d'une mission moralisatrice à l'égard de ces brebis égarées qu'il convient de guider, de mettre « sur les bons rails ». Ce qui, dans les années 1970, n'était pas, ou plus, l'ambition des personnels entourant les hommes.

Or, il faut bien reconnaître que la plupart des prisonnières se sont accommodées, sans trop opposer de résistance, d'un traitement pénitentiaire d'un autre âge. Cela étant, « les prisons de femmes sont d'autant plus préservées des changements favorables qu'elles ne constituent pas des foyers potentiels de rébellion collective et déterminée [136] ».

Nous n'avons finalement réussi qu'à aligner ici des représentations bien souvent contradictoires. On a vu que les féministes des années 1970 ont concocté une représentation de la prisonnière qui ne correspond pas nécessairement à la

1. Certaines infractions économiques et financières, non violentes, telles que l'escroquerie, l'abus de confiance, les infractions aux chèques et cartes de crédit…

réalité des prisonnières, pas plus que les représentations de l'AP ou de ses personnels. On ne sait pas à quoi ressemble la *majorité* des prisonnières. Mais est-il besoin de rappeler que les humains, prisonnières y compris, sont différents les uns des autres ? Qu'outre les prisonnières, celles qui les ont observées sont partagées et même divisées sur de nombreux points ?

Faute de pouvoir livrer ici une impossible synthèse, il nous a paru plus honnête d'exposer ces divergences et de laisser le lecteur conclure… ou ne pas conclure.

22. Quelques changements survenus depuis les années 1970. Entretiens avec Me Henri Leclerc (2009-2010)

— *Par rapport aux années 1970, celles de votre jeunesse, qu'est-ce qui a changé dans les prisons françaises ?*

— Beaucoup de choses, et pas toujours dans le bon sens. Côté positif, je rappelle que depuis 1972 un prisonnier peut, sauf exception, lire les livres et journaux de son choix.

— *Avant 1972, que pouvait lire un prisonnier ?*

— Mon premier client, un loulou de banlieue, avait vingt ans en 1956-1957, et moi aussi. Il avait volé des voitures, beaucoup de voitures… J'ai tout de suite sympathisé avec lui. Alors que je lui rendais visite à la Santé, il m'a parlé d'un livre qu'il venait de lire à la « bibliothèque », en réalité un chariot qu'on promenait de cellule en cellule. Un détenu ne pouvait prendre que le livre en haut de la pile. Mon client, lui, était tombé sur le deuxième tome des *Misérables*, qui l'avait enthousiasmé. L'ayant quitté, j'ai filé sur les quais, où un ami bouquiniste m'a fourni une édition modeste, mais complète, des *Misérables*. De retour à la Santé, j'ai vu le directeur : « Voilà, j'apporte ces quatre tomes à mon client. » Il m'a regardé comme si j'étais fou.

– Comment ? Vous voulez donner des livres à un détenu ? Mais ce n'est pas la procédure ! Il faut les donner à la bibliothèque (c'est-à-dire au chariot).

– D'accord, à condition que la bibliothèque les prête à mon client.

– Il n'en est pas question !

Je n'ai jamais pu offrir les quatre tomes des *Misérables* à mon client.

En 1968-1969, j'avais beaucoup de clients en prison, tous issus de mouvements d'extrême gauche. L'un d'eux était poursuivi pour une infraction politique. Au parloir des avocats, j'ai lu avec lui un article de *France-Soir*, que j'avais apporté, concernant son affaire. Arrive le directeur, ou le sous-directeur, furibard : « Vous vous rendez compte ? C'est très grave ! Nous allons saisir le bâtonnier… » Tout cela parce que je faisais lire un journal à un détenu ! Pour eux, les prisonniers étaient des sous-humains ! Cette conception, totalement répressive, a tout de même été débloquée par les révoltes des prisonniers à partir de 1971.

Le droit de lire des journaux en prison, on le doit au décret de René Pleven…

— *Que pensez-vous de ce garde des Sceaux, que j'ai malmené ?*

— J'ai rencontré Pleven, ce gaulliste absolu, au moment où les militants maoïstes emprisonnés poursuivaient leur grève de la faim. J'étais l'avocat d'Alain Geismar, Jean-Pierre Le Dantec, Michel Le Bris, tous membres de la Gauche prolétarienne. Un beau matin, ma secrétaire m'annonce que le garde des Sceaux est au bout du fil. Je n'en crois pas un mot. Mais c'est bien Pleven, qui veut me voir immédiatement. J'y cours. Je trouve un Pleven philosophe, humain, porté à la réflexion, très ému parce que Geismar, notamment, allait mal à ce moment-là. Les prisonniers maoïstes avaient dressé une liste de revendications. Pleven a cédé sur presque toutes, sauf une. Mais laquelle ? Je ne m'en souviens pas [1].

– Celle-là, m'a dit le garde des Sceaux, je ne peux pas vous l'accorder. Mais plus tard je l'accorderai.

– Ils ne vont pas arrêter leur grève de la faim pour autant.

– Je vous le dis à vous : je ne peux pas l'annoncer, mais je l'accorderai.

– Quelles garanties avons-nous ?

– La parole d'un ministre de la France.

J'avais trente-quatre ans. J'étais impressionné, je l'avoue. J'avais obtenu de Pleven que tous les prisonniers « politiques » de la région parisienne puissent être réunis, et ils l'ont été, à l'hôpital de Fresnes, où je leur ai rendu compte de ma visite au garde des Sceaux. Ils étaient vingt ou trente. Sur l'ultime revendication, ai-je dit, j'ai la parole du ministre. Alors ils ont

1. Il s'agissait vraisemblablement d'un droit de visite très étendu.

cessé leur grève de la faim. Et Pleven n'a pas tenu parole. Je m'en suis voulu. Je me suis fait avoir. Ce jour-là, j'ai commencé à comprendre ce qu'était la politique…

Avec son décret de 1972, Pleven conférait certains pouvoirs au juge d'application des peines [I], qui en avait auparavant très peu. Les prisonniers ont alors afflué chez lui ! C'était la première instance extérieure, judiciaire à s'introduire dans le cycle infernal des prisons dont je rappelle qu'elles dépendaient, jusqu'en 1911, du ministère de l'Intérieur. La justice n'avait auparavant aucun contrôle sur le système carcéral. Mes collègues avocats et moi, nous disions : « Pourvu que ce décret soit appliqué ! » Nos craintes étaient fondées. Car il a fallu des années, plusieurs tentatives de la part de commissions auxquelles j'ai participé, et dont les propositions ont été rejetées, avant que le JAP soit doté de pouvoirs véritables… en 2004.

Ce décret de Pleven – celui de 1972, que je suis, je crois, le seul à avoir lu jusqu'au bout tout en me disant que je n'y arriverais jamais ! – je l'ai trouvé pas mal. Et pour cela je me suis fait rabrouer par Foucault.

La loi Pleven de 1970 élargissait le contrôle judiciaire [II], qui devait pouvoir remplacer, dans certains cas, la détention provisoire (qu'on appelait alors préventive), ce qui n'était pas une mauvaise chose. Mais cette loi a été retournée, tout comme le décret de 1972 : loin de diminuer le nombre de détentions provisoires, on a augmenté celui des personnes sous contrôle judiciaire qui autrement auraient été laissées en liberté. Comme quoi la pratique judiciaire l'emporte souvent sur la loi.

Le bilan de Pleven est donc mitigé.

En 1974, nous attendions beaucoup aussi de Giscard d'Estaing. Il avait pris plusieurs mesures libérales qui nous avaient impressionnés. Tout comme son discours sur la prison,

I. Fonction instaurée en 1958.

II. Le contrôle judiciaire, prononcé dans le cadre de l'instruction, peut être ordonné à l'égard de toute personne mise en examen qui encourt une peine d'emprisonnement. Contraignant et restrictif de certaines libertés, il peut permettre à cette personne d'échapper à la détention provisoire.

« privation de liberté et rien d'autre », et sa visite aux détenus de Lyon, avec cette poignée de main qui a électrisé l'opinion.

Il n'empêche que ce même Giscard a autorisé les QHS. Mais pour lui c'était une stratégie et rien d'autre.

C'est à partir de 1978 qu'on s'est mis à parler beaucoup des QHS parce que leurs locataires ont fait des grèves de la faim, répercutées par des campagnes de presse. Juste avant, Giscard venait de frôler la défaite aux élections législatives. Donc il lui fallait faire quelque chose. Il s'est alors appuyé sur Alain Peyrefitte qu'il a nommé garde des Sceaux. Peyrefitte venait de faire, en 1977, son *Rapport sur la violence*, qui préparait la loi « sécurité et liberté » de 1981.

— *Il semble que les pouvoirs répressifs prennent toujours prétexte d'une violence et d'une délinquance accrue. Qu'en est-il vraiment ?*

— La violence n'a pas cessé de reculer depuis le XIIIe siècle. Encore à la fin du XIXe siècle, à Paris, il était impensable qu'une femme sorte la nuit ; et les hommes sortaient armés. Sur le long terme, donc, la courbe a fléchi, mais sur une trentaine d'années, il y a des hauts et des bas. En période de crise, de chômage, la petite délinquance – de subsistance ou de distraction, comme je l'appelle, s'agissant de jeunes qui, n'ayant rien d'autre à faire, font des bêtises – tend à augmenter. Et elle reçoit une réponse immédiate et brutale : les flagrants délits (appelés aujourd'hui comparutions immédiates).

Ces petits délinquants écopent de courtes peines, il est vrai. Mais l'emprisonnement les coupe de leur base, leurs racines familiales. Un tel environnement n'est pas, je vous l'accorde, celui d'un premier communiant, mais il est malgré tout structuré. Or, voilà qu'on les jette dans un environnement beaucoup plus structuré, qui est la prison. Et partant de là, bon nombre d'entre eux, qui n'avaient auparavant commis qu'un seul délit, deviendront des délinquants à plein temps. La prison est réellement une fabrique de délinquants. Ce que je dis là n'est pas original, mais mon expérience me permet d'en témoigner.

— *Quels sont les grands procès de l'époque qui vous sont restés en mémoire ?*

— D'abord le procès de Nancy, en 1972, où j'ai défendu les six prisonniers accusés tout à fait arbitrairement d'avoir fomenté la mutinerie de Charles III. Ils n'étaient nullement des « meneurs », comme le prétendait l'AP, mais des détenus ordinaires ayant commis des infractions banales. J'ai donc plaidé contre cette notion absurde de « meneur » qui, à la fin du XIXe siècle, était accolée à des syndicalistes.

Là encore, je n'ai sûrement rien dit de très original. Par contre, mon mentor, Me Albert Naud, qui m'avait engagé en 1967, est venu plaider avec moi à Nancy. Nous y avons fait le procès de la prison, révélé que les détenus n'avaient pas d'argent pour cantiner, pas de serviettes, de savon, de papier de toilette, etc. Dans la salle il y avait Ariane Mnouchkine – qui a fait de ce procès une pièce de théâtre – et probablement Foucault.

Naud a fait la plaidoirie la plus extraordinaire. Ce n'était pas du tout un militant, mais un personnage connu, couvert de décorations, et quand il entrait les présidents de tribunaux se levaient respectueusement... Il a raconté comment était la Santé quand il y était arrivé en 1941. Il a fait une description hallucinante de la crasse, de la merde qu'il y avait dans les tinettes, des prisonniers à poil, le doigt des matons dans le cul. Et tout le monde, à l'audience, était bouleversé. Surtout les inculpés dans leur boxe, qui savaient que rien de tout cela n'avait changé entre-temps. Moi, j'ai plaidé la cause des révoltes, retournant les arguments de l'AP : « Les révoltes, c'est vous qui les avez semées. Les coupables ne sont pas ceux que l'on croit... » Tout cela dans la droite ligne du discours du GIP. Je n'ai pas eu à suivre ses instructions, puisque nous pensions tous la même chose, mais c'était l'idéologie du GIP.

— *Quels étaient donc vos rapports avec Foucault et le GIP ?*

— Nous étions très proches, j'assistais souvent aux réunions du GIP. À cette époque, j'ai commencé à réfléchir aux droits de l'homme : c'est sur ce terrain-là, en effet, que s'affrontaient gauchistes et pouvoirs politico-judiciaires : tous ces types – notamment maoïstes – qu'on accusait de comploter contre l'État, de poser des bombes dans les houillères, qu'on empêchait de vendre *La Cause du peuple*, ce qui portait atteinte à la liberté de la presse. Pour les défendre, je me référais toujours aux textes de la Révolution française. Mais dans les années 1970 régnait une autre idéologie, celle de la lutte des classes, et même parfois de la « classe » des prisonniers contre l'État – une conception très foucaldienne, qui était aussi celle du CAP.

Foucault qualifiait volontiers de petites-bourgeoises mes positions sur les droits de l'homme. Il était le plus politique des membres du GIP, presque marxiste, comme s'il donnait des gages à l'extrême gauche… Pourtant on ne peut pas dire que Foucault était un marxiste type ! « Ce n'est pas une question de droits de l'homme, disait-il, mais de rapports de force. Il faut que les prisonniers conquièrent leurs droits eux-mêmes… » *et cætera*. Selon lui, l'amélioration des conditions de détention ne signifie rien et ne sert à rien, sinon à déposséder les prisonniers de leurs forces combatives. Je ne suis pas complètement hostile à cette analyse. Mais malheureusement, le GIP n'existe plus aujourd'hui, le CAP non plus, alors heureusement qu'il y a l'OIP, qu'on peut appeler réformiste puisqu'il lutte pour améliorer la situation des détenus.

Foucault avait une position très dure, que l'on retrouve dans *Surveiller et punir*. Je suis tombé ce matin sur ce livre qu'il m'a dédicacé – et j'y tiens comme à la prunelle de mes yeux – et me suis aperçu qu'à l'époque je l'avais souligné au crayon de la première à la dernière page, ou presque ! Mais j'étais plus proche d'un Claude Mauriac, d'un Jean-Marie Domenach pour qui il fallait intervenir parce qu'il s'agissait d'atteintes intolérables aux droits de l'homme.

Quant à moi, je suis passé d'une conception de la lutte très politique, plutôt révolutionnaire, à une conception plus réformiste, plus axée sur les droits de l'homme. D'autres m'ont doublé en sens contraire : quand j'entends aujourd'hui M. André Glucksmann, cet ancien mao qui me donnait, en 1970, des leçons de révolution, je suis tout de même un peu surpris…

— *Vous êtes-vous mobilisé au sujet des QHS ?*

— J'ai défendu plusieurs prisonniers qui y étaient enfermés : Roland Agret s'est trouvé là parce qu'il protestait de son innocence, comme aussi Roger Knobelspiess. J'ai même visité Charlie Bauer au QHS de Fresnes. Pour y arriver, c'était tout une expédition à travers d'innombrables bâtiments. Et il me semble bien avoir subi des fouilles particulières. Enfin, me voilà enfermé à double tour avec Bauer, dans sa cellule. C'était effrayant : l'absence de lumière. Des grilles ajoutées aux barreaux. Tout était scellé. Effrayant... Et à la Santé, les cours de promenade attenant au QHS découpées comme des parts de camembert avec, au-dessus, des grillages horizontaux qui empêchaient les prisonniers de voir le ciel... Horrible.

Chaque fois qu'il affrontait des juges, Bauer leur racontait l'histoire des égouts de Clairvaux.

— *Parce qu'elle avait été longtemps occultée ?*

— Des histoires de prison dont personne n'a rien su, il y en a eu tellement ! Les avocats n'ont pas toujours réagi. Mais souvent les détenus eux-mêmes avaient peur que ces choses-là se sachent. Quand ils me les racontaient, je proposais de porter plainte. Mais ils refusaient : « Porter plainte contre un maton, c'est quinze ans d'enfer assurés par la suite. Ces années que j'ai encore à purger j'aimerais les faire dans des conditions acceptables. » C'est terrible d'entendre ça.

— *Vous avez aussi défendu Roger Knobelspiess ?*

— La première fois, c'était devant la cour d'assises de Rouen, en 1970. Il a été condamné, pour une affaire de cambriolage à main armée qu'il niait absolument, à quinze ans de réclusion criminelle. Je reste persuadé qu'il était innocent. Il a fini par sortir de prison, mais pour s'y faire remettre quinze jours plus tard, ce qui n'était pas drôle. C'est même énorme, parce qu'il était jeune encore.

Après plusieurs récidives et des années d'incarcération, dont beaucoup en QHS, Knobelspiess a encore été jugé à Rouen en octobre 1981. De son procès, nous avons fait un grand procès contre les QHS et contre la prison. Procès assez réussi puisque Knobelspiess a été condamné à cinq ans « seulement », et que les jurés ont souhaité que Mitterrand le gracie. Ce qu'il a fait.

— *La situation des prisons s'est-elle aggravée depuis les années 1970 ?*

— Certainement. L'administration pénitentiaire a bien de la chance, compte tenu de ce qui se passe dans les prisons aujourd'hui, qu'il n'y ait pas de grands mouvements de révolte. Apprenant que Sarkozy supprimait les grâces présidentielles, je me suis dit : « Ça va péter ». Et ça n'a pas pété. Si nous étions en 1974, je le regretterais. Parce qu'à l'époque si ça pétait, il y avait des changements en perspective. Mais aujourd'hui, avec l'expérience, je sais que si ça pète, ce sont les prisonniers qui dérouilleront. Soit ils se feront tuer, soit ils connaîtront ensuite une détention abominable. Pourquoi ça ne pète plus, je n'en sais rien. L'encadrement est-il plus intelligent ?

— *Le calme apparent des prisons vous surprend ?*

— Oui, et d'abord à cause de l'inflation carcérale : le nombre des détenus a doublé en trente-cinq ans, alors que le nombre de prisons n'a pas beaucoup augmenté depuis le lancement par Albin Chalandon, en 1986, du programme des treize mille places dans des établissements semi-privés. Résultat : on a eu treize mille prisonniers supplémentaires. Aujourd'hui il y a, en gros, treize mille prisonniers en trop, si on compte en termes de places. Et treize mille nouvelles places sont en cours de construction. Autant dire que les nouvelles prisons seront vite remplies, elles aussi.

— *Gil-Robles*[1] *aurait déclaré que seules les prisons moldaves sont pires que les françaises. Mais il y a aussi les peines qui s'alourdissent.*

— Il y a trente-cinq ou quarante ans, la durée moyenne de l'incarcération était de quatre mois ; elle est de huit mois et demi aujourd'hui, et au lieu de raccourcir les peines, on va encore les rallonger. J'en veux pour preuve la loi sur la rétention de sûreté, qui permettra de prolonger la détention des criminels les plus « dangereux » une fois leur peine purgée ; celle sur les peines plancher, conçue pour contraindre les juges à prononcer des peines plus longues à l'encontre des récidivistes ; et la suppression des grâces du 14 juillet. Ces grâces – qui n'avaient guère de sens, il est vrai, sinon pour désengorger les prisons – représentaient pour les détenus quelque chose d'important. La prison dans toute son horreur est bel et bien au cœur de la politique pénale de Sarkozy.

D'un autre côté, on a enregistré des progrès. Les remises de peine, qui sont du ressort du JAP, sont des mesures d'apaisement, favorables aux prisonniers. Certaines sont consenties sous conditions : par exemple, que le détenu accepte un suivi psychiatrique, ou poursuive des études. D'autres remises de

1. Alvaro Gil-Robles, premier Commissaire aux droits de l'homme du Conseil de l'Europe (1999-2006).

peine sont automatiques : ce sont les crédits de peine (instaurés en 2005) qui fonctionnent suivant un barème : tout détenu a droit aujourd'hui à une remise de trois mois pour sa première année de détention, de deux mois pour les années suivantes… De sorte qu'un condamné à vingt ans se verra accorder en tout trente-neuf mois de remises de peine. Dès son arrivée en prison, donc, le condamné a déjà un objectif.

Or, il sait très bien que s'il se conduit mal, ces réductions de peine vont sauter. Donc il fait attention. Le crédit de peine est à la fois une soupape de sécurité, une récompense et une menace. S'il disparaissait, je ne serais pas étonné qu'il se produise quelque chose de grave.

La libération conditionnelle, autre forme de réduction de peine, a fait aussi des progrès. Jadis elle était accordée par la seule chancellerie, dont les décisions étaient arbitraires. Ensuite, on a donné au JAP le droit de l'accorder aux courtes peines. Puis Badinter a créé une commission qui statuait sur les conditionnelles pour les longues peines. Mais c'était l'enfer pour les obtenir.

Enfin, en 2004, la loi Perben II a judiciarisé toutes les conditionnelles. Ce qui veut dire que la chancellerie n'a plus aucun pouvoir en la matière. Aujourd'hui la procédure, toujours compliquée, commence par un avis de la commission d'application des peines ; ensuite la décision est rendue par un tribunal d'application des peines lorsqu'il s'agit de longues peines, ou par le JAP.

— *Quelle pourrait être la peine idéale ? Ou est-ce qu'il n'y en a pas ?*

— La prison ne devrait être utilisée qu'en dernier recours. Ce qu'il faut trouver, c'est la sanction qui, au lieu de rejeter les gens hors de la société, les aide à la réintégrer : les travaux d'intérêt général (TIG), et les placements à l'extérieur contribuent à la réinsertion plus sûrement que la prison. Certains disent au contraire : « Puisque les prisonniers sont des révoltés, tant mieux s'ils restent enfermés. » Mais ces gens-là n'ont jamais fait l'expérience de la prison !

Les peines de substitution, ou alternatives à la prison, ne sont pas nouvelles – les TIG datent de 1983 – mais on y recourt très peu… Pour le placement extérieur, c'est l'AP qui se charge de trouver un travail au détenu. S'agissant d'une semi-liberté, c'est au détenu de se débrouiller. Dans les deux cas, les résultats sont formidables : les intéressés ne récidivent pas.

Peu après l'instauration des TIG, j'ai connu un détenu de vingt ans qui accomplissait son TIG comme apprenti jardinier. Le TIG ne lui plaisait pas tellement *a priori* : se pointer devant la mairie à sept heures et demie du matin, se voir reprocher par les autres un retard de dix minutes, ce n'est pas agréable... Mais il a appris un métier ; et surtout, il l'a fait dans un environnement social, entouré qu'il était d'ouvriers jardiniers. Ceux-là devaient avoir des idées plutôt sécuritaires, ils répugnaient à travailler avec mon jeune homme. Pourtant ils ont remarqué qu'il travaillait bien. Ils ont commencé à parler ensemble. Finalement ils se sont vivement intéressés à lui. Parler avec des ouvriers, cela paraît banal, mais pour mon jeune homme qui n'avait jamais travaillé de sa vie, c'était une découverte. Voilà un cas formidable de réinsertion par le travail collectif. Condamner un type à travailler, c'est une peine géniale. Voilà ce que j'espère comme alternative à la prison. Mais un TIG nécessite, de la part de l'AP, un effort considérable. Déjà il faut en trouver, des TIG, et ce n'est pas facile !

— *Depuis le scandale des prisons qui a éclaté en 2000, les derniers gouvernements ont-ils apporté du neuf ?*

— Cette année-là sont parus les rapports parlementaires de l'Assemblée nationale et du Sénat. Le premier était plus politique, le second, plus paternaliste, à la manière des philanthropes du XIXe siècle, brocardés par Foucault. Mais la philanthropie, c'est mieux que rien. Là encore, Foucault m'engueulerait. Il dirait que c'est pire que tout. Moi, je préfère des philanthropes à des brutes.

Quoi qu'il en soit, la gauche, alors au pouvoir, aurait dû en profiter, dans la foulée, à chaud, pour promulguer une loi pénitentiaire au moment où nos législateurs étaient motivés. Elle ne l'a pas fait. Ou plutôt, Maryse Lebranchu a préparé cette loi et Jospin y a renoncé : « On ne va pas se faire chier, à trois mois des élections, avec une loi pareille ! »... Jospin s'était déjà vu reprocher sa « naïveté » en matière de sécurité. À l'idée de se faire coincer sur ce chapitre, il était terrifié. Il n'a pas eu le courage de Mitterrand qui, en 1981, avait fait abolir la peine de mort alors que 63 % de la population s'y opposait.

Perben n'avait pas d'idées autres que répressives. Ce qui a cours aujourd'hui, c'est la répression à tout prix, la conception américaine de la criminologie, le droit des victimes, la prison pour prévenir la récidive… et pour finir la « dangerosité ». Mais ce n'est pas Rachida Dati qui a inventé tout cela. Ces idées sont venues de Sarkozy, de l'équipe qui l'entoure. Mais elles remontent bien plus loin.

— *On parlait déjà beaucoup de « dangerosité » dans les années 1970.*

— Elle est apparue chez les positivistes dès la fin du XIXe siècle et réapparue dans les années 1970 pour justifier les QHS. Nous avons aujourd'hui les mêmes débats. Mais déjà à l'époque des QHS, quelques psychiatres se refusaient à prédire la « dangerosité » d'un individu.

Récemment j'ai été commis d'office – ce qui ne m'était pas arrivé depuis quarante ans – pour défendre un violeur multirécidiviste, condamné trois fois de suite : pour un viol la première fois, pour quatorze viols la seconde fois, et quelques semaines après sa deuxième sortie de prison, voilà qu'il recommence. Je devais prêter main forte à un jeune avocat inquiet d'avoir à défendre un tel individu. Ce n'était pas facile, en effet. Un tel casier judiciaire n'est pas très bon signe. Pourtant l'expert psychiatre n'a rien pu dire de catégorique sur la « dangerosité » future de notre client.

Au début de ma carrière, les experts psychiatres étaient terriblement répressifs, brossant des portraits accablants des inculpés, laissant entendre qu'ils méritaient la peine la plus lourde. Depuis, les choses ont un peu évolué. Une nouvelle génération de psychiatres a remis en cause toutes ces vieilleries, a signé des pétitions, a écrit, comme Christiane de Beaurepaire [1], des livres dénonçant la psychiatrie en prison.

Il faut bien distinguer les psychiatres de terrain comme elle, des psychiatres judiciaires désignés par la justice, qui font encore parfois des expertises effrayantes et même simplistes.

1. Ancienne psychiatre en chef du SMPR de la MA de Fresnes, auteur de *Non-lieu* (Fayard, 2009).

Mon client violeur avait été condamné, la deuxième fois, à une peine de seize ans, réduite à dix ans par le jeu des remises de peine. Pendant ces dix ans, qui a-t-il vu ? Une psychiatre ou psychologue tous les quinze jours ou trois semaines, et qui changeait tout le temps. Or, c'est compliqué, un violeur qui viole toujours dans les mêmes conditions, selon un schéma précis, toujours dans les parkings…

Tout le monde sait qu'en prison le suivi psychiatrique est terriblement insuffisant, même si les psy des prisons dépendent aujourd'hui du ministère de la Santé et non plus de l'AP. En France, nous manquons de huit cents psychiatres dans le secteur public, qui comprend les prisons. Parce qu'on n'y met pas les moyens.

Par bonheur, depuis trois ans et demi, mon client violeur voit deux fois par semaine, pendant deux heures, un psychiatre et deux psychologues détachés de Sainte-Anne. Pourquoi ce privilège ? Parce qu'il est, pour le moment, incarcéré à la Santé, juste à côté de Sainte-Anne… et aussi parce que j'ai lourdement insisté. Si on veut vraiment faire un travail thérapeutique avec ces personnes, il faut leur offrir un suivi comme celui-là. Que donnera ce suivi dans deux ou trois ans ? Je n'en sais rien. Mais mon client a beaucoup progressé. Je crois qu'il peut s'en sortir. Sa dernière peine est de vingt ans. Il l'accepte et continue à voir ses thérapeutes deux heures et demie par semaine. À cette condition, il aura droit à une réduction de peine. Si la loi sur la rétention de sûreté s'appliquait, cet homme-là serait fini [1].

J'ai aussi défendu une violeuse de dix-sept ans. Chef d'une bande qui sévissait dans un foyer, elle s'était emparée d'un garçon assez faible, l'avait battu horriblement et sodomisé avec un bâton. Très attachante, cette adolescente était victime d'épouvantables défaillances éducatives, et scolaires. Condamnée à cinq ans – une peine plutôt légère – elle va très bien maintenant. Sortie de prison, elle a trouvé un boulot, un copain et s'est réinsérée dans la vie. Il a suffi d'un psy-

1. Cette loi s'adresse à des criminels condamnés à quinze ans ou plus, à condition que le jugement initial en prévoie l'éventualité. Or cette loi date de 2008, ce qui renvoie sa mise en œuvre à 2023, si elle n'est pas abrogée d'ici là.

chologue intelligent, formidable… Comme quoi on ne doit jamais désespérer, même d'un criminel.

On dit que la prison peut servir à la réinsertion. Je sais qu'elle peut conduire en tout cas à la rupture. Qu'une autre prison est possible.

— *S'agissant des professionnels qui s'occupent des délinquants, et des prisonniers, avez-vous remarqué des changements ?*

— Oui et non. Aujourd'hui les juges font plus attention. Leur langage est plus maîtrisé. Ils sont davantage surveillés, notamment par le Syndicat de la magistrature. Ceux qui se conduiraient comme autrefois avec les inculpés, risqueraient d'être condamnés par leurs confrères. Il y a toute une réflexion sur le métier de juge qui est portée par les juges eux-mêmes, et aussi par les avocats. Mais ce qui a le plus changé chez les juges, me semble-t-il, ce sont les apparences. Il existe encore aujourd'hui des juges très sévères. Mais quand un juge dérape dans son langage, il se fait rappeler à l'ordre.

Vers 1985-1990, la foudre judiciaire s'est abattue sur nos dirigeants politiques et économiques. C'était l'époque des grandes affaires financières. Brusquement des messieurs ont été incarcérés. Mais ils avaient pris pour avocats d'excellents professionnels qui ont mené la vie très dure aux juges. Ce que pouvaient difficilement faire des délinquants de droit commun. Depuis, les avocats ont pris conscience de bien des choses. Même dans les affaires ordinaires, ils ont réfléchi à la question pénale, à droite comme à gauche. Aujourd'hui la profession d'avocat se livre à toute une réflexion collective sur la justice.

Dans ma jeunesse, nous étions révoltés, mais essentiellement à titre individuel : notre révolte n'avait pas de véritable traduction politique.

À ma connaissance, les surveillants n'ont pas beaucoup changé, à ceci près que leur culture générale s'est bien améliorée. Cela dit, l'UFAP, un syndicat de surveillants fascisant, est un phénomène assez récent[1]. Dans les années 1970, on ne connaissait que FO et la CGT, cette dernière très répressive.

1. Union fédérale autonome pénitentiaire, née en 1987, majoritaire parmi les syndicats de personnels de l'AP.

Parmi ceux qui ont évolué, je citerais les cadres des prisons. Les cadres ont changé avec la création de l'ENAP [1]. On a vu arriver alors dans les prisons de jeunes sous-directeurs et directeurs qui sont des gens très bien. Très bien ? C'est difficile de dire cela. Vous me répondrez qu'on n'en a rien à f… qu'ils soient très bien, que c'est le système qui n'est pas bien. Mais ce sont tout de même des gens qui se posent des questions, avec qui on peut parler.

1. École nationale de l'administration pénitentiaire. L'EAP, créée à Fleury-Mérogis en 1965, devient l'ENAP en 1977. Elle se trouve à Agen depuis 1994.

En guise de conclusion

Attentifs aux prisonniers, nous avons jusqu'à présent négligé l'institution prison qui a la haute main sur leur destin carcéral. Il nous reste donc à revenir – après tant d'autres – sur cette institution. Nous tenterons de cerner ce qu'elle a d'unique, nous évoquerons quelques événements récents qui pourraient la faire évoluer et pour finir les contradictions sur lesquelles elle repose, à notre avis.

Ce doit être la plus mal aimée – après le fisc – de nos institutions républicaines, au point que les surveillants dissimulent, en public, leur véritable métier ; celle dont l'image positive initiale en tant que substitut aux peines corporelles, a été rapidement balayée par les critiques les plus acerbes et ce, depuis près de deux cents ans. La prison est « un mauvais objet. [...] Il n'est personne pour la défendre et, pis, elle semble n'avoir que des ennemis. [...] La prison ne se survit que parce que constamment elle s'auto-dévore, se mortifie et se voit répétitivement mise en cause [1] ».

Mais curieusement, l'institution semble avoir absorbé, résorbé mille et un appels au changement et des centaines de réformes sans se départir d'une certaine sérénité reposant sur son bon droit et sur la conviction que l'opinion publique lui donnerait toujours raison puisqu'elle prétend répondre à des besoins cruciaux du citoyen : besoins de sécurité, de séparation entre les bons et les méchants. Sans oublier que la prison que nous connaissons s'insère parfaitement dans les rapports sociaux inhérents à notre système capitaliste.

Pour toutes ces raisons, aucun homme politique d'envergure, partagé entre l'indifférence, l'intérêt électoral bien compris, et plus rarement la honte, ne prend fait et cause pour les prisonniers, ni contre nos prisons.

Pour toutes ces raisons, les nouveaux droits arrachés par les détenus des années 1970 ont été, pour partie mais sans difficulté, supprimés par Alain Peyrefitte ou réduits dans la pratique à peu de chose. Ce que les prisonniers ont acquis leur est souvent – pas toujours – retiré dès qu'ils se calment. Sinon, « ce qu'ils obtiennent par la lutte – parfois sanglante – semble ensuite s'intégrer dans le fonctionnement de la prison sans pour autant le modifier [2] ».

Toute institution est sujette, comme une boîte de vitesses, à des impulsions contraires : la première, la seconde, etc. la tirent vers l'avant, la marche arrière évidemment vers l'arrière et le point mort vers l'immobilité. L'institution prison n'échappe pas à la règle. Cependant il semble que chez elle la marche arrière et le point mort soient les impulsions les plus puissantes. Ce qui fait changer nos prisons, ce sont surtout les impulsions venues d'ailleurs : l'évolution des mœurs, de la société, a profondément modifié la population carcérale, par exemple. Et si les geôliers ont vu la discipline carcérale s'affaiblir, c'était moins de leur fait, que parce qu'ils ne parvenaient plus à l'imposer.

Quitte à forcer le trait, avançons cette hypothèse : dans un monde qui change à une vitesse vertigineuse, l'institution prison paraît ne pas changer, ou si peu. Malgré les coups de boutoirs administrés de l'extérieur : recommandations du Conseil de l'Europe et ses règles pénitentiaires, condamnations de la cour européenne des droits de l'homme… Si, sur le long terme, la prison bouge, c'est par un mouvement de pendule qui, à plus ou moins brève échéance, la ramène régulièrement à son point de départ après une courte avancée vers un point d'arrivée. On reste entre le tic et le tac.

Événements

Il arrive toutefois que l'institution subisse des changements exogènes qui peuvent, indirectement et à terme, la faire évoluer quelque peu. À l'heure où nous écrivons ces lignes, trois événements nous interpellent qui nous rendent modérément optimistes et modérément pessimistes.

Le premier est la nomination, le 16 mai 2012, d'une ministre de la Justice, Christiane Taubira, qui s'est promis, si elle le pouvait, de révolutionner la politique pénitentiaire de ces dernières décennies, voire des derniers siècles. Pour commencer, la ministre s'attaque à la récidive et à la surpopulation. Quelles que soient ses réformes, elle aura besoin du soutien et de la volonté politique du gouvernement, des parlementaires, des personnels pénitentiaires et rien ne dit qu'elle les aura. Il faudra aussi beaucoup d'argent, alors que ce ministère dispose d'un budget qui, même augmenté, restera famélique.

Le second événement est l'arrivée, longtemps attendue, d'une autorité nouvelle, indépendante, celle du contrôleur général des lieux de privation de liberté, Jean-Marie Delarue. Celui-ci ne cesse, depuis 2008, d'enquêter sur, et de défendre, les droits fondamentaux des enfermés. On lui doit notamment la découverte, stupéfiante – pour la fraction de l'opinion qui s'intéresse aux prisons –, de conditions de vie immondes à la MA des Baumettes à Marseille [1]. Certes, M. Delarue n'a été nommé que pour six années non renouvelables et son autorité, incontestée, n'est que morale. Mais il aura des successeurs, qu'on espère aussi intraitables que lui.

Dernière nouveauté : des prisonniers de plus en plus nombreux présentent leurs griefs à l'État *via* les tribunaux administratifs et gagnent souvent leurs procès grâce à quelques avocats dévoués, solides et maintenant débordés. Les procédés illégaux de l'AP sont légion, notamment au chapitre des conditions matérielles et sanitaires réservées aux détenus. S'il y a mort d'homme, y compris par suicide dans des conditions suspectes, les plaignants sont les familles. Les poursuites

1. Lire *Le Monde* du 7 décembre 2012 et les recommandations en urgence du contrôleur général au *Journal officiel* du 6 décembre. Les Baumettes ne sont pas les seules. En 2011 une équipe du contrôleur général a visité, inopinément et durant deux semaines, le trop lointain CP de Nouméa (Nouvelle-Calédonie), pire que les Baumettes. S'agissant de Kanaks, les recommandations en urgence du contrôleur général (J.O. du 30 novembre 2011) n'ont pas électrisé l'opinion métropolitaine [3].

peuvent conduire l'État à verser aux victimes des indemnités modestes ; pourtant, trois millions d'euros ont été versés dans un seul cas de décès. Les détenus sont aujourd'hui des centaines, demain peut-être des milliers à user de ce droit, encore mal connu. Mais dès qu'à Nouméa ou aux Baumettes quelques-uns en découvrent l'existence, ce sont les deux tiers de la détention qui se portent candidats au recours.

Recours laborieux, à l'issue incertaine, qui n'apportent, il est vrai, que des solutions monétaires, individuelles, à une tragédie collective. S'ils témoignent d'une volonté inentamée de la part de certains prisonniers de défendre pacifiquement leurs droits, ils ne peuvent, à court terme, rien changer à l'institution prison. Mais ils pourraient à l'avenir représenter une charge difficilement supportable pour l'État, et celui-ci pourrait être tenté de mettre plutôt son argent dans la rénovation des prisons.

Contradictions

Si elle paraît immobile, l'institution prison n'est pas pour autant inactive : de nos jours la maison, discrètement installée dans les anciens locaux d'une banque, rue du Renard à Paris, bruisse de projets, de programmes, de missions d'études, d'expérimentations, de réformettes, de réformes, s'entourant de subtiles expertises, devançant parfois la critique, la désarmant plus rarement…

C'est là une des contradictions de l'institution prison : même bien pensés, même bienvenus, même novateurs, ses projets se cassent fréquemment le nez sur les murs des prisons. Un exemple : la lutte contre le suicide carcéral, initiée au cours des années 1970 et qui aujourd'hui encore fait du sur-place ; soixante-treize suicides et morts suspectes connus en 2012 [4] contre trente-six en 1972. Entre ces deux dates, la population pénale a doublé. Pourquoi cet échec ? Pour qu'on ne se suicide plus, ou moins, en prison, il faudrait que la prison… ne soit plus la prison telle qu'elle est.

D'autres projets s'avèrent inopérants en raison de la lourdeur, de l'inertie du terrain. On a eu un exemple avec l'application de la réforme de 1975.

À y regarder de près, on découvre d'autres contradictions qui obèrent, dans divers domaines, les avancées de l'institution.

Le problème de l'encellulement individuel n'a jamais été résolu. Dans son *Éloge de la prison* [5], Christian Demonchy, un architecte qui a dessiné des prisons pour l'AP, rappelle qu'en 1875, une certaine loi Bérenger prescrivait l'enfermement individuel pour les prévenus : un prisonnier par cellule. Or, pendant plus d'un siècle, presque toutes les nouvelles prisons cellulaires ont été des maisons d'arrêt et ce, pour une raison qui aujourd'hui paraît anecdotique : l'État s'est gardé d'imposer l'unicellulaire dans les maisons centrales dont il avait la charge parce que la construction unicellulaire était trop onéreuse. Il la renvoya donc aux maisons d'arrêt qui étaient, depuis 1811, à la charge des départements. C'est ainsi qu'une logique financière est venue renforcer un dogme plus ancien, énoncé par les philosophes des Lumières, ensuite par Alexis de Tocqueville [6] entre autres. Afin de remédier aux trois fléaux qui, selon ce dernier, minaient les prisons (épidémies, homosexualité et récidive), chaque prisonnier devait être séparé des autres. À plus forte raison les prévenus, peut-être innocents. Dogme aujourd'hui encore en vigueur, puisque les nouvelles prisons, dites privées, construites à la demande de l'AP, prévoient d'isoler les prévenus.

Mais l'AP elle-même ne l'a pas toujours fait, loin de là. L'inflation carcérale l'a très souvent contrainte à multiplier, en maison d'arrêt, les occupants de l'unicellulaire. Ce sont les condamnés qui vivent seuls en cellule dans leurs centrales rarement surpeuplées, tout en accédant à une vie sociale interdite aux prévenus, du fait que des activités collectives leur sont proposées et qu'ils ont pu (jusqu'en 2003) circuler et fréquenter en détention d'autres prisonniers.

D'où une contradiction, qui n'est certes pas propre à l'institution prison : les grands principes fondateurs, jamais abandonnés, se heurtent à des réalités concrètes devant lesquelles ils doivent, de gré ou de force, s'incliner.

Mais ce paradoxe débouche sur d'autres, plus fondamentaux.

Pendant que les *think tanks* du XIXe siècle à nos jours discouraient sans discontinuer sur le sens de la peine, moyenne ou longue, les autorités multipliaient les maisons d'arrêt, prisons juridiquement sans peine puisque hébergeant des prévenus « présumés innocents » car non encore jugés, ainsi que des condamnés à de courtes peines (un an maximum), soit l'écrasante majorité des sortants de prison.

De sorte qu'« aujourd'hui, s'indigne Demonchy, plus de neuf détenus sur dix font toute leur détention en maison d'arrêt et le petit dixième restant a été formé et déformé par la vie carcérale de la maison d'arrêt avant d'aller dans un établissement pour peine ».

Les seuls à qui on n'a jamais demandé leur avis sont les prisonniers : sans doute auraient-ils répondu qu'ils aimeraient avoir le choix, très personnel, entre solitude et cohabitation.

Demonchy est de ceux, quasiment unanimes aujourd'hui, qui souhaitent promouvoir une vie sociale en prison, surtout dans les maisons d'arrêt. Quoi de plus logique, en effet, pour des prisonniers qu'on dit asociaux, et qu'il s'agit de réinsérer – c'est-à-dire de rendre aptes à participer à la vie sociale hors des murs –, quoi de plus logique que de les y préparer ? Or les projets de vie sociale en maisons d'arrêt ont presque toujours avorté. (On conviendra que la cohabitation de plusieurs personnes, vingt-trois heures sur vingt-quatre, dans un mouchoir de poche, ne saurait être qualifiée de « vie sociale ».)

« Comble de l'absurde [conclut Demonchy], l'encellulement de jour et de nuit prescrit aux prévenus est censé les préserver de la vie carcérale et donner l'illusion que la cellule/salle d'attente n'est pas un lieu de peine. [...] En réalité, le prévenu est pénalisé par l'innocence présumée qu'on lui impose : la vie carcérale est plus pénible en maison d'arrêt qu'en établissement pour peine [7]. »

Vieilles lunes

L'historien relève, de son côté, ce recours anachronique de l'institution à des dogmes surannés : des pratiques jugées aujourd'hui anormales, inadaptées, voire incompréhensibles sont en réalité les héritières en droite ligne d'idéologies courantes au début du XIXe siècle et qui s'expliquaient alors parfaitement. Il en va ainsi du recours à l'isolement mais aussi de la règle du silence (encore attestée en 2004 dans une MAF), tous deux issus d'une tradition monacale qui elle-même remonte au Moyen Âge.

Parmi les vieilles lunes auxquelles souscrit encore l'AP (du bout des lèvres, il est vrai), notons enfin la théorie de la rédemption du prisonnier, devenue celle de la réinsertion. Dans les deux cas, il s'agit de transformer la personne détenue, perçue comme Mauvaise, de l'amener au Bien, pour son Bien, et pour le Bien de la société.

Ainsi l'institution prison prend soin, comme elle l'a toujours fait, de se pourvoir d'une fonction utile qui légitimerait son pouvoir sur l'homme enfermé. Car elle ne se satisfait jamais longtemps de sa mission purement sécuritaire, punitive : enfermer. On ne sait dans quelle mesure l'ambition rédemptrice a pu atteindre son but dans le lointain passé. On sait, depuis quarante ans que sont mesurés les taux de récidive – au sens du « retour en prison » – qu'elle échoue avec constance, puisque bon an, mal an environ 50 % (en moyenne) des prisonniers libérés retournent tôt ou tard à la case départ. « À bientôt ! » disent les surveillants aux libérés. Quelque chose, donc, ne fonctionne pas dans la théorie et/ou dans la pratique de la réinsertion à laquelle la Pénitentiaire ne consacre d'ailleurs que quelques centièmes de son budget.

Tout en s'arc-boutant sur des positions pour le moins dépassées, la Pénitentiaire – mais aussi, derrière elle, la justice, la société – s'avère incapable de produire, ou d'obtenir, les conditions indispensables à sa mission rédemptrice ou post-rédemptrice : la prison elle-même fait tout pour désinsérer ses occupants plus encore qu'ils ne l'étaient à l'entrée, aucune préparation à la sortie n'étant réellement mise en œuvre, et très peu d'accompagnement des sortants.

Sorties sèches

Quatre-vingts pour cent des condamnés sortent de prison sans aménagement de peine (sortie dite « sèche »), alors que les permissions de sortir et surtout la libération conditionnelle, assortie de mesures d'accompagnement global, de soutien social et de contrôle, restent les gages les plus sûrs d'une réinsertion ultérieure. Tout le monde le sait, à commencer par les fonctionnaires régulièrement mandatés par le ministère pour produire sur la question des rapports unanimes… et ignorés dès qu'il s'agit d'agir [1]. Les décideurs sont sans doute de bonne foi lorsqu'ils disent manquer de moyens. Toujours est-il que la libération conditionnelle n'est accordée qu'à six pour cent des condamnés. Pour les autres, l'après-prison sera la pire des épreuves : faute de suivi socio-judiciaire, faute de ressources – au mieux réduites à un dérisoire pécule de sortie –, faute de liens affectifs – distendus ou rompus –, faute de travail – rarissime –, les libérés resteront enchaînés à un casier judiciaire dissuasif pour un très éventuel employeur, et à des trous dans leur CV. Ceux qui tentent alors de reprendre leur vie en main risquent fort d'opter pour la délinquance dont ils connaissent déjà le chemin. Ainsi, « la prison est partie prenante de la construction sociale du crime [8] ».

En somme, la pratique pénitentiaire, mais aussi judiciaire, sociétale, œuvre avec constance à faire obstacle à la mission dont s'investit l'institution.

Mais notre liste de contradictions est loin d'être close :

— Depuis deux cents ans la prison se veut exempte de peines corporelles et pourtant vivre en prison, c'est subir de multiples atteintes aux corps. Sans même parler de celles qu'inflige – ou infligeait – le personnel aux prisonniers. Ces peines corporelles qui ne disent pas leur nom n'ont jamais disparu des prisons.

— Si, comme le veut notre système judiciaire, on tient l'individu pour seul responsable de ses actes ; si, dans l'attente d'une hypothétique réinsertion, on exige du condamné qu'il se responsabilise, pourquoi lui refuser tout exercice de sa responsabilité ?

— Est-il possible de remodeler un homme en le punissant ?

— N'y a-t-il pas contradiction entre désir de punir et volonté de sauver ?

— « Comment les gens peuvent-ils devenir respectueux du

1. Démographe chevronné, Pierre-Victor Tournier en a fait paraître, à lui seul, au moins trente-deux depuis 1981, sur tous les supports possibles, fondés non sur des vœux pieux mais sur d'imparables statistiques.

droit s'ils risquent le mitard dès qu'ils essaient de faire respecter le leur ? » (question du détenu Patrick Champin) [9] ; « Ceux qui prônent le respect de la loi et veulent une prison où règne l'arbitraire sont dans la pire des contradictions », complète Paul Thibaud dans *Esprit* [10].

Casabianda

Casabianda sera notre dernier exemple. Il serait dommage en effet de laisser un seul lecteur dans l'ignorance de notre unique prison heureuse, opportunément reléguée en Corse, et « qui détonne dans le paysage carcéral. Une prison qui ne tient pas à faire parler d'elle. Et qui sait fort bien se faire oublier », signale le reporter de *Libération* qui l'a visitée [11]. Une immense prison de 1460 hectares, sans mur d'enceinte, sans barbelés, sans mitard, sans barreaux, avec un minimum de gardiens. Une prison d'où les cent cinquante-neuf prisonniers, qui possèdent les clés de leurs cellules, ne songent pas à s'évader. Tous travaillent. Les uns exploitent une forêt d'eucalyptus, les autres cultivent champs et potagers, d'autres encore sont bergers ou éleveurs. De repos à midi, ils se baignent dans la mer toute proche.

La plupart des détenus purgent ici, pour crimes et délits sexuels, des peines déjà entamées sur le continent. Triés sur le volet par le CNO [1], ce sont, explique le directeur, des gens calmes, sans problème de discipline, désirant réellement se réinsérer, et qui, pour beaucoup, l'étaient déjà avant leur incarcération : « S'ils posaient de sérieux problèmes dans leur sphère privée, nos détenus étaient souvent bien insérés socialement. »

Des prisonniers modèles comme leur prison, dont l'un s'exprime ainsi : « Je comprends que des gens soient heurtés : on a commis le pire des crimes et on se retrouve ici ! Mais ici, les miradors et les barbelés, ils sont dans la tête. C'est de notre

1. Centre national d'orientation, à Fresnes, où l'AP envoie pour six semaines des condamnés à dix ans ou plus afin de les affecter à tel type de centrale ou centre de détention. Une « observation scientifique » est menée par un surveillant, un travailleur social, un psychologue, un psychiatre, des administratifs. L'observation comprend des tests psychotechniques [12].

responsabilité de ne pas franchir les limites. Une manière d'intégrer les interdits et donc d'apprendre à se re-socialiser. »

Si l'on jette un regard sur d'autres pays, on s'aperçoit que Casabianda n'est pas tout à fait unique. Il existe, en Scandinavie notamment, des prisons apparentées à ce modèle quoique adaptées aux systèmes pénitentiaires nationaux. Ces autres Casabianda sont les fruits de mûres et parfois séculaires réflexions sur ce que doit être la prison, son utilité pour une société démocratique et pour les hors-la-loi. Sans doute les responsables ont-ils réfléchi en outre aux meilleurs moyens de réinsérer ces derniers, expérimenté différents modèles et décidé enfin que certaines, ou la plupart, des prisons du pays seraient conformes au plus prometteur d'entre eux.

En France, les choses se sont passées autrement. La réflexion, si elle a eu lieu, a abouti à un résultat diamétralement opposé.

De bagne, à l'origine, Casabianda devint par la suite une prison française ordinaire qui, remodelée, retouchée, se mua lentement, à partir de 1948, en la prison modèle qu'elle est aujourd'hui. Modèle que certains ont jugé scandaleux, source d'inégalités inadmissibles entre les prisonniers de Casabianda et les continentaux. Certes, Casabianda prête le flanc à d'autres critiques. Pourtant, Casabianda est toujours là, mais toujours unique. Aucun responsable n'a, à notre connaissance, songé à multiplier les Casabianda. Ni à éliminer cette prison corse qui demeure une pièce littéralement détachée, inassimilable au modèle continental et quelque peu embarrassante pour l'AP : « La prison de Casabianda n'est pas près d'être clonée, remarque *Libération*. D'ailleurs, l'administration pénitentiaire n'est pas très bavarde sur ce qui est "une expérience et doit le rester, précise un responsable. Le paysage pénitentiaire a mille autres priorités". »

Admettre et maintenir dans le même giron pénitentiaire français une pareille exception aux côtés du modèle dominant de nos prisons continentales n'est pas cohérent. C'est là, nous semble-t-il, que réside une ultime contradiction. On pouvait choisir, on ne l'a pas fait.

Que l'on soit pour ou contre l'abolition des prisons, force est de constater que l'institution s'enferre dans ces contradictions, structurelles et conjoncturelles, qui la paralysent ou du moins la rendent peu perméable au changement. Pour autant, elle n'est pas de ce fait condamnée à disparaître. Il se peut que ses contradictions, loin de lui être fatales, contribuent à sa longévité. N'a-t-elle pas déjà deux cents ans ou presque ?

Comment j'ai écrit ce livre

Ma seule « méthodologie » a consisté en la recherche de témoignages de prisonnier(e)s des années 1970-1980. Je n'ai pas eu à chercher bien loin : ils ont déjà été publiés dans leur majeure partie et certains réédités tout récemment. Il y en a tellement qu'il ne m'a pas paru indispensable d'en recueillir autant par des entretiens de vive voix avec d'anciens prisonniers de l'époque. D'autant qu'après trente ou quarante ans la mémoire de ces anciens peut être défaillante. Le hasard, et une annonce dans *Libération*, m'ont permis d'en recruter cinq, dont deux, particulièrement riches, émanent de prisonnières.

Restait à fournir l'indispensable toile de fond : l'histoire de cette décennie, limitée toutefois aux éléments pouvant éclairer les témoignages. Cette histoire-là n'avait pas été écrite en un seul volume, mais en pièces détachées qu'il a fallu assembler, difficilement : écrits de spécialistes (politologues, juristes, psychiatres, sociologues, etc.), articles de journaux, etc.

À un moment, la parole des prisonniers s'est faite extrêmement rare, alors que j'en avais le plus besoin. Pendant l'été 1974, alors que les révoltes faisaient rage, les témoignages de détenus se volatilisent, sans que l'on sache pourquoi. Comment faire alors notre tour de France des prisons en ébullition ? Faute de mieux, j'ai consulté la presse qui, en cet été brûlant, commentait abondamment, et à la une, les mutineries (mais pas les révoltes plus tranquilles). Cantonnés à l'extérieur des établissements « chauds », les journalistes – sauf rares exceptions – ne m'ont pas appris grand-chose sur l'intérieur et s'accordaient rarement sur les faits.

Quelques journalistes ont par contre laissé de précieuses indications sur les établissements qu'ils ont pu visiter par temps calme. Mais ce furent des visites guidées. Ils étaient de passage et n'ont pas pu tout voir.

Fallait-il alors consulter les archives de l'AP, où doivent se trouver entre autres des rapports des directeurs de prison ? Mais justement ces rapports, adressés à des supérieurs hiérarchiques, ne dissimuleraient-ils pas, dans un but d'autojustification, certaines défaillances, certaines erreurs, leur propre responsabilité dans ces révoltes et dans leur répression ? Et pour accéder aux archives, il faudrait des autorisations. L'AP serait-elle bien disposée à l'égard d'une chercheuse indépendante qu'aucune structure de recherche ne finance, qu'aucun professeur n'épaule ni ne cautionne ? Enfin, les archives des prisons de province se trouvent, paraît-il, dans leurs départements respectifs. La chercheuse n'était pas en mesure d'effectuer à fonds perdu un tour de France des archives de l'AP.

Au fond, elle ne voulait rien demander à cette administration qu'elle ne porte pas dans son cœur. Aussi a-t-elle finalement renoncé aux archives des prisons… Elle a seulement contacté, à des fins d'information, trois ou quatre fonctionnaires de l'AP. Les choses se sont assez mal passées avec l'un d'eux.

Par contre, elle a établi les meilleures relations avec les dévouées bibliothécaires du centre de documentation de la direction de l'administration pénitentiaire, toutes ignorant ses mauvaises intentions. Un grand merci à elles.

Par ailleurs, je remercie vivement pour leurs remarques, informations et relecture du manuscrit : Bernard Bolze, fondateur de l'Observatoire international des prisons ; François Colcombet, cofondateur du Syndicat de la magistrature ; Christophe Danton, ancien délégué général d'Arcat-sida ; Henri Leclerc, avocat ; Serge Livrozet, ancien détenu, fondateur du *CAP. Journal des prisonniers* ; Gabriel Mouesca, ancien détenu politique et ancien président de l'OIP ; Michelle Perrot, historienne ; Jacques Trentesaux, rédacteur en chef à *L'Express*.

Que Claude et Blanche, anciennes détenues, trouvent ici l'expression de mon infinie reconnaissance. Car je les ai exploitées, questionnées, re-questionnées sans relâche, fait lire et relire leurs témoignages exceptionnels. Pour l'une d'elles, ces souvenirs étaient au-delà du supportable. Qu'elle me pardonne.

Un grand merci également à ceux et celles qui nous ont confié les illustrations comprises dans ce livre : Olivier Aubert, photographe ; la Bibliothèque internationale de documentation contemporaine-BDIC et ses bibliothécaires Cyril Burté et Franck Veyron ; Bernard Bolze, photographe et contrôleur pour le Contrôleur général des lieux de privation de liberté Jean-Marie Delarue, et ce dernier qui nous a autorisés à publier les photos de celui-ci ; Nicolas Drolc, cinéaste, David Benassayag, David Barriet et Béatrice Didier des éditions Le Point du Jour pour nous avoir fournis la photographie de Gérard Drolc en couverture ; les éditions Gallimard pour nous avoir permis de reproduire la couverture de *La Révolte de la centrale Ney* ; Catherine Réchard, cinéaste, photographe, pour les photos tirées de son *Système P* (Éditions Alternatives).

Bibliographie

Sauf mention particulière, les textes ci-dessous ont tous été publiés à Paris.

ADMINISTRATION PÉNITENTIAIRE, *Rapports annuels* (*RAAP*) 1970-1980.

AGRET Roland, *Mon combat est le vôtre*, Grasset, 1977.

—— *Coupable d'innocence*, Ramsay, 1984.

—— *Et si vous saviez ! La prison au quotidien*, Plon, 1987.

—— *L'Amour enchristé*, Blanche, 1998.

—— *Mon corps en otage*, Éditions Hugo, 2006.

ARMAZET André (prête-nom des chercheurs du CERFI, proche du GIP), *Tout savoir sur les prisons*, Filipacchi, 1973.

ARTIÈRES Philippe, « La Prison en procès. Les mutins de Nancy (1972) », *Vingtième Siècle*, avril-juin 2001, n° 70.

—— QUÉRO Laurent & ZANCARINI-FOURNEL Michelle, postface de DEFERT Daniel, *Le GIP. Archives d'une lutte (1970-1972)*, Éditions de l'IMEC, 2003.

—— SALLE Grégory & LASCOUMES Pierre, « Prison et résistance politique. Le Grondement de la bataille », *Cultures et conflits*, 2004, n° 55, L'Harmattan.

—— & LASCOUMES Pierre, *Gouverner, enfermer. La prison, un modèle indépassable ?*, Presses de Sciences-Po, 2004.

AUBUSSON de CAVARLAY Bruno & GODEFROY Thierry, *Condamnations et condamnés. Qui condamne-t-on ? À quoi ? Pourquoi ?* SEPC, ministère de la Justice, 1981.

—— HURÉ Marie-Sylvie & POTTIER Marie-Lys, *Les Statistiques criminelles de 1831 à 1981*, CESDIP, 1989.

AUROUSSEAU Daniel & LABORDE Marie, *Paroles de bandits*, Seuil, 1976.

BAUER Charlie, *Fractures d'une vie* [1991], Marseille, Agone, 2004.

—— *Le Redresseur de clous*, Le Cherche midi, 2010.

BOLZE Bernard (dir.), *Prisons de Lyon, une histoire manifeste*, Lyon, Lieux Dits (à paraître en septembre 2013).

BOULLANT François, *Michel Foucault et les prisons*, PUF, 2003.

BUFFARD Simone, *Le Froid pénitentiaire. L'impossible réforme des prisons*, Seuil, 1973.

CARLIER Christian, *L'Institution pénitentiaire en crise* – 1957, 1974-1975 (chronologie, sans éditeur), 1989.

—— « Histoire des prisons et de l'administration pénitentiaire française de l'Ancien régime à nos jours »

1re version : www.criminocorpus.cnrs.fr. article.php3?id_article=158

2e version : wwww.criminocorpus.revues.org/246

—— (dir.) & LEU Yannick, *Histoire des prisons de Loos*, Direction régionale des services pénitentiaires de Lille Administration pénitentiaire, 2006.

CARASSO Jean-Pierre & MARTINEAU Christine, *Le Travail dans les prisons*, Champ libre, 1972.

CHARMES Claude, *Le Maximum*, Stock, 1974.

CHAUVENET Antoinette, ORLIC Françoise, ROSTAING Corinne, *La Violence carcérale en questions*, PUF, 2008.

COMBESSIE Philippe, *Sociologie de la prison*, La Découverte, 2009.

COMITÉ VÉRITÉ TOUL, *La Révolte de la centrale Ney*, Gallimard, 1973.

DAGUE Jean-Claude, *Le Dénommé*, Olivier Orban, 1981.

DAYANT, Dr Charles, *J'étais médecin à la Santé*, Presses de la Cité, 1972.

DEJENNE Jean-Michel, *Le Secrétariat d'État à la condition pénitentiaire* (mémoire), École nationale d'administration pénitentiaire (ENAP), Agen, 2001.

DELBAERE Loïc, *Le Système pénitentiaire à travers les luttes des détenus de 1970 à 1987*, prison.eu.org/spip.php?rubrique1589.

DEMONCHY Christian, *Éloge de la prison*, Arpenter le champ pénal (APC) n° 82, http://pierre-victortournier.blogspot.fr/

DORLHAC DE BORNE Hélène, *Changer la prison*, Plon, 1984.

DUCHÉ Natacha & GRANSAC Ariane, *Prisons de femmes*, Denoël, 1982.

DURKHEIM Émile, *Le Suicide. Étude de sociologie*, Alcan, 1897.

ERHEL Catherine & LEGUAY Catherine, *Prisonnières*, Stock, 1977.

ERIBON Didier, *Michel Foucault*, Flammarion, 1989.

FAUGERON Claude (dir.), « Les Politiques pénales », *Problèmes politiques et sociaux*, 1992, n° 688.

FAVARD Jean, *Le Labyrinthe pénitentiaire*, Le Centurion, 1981.

—— *Des Prisons,* Gallimard, 1987.

FIZE Michel, *Qui sont-ils ? Essai de définition de la population des entrants de prison* (rapport), Travaux et documents, n° 13, CNERP-DAP-ministère de la Justice, 1981.

—— *et al.*, *L'Isolement cellulaire dans les établissements pénitentiaires français. Exclusion, isolement ou quasi-isolement déguisé ? Le cas très particulier des « quartiers de haute sécurité »* (rapport), t. I et II, Travaux et documents n° 29, CNERP-DAP-ministère de la Justice, 1984.

FOUCAULT, Michel, *Surveiller et punir. Naissance de la prison*, Gallimard, 1975.

—— *Dits et écrits*, vol. 1 à 4, Gallimard, 1994.

GARAPON Antoine & SALAS Denis (dir.), *La Justice et le mal*, Odile Jacob, 1997.

GÉRARD Nicole, *Sept ans de pénitence*, Robert Laffont-Opera Mundi, 1972.

GIP (Groupe d'information sur les prisons), *Intolérable,* série de quatre brochures, Champ libre, 1971 :

- « Enquête dans 20 prisons », Champ libre, 1971.
- « Enquête dans une prison "modèle" : Fleury-Mérogis », Champ libre, 1971.
- « Cahiers de revendications sortis des prisons lors des récentes révoltes », Maspero, 1972.
- « Suicides de prison », Gallimard, 1973.

GOFFMAN Erving, *Asiles. Études sur la condition sociale des malades mentaux et autres reclus*, Minuit, 1968.

GOLDMAN Pierre, *Souvenirs obscurs d'un Juif polonais né en France*, Seuil, 1975.

GONIN Dr Daniel, *La Santé incarcérée,* L'Archipel, 1991.

—— *Médecine et conditions de vie en détention et pathologies somatiques*, L'Archipel, 1991.

GUÉNO Jean-Pierre (dir.), *Paroles de détenus*, Librio/Radio-France, 2000. [Pour 2 €, tout ce qu'on a besoin de savoir sur les prisonniers.]

GUILBAUD Fabrice, *Des travailleurs en quête de liberté. Sociologie du travail pénitentiaire* (thèse), Paris X-Nanterre, 2008.

HAMON Hervé & ROTMAN Patrick, *Génération 2. Les années de poudre*, Seuil, 1987.

HIVERT Dr Paul, *Revue pénitentiaire et de droit pénal (RPDP)*, juil.-sept. 1970, avril.-juin 1971, janv.-mars 1973, janv.-mars 1976, oct.-déc. 1976, avril-juin 1980.

KNOBELSPIESS Roger, *QHS*, préface de Michel Foucault, Stock, 1980.

KOEHL Daniel, *Révolte à perpétuité* (document recueilli par Léonore Le Caisne), La Découverte, 2002.

KUNSTLÉ Marc & VINCENT Claude, *Le Crépuscule des prisons*, Julliard, 1972.

LAMBERT Christophe, *Derrière les barreaux*, Michalon, 1999.

LANGLOIS Denis, *Les Dossiers noirs de la justice française*, Seuil, 1975.

LE CAISNE Léonore, *Prison. Une ethnologue en centrale*, Odile Jacob, 2000.

—— *Avoir 16 ans à Fleury*, Seuil, 2008.

LESAGE DE LA HAYE Jacques, *La Guillotine du sexe*, Robert Laffont, 1978.

LHUILIER Dominique & LEMISZEWSKA Aldona, *Le Choc carcéral. Survivre en prison*, Bayard, 2001.

—— *et al.*, *VIH-sida et santé. Représentations et pratiques des personnes incarcérées* (rapport), Laboratoire du changement social, université de Paris-VII, 1999.

LIVROZET Serge, *La Rage des murs*, Mercure de France, 1974.

—— *Aujourd'hui la prison*, Hachette, 1976.

—— *De la prison à la révolte*, Mercure de France, 1973.

LUCAS Claude, *Suerte. L'exclusion volontaire*, Plon, 1996.

MARCHETTI Anne-Marie, *Perpétuités. Le temps infini des longues peines*, Plon, 2001.

MESRINE Jacques, *L'Instinct de mort*, Jean-Claude Lattès, 1977.

MONNEREAU Alain, *La Castration pénitentiaire*, Lumière et justice, 1981.

MONTANDON Cléopâtre & CRETTAZ Bernard, *Paroles de gardiens, paroles de détenus*, Masson, 1981.

MOUESCA Gabriel, *Prison@.net. Journal d'une « longue peine »*, Gatuzain, 2001.

—— *La Nuque raide*, Philippe Rey, 2006.

MUCCHIELLI Laurent, *Violence et insécurité. Fantasmes et réalités dans le débat français*, La Découverte, 2001.

OIP (Observatoire international des prisons-section française), *Les Conditions de détention en France*, 1996, (éditions 2001, 2003, 2005, 2011), La Découverte).

—— *Le Guide du prisonnier*, 1996 L'Atelier (éditions 2004, 2005, 2012 à la Découverte.

—— *Prisons. Un état des lieux*, L'Esprit frappeur, 2000.

—— *Guide du sortant de prison*, La Découverte, 2006.

PAUCHET Catherine, *Les Prisons de l'insécurité*, Éditions Ouvrières, 1982.

PERROT Michelle, « La Leçon des ténèbres. Foucault et la prison », *Actes – Cahiers d'action juridique*, été 1986, n° 54.

—— *Les Ombres de l'Histoire*, Flammarion, 2001.

PETIT Jacques-Guy. *et al.*, *Histoire des galères, des bagnes et des prisons de France*, Toulouse, Privat, 1991.

PORTELLI Serge, *Récidivistes. Chroniques de l'humanité ordinaire*, Grasset, 2008.

QUADRUPPANI Serge, *Un coupable idéal. Roger Knobelspiess*, Maurice Nadeau, 1985.

ROUILLAN Jann-Marc, *Chroniques carcérales 2003-2007*, Marseille, Agone, 2008 (d'autres ouvrages de l'auteur sur le sujet sont publiés chez le même éditeur).

SALLE Grégory, *Le GIP ou le refus de l'« intolérable »* (mémoire de DEA), Institut d'études politiques, 2000.

—— *La Part d'ombre de l'État de droit. La question carcérale en France et en RFA depuis 1968*, Éditions de l'EHESS, 2009.

SEYLER Monique, *L'Application de la réforme de 1975 dans les établissements pénitentiaires* (rapport), DAP-ministère de la Justice, 1980.

—— « La Banalisation pénitentiaire ou le vœu d'une réforme impossible », *Déviance et Société*, IV, 2, 1980.

SOULIÉ Christophe, *Liberté sur paroles. Contribution à l'histoire du « Comité d'action des prisonniers »*, Bordeaux, Analis, 1995.

TOURNIER Pierre-Victor & CHEMITHE Philippe, *Contribution statistique à l'étude des conduites suicidaires en milieu carcéral*, 1975-1978 (rapport), t. I et II, CNERP-DAP-ministère de la Justice, 1979.

—— & DUPONT Véronique, *Le Retour en prison*, Travaux et documents n° 14, CNERP-DAP-ministère de la Justice, 1982.

—— *Contribution à la connaissance de la population des personnes incarcérées – 1968-1981*, t. I, II, III. Travaux et documents n° 30, mai 1981, CNERP-DAP-ministère de la Justice.

—— *Dictionnaire de démographie pénale*, L'Harmattan, 2010.

VARENNES Henri, « Des prisons, pour quoi faire ? », *Politique aujourd'hui*, avril-mai 1972.

VASSEUR Véronique, *Médecin chef à la prison de la Santé*, Le Cherche midi, 2000.

—— & MOUESCA Gabriel, *La prison doit changer, la prison va changer, avait-il dit*, Flammarion, 2011.

VERON Eliseo, *Construire l'événement. Les médias et l'accident de Three Mile Island*, Minuit, 1981.

VIGO Me René, *Tragédie à Clairvaux*, Flammarion, 1974.

WACQUANT Loïc, *Les Prisons de la misère*, Raisons d'agir, 1999.

WELZER-LANG Daniel (dir.), MATHIEU Lilian, FAURE Michaël, *Sexualités et violences en prison*, Observatoire international des prisons (Lyon)/Aléas, 1996.

ZAMOUM Ali, *Le Pays des Hommes libres – mémoires d'un combattant algérien, 1940-1962*, Grenoble, La Pensée sauvage, 1998.

Journaux et périodiques

Journal des prisonniers dit le *CAP*, Comité d'action des prisonniers, 1972-1981.

L'Envolée (périodique critique du système carcéral et judiciaire fondé en 2001).

Esprit, notamment les n° de février 1972, juillet-août 1972, octobre 1972, novembre 1974, novembre-décembre 1979, octobre 1995 (« Vingt ans après »).

Libération, *Le Monde*… (lire la note n° 6, p. 379).

Dedans Dehors (revue de l'OIP)

Le Passe-Murailles, revue du GÉNEPI (Groupement étudiant national d'enseignement aux personnes incarcérées, créé en 1976). 34 numéros spéciaux sur tous les problèmes majeurs de la vie carcérale.

Sites internet consacrés à la prison et à la justice

Hebdomadaires, les ACP (directeur : P.-V. Tournier) sont archivés sur http://arpenter-champ-penal.blogspot.fr/.

http://acp.hypotheses.org/ : site d'OPALE (Observatoire des prisons et autres lieux d'enfermement). Statistiques, récentes pour la plupart, réunies par P.-V. Tournier.

http://www.cglpl.fr : site du contrôleur général des lieux de privation de liberté.

http://www.collection-privee.org/ : site créé à partir de l'immense bibliothèque criminologique de Philippe Zoummeroff.

http://criminocorpus.cnrs.fr/ : le portail de l'histoire de la justice, des crimes et des peines.

http://lejournalenvolee.free.fr/: « feuille de chou pour en finir avec les prisons ».

http://www.oip.org/ : site de l'Observatoire international des prisons -section française.

http://prison.eu.org/ : site de l'association Ban public.

Notes

Préface

1. Roger Knobelspiess, *QHS*, Stock, 1980, p. 140-141.

2. Michel Foucault, *Surveiller et punir*, Gallimard, 1975.

3. Simone Buffard, *Le Froid pénitentiaire*, Seuil, 1973.

4. Anne Guérin, *Les Pollueurs. Luttes sociales et pollution industrielle*, Seuil, 1980.

5. Henri Leclerc, *Un combat pour la justice. Entretien avec Marc Heurgon*, La Découverte, 1994.

I. Panoramiques

1. André Armazet, *Tout savoir sur les prisons*, Filipacchi, 1973, p. 104-105.

2. Cité par André Armazet, p. 110.

3. *Ibid.*, p. 45 et 47.

4. GIP, *Enquête dans une prison « modèle » : Fleury-Mérogis*, Champ libre, 1971, p. 25. On nommera désormais cette brochure *Fleury-Mérogis*.

5. Dr Charles Dayant, *J'étais médecin à la Santé*, Presses de la Cité, 1972, p. 245.

6. Roland Agret, *Et si vous saviez !* Plon, 1987, p. 39.

7. *Le Journal des prisonniers* (dit « le CAP » car publié par le Comité d'action des prisonniers), mai 1975, n° 26.

8. Réponse à un questionnaire du Groupe d'information sur les prisons (GIP) *in* Philippe Artières, Laurent Quéro et Michelle Zancarini-Fournel (prés.), *Le GIP. Archives d'une lutte*, Éditions de l'IMEC, 2003, p. 11. Désormais nommé *GIP-Archives*.

9. *Le Froid pénitentiaire*, *op. cit.*, p. 31.

10. André Armazet, *op. cit.* p. 45.

11. Organisation (maoïste) des prisonniers politiques (OPP), *GIP-Archives*, *op. cit.*, p. 34.

12. *Fractures d'une vie* (1990), Agone, 2004, p. 83.
13. *CAP*, mai 1975, n° 26.
14. *CAP*, mai 1973, n° 6.
15. Organisation (maoïste) des prisonniers politiques (OPP) *in GIP-Archives, op. cit.*, p. 34-35.
16. *CAP*, mai 1973, n° 6.
17. *CAP*, octobre 1975, n° 30.
18. OPP, *GIP-Archives, op. cit.*, p. 34-35.
19. *Changer la prison*, Plon, 1984, p. 37-38.
20. *Ibid.*, p. 93.
21. Charlie Bauer, *Fractures…, op.cit.*, p. 205 et 82.
22. Comité Vérité Toul, *La Révolte de la centrale Ney*, Gallimard, 1973, p. 27.
23. *Ibid.*
24. GIP, *Fleury-Mérogis, op. cit.*, p. 30.
25. Charlie Bauer, *Fractures…, op. cit.*, p. 84.
26. Robert Badinter, *La Prison républicaine (1871-1914)*, Fayard, 1992, p. 391.
27. *Le Figaro*, 30 novembre 1970.
28. Charlie Bauer, *Fractures…, op. cit.*, p. 132.
29. *CAP*, n° 36.
30. GIP, *Fleury-Mérogis, op. cit.*, p. 40.
31. Roland Agret, *Mon corps en otage*, Hugo, 2006, p. 75.
32. Comité Vérité Toul, *La Révolte…, op. cit.*, p. 118.
33. Selon le Dr Édith Rose, *ibid.*, p. 165.
34. Daniel Aurousseau & Marie Laborde, *Paroles de bandits*, Seuil, 1976, p. 96.
35. GIP, *Fleury-Mérogis, op. cit.* p. 26.
36. *Ibid.*, p. 25.
37. *Ibid.*, p. 26.
38. Lettre d'un détenu de Pontaniou, citée par *Libération* du 1er septembre 1975.
39. Novembre 1975, n° 31.
40. Charlie Bauer, *Fractures…, op. cit.* p. 94.
41. Selon d'anciens détenus interrogés dans *Les Prisons aussi* (1973), documentaire d'Hélène Châtelain et René Lefort.
42. GIP, *Fleury-Mérogis, op. cit.*, p. 21.
43. GIP-Archives, *op. cit.*, p. 144.
44. *Mon corps…, op. cit.*, p. 70.
45. *CAP*, mars 1973, n° 4.
46. OPP, *GIP-Archives, op. cit.*, p. 35.
47. Claude Lucas, *Suerte. L'exclusion volontaire*, Plon, 1996, p. 426.
48. GIP, *Fleury-Mérogis, op. cit.*, p. 23.
49. *Ibid.*, p. 28.
50. Catherine Erhel & Catherine Leguay, *Prisonnières*, Stock, 1977, p. 113.
51. Claude Lucas, *Suerte, op. cit.*, p. 446.
52. OPP, *GIP-Archives, op. cit.* p. 35.
53. GIP, *Fleury-Mérogis, op. cit.*, p. 12-13.
54. Roland Agret, *Mon corps…, op. cit.*, p. 79.

55. Dr Daniel Gonin, *Psychothérapie de groupe du délinquant adulte en milieu pénitentiaire*, Masson et Cie, 1967, p. 31.

56. Stéphane Legrand, *Les Normes chez Foucault* (Presses universitaires de France, 2007, p. 58) cité par Jean Bérard et Gilles Chantraîne, « Mai 1968 et les prisons », *Vacarme*, été 2008, n° 44, p. 77-78.

57. GIP, *Fleury-Mérogis, op. cit.*, p. 36.

58. Léonore Le Caisne, *Avoir seize ans à Fleury*, Seuil, 2008, p. 191.

59. *CAP*, janvier 1973, n° 2.

60. GIP, *Fleury-Mérogis, op. cit.*, p. 19.

61. *Ibid.*, p. 3. Peut-être a-t-il séjourné dans cet « atroce "grand mitard spécial" de Fleury [qui] n'est prévu nulle part dans le CPP » (*Ibid.*, p. 16).

62. Michel Foucault, *Surveiller…*, *op. cit.*, p. 62 *et sq.*

63. *Le Désir de punir*, Fayard, 1979, p. 201-202.

64. *Ibid.*, p. 206.

65. Jean-Marie Domenach, *Esprit*, juillet-août 1972, p. 48-49 ; *GIP-Archives*, *op. cit.* p. 264.

66. Enquête réalisée par le CERFI. Pour une version détaillée, dont s'inspire Henri Varennes (« Des prisons, pour quoi faire ? », *Politique aujourd'hui*, avril-mai 1972, p. 24 *et sq.*), lire André Armazet, *Tout savoir…*, *op. cit.*, p. 38-40. D'autres auteurs consultés, comme Philippe Robert *et al.* (*Les Comptes du crime*, L'Harmattan, 1994), parviennent peu ou prou aux mêmes conclusions.

67. « Traitements, peines et infractions », *L'Année sociologique*, 1985, n° 35, p. 93.

68. Henri Varennes, « Des prisons, pour quoi faire ? », *Politique aujourd'hui*, avril-mai 1972.

69. Bruno Aubusson de Cavarlay & Thierry Godefroy, *Condamnations et condamnés. Qui condamne-t-on ? À quoi ? Pourquoi ?* (rapport sur les années 1972-1976), Service d'études pénales et criminologiques, ministère de la Justice/CNRS, 1981, p. 79. Par définition, les « marginaux/sans profession » ne figurent pas sur la liste des CPS.

70. Bruno Aubusson de Cavarlay, « Traitements, peines et infractions », art. cité, p. 291.

71. Laurent Mucchielli, *Violences et insécurité. Fantasmes et réalités dans le débat français*, La Découverte, 2001.

72. *Le Monde*, 12 février 2012.

73. Bruno Aubusson de Cavarlay, « Traitements, peines et infractions », art. cité, p. 308.

74. Michel Foucault *alias* Louis Appert, *Esprit*, novembre 1979, p 105-106.

75. Lettre de Serge Livrozet à Anne Guérin (2006), et *CAP*, septembre-octobre 1979, n° 64.

76. *GIP-Archives*, *op. cit.*, p. 221.

77. Lettre à Anne Guérin (2007).

78. *Ibid.*

79. *Esprit*, art. cité, p. 109.

80. Hélène Bellanger, *Vivre en prison*, Hachette Littérature, 2007, p. 221-222. Daniel Timsit, *Récits de la longue patience. Journal de prison, 1956-1962*, Bouchene-Flammarion, 2002, p. 350-351.

81. Comité Vérité Toul, *La Révolte…, op.cit.*, p. 315.

82. *Ibid.*, p. 55.

83. *Ibid.*, p. 93.

84. Entretien avec Anne Guérin (2008).

85. Lire Erving Goffman, *Asiles. Études sur la condition sociale des malades mentaux et autres reclus*, Minuit, 1990, p. 46 *et sq*.

86. Entretien avec Anne Guérin (2008).

87. *CAP*, avril 1974, n° 16.

88. Entretien avec Anne Guérin (2008).

89. Roland Agret, *Mon corps…, op. cit.*, p. 55-56.

90. Hélène Dorlhac, *Changer la prison, op. cit.*, p. 106-108.

91. Auteur de *Travailleurs en quête de liberté*, thèse de doctorat, université de Paris X-Nanterre, 2009.

92. Comité vérité Toul, *La Révolte…, op. cit.*, p. 222-223.

93. GIP, *Suicides de prison – 1972*, Gallimard, 1973.

94. « L'école des matons », *Le Nouvel Observateur*, 3 mai 1971.

95. Jean-Pierre Guéno (dir.), *Paroles de détenus*, Radio-France/Librio, 2000, p. 133.

96. *Bulletin* du Groupe multi-professionnel des prisons (GMP-Paris), automne 1975, ronéoté.

97. *L'Express*, 19-25 avril 1971.

98. Roland Agret, *Mon corps…, op. cit.*, p. 16.

99. Serge Quadruppani, *Roger Knobelspiess, un coupable idéal*, Maurice Nadeau, 1985, p. 79.

100. Pierre Goldman, *Souvenirs obscurs d'un Juif polonais né en France*, Seuil, 1975, p. 113-116.

101. Roger Knobelspiess, *QHS : quartier de haute sécurité* (1980), Éditions du Rocher, 2007, p. 140-141.

102. Claude Lucas, *Suerte…, op. cit.*, p. 449.

103. Philippe Godard, *Derrière les barreaux. Les prisonniers en France*, Syros, 2006, p. 45.

104. Rapporté par Mme Josette d'Escrivan, assistante sociale. *GIP-Archives*, *op. cit.*, p. 170 *et sq*.

105. *Ibid.*, p. 171.

106. « Histoire des prisons et de l'administration pénitentiaire », criminocorpus.revue.org/246, §85.

107. Roger Knobelspiess, *QHS*, *op. cit.*, p. 109.

108. « Dans le secret de la prison de Fleury-Mérogis », documentaire, France 2, 14 janvier 2009.

109. 8 juillet 1974.

110. *GIP-Archives*, p.166.

111. François Boullant, « 1974 : l'affaire Mirval », *Cultures et conflits*, L'Harmattan, n° 55, p. 97-111.

112. *GIP-Archives*, *op. cit.*, p. 320.

113. Historique du Comité d'action des prisonniers de Saint-Paul – Saint-Joseph, *in CAP*, 15 avril 1973, n° 5.

114. *Ibid.*

115. *Ibid.*

116. *GIP-Archives, op. cit.*, p. 230.

117. Lire Edgar Morin, *La Métamorphose de Plozévet* (Fayard, 1967), qui dépeint les assauts de la modernité dans un village perdu de la Bretagne des années 1960.

118. Jean-Marie Domenach, *in GIP-Archives, op. cit.* p. 236. Sur cette époque, lire Grégory Salle, « Mai 68 a-t-il changé la prison française ? », *Critique internationale*, juillet 2002, n° 16, p. 183-195.

119. *La Rage des murs*, Mercure de France, 1974, p. 220.

120. « La justice pénale et l'opinion publique », *Revue pénitentiaire et de droit pénal (RPDP)*, avril-juin 1978, n° 2, p. 220.

121. Éditorial du *Nouvel Observateur* cité par Hervé Hamon & Patrick Rotman, *Génération 2*, Seuil, 1987, p. 350.

122. *GIP-Archives, op. cit.*, p. 122.

123. *Politique aujourd'hui*, article cité par Jean-Michel Dejenne, *Le Secrétariat d'État à la condition pénitentiaire*, École nationale de l'administration pénitentiaire (ENAP), Agen, 2001, p. 19.

124. *Rouge*, 26 juillet 1974.

125. Michel Foucault alias Louis Appert, *Esprit*, novembre-décembre 1979, p. 109.

126. Cité par Marc Kunstlé & Claude Vincent, *Le Crépuscule des prisons*, Julliard, 1972, p. 74.

127. *Le Figaro*, 19 février 1972.

128. *Le Nouvel Observateur*, 29 juillet 1974.

129. *CAP*, janvier 1977, n° 43.

130. *Esprit*, juillet-août 1972, p. 50-53 et *GIP-Archives, op. cit.*, p. 265-266.

131. Lettre à Anne Guérin (2007).

132. *Le Figaro*, 19 février 1972.

133. *Le Monde*, 23 juillet 1974.

134. Michel Foucault *alias* Louis Appert, *Esprit*, novembre-décembre 1979, p. 109.

135. *Rouge*, art. cité.

136. Daniel Aurousseau & Marie Laborde, *Paroles de bandits, op. cit.*, p. 143.

II. L'engagement des intellectuels

1. Cité *in* Hervé Hamon & Patrick Rotman, *Génération 2. Les années de poudre, op. cit.*, p. 271.

2. *Ibid.*, p. 267.

3. Alain Geismar, entretien avec Anne Guérin (février 2007).

4. Hervé Hamon & Patrick Rotman, *Génération 2, op. cit.*, p. 341.

5. *Ibid.*, p. 352.

6. *Ibid.*, p. 289.

7. « Écrit dans les prisons de France », 30 septembre 1970.

8. Jean-Pierre Le Dantec, *Les Dangers du soleil*, Les Presses d'aujourd'hui, 1978, p. 199.

9. *Ibid.*, p. 201.

10. *La Cause du peuple*, cité par Christophe Soulié, *Liberté sur parole. Contribution à l'histoire du CAP*, Analis, Toulouse, 1995, p. 75.

11. *CAP*, septembre-octobre 1977, n° 49.

12. Brouillon du discours de Toul, *GIP-Archives*, *op. cit.*, p. 155.

13. Hervé Hamon & Patrick Rotman, *Génération 2...*, *op. cit.*, p. 269.

14. André Armazet, *Tout savoir...*, *op. cit.* p. 110.

15. Lire *Les Prisonniers politiques parlent*, François Maspero, 1970.

16. *Le Nouvel Observateur*, 25 janvier 1972.

17. *Esprit*, nov.-déc. 1979. Transcription d'une discussion.

18. *Le Nouvel Observateur*, 25 janvier 1972.

19. Hervé Hamon & Patrick Rotman, *Génération 2...*, *op. cit.*, p. 291.

20. *L'Idiot international*, cité par C. Soulié, *Liberté...*, *op. cit.*, p. 75.

21. *CAP*, décembre 1973, n° 12.

22. Janvier 1978, n° 52

23. Claude Charmes, *Le Maximum*, Stock, 1974, p. 46.

24. Serge Livrozet dans *Rouge*, 24 juillet 1974.

25. Michel Fize, *Qui sont-ils ? Essai de définition de la population des entrants en prison*, Travaux et documents n° 13, décembre 1981, Centre national d'études et de recherches pénitentiaires (CNERP)-DAP-ministère de la Justice, p. 57. Cette recherche a commencé en 1977.

26. Michel Fize cite ici Philippe Robert & Claude Faugeron, *Les Forces cachées de la justice*, Le Centurion, 1980, p. 95.

27. Nouvelle citation de Michel Fize, cette fois de Maurice Cusson, *Délinquants pourquoi ?*, Bibliothèque québécoise, 1981.

28. Marie-Josée Glardon, « Prison et sous-prolétariat », *in La Suisse à l'ombre*, citée par Christophe Soulié, *Liberté...*, *op. cit.*, p. 151.

29. *GIP-Archives*, *op. cit.*, p. 123.

30. Grégory Salle *in* Philippe Artières, Pierre Lascoumes, Grégory Salle, « Prison et résistances politiques. Le grondement de la bataille », *Cultures et conflits*, L'Harmattan, 2004, n° 55, p. 73, note 8.

31. François Boullant, *Michel Foucault et les prisons*, PUF, 2003, p. 9.

32. Michel Foucault, *Dits et écrits*, Gallimard, 1994, t. IV, texte n° 281, p. 81.

33. Daniel Defert *in GIP-Archives*, *op. cit.*, p. 323.

34. Michel Foucault, *Surveiller...*, *op. cit.*, p. 39.

35. *Le Nouvel Observateur*, 17 janvier 1972.

36. Daniel Defert, *GIP-Archives*, *op. cit.*, p. 324.

37. François Boullant, *op. cit.*, p. 16.

38. Lire *Surveiller...*, p. 299-342.

39. Michel Foucault, *Dits et écrits*, *op. cit.*, t. II, texte n° 105, p. 304.

40. Michel Foucault *alias* Louis Appert, *Esprit*, nov.-déc. 1979, p. 102.

41. *GIP-Archives*, *op. cit.*, p. 52.

42. *Ibid.*, p. 82.

43. *Ibid.*, p. 52.

44. GIP, *Enquête dans 20 prisons*, Champ libre, 1971, p. 6-16.

45. Gallimard, 1971.

46. Maspero, 1972.

47. *GIP-Archives*, *op. cit.*, p. 52.

48. *GIP-Archives*, *op. cit.*, p. 244.

49. *CAP*, 15 avril 1973, n° 5.

50. *Libération*, 19 février 1979, cité par Didier Eribon, *Michel Foucault*, Flammarion, 1989, p. 248.

51. Lettre de Serge Livrozet à Anne Guérin (2007).

52. Michel Foucault *alias* Louis Appert, *Esprit*, novembre-décembre 1979, p. 103.

53. *GIP-Archives*, *op. cit.*, p. 324.

54. *Ibid.*, p. 52.

55. *La Voix du Nord*, 26 juillet 1974.

56. Cité par Michelle Perrot, « La leçon des ténèbres. Foucault et la prison », *Actes. Cahiers d'action juridique*, été 1986, n° 54, p. 76-77.

57. Daniel Defert, *GIP-Archives*, *op. cit.*, p. 129.

58. Cité par François Boullant, *Michel Foucault*..., *op. cit.*, p. 55.

59. *GIP-Archives*, *op. cit.*, p. 216.

60. *Ibid.*, p. 235.

61. *Ibid.*, p. 144.

62. François Boullant, *Surveiller et punir aujourd'hui : l'actualité de Foucault*, www.ecorev.org.

63. *GIP-Archives*, *op. cit.*, p. 187 (texte sans doute écrit ou inspiré par Serge Livrozet).

64. Michel Foucault, *Surveiller*..., *op. cit.*, p. 268.

65. *GIP-Archives*, *op. cit.*, p. 71.

66. Michel Foucault, *Dits et écrits*, *op. cit.*, t. IV, texte n° 172.

67. Interview dans *La Croix*, *GIP-Archives*, *op. cit.*, p. 222.

68. *L'Express Rhône-Alpes*, novembre 1973.

69. *L'Express Rhône-Alpes*, art. cité.

III. Premières révoltes, premières réformes

1. Charlie Bauer, *Fractures*..., *op. cit.*, p. 107-115. Ces lignes recoupent le compte-rendu du JAP Petit (Comité Vérité Toul, *La Révolte*..., *op. cit.*, p. 173-174) et celui d'un détenu de Clairvaux (reproduit *in Esprit*, juillet-août 1972, p. 45-46).

2. Me René Vigo, *Tragédie à Clairvaux*, Flammarion, 1974, p. 111.

3. *Le Nouvel Observateur*, 5 août 1974.

4. Comité Vérité Toul, *La Révolte*..., *op. cit.*, p. 175-176.

5. Me René Vigo, *Tragédie*..., *op. cit.*, p. 232.

6. Comité Vérité Toul, *La Révolte*..., *op. cit.*, p. 179. Sur l'affaire Buffet et Bontems, lire aussi H. Bellanger, *Vivre en prison*, *op. cit.*, p. 245-252 ; Pierre Lascoumes & Ghislaine Moreau-Capdevielle, « Presse et justice pénale : un cas de diffusion idéologique », *Revue française de Science Politique*, 1976, vol. 26, n° 1, p. 41-69.

7. Selon le *CAP-Justice*, octobre 1981, n° 7.

8. Comité Vérité Toul, *La Révolte…*, *op. cit.*, p. 110.

9. Comité Vérité Toul, *La Révolte…*, *op. cit.*, p. 109.

10. *Ibid.*, p. 15.

11. Gabriel Mouesca, *La Nuque raide*, Philippe Rey, 2006, p. 99.

12. Comité Vérité Toul, *La Révolte…*, *op. cit.*, p. 15.

13. *Ibid.*, p. 16.

14. Rapport de l'avocat général Schmelck sur Toul, *ibid.*, p. 16.

15. Rapport du Dr Édith Rose *in GIP-Archives*, *op. cit.*, p. 165, publié sur une page entière du *Monde*, payée par Simone Signoret et Michel Foucault entre autres.

16. Dr Rose *in* Comité Vérité Toul, *La Révolte…*, *op.cit.*, p. 19-21.

17. *GIP-Archives*, *op. cit.*, p. 165.

18. Lire Philippe Artières, « Les Mutins, la psychiatre et l'aumônier », *Le Portique*, 2004, n° 13-14 : http://leportique.revues.org/index617.html.

19. Comité Vérité Toul, *La Révolte…*, *op. cit.*, p. 259.

20. Michel Foucault, « Et comme c'est l'usage. Brouillon du discours de Toul », *GIP-Archives*, *op. cit.*, p. 154.

21. Comité Vérité Toul, *La Révolte…*, *op. cit.*, p. 270.

22. *Ibid.*, p. 328.

23. *Ibid.*, p. 312.

24. *Ibid.*, p. 315.

25. *Ibid.*, lettre d'un détenu au Comité Vérité Toul.

26. *Ibid.*, p. 314.

27. *GIP-Archives*, *op. cit.*, p. 155.

28. Comité Vérité Toul, *La Révolte…*, *op. cit.*, p. 187.

29. *Ibid.*, p. 336.

30. Martine Herzog-Evans, *La Gestion du comportement du détenu*, thèse de droit, uiversité de Poitiers, 1994, p. 277 et note 878.

31. Christian Carlier, « Histoire de l'administration pénitentiaire », criminocorpus.revues.org/246. Pour une analyse plus nuancée, voir notre précédent chapitre, « De Mai 1968 au "mai rampant des prisons" ».

32. Hélène Dorlhac, *Changer…*, *op. cit.*, p. 60.

33. Selon Jean-Michel Dejenne, *Le Secrétariat d'État…*, *op. cit.*, p. 11.

34. Rapport annuel de l'AP (désormais abrégé en *RAAP*) 1971, p. 9.

35. *RAAP* 1973, p. 287-288.

36. *Ibid.*, p. 288.

37. *Ibid.*, p. 296.

38. *Ibid.*

39. Cléopâtre Montandon & Bernard Crettaz, *Paroles de gardiens, paroles de détenus*, Masson, 1981, p. 153 et 147.

40. *RAAP* 1973, p. 288.

41. Détenu de la prison de Loos (dont le directeur est pied-noir, lui aussi), *CAP*, juin 1973, n° 7.

42. GIP, *Fleury-Mérogis*, *op. cit.*, p. 18.
43. *RAAP* 1973, p. 291.
44. *Ibid.*, p. 290.
45. Philippe Boucher du *Monde* cité par Christian Carlier, *L'Institution pénitentiaire en crise – 1957, 1974-1975*, chronologie sans éditeur, p. 17.
46. Comité Vérité Toul, *op. cit.*, p. 125-126.
47. *CAP*, février 1975, n° 23.
48. *Ibid.*
49. *RAAP* 1971, p. 8.
50. Serge Livrozet, *La Rage des murs*, Mercure de France, 1974, p. 211.
51. *Le Républicain lorrain*, cité par Philippe Artières, « Les Mutins de Nancy », *Vingtième Siècle*, avril-juin 2001, n° 70, p. 61.
52. Jean-Marie Conraud, *Charles III, une prison en ville, l'histoire de l'enfermement à Nancy*, Metz, éditions Serpenoise, 2009, p. 108.
53. *RAAP* 1971, p. 9.
54. *RAAP* 1972, p. 7.
55. Serge Livrozet, *La Rage…*, *op. cit.*, p. 208.
56. Roger Knobelspiess, *QHS*, *op. cit.*, p. 72.
57. *RAAP* 1971, p. 13.
58. *Ibid.*, p. 7-9.
59. *RAAP* 1972, p. 17.
60. *CAP*, juillet-août 1974, n° 19.
61. *RAAP* 1972, p. 8.
62. *RAAP* 1973, p. 269.
63. *RAAP* 1972, p. 8.
64. *Libération*, 27 septembre 1973.
65. Claude Faugeron, « Les prisons de la IVe République » *in* J.-G. Petit *et al.*, *Histoire des galères, des bagnes et des prisons en France (XIIIe-XXe siècles)*, Toulouse, Privat, 1991, p. 330-336.
66. *Libération*, 5 janvier 1976.
67. *RAAP* 1971, p. 277.
68. *Esprit*, février 1972, p. 19.
69. *Esprit*, juillet-août 1972.
70. Dr Charles Dayant, *Le Nouvel Observateur*, 6 décembre 1971.
71. Maurice Clavel, lettre reproduite *in GIP-Archives*, *op. cit.*, p. 169.
72. Simone Buffard, *Le Froid…*, *op. cit.*, p. 159.
73. Marc Kunstlé & Claude Vincent, *Le Crépuscule…*, *op. cit.*, p. 10.
74. *Ibid.*, p. 161.
75. Hélène. Bellanger, *Vivre en prison*, *op. cit.*, p. 130.
76. *Libération*, 23-24 février 2008.
77. *Libération*, 10 mai 1973.
78. *CAP*, janvier 1974, n° 13.
79. Jean-Michel Dejenne, *Le Secrétariat d'État…*, *op. cit.*, p. 23.
80. *Le Labyrinthe pénitentiaire*, Le Centurion, 1981, p. 178.
81. *GIP-Archives*, *op. cit.*, p. 255.

82. *Prison. Une ethnologue en centrale*, Odile Jacob, 2000, p. 270-290.

83. *CAP*, janvier 1974, n° 13.

84. *CAP*, septembre 1974, n° 20.

85. Charlie Bauer, *Fractures…*, *op. cit.*, p. 136-137.

86. *CAP*, mai 1973, n° 6.

87. 26 décembre 1973.

88. *Rouge*, 26 juillet 1972.

89. Charlie Bauer, *Fractures…*, *op. cit.*, p. 61.

90. Rapport au Premier ministre introduisant le décret, *op. cit.*

91. 21 septembre 1972.

92. Juillet-août 1974, n° 19.

93. *Le Nouvel Observateur*, 29 juillet 1974.

94. M. Beauvois, « Bilan de la réforme de 1975 », *RPDP*, avril-juin 1978, n° 2, p. 159 *et sq.*

95. Christophe Soulié, *op. cit.*, p. 128.

96. Christine Martineau & Jean-Pierre Carasso, *Le Travail…*, *op. cit.*, p. 78.

97. *Le Figaro*, 20 janvier 1972.

98. *Libération*, 26 décembre 1973. Cet hôpital-prison, aujourd'hui à bout de souffle, ne fait plus de jaloux.

99. Enquête du Dr Daniel Gonin, *La Santé incarcérée*, L'Archipel, 1991 et *Médecine et conditions de vie en détention*, L'Archipel, 1991, p. 285.

100. 13 janvier 1973.

101. Le récit suivant est extrait de Christophe Soulié, *Liberté…*, *op. cit.* p. 125-128.

102. Reproduit dans *GIP-Archives*, *op. cit.*, p. 187-188.

IV. Tour de France des mutineries (vraies et fausses)

1. *RAAP* 1974, p. V et 36.

2. *Ibid.*, p. 39.

3. *Histoire des prisons et de l'administration pénitentiaire française de l'Ancien Régime à nos jours*, www.criminocorpus.cnrs.fr.article.php3?id_article=158. Cette référence datant de 2007 a disparu depuis. Dans sa nouvelle version de 2009 (www.criminocorpus.revues.org/246, §86), Christian Carlier n'évoque plus que « 152 incidents collectifs durant l'été » (p. 36 du *RAAP* 1974) soit presque le double des 89 « mouvements » que reconnaît l'AP. Celle-ci avance bien le chiffre 152, mais il s'agit, selon elle, des « incidents » recensés tout au long de l'année 1974. Pour la *Chronologie relative aux peines et aux prisons en France : de 1914 à nos jours* (4/4) (2007), lire www.criminocorpus.cnrs.fr/article175.html.

4. Charlie Bauer, *Fractures…*, *op. cit.*, p. 149.

5. OIP, *Dedans Dehors*, août 2004, n° 44, p. 15.

6. Notre recensement n'a rien de scientifique : nous avons consulté dix-huit journaux et dépouillé un échantillon de treize titres (dont six hebdomadaires). Dans le présent chapitre et les suivants, nous citerons *L'Aurore* des 21, 22, 23 et 31 juillet ; *L'Express* du 29 juillet et du 5 août ; *Le Figaro* du 22 juillet ; *France-Soir* des 22, 23, 24 et 28 juillet ; *L'Humanité* du 22 juillet ; *Le Journal du dimanche* du 21 et 28 juillet ; *Le Monde* des 21-22 juillet *et sq.* jusqu'au 7 août ; *Nord-Éclair* des 26 juillet et 6 août ; *Le Nouvel Observateur* du 29 juillet ; *Le Parisien Libéré* des 22, 30 et 31 juillet ; *Paris-Match* des 3 et 17 août ; *Politique Hebdo* du 25 juillet ; et *La Voix du Nord* des 26 et 27 juillet et 2 août. *Libération* ne paraît qu'une seule fois durant l'été 1974, pour un « Spécial vacances » non daté. Le *Journal du CAP* reviendra sur certaines mutineries dans trois numéros de 1975 : n° 24 de mars, n° 27 de juillet-août et n° 29 de septembre-octobre.

7. N° de janvier 1972, p. 134-135.

8. Lire Eliseo Veron, *Construire l'événement*, Minuit, 1981, à propos de l'accident survenu à la centrale nucléaire de Three Mile Island (USA).

9. Michel Foucault cité par Michelle Perrot, « La Leçon… », art. cité.

10. Cité par Grégory Salle, « 1975 : une date marquante dans l'histoire de la prison ? » *in* Georges Benguigui *et al.*, *Prisons sous tension*, Nîmes, Champ social, 2011.

11. Grégory Salle, *Le GIP ou le refus de l'« intolérable »*, mémoire DEA, Institut d'études politiques de Paris, 2000, p. 70-71.

12. Cléopâtre Montandon & Bernard Crettaz, *Paroles de gardiens…*, *op. cit.*, *passim*.

13. *Esprit*, juillet-août 1972, p. 50.

14. Antoinette Chauvenet *et al.*, *La Violence carcérale en question*, PUF, 2008, p. 50.

15. Charlie Bauer, *Fractures…*, *op. cit.*, p. 135.

16. *Ibid.*, p. 146-147.

17. *CAP*, mars 1975, n° 24.

18. Charlie Bauer, *Fractures…*, *op. cit.*, p. 147-148.

19. Serge Livrozet, *Aujourd'hui la prison*, Hachette, 1976, p. 217.

20. Serge Livrozet, *La Rage…*, *op. cit.*, p. 112.

21. *Ibid.*, p. 212.

22. Surveillant cité par *Le Nouvel Observateur*.

23. *Histoire des prisons de Loos*, AP-Direction régionale des services pénitentiaires de Lille, 2006, p. 145.

24. Abdelmalek Sayad, *L'Immigration ou les paradoxes de l'altérité*, t. 1, Raisons d'agir, 1991, p. 172.

25. Yannick Leu, *Histoire…*, *op. cit.*, p. 151.

26. *Ibid.*

27. *Ibid.*, p. 152.

28. *Ibid.*, p. 151.

29. *Ibid.*, p. 149.

30. Entre autres, *L'Express* et *Le Nouvel Observateur* du 29 juillet 1974.

31. GIP, *Cahiers…*, *op. cit.*, p. 19.

32. *CAP*, décembre 1974, n° 21.

33. GIP, *Enquête…*, *op.cit.*, p. 34.

34. OPP, « Rapport sur les prisons », *in GIP-Archives*, *op. cit.*, p. 34.

35. GIP, *Enquête…*, *op. cit.*, p. 31.
36. *Ibid.*, p. 46.
37. *Histoire…*, *op. cit.*, p. 147.
38. Ce récit et sa suite émanent de Christian Carlier, *L'Institution…*, *op. cit.*, p. 28-29, et d'articles de journaux.
39. Hélène Dorlhac, *Changer…*, *op. cit.*, p. 63-65.
40. Charlie Bauer, *Fractures…*, *op. cit.*, p. 146-156.
41. Roger Knobelspiess, *QHS*, *op. cit.*, p. 144-145.
42. CAP intérieur de Fleury, *in CAP*, juillet-août 1975, n° 27. *Le Monde* du 6 août 1974 publie certains éléments de cette histoire, qu'il tient de détenus libérés ce jour-là de Fleury.
43. Christian Carlier, *L'Institution…*, *op. cit.*, p. 21.
44. Pierre Goldman, *Souvenirs obscurs…*, *op. cit.*, p. 246.
45. *Le Monde*, 24 août 1974.
46. Charlie Bauer, *Fractures…*, *op. cit.*, p. 146.
47. *CAP*, janvier 1977, n° 43.
48. *Rouge*, 26 juillet 1974.
49. Récit d'un détenu d'Eysses, *Esprit*, novembre 1974, p. 686-687.
50. Hélène Dorlhac, *Changer…*, *op. cit.*, p. 172.

V. Une « réforme libérale »

1. Philippe Boucher, *Le Monde*, 28 juillet 1974.
2. *Ibid.*
3. Jean-Michel Dejenne, *Le Secrétariat d'État…*, *op. cit.* entretien avec Philippe Boucher, p. 65. De nombreuses informations et citations du présent chapitre sont extraites de ce précieux mémoire.
4. *Ibid.* Entretien avec Olivier Fouquet, conseiller technique à l'Élysée.
5. *Le Monde*, 7 août 1974.
6. *Ibid.*, 24 juillet 1974.
7. Charlie Bauer, *Fractures…*, *op. cit.*, p 148.
8. Selon *Le Monde*, 27 juillet 1974.
9. *Ibid.*
10. *Le Figaro*, 27 juillet 1974.
11. Hélène Dorlhac, *Changer…*, *op. cit.*, p. 63.
12. *Ibid.*, p. 80.
13. *Le Figaro*, 3 août 1974.
14. *Politique-Hebdo*, 25 juillet 1974.
15. *Le Monde*, 3 août 1974.
16. *Le Figaro*, 31 juillet 1974.
17. *Le Secrétariat d'État…*, *op. cit.*, p. 36.
18. *Paris-Match*, 17 août 1974.
19. *Ibid.*
20. *Ibid.*

21. 9 août 1974.
22. Marcel Mauss, « Les techniques du corps », *in Sociologie et anthropologie*, PUF, 1950, p. 365-386.
23. Entretien avec Jean-Michel Dejenne, *Le Secrétariat d'État…*, *op. cit.*, note 131, p. 62.
24. *Ibid.*, p. 61.
25. *Ibid.*, p. 11.
26. *Le Monde*, 14 mai 1975.
27. Entretien avec Jean-Michel Dejenne, *Le Secrétariat d'État…*, *op. cit.*, p. 53.
28. *Le Monde*, 1er août 1974.
29. Hubert Bonaldi, *D'une prison à l'autre*, Grasset, 1977, p. 196.
30. Entretien avec Jean-Michel Dejenne, *Le Secrétariat d'État…*, *op.cit.*, p. 53, note 97.
31. 30 avril 1975.
32. Assemblée nationale, 1re séance du 17 novembre 1975, *Journal officiel*, éditions des Journaux officiels, p. 8467-8469.
33. 17-18 août 1974.
34. Jean-Michel Dejenne, *Le Secrétariat d'État…*, *op. cit.*, p. 64.
35. Entretien avec Jean-Michel Dejenne, *ibid.*, p. 63.
36. Hélène Dorlhac, *Changer…*, *op. cit.*, p. 80.
37. *Ibid.*, p. 145 *et sq.*
38. Jean-Michel Dejenne, *Le Secrétariat d'État…*, *op. cit.*, p. 26.
39. Claude Lucas, *Suerte…*, *op. cit.*, p. 431.
40. M. Beauvois, *RPDP*, avril-juin 1978, n° 2, p. 159-183.
41. *Ibid.*, p. 431.
42. Cité par Monique Seyler, *L'Application de la réforme de 1975 dans les établissements pénitentiaires* (rapport), ministère de la Justice-DAP, 1980, p. 10.
43. *RAAP* 1975, p. 125.
44. Monique Seyler, *L'Application…*, *op. cit.*, p. 63.
45. Monique Seyler, « La banalisation pénitentiaire ou le vœu d'une réforme impossible », *Déviance et société*, 1980, IV, 2, p. 138 et 140.
46. Loi du 3 juillet 1975.
47. *RPDP*, janvier-mars 1976, n° 1, p. 197-210.
48. Roger Knobelspiess, *QHS*, *op. cit.*, p. 133-138.
49. *GIP-Archives*, *op. cit.*, p. 187-188.
50. Décret du 23 mai 1975.
51. Hélène Dorlhac, *Changer…*, *op. cit.*, p. 172.
52. *RPDP*, juillet-décembre 1975, n° 3.
53. *CAP*, novembre 1975, n° 31.
54. Selon Jean-Michel Dejenne.
55. *RAAP* 1981, p. 128-29.
56. Claude Charmes, *Le Maximum*, Stock, 1974, p. 236-237.
57. Décret du 7 mars 1975.
58. Monique Seyler, *L'Application…*, *op. cit.*, p. 65.

59. Cité par Jean-Michel Dejenne, *op. cit.*, p. 51.

60. *Esprit*, novembre-décembre 1979, n° 35, p. 45-46 et Claude Charmes, *Le Maximum*, *op. cit.*

61. Monique Seyler, *L'Application*… *op. cit.*, p. 10.

62. *Ibid.*, p. 13.

63. *Ibid.*, p. 17.

64. *Ibid.*, p. 61 et 67.

65. *Ibid.*, p. 17.

66. *Ibid.*, p. 14.

67. *Ibid.*, p. 11.

68. *Libération*, n° spécial vacances, été 1974.

69. *Ibid.*, p. 17.

70. *CAP*, septembre 1978, n° 57.

71. *CAP*, avril 1975, n° 25.

72. *CAP*, décembre 1975, n° 32.

73. « Histoire des prisons… », art. cité, § 86.

74. Avril 1975, n° 25.

75. *Ibid.*

76. *CAP*, avril 1977, n° 45.

77. *CAP*, janvier 1977 (n° 43) & mars 1977 (n° 44).

78. Monique Seyler, *L'Application*…, *op. cit.*, p. 10.

79. Note aux chefs d'établissements, *op. cit.*, 26 mai 1975.

80. *CAP*, avril 1978, n° 54.

81. Philippe Pottier, *Esprit*, novembre-décembre 1979, *art. cit.*, p. 22.

82. François Colcombet, *Le Figaro*, 9 août 1974.

83. *Ibid.*

84. Alain Abecassis, *Esprit*, novembre-décembre 1979, *op. cit.*, p. 25-31.

85. *CAP*, novembre 1975, n° 31.

86. Du 24 septembre 1976.

VI. Des lendemains qui ne chantent pas (1975-1980)

1. *Les Prisons de l'insécurité*, Éditions ouvrières, 1987, p. 198. Les statistiques sont celles de l'AP.

2. *GIP-Archives*, *op. cit.*, p. 271.

3. *CAP*, janvier 1975, n° 22.

4. Lucien Guirlinger, *Le Suicide et la mort libre*, Nantes, Pleins Feux, 2000, cité par Nathalie Papet, *Conduites suicidaires en milieu carcéral* (thèse de médecine, uiversité de Poitiers, 2001, p. 51).

5. Daniel Aurousseau & Marie Laborde, *Paroles de bandits*, *op. cit.*, p. 97.

6. Émile Durkheim, *Le Suicide. Étude de sociologie* [1897], PUF, 1983, p. 221.

7. Jacques Lesage de La Haye, *CAP*, juillet 1976, n° 38.

8. *GIP-Archives*, *op. cit.*, p. 272.

9. Pierre-Victor Tournier & Philippe Chemithe, *Contribution statistique à l'étude des conduites suicidaires en milieu carcéral – 1975-1978*, rapport, CNERP-DAP-ministère de la Justice, 1979, t. 1, tableau 7.7-1, p. 43.

10. *La Castration pénitentiaire*, rapport Lumière et justice, 1981, p. 93.

11. Daniel Gonin, *La Santé incarcérée*, *op. cit.*, p. 120.

12. Lire « Le suicide dans les prisons », *Population*, 1976, n° 1, p. 774-775 et *Revue de sciences criminelles et de droit pénal comparé*, 1976, n° 3.

13. Pierre-Victor Tournier & Philippe Chemithe, *Contribution…*, *op. cit.*, p. 5-6.

14. *RPDP*, janvier-mars 1973, p. 44-46.

15. *GIP-Archives*, *op. cit.*, p. 263.

16. Dr Paul Hivert, « Le suicidant, la prison et le médecin », *RPDP*, juillet-septembre 1970, p. 369 et 372.

17. Catherine Pauchet, *Les Prisons de l'insécurité*, *op. cit.*, p. 131.

18. Interrogé par l'ADDD le 6 novembre 1972. *GIP-Archives*, p. 311.

19. Dr Paul Hivert, *RPDP*, avril-juin 1980, n° 2, p. 99.

20. Dr Paul Hivert, *RPDP*, juillet-septembre 1970, n° 3, p. 359 *et sq.*

21. *RAAP* 1981, p. 144.

22. Dr Paul Hivert, *RPDP*, juillet-septembre 1970, n° 3, p. 372.

23. *CAP*, février 1975, n° 23.

24. *Mon corps…*, *op. cit.*, p. 102 *et sq.*

25. *Ibid.*, p. 70.

26. Charlie Bauer, *Fractures…*, *op. cit.*, p. 158-159.

27. Roland Agret, *Mon Corps…*, *op. cit.*, p. 54.

28. *Ibid.*

29. Roland Agret, *Coupable d'innocence*, Ramsay, 1984, p. 70.

30. Geneviève Casile-Hugues, *La Grève de la faim en milieu carcéral.* Les *Baumettes, 1975-1983*, Presses universitaires d'Aix-Marseille, 1994, p. 206.

31. Marie Cipriani-Crauste, *L'Auto-agressant en milieu carcéral*, t. 1, Travaux et documents n° 19, DAP-ministère de la Justice, 1983.

32. Charlie Bauer, *Fractures…*, *op. cit.*, p. 126-132.

33. *La Santé incarcérée*, *op. cit.*, p. 118 et *sq.*

34. Jimmy Segura, « Une rupture avec soi-même », *Dedans Dehors* (OIP), mai 2000, n° 19, p. 19.

35. *Paroles de détenus*, *op. cit.*, p. 141. Extrait de Georges Hyvernaud, *La Peau et les os.*

36. *Ibid.*, p. 48.

37. *Ibid.*, p. 49-50.

38. Roger Knobelspiess, *CAP*, juin-juillet 1978, n° 56.

39. *Libération*, 7 mars 1977.

40. Interview, *Libération*, 3 janvier 1979.

41. *CAP*, juin 1978, n° 56.

42. Michel Foucault, préface à *QHS* de Roger Knobelspiess, p. 9.

43. Michel Fize, Emmanuel Cazin, Pascale Suleau & Catherine Pauchet, *L'Isolement cellulaire dans les établissements pénitentiaires français. Exclusion, isolement ou quasi-isolement déguisé ? Le cas très particulier des « quartiers de haute sécurité »* (rapport), t. I et II, Travaux et documents n° 29, CNERP-

DAP-ministère de la Justice, octobre 1984. Sauf indication contraire, les citations et informations figurant dans le présent chapitre sont tirées de ce rapport mais, par manque de place, elles ne feront pas l'objet d'une note.

44. *CAP*, mars 1976, n° 34.

45. En juin 1974. Les « pratiques nazies » sont exposées dans le *CAP*, mars 1974, n° 15.

46. *Libération*, 20 février 1974.

47. GIP, *Cahiers…*, *op. cit.*, p. 15.

48. Pierre Goldman, *Souvenirs obscurs…*, *op. cit.*, p. 112, note 1.

49. Michel Foucault, préface citée, p. 9.

50. *CAP*, mars 1976, n° 34.

51. Février 1976, n° 33.

52. Hélène Dorlhac, *Changer…*, *op. cit.*, p. 144-149.

53. Roger Knobelspiess, *QHS*, p. 114.

54. Bernard Guetta, « Une journée en haute sécurité » (QSR de Lisieux), *Le Nouvel Observateur*, 3 avril 1978. L'un des très rares journalistes admis à visiter un QHS, Bernard Guetta ne semble pas avoir pu en rencontrer les occupants.

55. Article intitulé « Le même homme, différent », *Le Monde*, 12 décembre 1974.

56. *Dedans Dehors* (OIP), mai 2005, n° 49.

57. *Libération*, 3 janvier 1979.

58. *Rouge*, 5 janvier 1978.

59. Charlie Bauer, *Fractures…*, *op. cit.*, p. 188.

60. Roger Knobelspiess, *QHS*, p. 110.

61. Jean-Claude Dague, *Le Quotidien de Paris*, interview citée. Jacques Mesrine emploie les mêmes termes.

62. Roger Knobelspiess, *QHS*, *op. cit.*, p 102.

63. *Ibid.*, p. 56.

64. 7 février 1975.

65. Surveillant à Lisieux, cité par Bernard Guetta, art. cité.

66. Jean-Claude Dague, *Le Quotidien de Paris*, interview citée.

67. *CAP*, mars 1976, n° 34.

68. Du moins à Tarbes, selon Jean-Claude Dague, *Le Dénommé*, Olivier Orban, 1981, p. 320.

69. Roger Knobelspiess, *QHS*, *op. cit.*, p. 85.

70. Lettre citée à *Libération*, 7 mars 1977.

71. Roger Knobelspiess, *QHS*, *op. cit.*, p. 62.

72. Lettre de Jacques Mesrine, *Libération*, 7 mars 1977.

73. Roger Knobelspiess, *QHS*, *op. cit.*, p. 77.

74. Jean-Claude Dague, interview citée.

75. Roger Knobelspiess, *QHS*, *op. cit.*, p. 72.

76. Maurice Hanneton, à Lisieux, *CAP*, mars 1976, n° 34.

77. Jean-Claude Dague, *Le Dénommé*, *op. cit.*, p. 320.

78. Lettre à *Libération*, 12 août 1976.

79. *Ibid.*
80. Entretien *in Le Passe-Murailles* (GÉNEPI), mars-avril 2009, n° 17.
81. Jean-Claude Dague, *Le Dénommé*, *op. cit.*, p. 319.
82. Jean-Claude Dague, *Le Quotidien de Paris*, interview citée.
83. Roger Knobelspiess, *QHS*, *op. cit.*, p. 79.
84. *CAP*, novembre-décembre 1977, n° 51.
85. Jean-Claude Dague, *Le Quotidien de Paris*, interview citée.
86. Jean-Claude Dague, *Le Dénommé*, *op. cit.*, p. 324.
87. Roger Knobelspiess, *QHS*, *op. cit.*, p. 87.
88. Charlie Bauer, *Fractures...*, *op. cit.*, p. 188.
89. Jean-Claude Dague, *Le Dénommé*, *op. cit.*, p. 318-319.
90. Roger Knobelspiess, *QHS*, *op. cit.*, p. 155-158.
91. Cléopâtre Montandon & Bernard Crettaz, *Paroles...*, *op. cit.*, p. 75.
92. *Le Figaro*, 23 mai 1978.
93. Roger Knobelspiess, *QHS*, *op. cit.*, p. 77.
94. Témoignage à la cour d'assises de Paris, mars 1979. (« Attention ! Danger », *Dits et écrits*, t. III, texte 228, p. 507-508.)
95. Roger Knobelspiess, *QHS*, *op. cit.*, p. 56.
96. *CAP*, mars 1976, n° 34.
97. Christian Jubin, *Libération*, 6 mai 1976.
98. Bernard Guetta, art. cité.
99. Roger Knobelspiess, *QHS*, *op. cit.*, p. 157.
100. *Ibid.*, p. 31.
101. *Ibid.*, p. 56-57.
102. Lettre citée.
103. Lettre à *Libération*, 11 mars 1977.
104. Roger Knobelspiess, *QHS*, *op. cit.*, p. 164.
105. *CAP*, mai 1979, n° 62.
106. Roger Knobelspiess, *QHS*, *op. cit.*, p. 79.
107. Daniel Debrielle & Taleb Hadjadj, *CAP*, n° 51, décembre 1977.
108. *Ibid.*
109. Bernard Guetta, art. cité.
110. Roger Knobelspiess, *QHS*, *op. cit.*, p. 113-116.
111. « Prisons : l'impossible humanisation », *Cultures en mouvement*, avril 2003, n° 56, p. 35.
112. Interview, *Libération*, 3 janvier 1979.
113. Jean-Claude Dague, interview citée.
114. Roger Knobelspiess, *QHS*, *op cit.*, p. 67-68.
115. *Ibid.*, p. 69, 86, 74.
116. *Ibid.*, p. 74.
117. *CAP*, décembre 1977, n° 51.
118. *Ibid.*, p. 70-71, 73.
119. *CAP*, novembre-décembre 1977, n° 50.
120. Roger Knobelspiess, *QHS*, *op. cit.*, p. 138-139.
121. Jacques Mesrine, lettre à *Libération*, 9 mai 1978.

122. Mathieu Delahousse, *François Besse. Métamorphose d'un lieutenant de Mesrine*, Flammarion, 2006, p. 46.

123. *Le Monde*, 9 mai 1978.

124. *Libération*, 9 mai 1978.

125. *L'Aurore*, 9 mai 1978.

126. *Le Monde*, 13 mai 1978.

127. *Libération*, 7 mars 1977.

128. *Libération*, 27 février 1980.

129. *Ibid.*

130. Assemblée nationale, 1re séance du 11 novembre 1975, *J.O.*, p. 8473-8475.

131. Roland Agret, *Et si…*, *op cit.*, p. 78.

132. Jann-Marc Rouillan, *Chroniques carcérales*, Agone, 2008, p. 141.

133. Jean-Paul Jean, « Le détenu dangereux », *in* Antoine Garapon & Denis Salas (dir.), *La Justice et le mal*, Odile Jacob, 1997, p. 104.

134. *Changer…*, *op. cit.*, p. 114.

135. *QHS*, *op. cit.*, p. 147-148.

136. Dans *La Part d'ombre de l'État de droit*, Éditions de l'EHESS, 2009, p. 72. Grégory Salle résume ici la thèse de Robert Castel (*La Métamorphose de la question sociale*, Gallimard, 1995, p. 16).

137. Lire Pierre-Victor Tournier, *Contribution à la connaissance des personnes incarcérées en France – 1968-1981*, CNERP-ministère de la Justice-DAP, 1981.

138. Pour toutes ces données et les suivantes : *idem* et arpenter-champ-penal.blogspot.com (directeur : P.-V. Tournier).

139. Selon le *CAP*, février 1976, n° 33.

140. *Le Retour en prison : analyse rétrospective de la cohorte des condamnés, à une peine de trois ans et plus, libérés en 1973.*

141. Serge Livrozet, *in CAP*, octobre 1976, n° 40.

142. *Ibid.*

143. *CAP*, novembre 1975, n° 31.

144. Octobre 1976, n° 40.

145. *CAP*, septembre-octobre 1979, n° 64.

146. *Ibid.*

147. Michel Foucault, *Dits et écrits*, t. III, texte n° 172, p. 73.

148. Comité d'études sur la violence, la criminalité et la délinquance, *Réponses à la violence*, Documentation française, 1978.

149. André Normandeau, « Politiques pénales et peur du crime », *Criminologie*, 1983, vol. 16, n° 1, p. 51-58.

150. *Le Désir…*, *op. cit.*, p. 203.

151. Paul Thibaud, *Esprit*, novembre-décembre 1979, *op. cit.*, p. 8.

152. *Le Monde*, 28 juin 1978.

153. Décembre 1978, n° 59.

154. Philippe Artières & Pierre Lascoumes, *Gouverner, enfermer. La prison, un modèle indépassable ?*, Presses de Sciences-Po, 2004, p. 45.

VII. D'hier à aujourd'hui

1. Dominique Lhuilier & Aldora Lemiszewska, *Le Choc carcéral*, Bayard, 2001, p. 39.

2. Claude Lucas, *Suerte...*, *op. cit.*, p. 456.

3. Simone Buffard, *Le Froid...*, *op. cit.*, p. 13.

4. Daniel Welzer-Lang et *al.*, *Sexualités et violences en prison*, Observatoire international des prisons-Aléas, 1996., *op. cit.*, p. 90.

5. *Dedans Dehors* (OIP), mai 1997, n° 1.

6. *Le Monde*, 27-28 septembre 2009.

7. Dr Daniel Gonin *La Santé...*, *op. cit.*, p. 55.

8. Amor Mohamed, *Paroles de détenus*, *op. cit.*, p. 57

9. Dominique Lhuilier et *al.*, *VIH-sida...*, *op. cit.*, p. 21.

10. Michel, *in Paroles de détenus*, *op. cit.*, p. 66.

11. Dominique Lhuilier et *al.*, *VIH-sida...*, *op. cit.*, p. 150.

12. Dr Daniel Gonin, *La Santé incarcérée*, *op cit.*, p. 17.

13. Robert, *in Paroles de détenus*, *op cit.*, p. 38.

14. Dominique Lhuilier et *al.*, *VIH-sida...*, *op. cit.*, p. 150.

15. Alphonse Boudard, *La Cerise*, Plon, 1963, p. 20.

16. Dr Daniel Gonin, *La Santé incarcérée*, *op. cit.*, p. 18.

17. *Ibid.*, p. 20.

18. Claude Charmes (récemment libéré), *Le Maximum*, *op. cit.*, p. 239.

19. Simone Buffard, *Le Froid...*, *op. cit.*, p. 27.

20. *Ibid.*, p. 27 et 34.

21. Dominique Lhuilier & Aldora Lemiszewska, *Le Choc...*, *op. cit.*, p. 35.

22. Simone Buffard, *Le Froid...*, *op. cit.*, p. 50.

23. Oscar Wilde, *Ballade de la geôle de reading* [1898] (Gallimard, 2005), *in Paroles de détenus*, *op. cit.*, p. 55.

24. Claude Charmes, *Le Maximum*, *op. cit.*, p. 144.

25. Dominique Lhuilier et *al.*, *VIH-sida...*, *op. cit.*, p. 102.

26. Daniel Gonin, *La Santé...*, *op. cit.*, p. 134.

27. Dominique Lhuilier et *al.*, *VIH-sida...*, *op. cit.*, p. 139.

28. *Ibid.*, p. 142.

29. Dr Paul Hivert, « Aspects psychologiques de la vie carcérale », *RPDP*, avril-juin 1971, n° 2, p. 321.

30. Cléopâtre Montandon & Bernard Crettaz, *Paroles de gardiens...*, *op.cit.*, p. 185.

31. Dr Daniel Gonin, *La Santé incarcérée*, *op. cit.*, p. 95.

32. Claude Lucas, *Suerte...*, *op. cit.*, p. 455-457.

33. Dominique Lhuilier et *al.*, *VIH-sida...*, *op. cit.*, p. 150.

34. Georges Hyvernaud, *La Peau et les os* [1949] (Pocket, 1998) *in* Jean-Pierre Guéno (dir.), *Paroles de détenus*, *op. cit.*, p. 71.

35. Dominique Lhuilier & Aldora Lemiszewska, *Le Choc...*, *op. cit.*, p. 21.

36. Roland Agret, *Et si...*, *op. cit.*, p. 49.

37. Roger Knobelpiess, *QHS*, *op. cit.*, p. 73.

38. Simone Buffard, *Le Froid…*, *op. cit.*, p. 219.

39. Jean Zay, *Souvenirs et solitude* (Julliard, 1942), *in Parole de détenus*, *op. cit.*, p. 95.

40. Léonore Le Caisne, *Prison. Une ethnologue en centrale*, Odile Jacob, 2000, p. 91-92.

41. Daniel Welzer-Lang et *al.*, *Sexualités…*, *op. cit.*, p. 50.

42. Louis Perego, *Retour à la case prison*, L'Atelier, 1990, p. 15.

43. Simone Buffard, *Le Froid…*, *op. cit.*, p. 59.

44. Louis Pegero, *Retour…*, *op. cit.*, p. 16.

45. Lire Ali Zamoum, *Le Pays des hommes libres. Mémoires d'un combattant algérien*, Grenoble, La Pensée sauvage, 1998.

46. Roland Agret, *Et si…*, *op. cit.*, p. 98.

47. Marc Kunstlé & Claude Vincent, *Le Crépuscule…*, *op. cit.*, *passim*.

48. *Ibid.*, p. 153-159.

49. Roland Agret, *Et si…*, *op. cit.*, p. 50.

50. *Ibid.*, p. 49-50.

51. *Ibid.*, p. 97-98.

52. Léonore Le Caisne, *Prison…*, *op. cit.*, p. 97 *et sq.*

53. Serge Livrozet, *La Rage…*, *op. cit.*, p. 141.

54. Dominique Lhuilier et *al.*, *VIH-sida…*, *op. cit.*, p. 231.

55. *Ibid.*, *p. 95.*

56. *Dedans Dehors* (OIP), septembre-octobre 2003, n° 39, p. 18.

57. Daniel Welzer-Lang et *al.*, *Sexualités…*, *op. cit.*, p. 138.

58. *Ibid.*, p. 139.

59. *Paroles de détenus*, *op. cit.*, p. 57.

60. Daniel Welzer-Lang et *al.*, *Sexualités…*, *op. cit.*, p. 135.

61. *Ibid.*, p. 133.

62. *Ibid.*, p. 134.

63. *Ibid.*, p. 137.

64. *Ibid.*, p. 136.

65. *Ibid.*, p. 152.

66. Christophe Lambert, *Derrière les barreaux*, Michalon, 1999, p. 89.

67. *Ibid.*, p. 155.

68. Dans une lettre envoyée à Act Up-Paris en 1995.

69. Christophe Lambert, *Derrière…*, *op. cit.*, p. 112.

70. *Ibid.*, p. 102-103.

71. *Ibid.*, p. 118.

72. *La Castration pénitentiaire*, *op. cit.*, 1981, p. 100-101.

73. Daniel Welzer-Lang et *al.*, *Sexualités…*, *op. cit.*, p. 102.

74. Jean-Pierre Guéno (dir.), *Paroles de détenus*, *op cit.*, p. 89.

75. Roland Agret, *L'Amour enchristé*, Blanche, 1998, p. 107.

76. Jean-Pierre Guéno (dir.), *Paroles de détenus*, *op. cit.*, p. 116.

77. Jacques Lesage de La Haye, *Esprit*, novembre-décembre 1979, *art. cité*, p. 24-25.

78. Roland Agret, *Coupable…*, *op. cit.*, p. 50.

79. Jacques Lesage de La Haye, *Esprit*, novembre-décembre 1979, *art. cité.*

80. Catherine Erhel & Catherine Leguay, *Prisonnières*, Stock, 1977, p. 146.

81. *Ibid.*

82. *Ibid.*, p. 105.

83. Nicole Gérard, *Sept ans de pénitence*, Robert Laffont-Opera Mundi, 1972, p. 356-357 et 95.

84. *Libération*, 26-27 mai 1975.

85. *Ibid.*

86. Cité par Gisèle Guinsberg, *Des prisons et des femmes*, Ramsay, 1992, p. 237-238.

87. Catherine Pauchet, *Les Prisons de l'insécurité, op. cit.*, p. 68.

88. Claude Faugeron, *Femmes victimes, femmes délinquantes*, rapport, ministère de la Justice, 1982. Pour d'autres statistiques sur les prisonnières, lire Pierre-Victor Tournier, *Contribution à la connaissance des personnes incarcérées – 1968-1981, op.cit.*

89. Anne-Marie Marchetti, *Elle*, 2 avril 2001.

90. Catherine Pauchet, *Les Prisons de l'insécurité, op. cit.*, p. 68.

91. Nicole Gérard, *Sept ans…, op. cit.*, p. 354 et 96.

92. Daniel Gonin, *La Santé…, op. cit.*, p. 217.

93. Catherine Erhel & Catherine Leguay, *Prisonnières, op. cit.*, p. 232.

94. Récit de l'ex-détenue Ariane Gransac, co-auteure avec Natacha Duché de *Prisons de femmes*, Denoël, 1982, p. 68.

95. Roger Knobelspiess, *QHS, op. cit.*, p. 24.

96. Nicole Gérard, *Sept ans…, op. cit.*, p. 106 et 238.

97. Gisèle Guinsberg, *Des Prisons et des femmes, op. cit.*, p. 69.

98. Catherine Erhel & Catherine Leguay, *Prisonnières, op. cit.*, p. 109. Les auteures renoncent ici à leur représentation passive des prisonnières.

99. Natacha Duché & Ariane Gransac, *Prisons de femmes, op. cit., passim.*

100. Nicole Gérard, *Sept ans…, op. cit.*, p. 139.

101. Jean Favard, *Le Labyrinthe pénitentiaire,*, Bayard-Centurion, 1981, p. 165.

102. Nicole Gérard, *Sept ans…, op. cit.*, p. 314.

103. Ariane Gransac & Natacha Duché, *Prisons de femmes, op. cit.*, p. 210.

104. *Ibid.*, p. 184.

105. Citée par *Le Monde* du 20 septembre 1977.

106. Ariane Gransac & Natacha Duché, *Prisons de femmes, op. cit.*, p. 210.

107. Catherine Erhel & Catherine Leguay, *Prisonnières, op. cit.*, p. 178.

108. Ariane Gransac & Natacha Duché, *Prisons de femmes, op. cit.*, p. 49.

109. Nicole Gérard, *Sept ans…, op. cit.*, p. 283-284.

110. Catherine Erhel & Catherine Leguay, *Prisonnières, op. cit.*, p. 87.

111. Ariane Gransac & Natacha Duché, *Prisons de femmes, op. cit.*, note p. 93.

112. Nicole Gérard, *Sept ans…, op. cit., passim.*

113. *Ibid.*, p. 87 ; et Natacha Duché & Ariane Gransac, *Prisons de femmes, op. cit., passim.* Blanche et Claude, elles, se récrient : « Pas du tout ! Étant donné ce que j'avais fait, il était normal que je sois en prison. »

114. Nicole Gérard, *Sept ans…, op. cit.*, p. 312-314.

115. *Libération*, 22 décembre 1976.

116. Nicole Gérard, *Sept ans…*, *op. cit.*, p. 115.

117. Révérend Père Panici, *Avec les femmes en prison. Les sœurs de Marie-Joseph éducatrices*, Perrin, 1965, p. 58.

118. Nicole Gérard, *Sept ans…*, *op. cit.*, p. 409.

119. *Ibid.*, p. 315.

120. *Rapport d'information sur les détenues*, septembre 2009, p. 305.

121. Nicole Gérard, *Sept ans…*, *op. cit.*, p. 168.

122. Catherine Pauchet, *Les Prisons de l'insécurité*, *op. cit.*, p. 68.

123. Natacha Duché & Ariane Gransac, *Prisons de femmes*, *op. cit.*, p. 165-166.

124. Catherine Erhel & Catherine Leguay, *Prisonnières*, *op. cit.*, p. 103.

125. Nicole Gérard, *Sept ans…*, *op. cit.*, p. 355.

126. Catherine Erhel & Catherine Leguay, *Prisonnières*, *op. cit.*, *passim*.

127. Nicole Gérard, *Sept ans…*, *op. cit.*, p. 277 et 280. Les prisons d'hommes sont plus souvent sales.

128. *Ibid.*, p. 372 et 351-352.

129. Catherine Erhel & Catherine Leguay, *Prisonnières*, *op. cit.*, p. 28-29.

130. Nicole Gérard, *Sept ans…*, *op. cit.*, p. 351-352.

131. Catherine Erhel & Catherine Leguay, *Prisonnières*, *op. cit.*, p. 128 et 148.

132. *Les Nouvelles littéraires*, février 1981.

133. *Le Nouvel Observateur*, 29 juin 1981.

134. *Les Nouvelles littéraires*, art. cité.

135. *Ibid.*

136. Dominique Budin, *La Petite Roquette au temps des Trente Glorieuses. Délinquance féminine et traitement pénitentiaire, de Saint-Lazare à Fleury-Mérogis – 1945-1970*, thèse, UFR d'histoire, uiversité d'Angers, 1999, p. 313.

En guise de conclusion

1. Philippe Artières & Pierre Lascoumes, *Gouverner, enfermer…*, *op. cit.*, p. 30-35 et *passim*.

2. Michelle Perrot, *Dedans Dehors* (OIP), octobre 2004, n° 44, p. 8.

3. Lire ces textes sur www.cglpl.fr.

4. Selon Ban public, parution du 28 décembre 2012 sur www.prison.eu.org.

5. Titre ironique d'un article paru dans la série hebdomadaire Arpenter le champ pénal (APC n° 82) consultable sur le site : http://pierre-victortournier.blogspot.fr/.

6. Alexis de Tocqueville & Gustave de Beaumont, « Du système pénitentiaire aux États-Unis et de son application en France » [1833], *in* Alexis de Tocqueville, *Œuvres complètes*, t. IV, Gallimard, 1984.

7. Christian Demonchy, *Éloge…*, op. cit.

8. Gilles Chantraîne *in* Philippe Artières et Pierre Lascoumes, *Gouverner, enfermer…*, *op. cit.*, p. 68, note 1.

9. *Dedans Dehors* (OIP), n° 44, art. cit., p. 10.

10. Novembre-décembre 1979, p. 9.

11. *Libération*, 21 octobre 2003.

12. Lire Léonore Le Caisne, *Prison. Une ethnologue…*, *op. cit.*, p. 223-257.

Table des matières

Abréviations, sigles, définitions 7

Préface de Michelle Perrot 11

I. Panoramiques 17

1. « Est-ce ainsi que des hommes vivent ? » 17
Le gîte… 18
…et le couvert 20
Le froid et le chaud 21
Le propre et le sale 21
L'habillement 23
Soins 23
« Cas psy » 25
Violences 26
Travail 27
Activités 29
Information et culture 30
Familles 31
Surveillance 31
Punitions et discipline 32
Deux poids, deux mesures 35

2. Dire la prison 40
Paroles suspectes 41
Le registre de la plainte 44

Hommes et serpillières 47
Le petit bout de la lorgnette 49
Revendications, consultations… 50
Passés sous silence 51
Le tabou du sexe 52
La part d'ombre 53
« Est-ce qu'on peut dire la prison ? » 54
L'impression d'exister 57
Les sept péchés capitaux de l'administration pénitentiaire et de la chancellerie 58

3. De Mai 68 au « mai rampant des prisons » 61
Une frénésie de consommation 63
Ils ne demandent pas la lune 65
Crime-et-châtiment : le long divorce d'un couple 67
« Secouons le tas de fumier… » 68
L'évaporation de la faute 70

II. L'engagement des intellectuels 73

4. Les maos 73
Les maos dehors 73
Les maos dedans 76
« Simple » question de terminologie ? 84
Prisonniers mythifiés 87

5. Le GIP : enquêtes sur la chambre de débarras 89
« Tout le monde peut parler… » 90
« Accroître notre intolérance » 91
Se taire, comme un malpropre 92
Le virus de la révolte 94
Tracts et nougats 96
Un pouvoir atomisant 98
Détenus objets, détenus sujets 99
« Qui vole un pain… » 100
« Dès qu'on sort de chez soi, on est en prison » 101
Les GMP 103

III. Premières révoltes, premières réformes 105

6. De Clairvaux à Toul 105

Dans les égouts de Clairvaux 105

Buffet et Bontems 107

Toul, « près d'Auschwitz » ? 109

La contention 111

Attachés avec des fers 112

« Nous n'avons brisé que le nécessaire » 114

« Se révolter, ça les a libérés » 117

7. Panique à la Pénitentiaire 120

Sentinelles blafardes 121

L'effroi des personnels 122

Ennemis dehors, ennemis dedans 124

À coups de manche à balai 126

8. René Pleven : une réforme *a minima* 128

Des détenus informés ? 131

Du nouveau en détention ? 133

Les (in)satisfactions du corps 137

L'« ouverture » des prisons 139

Expliquer ? Intéresser ? 140

Le temps, qui ne passe pas 141

Pour l'AP, 0,22 % du budget national 142

Le texte et le contexte 144

IV. Tour de France des mutineries (vraies et fausses) 147

9. La guerre médiatique 147

Faits, chiffres et préjugés 149

« Madame, je suis un monstre » 152

10. Clairvaux. « Une centrale quatre étoiles » ? 154

« Chaque détenu entretient un chat » 156

Le détonateur de la révolte 157

Mais où sont les forces de l'ordre ? 159

Une bonne cuite 161

Sur un tapis de corps 162

11. Nîmes 164

12. Loos-lès-Lille 167
Pour « faire comme les autres » 168
Une nuit très agitée 170
Quand un petit juge s'en mêle 172
Changer « l'ordinaire » 173
Une odeur insoutenable 175
Opération « portes ouvertes » 176

13. Muret et quelques autres 179
Muret 179
Saint-Martin-de-Ré 181
Rennes 181
Caen 182
Fleury-Mérogis 183
La Talaudière 184
La Santé 185
À armes inégales 186

14. Des prisons sans histoire(s) 190

V. Une réforme « libérale » 195

15. L'été brûlant à Paris 195
Dans les coulisses du pouvoir giscardien 195
La carotte et le bâton 196
Une poignée de poignet 200
La solitude d'Hélène Dorlhac 201

16. La réforme de 1975 205
Diversifier 205
Alléger 207
« Socialiser » 208
Responsabiliser 210
Une note de Mégret 211
Le casse-tête du travail pénal 212
La main au porte-monnaie 214
« Tout le monde est mécontent » 215
Au courrier du CAP 218
« La natation sans eau » 220
Deux CD : Melun et Muret 221

VI. Des lendemains qui ne chantent pas (1975-1980) 225

17. Tempête dans les têtes 225
Mal vivre la prison 225
« Un mort a été pendu » 226
Cent soixante-treize suicides au peigne fin 228
Un supplice de Tantale 231
Treize mois de grève de la faim 233
Auto-mutilations 235
Métaphores 237

18. QHS : la « torture blanche » 239
Des QHS avant la lettre 240
« Une poignée de furieux » 242
Présumés innocents 242
Dangereuse « dangerosité » 245
Cadavres dans le placard de l'AP 247
« On ne sait jamais quand on en sort » 249
« Vivre » en QHS 249
Un pyjama administratif 251
Surveillants et surveillés 253
Trois archétypes 255
« Fous », innocents, semi-innocents 258
Le dépérissement des sens 260
Solidaires, solitaires 262
Les luttes contre les QHS 264
1982 : on refait les peintures 267

19. La fin du discours libéral 269
Doigt dans l'œil 271
« Les étranges questions » de Michel Foucault 273
Deux « lois scélérates » 276

VII. D'hier à aujourd'hui 279

20. Corps prisonniers 279
Les cinq sens 282
Le corps selon l'Administration 284
Repli 286

Dépendance 286
Les autres 288
Solidarités 289
Hiérarchies 290
Sexualités 293
« Branlette » 297
Tendresse 298
Parloirs 299

21. Et les femmes ? 301
Crimes et délits au féminin 304
Soumises ou insoumises ? 307
Crises et crêpages de chignons 309
« Pas de problèmes » ? 312
Coupables ou pas coupables ? 314
Quand la bonne sœur pullule 315
Pensions de famille 317
La gestion d'un gynécée 319
L'isolement des femmes 322
Sexe, genre et sentiments 325
Bébés taulards 327
Quarante ans après 328

22. Quelques changements survenus depuis les années 1970. Entretiens avec Me Henri Leclerc (2009-2010) 331

En guise de conclusion 345
Événements 346
Contradictions 348
Vieilles lunes 350
Sorties sèches 351
Casabianda 353

Comment j'ai écrit ce livre 357

Bibliographie 361

Notes 369

Diffusion-distribution en France, en Belgique & en Suisse
Les Belles Lettres – BLDD
25, rue du Général-Leclerc, F-94270 Le Kremlin-Bicêtre
Tél. 01 45 15 19 70 — Fax 01 45 15 19 80

Diffusion-distribution au Québec
Dimédia
539, bd Lebeau, Ville Saint-Laurent (Québec)
Canada H4N 1S2
Tél. (514) 336-3941 — Fax (514) 331-3916

Achevé d'imprimer en juin 2013
sur les presses du Groupe Horizon
pour le compte des éditions Agone
BP 70072, 13192 Marseille cedex 20

N° d'impression : 1306-044

Dépôt légal 3e trimestre 2013
Bibliothèque nationale de France